쉽게 배우는 MySQL

정진용, 나인섭, 정종필 지음

- 실제적인 SQL 안내서 – 이 책은 많은 예제와 연습 문제를 수록하고 있어 실무에서 SQL을 사용할 때 더욱 효율적이고 빠르게 사용할 수 있습니다.
- MySQL의 실습 – 이 책은 MySQL이라는 SQL 제품을 기본으로 윈도우즈 및 리눅스 운영체제에서 사용할 수 있습니다.

MySQL

충분한 실습을 할 수 있도록 학사관리 데이터베이스를 설계해 학생들이 이해하기 쉽게 만들었고, 많은 예제를 준비하여 학생들이 직접 실습할 수 있도록 하였다. 그리고 각 주제가 설명된 후 별도의 연습문제를 마련하여 스스로 공부할 수 있도록 도와주고 있다.

www.gbbook.com

머리말

본서는 데이터베이스 언어인 SQL(Structured Query Language)의 완전한 설명서로서, 실제적인 면에서 초보적인 교과서처럼 느껴질 것이다. 본서를 읽은 후에 SQL을 효율적이고 능률적으로 사용할 수 있게 될 것이다.

SQL은 데이터베이스에 저장된 데이터를 조작, 관리, 보호하는 작은 명령문의 집합을 제공하지만 이는 매우 강력하다. 이러한 강력함은 대단한 매력을 가지고 있다.

본서는 실무에 있어서 SQL의 효율성과 능률성의 완전한 기능을 사용하고자 하는 독자를 위한 책이다. 따라서 본서는 다음과 같은 독자들에게 적절한 책이다.

- 전문대학 또는 4년제 대학의 컴퓨터 관련 학과의 학생
- SQL 제품을 사용하여 응용 프로그램을 개발하는 프로그래머
- SQL을 직/간접으로 사용하거나 SQL의 장/단점 이해하고자 하는 시스템 설계자, 분석가, 상담자
- Oracle을 사용하여 SQL을 배우고자 하는 컴퓨터 사용자
- SQL에 관심 있는 학생
- SQL을 사용하려는 사용자

실제적인 SQL 안내서

본서는 실제적인 측면은 기초적인 교과서처럼 느껴지고, 참고서로는 부족하다고 느껴질 것이다. 따라서 본서는 많은 예제와 연습 문제를 가지고 있으므로 반드시 연습 문제를 스스로 해결해 보기 바란다. 많은 예제와 연습 문제를 직접 실습하여 실무에서 SQL을 사용할 때 더욱 효율적이고 빠르게 사용할 수 있을 것이다.

MySQL의 실습

본서에서 MySQL이라는 SQL 제품을 기본으로 윈도우즈 및 LINUX 운영체제에서 사용할 수 있다. 따라서 MySQL를 설치한 후 많은 예제와 연습 문제를 반드시 실행해 보기 바란다. 그리고 본서에 설명된 SQL을 직접 사용하기 앞서 프로그래밍 언어와 데이터베이스 관리 시스템에 대한 일반적인 지식을 필요하다는 것을 일러둔다.

이 교재에는 충분한 실습을 할 수 있도록 학사관리 데이터베이스를 설계해 두어 학생들이 이해하기 쉽게 만들었고, 놀랄 만큼 많은 예제를 준비하여 학생들에게 직접 실습을 할 수 있도록 배려하고 있다. 그리고 각 주제가 설명된 후 별도의 연습 문제를 마련하여 스스로 공부할 수 있도록 도와주고 있다.

본서를 출간하는데 도움을 주신 글로벌출판사 사장님과 임직원들에게 감사드립니다.

2019년 02월 저자

목 차

제1부 데이터베이스 개요

1.1 데이터베이스의 개요 ·· 14
1.2 모델의 종류 ··· 19
   1.2.1 계층 데이터 모델(Hierarchical Data Model) ··································· 19
   1.2.2 망 데이터 모델(Network Data Model) ·· 20
   1.2.3 관계 데이터 모델(Relational Data Model) ······································ 20
   1.2.4 객체지향 데이터 모델(Object-oriented Data Model) ························· 20
   1.2.5 객체관계 데이터 모델(Object Relational Data Model) ······················· 21
1.3 관계형 모델과 객체 지향형 데이터베이스 ··· 21
   1.3.1. 관계형 모델 ·· 21
   1.3.2 관계형 모델의 용어 ··· 22
   1.3.3 테이블(Table), 열(Column), 행(Row) ·· 23
   1.3.4 무결성 규칙 ·· 23
   1.3.5 RDBMS 구성 요소들 ·· 25
1.4 SQL이란 무엇인가? ·· 27
   1.4.1 SQL의 표준화 ··· 27
1.5 본서의 구성 ··· 28

제2부 MySQL 설치와 기본 사용법

2.1 MySQL의 특징 ··· 32
2.2 MySQL 설치 ·· 33
   2.2.1 MySQL 설치 전 점검사항 ·· 33
   2.2.2 윈도우에서 MySQL 설치하기 ·· 37
   2.2.3 MySQL 설치 후 확인하기 ·· 53
   2.2.4 MySQL 한글 설정하기 ·· 56
2.3 MySQL 기본 사용법 ··· 59
   2.3.1 사용자 계정 추가하기 ·· 59
   2.3.2 데이터베이스 생성, 선택, 삭제 ··· 61
   2.3.3 테이블 생성, 수정, 삭제 ··· 63
   2.3.4 테이블 삽입 ·· 66
   2.3.5 데이터 검색 ·· 67

2.3.6 입력 데이터 변경 및 삭제 ·········· 68
2.4 MySQL의 데이터베이스 관리 툴 ·········· 69

제3부 학사 관리 예제 데이터베이스

3.1 학사 데이터베이스의 해설 ·········· 72
3.2 테이블의 내용 ·········· 77
3.3 무결성 규칙 ·········· 82

제4부 학사관리 예제 만들기

4.1 MySQL 데이터베이스 생성 ·········· 86
   4.1.1 데이터베이스 및 테이블 만들기 ·········· 86
   4.1.2 Commit/Rollback 작업 ·········· 89
   4.1.3 Savepoint/Truncate 작업 ·········· 91
4.2 SQL 데이터형(Data Type) ·········· 94
   4.2.1 SQL 데이터형 ·········· 94
   4.2.2 NULL 값 ·········· 96
4.3 학사 관리 예제 만들기 ·········· 97
   4.3.1 데이터베이스 및 사용자 계정 생성 ·········· 97
   4.3.2 테이블 생성 ·········· 99
   4.3.3 테이블 데이터 삽입 ·········· 106
   4.3.4 질의(Query) 테이블 ·········· 109
   4.3.5 행의 갱신과 삭제 ·········· 111
   4.3.6 뷰(Views) ·········· 114
4.4 보안 설정 ·········· 116
   4.4.1 ROOT 사용자의 데이터 보안 ·········· 116
   4.4.2 사용자 생성 및 권한부여 ·········· 118

제5부 테이블 생성

5.1 MySQL RDBMS의 제한 조건 ·········· 126
5.2 새로운 테이블의 생성 ·········· 127
5.3 기본 키 ·········· 129

5.4 테이블 명세와 소유자 ··· 131
5.5 테이블과 열의 이름 ··· 131
5.6 테이블의 삭제 ·· 132
5.7 테이블의 구조 변경(열의 추가) ·· 133
5.8 테이블 구조의 변경 ··· 134
5.9 테이블 복사 ·· 135
5.10 테이블 이름 변경 ··· 136
5.11 테이블과 데이터 사전 ·· 136

제6부 SELECT 명령문과 공통 요소

6.1 리터럴(Literal) ·· 147
   6.1.1 정수 리터럴 ·· 147
   6.1.2 십진 리터럴 ·· 148
   6.1.3 부동 소수점 리터럴 ·· 148
   6.1.4 영수치 리터럴 ··· 149
   6.1.5 날짜 리터럴 ·· 149
6.2 수식 ·· 150
   6.2.1 수치 수식과 숫자 처리 함수 ·· 151
   6.2.2 영수치 수식 ·· 153
   6.2.3 숫자 처리 함수 ··· 154
6.3 스칼라 함수 ··· 158
6.4 날짜 및 시간 처리 ··· 162
   6.4.1 날짜 및 시간 관련 칼럼 타입 ·· 163
   6.4.2 날짜 및 시간 관련 함수 ·· 163
6.5 데이터형 변환 함수 ··· 167
6.6 사용자 정의 변수 ··· 169
6.7 시스템변수 ·· 170

제7부 SELECT 명령문의 절(Clause)

7.1 서 론 ·· 178
7.2 SELECT 명령문 모든 절을 포함한 수행 과정 ··································· 179
   7.2.1 FROM 절 ··· 182
   7.2.2 WHERE 절 ··· 183

7.2.3 GROUP BY 절 ·· 183
7.2.4 HAVING 절 ·· 184
7.2.5 SELECT 절 ··· 184
7.2.6 ORDER BY 절 ··· 186
7.3 SELECT 명령문 일부 절을 포함한 수행 과정 ··· 186
7.3.1 FROM 절 ··· 187
7.3.2 WHERE 절 ··· 188
7.3.3 GROUP BY 절 ·· 188
7.3.4 HAVING 절 ·· 188
7.3.5 SELECT 절 ··· 188
7.3.6 ORDER BY 절 ··· 189

제8부 SELECT 명령문 : FROM 절

8.1 FROM 절에서 테이블 명세 ··· 192
8.2 열 명세 ··· 193
8.3 다중 테이블 명세 ··· 193
8.4 가명(Alias) ·· 197
8.5 FROM 절의 다양한 예제 ··· 197
8.6 반드시 가명을 사용해야 하는 경우 ·· 203

제9부 SELECT 명령문 : WHERE 절

9.1 개 요 ··· 208
9.2 관계 연산자를 사용하는 조건 ··· 209
9.3 AND, OR, NOT을 사용한 다중 조건 ·· 213
9.4 BETWEEN 연산자 ··· 217
9.5 IN 연산자 ·· 219
9.6 LIKE 연산자 ·· 221
9.7 NULL 연산자 ··· 223
9.8 부속 질의어에서 IN 연산자 ·· 225
9.9 부속 질의어에서 관계 연산자 ··· 231
9.10 ALL과 ANY 연산자 ·· 233
9.11 EXISTS 연산자 ·· 237
9.12 부정 조건 ··· 241

제10부 SELECT 명령문 : 통계함수

- 10.1 모든 열의 선택(*) ········· 252
- 10.2 SELECT 절의 수식 ········· 254
- 10.3 DISTINCT을 사용한 중복된 행의 제거 ········· 254
- 10.4 언제 2개의 행이 동등한가? ········· 259
- 10.5 COUNT 함수 ········· 260
- 10.6 MAX와 MIN 함수 ········· 262
- 10.7 SUM 함수 ········· 265
- 10.8 AVG 함수 ········· 266
- 10.9 STDDEV와 VARIANCE 함수 ········· 268
- 10.10 통계 함수를 사용하는 일반적인 규칙 ········· 269
- 10.11 열의 표제어 사용 ········· 271

제11부 GROUP BY와 HAVING

- 11.1 열의 그룹화 ········· 276
- 11.2 2개 이상의 열에 대한 그룹화 ········· 279
- 11.3 수식의 그룹화 ········· 282
- 11.4 NULL 값의 그룹화 ········· 283
- 11.5 GROUP BY와 DISTINCT ········· 284
- 11.6 HAVING 절의 소개 ········· 284
- 11.7 HAVING 절의 예제 ········· 285
- 11.8 HAVING 절에 대한 일반적인 규칙 ········· 287

제12부 SELECT 명령문 : ORDER BY절

- 12.1 단일 열 정렬 ········· 292
- 12.2 순서 번호로 정렬 ········· 293
- 12.3 오름차순과 내림차순 정렬 ········· 294
- 12.4 하나 이상의 행 정렬 ········· 295
- 12.5 수식과 함수의 정렬 ········· 298
- 12.6 NULL 값의 정렬 ········· 299

제13부 SELECT 명령문의 조합

13.1 서 론 ······ 304
13.2 UNION의 조합 ······ 305
13.3 UNION을 사용하기 위한 규칙 ······ 308
13.4 UNION ALL의 조합 ······ 309
13.5 집합 연산자와 NULL 값 ······ 311

제14부 부속 질의어

14.1 부속 질의어 규칙 ······ 316
14.2 상호 관련 부속 질의어의 예제 ······ 322
14.3 복합키의 사용 ······ 328

제15부 SELECT 명령문 : 조인(JOIN)

15.1 조인 ······ 336
15.2 조인에서 사용되는 용어 ······ 337
15.3 조인 열 간의 관계성 ······ 340
   15.3.1 CROSS JOIN ······ 340
   15.3.2 INNER EQUI JOIN ······ 341
   15.3.3 OUTER EQUI-JOIN ······ 344
   15.3.4 FULL OUTER JOIN ······ 348
   15.3.5 Self Join ······ 352
   15.3.6 조인 열 모집단의 분해 ······ 354
15.4 조인 조건이 없는 조인 ······ 355
15.5 통계 함수와 조인 ······ 356

제16부 테이블의 변경

16.1 새로운 행 삽입 ······ 362
16.2 테이블에서 테이블로 행을 복사 ······ 363
16.3 행 값의 변경 ······ 368
16.4 테이블에서 행 삭제 ······ 371

제17부   인덱스의 사용

- 17.1 인덱스 작업 ······ 376
- 17.2 SELECT 명령문의 단계적 처리 ······ 379
- 17.3 인덱스의 생성과 삭제 ······ 383
- 17.4 MySQL과 인덱스 ······ 384
- 17.5 인덱스를 위한 열의 선택 ······ 385
    - 17.5.1 후보 키에 대한 유일한 인덱스 ······ 385
    - 17.5.2 외래 키에 대한 인덱스 ······ 386
    - 17.5.3 선택 표준에 포함된 열에 대한 인덱스 ······ 386
    - 17.5.4 정렬에 사용된 열에 대한 인덱스 ······ 387
    - 17.5.5 그룹화에 사용된 열에 대한 인덱스 ······ 388
    - 17.5.6 DISTINCT에 대한 인덱스 ······ 388
    - 17.5.7 인덱스를 정의하지 않을 때 ······ 388

제18부   뷰(View)

- 18.1 뷰의 생성 ······ 392
- 18.2 뷰의 열 이름 ······ 397
- 18.3 뷰의 변경 : WITH CHECK OPTION ······ 399
- 18.4 뷰 테이블의 정보 ······ 402
- 18.5 뷰 테이블 통계함수 사용 ······ 403
    - 18.5.1 WHERE 절에 통계함수 사용 ······ 403
    - 18.5.2 SELECT 절에 통계함수 사용 ······ 404
    - 18.5.3 GROUP BY절을 이용한 VIEW 테이블과 다른 테이블과 JOIN ······ 405
    - 18.5.4 WHERE 절에 다른 테이블을 부속질의어로 사용하는 경우 ······ 405
    - 18.5.5 ORDER BY절을 사용하는 경우 ······ 406
    - 18.5.6 집합연산자를 사용하는 경우 ······ 406
    - 18.5.7 HAVING절을 사용하는 경우 ······ 407
- 18.6 뷰 테이블의 제약 사항 ······ 408
- 18.7 뷰 명령문의 처리 ······ 408
- 18.8 뷰의 응용 분야 ······ 410

제19부   트랜잭션(Transaction)과 락(LOCK)

- 19.1 트랜잭션이란? ······ 416

19.2 MySQL에서의 트랜잭션 ··· 417
    19.2.1 트랜잭션의 사용 ·· 418
19.3 락(LOCK) ··· 420

제20부 SQL 명령문의 최적화

20.1 OR 연산자의 사용을 피하라. ·· 424
20.2 불필요한 UNION 연산자의 사용을 피하라. ·· 429
20.3 NOT 연산자를 피하라. ··· 431
20.4 조건에 열을 분리하라. ·· 432
20.5 BETWEEN 연산자를 사용하라. ·· 433
20.6 LIKE 연산자의 특별한 형식을 피하라. ··· 434
20.7 조인에 여분의 조건을 추가하라. ·· 434
20.8 HAVING 절을 피하라. ·· 435
20.9 가능한 작은 SELECT 절을 만들어야 한다. ··· 436
20.10 DISTINCT 사용을 피하라. ·· 437
20.11 자료형의 변환을 피해야 한다. ··· 437
20.12 가장 큰 테이블을 마지막에 위치하라. ·· 438
20.13 ANY와 ALL 연산자의 사용을 피하라. ··· 438
20.14 미래의 최적화기 ··· 440
20.15 디스크 최적화 ·· 440
20.16 운영체제 최적화 ··· 441

제21부 데이터베이스 설계 지침

21.1 테이블과 열에 대한 지침 ·· 445
21.2 중복 데이터의 포함 ·· 448
21.3 열에 대한 자료형의 선택 ·· 451
21.4 언제 NOT NULL을 사용해야 하는가? ·· 453

제22부 MySQL 유틸리티

22.1 myisamchk ·· 456
22.2 myisamlog ··· 463

22.3 myisampack ·· 463
22.4 mysql ·· 464
22.5 mysqlaccess ·· 465
22.6 mysqladmin ··· 465
22.7 mysqlbinlog ··· 466
22.8 mysqlcheck ··· 467
22.9 mysqldump ··· 467
22.10 mysqlhotcopy ·· 468
22.11 mysqlshow ·· 469
22.12 mysql_zap ··· 469
22.13 perror ·· 470
22.14 replace ·· 471

제23부 Trigger

23.1 CREATE TRIGGER 구문 ·· 474
23.2 DROP TRIGGER 구문 ·· 478
23.3 트리거 사용하기 ··· 478

부 록

1. BNF ·· 484
2. SQL 예약어와 ASCII 문자 집합 ··· 487
   2.1 SQL1 표준예약어 ··· 487
   2.2 SQL 명령문의 구문 정의 ··· 488
   2.3 Definitions of SQL statement ·· 490
   2.4 Common elements ·· 495
   2.5 ASCII 문자 집합 ··· 502
   2.6 학사데이터베이스 데이터 입력 명령 ··· 508

Part 01

데이터베이스 개요

Part 01 데이터베이스 개요

오늘날의 기업 환경은 어느 때보다 운영 시스템에 대한 의존도가 높다. 사용자수는 지속적으로 증가하고, 애플리케이션의 성능, 신뢰성, 가용성에 대한 사용자의 요구는 날로 커져 가고 있다. 또한, 기업 환경의 역동성은 더 한층 강화되어, 기업 환경의 급격한 변화에 신속히 대응할 수 있는 애플리케이션을 요구한다. 한편, 기업은 조직 개편, 업무 절차 조정, 규제 변화, 경쟁 동향 등에 대응할 수 있는 신속한 전략 결정을 이루어야만 하며, 이러한 의사 결정은 정확한 데이터와 치밀한 분석에 근거를 두어야 한다.

운영 데이터를 분석하고 활용할 수 있는 능력은 기업 경쟁력의 핵심 무기라고 할 수 있다. 이러한 과제를 해결하기 위해 전산 조직은 어떤 규모의 어떤 데이터, 어떤 애플리케이션도 관리할 수 있는 기업 소프트웨어 전략이 필요하다.

1.1 데이터베이스의 개요

정보란「시스템이 개인이나 단체의 요구를 처리하는데 있어서 중요하다고 인식되는 모든 지식」을 말한다. 다시 말해서 개인이나 단체가 의사 결정을 내리는데 필요한 모든 지식을 정보라고 말할 수 있다. 데이터란「지구상에 존재하는 모든 객체들의 개념, 사상, 명령 등을 표현한 것으로 인간 또는 기계가 감지할 수 있도록 숫자, 문자, 기호 등을 이용하여 형식화한 것」을 말한다.

1963년에 GE(General Electric) 회사에 근무하던 바크만(Charles W. Bachman)은 IDS (Integrated Data Store)라는 데이터베이스 관리 시스템을 만들어 현대적 의미의 데이터베이스 개념을 확립하였다. 이러한 의미의 데이터베이스는「어느 한 조직의 여러 응용 시스템들이 공용할 수 있도록 통합, 저장된 운영 데이터의 집합」이라고 정의 내릴 수 있다.

(1) 데이터베이스의 네 가지 만족 조건

① 통합된 데이터(Integrated data) : 데이터베이스는 동일한 데이터가 중복되어 있지 않다는 것을 의미한다. 그러나 완전히 중복이 배제된 것은 아니고, 검색의 효율성 등을 고려하여 최소한의 중복(minimal redundancy) 또는 통제된 중복(controlled redundancy)을 허용한다.

② 저장 데이터(Stored data) : 데이터베이스는 컴퓨터가 접근 가능한 자기테이프나 디스크와 같은 저장 매체에 저장된 데이터를 말한다.

③ 운영 데이터(Operational data) : 데이터베이스는 어떤 한 조직의 고유 기능을 수행하기 위해 반드시 필요한 데이터를 말한다. 즉, 조직의 존재 목적이나 기능을 수행하는 데 없어서는 안 될 데이터의 집합이다.

④ 공용 데이터(Shared data) : 데이터베이스는 어느 한 조직의 여러 응용 프로그램들이 공동으로 소유하고 유지하며, 이용하는 데이터를 말한다. 이처럼 데이터베이스는 겉으로는 단순한 것 같으면서도, 실제로는 매우 다원적인 성격을 가지고 있다.

(2) 데이터베이스의 특성

① 실시간 접근성(Real-time accessibility) : 데이터베이스 내의 데이터들은 데이터 상호간에 연결되어 있지 않으면 이를 참조할 수 없기 때문에 상호 밀접한 관계로 연결되어야 하고 중복 데이터를 가급적 배제하여 데이터베이스를 구축하여야 한다. 또한 데이터베이스를 구축하여 놓고 이를 효율적으로 사용하기 위해서는 실시간 처리가 가능하도록 하여 어떠한 질의에 대해서도 몇 초안에 즉각적인 응답이 이루어지도록 하여야 한다.

② 계속적인 변화(Continuous evolution) : 데이터베이스의 상태는 어느 한 시점에서 데이터베이스가 저장하고 있는 내용을 말하고, 내용은 현실성을 그대로 반영하여 그때마다 변하는 동적인 성격을 가진다. 즉, 데이터베이스는 항상 급변하는 현실 세계를 반영하기 때문에 계속적으로 변화되어야 한다.

③ 동시 공유(Concurrent sharing) : 데이터베이스는 서로 목적이 다른 사용자들이 같은 시간에 같은 데이터에 접근하여 이용할 수 있도록 DBMS는 관리하여 접근이 가능하도록 도와준다.

④ 내용에 의한 참조(Content reference) : 데이터베이스의 데이터 참조는 레코드의 주소나 위치에 의해서 참조되는 것이 아니라 사용자가 요구하는 데이터의 값에 따라 참조된다.

데이터베이스는 현실 세계에 대한 기술이며 여러 종류의 대상에 대하여 각 대상마다 데이터가 정리되고 기억되어야 한다. 즉, 실제 물체를 구분하는 개체(entity)들로 구성되며, 실제 값들인 개체 값들이 모여 데이터베이스를 구성한다. 이 개체는 현실 세계에 대해 사람이 생각하는 개념이나 정보의 단위로서 의미를 가지고 컴퓨터가 취급하는 파일의 레코드에 대응한다. 하나의 개체는 한개 이상의 속성, 즉 애트리뷰트(attribute)로 구성되며 각 속성은 그 개체의 특성이나 상태를 나타낸다. 또한, 일반적으로 한 속성이 취할 수 있는 모든 값을 총칭해서 도메인(domain)이라 한다. 개체는 그 개체를 구성해서 기술하고 있는 속성들이 어떤 실제 값을 가지며 구체화된다. 이를 개체의 값으로 볼 수 있는데, 이것을 개체 어커런스(entity occurrence) 또는 개체 인스

턴스(entity instance)라고 하고, 이들의 집합을 개체 집합(entity set)이라 한다. 또한, 속성의 이름으로만 기술된 개체의 정의를 개체 타입(entity type)이라고 한다.

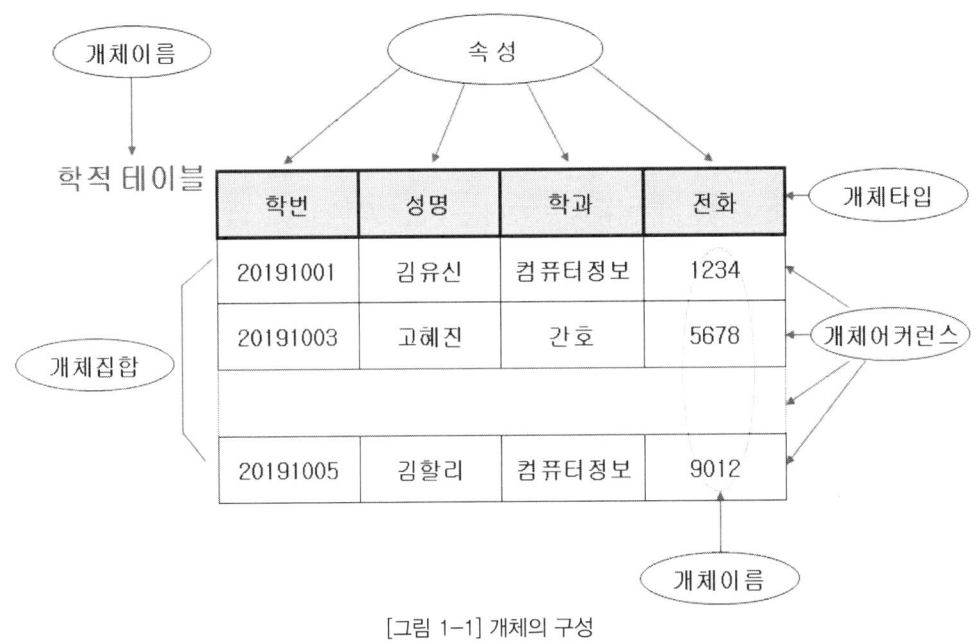

[그림 1-1] 개체의 구성

이 데이터베이스를 일반 사용자가 이용할 때는 간단하게 정해진 양식에 따라 질문 사항을 기입하고, 특수 목적의 단말 장치를 이용한다. 또한 일반적인 질문이나 데이터 처리를 간단한 질의어로 사용할 수 있는 데이터베이스 체제도 있다.

데이터베이스는 어떤 개체에 대한 기술(학적사항, 등록사항, 수강사항, 자재업무, 인사업무, 급여업무 등 대학이나 회사의 어떤 개체)이 각 개체에 대하여 항목별로 정리, 기억되어 있으며, 개체끼리의 관계(relationship)도 기술되어 있다. 이 관계는 어느 특정 개체를 기술하는 속성들 간의 속성 관계(attribute relationship)와 개체 집합과 개체 집합사이의 개체 관계(entity relationship)로 나뉜다. 사용자 입장에서 본 데이터베이스의 구성 요소는 표현하려는 유·무형 정보의 객체(object)인 개체(entity)와 그들 간의 관계(relationship)로 구성된다.

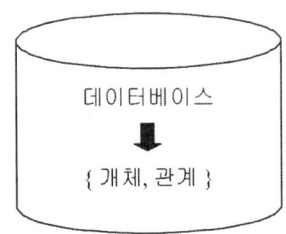

[그림 1.2] 데이터베이스의 구성요소

데이터베이스란 무엇인가? "관련된 자료를 정리하여 모아둔 것"

C. J. Date(Date, 1991)는 다음과 같이 데이터베이스 개념을 정의하였다.

> "데이터베이스는 특별한 기업의 응용 시스템에서 사용하기 위해서 저장된 데이터의 집합이다."

오늘날 데이터베이스가 사람, 자본, 기술과 더불어 기업 경영에 관한 의사결정에 중대한 역할을 하는 이유도 앞에서 언급한 데이터의 정보화 때문이다. 즉 의사 결정에 필요한 엄청난 양의 데이터를 관리하기 위해서는 전산화가 요구되었고, 필요한 정보의 욕구를 만족시키기 위해서 기존의 파일 개념에서 벗어난 데이터베이스가 출현하게 된 것이다.

그러면 MySQL사의 데이터베이스를 알아보면, MySQL에 접속(Login)할 때 User ID가 바로 Root라는 것을 알 수 있을 것이다. 데이터베이스는 데이터 파일과 이를 조작하는 프로그램의 집합이다. 즉 데이터 파일은 데이터베이스의 모든 데이터를 포함하고 있으며, 이 데이터 파일이 한 개 이상 모여서 데이터베이스가 되는데, 이것은 PC에서 사용하는 모든 데이터가 하드디스크에 저장되어 있는 것과 유사하다. 좀 더 쉽게 설명하자면 데이터베이스는 "조직화된 정보의 집합"이라고 할 수 있다. 그래서 문자열, 숫자, 날짜, 일정량의 문서(예를 들어 학적사항, 수강사항, 등록사항, 장학사항 등)와 같이 어떤 유형이든 사용 가능하며 조직적으로 관리할 수 있다. 그리고 데이터베이스는 개인에서부터 대학, 회사나 국가까지 여러 종류의 컴퓨터에서 사용되는데, 개인이 주로 사용하는 소형 데이터베이스 시스템은 한 명의 사용자가 전부이므로 자료의 양이나 사용자의 인원에 따른 여러 가지 문제들을 생각할 필요가 없는 반면 대학, 회사나 국가와 같은 큰 단체에서는 대형 데이터베이스 시스템을 구축하는데 일의 특성상 매우 많은 사용자와 엄청난 양의 데이터를 처리하고 저장해야 하기 때문에 DBMS의 종류와 컴퓨터의 종류를 고려하여 구입 후 사용해야 한다. 종합적인 측면에서 보면, 데이터베이스는 통합된 데이터의 집합, 컴퓨터 화하여 저장된 디지털데이터, 공용 데이터, 유지 보수하여 운영할 데이터, 데이터 이용의 빈도 수, 이용 주기 및 방법, 변경 횟수, 사용자 수, 여러 응용 시스템에 적합한 데이터 유형이나 포맷 등을 고려하게 됨으로써 데이터베이스의 구조는 더욱 복잡하게 되고 대형화되는 경향을 보인다.

데이터베이스에 있는 데이터는 어떤 일이 데이터와 함께 수행되어야만 유용하게 된다. 예를 들면 데이터는 리포트를 생성하기 위해서 사용된다. 그러나 데이터베이스에 저장된 데이터는 직접적으로 접근할 수 없기 때문에 특별한 소프트웨어가 필요한데, 일반적으로 이러한 소프트웨어를 데이터베이스 관리 시스템(DBMS:DataBase Management System)이라 한다. DBMS는 데이터를 관리하고 데이터베이스 데이터를 사용자가 사용할 수 있도록 한다. DBMS가 없다면 데이터베이스에 있는 데이터를 검색한다거나 수정, 삭제 등이 불가능하다.

즉, DBMS만이 데이터가 어떻게 저장되어 있고 어디에 저장되어 있는지 알 수 있다.

R. Elmasri(1989)는 DBMS를 다음과 같이 정의하였다.

> "DBMS는 사용자에게 데이터베이스를 생성하고 유지할 수 있게 해주는 프로그램의 집합이다."

DBMS는 스스로 데이터베이스에 있는 데이터를 삭제하거나 수정할 수 없다. 이러한 일을 할 수 있도록 누군가 어떤 명령을 주어야 한다. 이러한 명령은 데이터베이스 언어(database language)라는 특별한 언어로 DBMS에게 주어진다. 데이터베이스 언어의 규칙에 따라 형식화된 명령(또는 문장)은 사용자에 의해서 입력되고 DBMS에 의해서 처리된다. 제조업체가 어느 회사든지 모든 DBMS는 데이터베이스 언어를 갖고 있다. 어떤 DBMS는 하나 이상의 데이터베이스 언어를 가지고 있기도 한다. 비록 이러한 모든 언어 간에 차이점이 존재할 지라도 이들은 그룹으로 나누어진다. 관계 데이터베이스 언어(Relational Database Language)는 이들 그룹 중 하나이다.

DBMS는 어떻게 데이터를 데이터베이스에 저장하는가? DBMS는 정보를 저장하기 위해서 장롱 속의 금고나 파일 캐비닛을 사용하는 것이 아니라 컴퓨터의 저장 매체로 사용되는 자기 테이프, 플로피 디스크, 하드디스크와 같은 매체를 사용한다. DBMS가 이러한 매체에 정보를 저장하는 방법은 매우 복잡하고 기술적이므로 본서에서는 이러한 내용에 대해서는 자세히 설명하지 않겠다. 사실 DBMS의 가장 중요한 작업 중 하나는 데이터 독립성(independence)을 제공하는 것이기 때문에 매체에 정보를 저장하는 방법은 그다지 중요하지 않다. 즉, 데이터베이스는 거대한 정보의 저장소이기 때문에 사용자는 데이터가 어떻게 저장되고 어디에 저장되는가 알 필요가 없다는 것이다.

DBMS의 또 다른 중요한 작업은 데이터베이스 데이터의 무결성(integrity)을 유지하는 것이다. 무결성이란 첫째로 데이터베이스의 데이터는 실세계를 적용하는 규칙을 항상 만족해야 한다는 것을 의미한다. 예를 들면, 한 부서에서만 작업을 하는 사원의 경우인데, 특별한 사원은 둘 이상의 부서에서 작업을 하는 것으로 등록되어 있다면, DBMS에서 관리되는 데이터베이스에서는 불가능하다. 두 번째로 무결성은 두 개의 서로 다른 부분에 있는 데이터베이스 데이터가 서로 모순되지 않아야 한다는 것을 의미한다. 이는 또한 데이터 일관성(consistency)으로 알려져 있다.(예를 들면 데이터베이스의 한 위치에 있는 김유신의 출생일이 2000. 10. 07로 등록되어 있고 다른 위치에서는 출생일이 2001. 10. 07로 등록되어 있다면 이러한 두개의 데이터는 분명히 일관성이 없다.) DBMS는 지정된 무결성 규칙을 사용할 수 있도록 하는 명령문을 인식하도록 설계되었다. 일단 이러한 규칙이 입력되면 DBMS는 무결성의 규칙을 구현할 수 있도록 한다.

(3) Codd의 관계형 데이터베이스 시스템의 3가지 특성

1970년에, Communications of the ACM은 IBM 산호세 연구소의 멤버였던 E. F. Codd 박사가 저술한 "큰 공유 데이터 뱅크를 위한 데이터의 관계형 모델(A Relational Model of Data for Large Shared Data Banks)"이라는 논문에서 관계형 데이터베이스 개념의 대한 이론과 수학적 기초를 마련하였다. 그의 논문에서, 관계형 데이터베이스의 요소인 관계, 속성, 도메인과 관계 연산자를 설명하고 있다.

① 데이터의 논리적 독립성:한 속성(칼럼)에 가해진 변경(크기의 증가 또는 감소)이 동일한 관계(테이블)에 대한 다른 속성(칼럼)에 심각한 영향을 주지 않는다는 것을 의미한다. 데이터의 논리적 독립성은 소프트웨어 유지보수 비용을 극적으로 줄일 수 있기 때문에 데이터처리 조직에게는 매력적인 개념이다.

② 참조 무결성과 데이터 무결성:관계형 데이터베이스는 애플리케이션 소프트웨어에서 무결성 제약 조건을 실행해야 하는 부담을 없앨 수 있다.

③ 비정규 질의 : 사용자는 작업을 실행하는 방법을 명시하지 않고도, 데이터베이스에게 어떤 데이터를 조회할 것인지를 명령할 수 있다.

1.2 모델의 종류

SQL(Structured Query Language)은 DBMS에서 사용되는 데이터베이스 언어로서 형식화된 명령문으로 구성되어 있다.

SQL은 관계 모델의 이론에 근거를 두고 있다. SQL을 사용하기 위해서는 관계 모델에 대한 지식이 필요하다. 비록 SQL이 가장 최근의 언어로 생각되고 있지만 그 역사는 1972년까지 거슬러 올라간다. SQL은 많은 제품에서 이미 소개되었는데 현재 사용되고 있는 SQL 표준안에 대하여 소개하고자 한다.

데이터 모델은 컴퓨터 세계의 업무처리를 표현한 모델이고 데이터 모델의 목적은 데이터베이스의 전반적인 구조를 설계하고 검토하는데 있다. 지금까지는 수십 종류의 데이터 모델들이 제안되어 사용되고 있으나 그 중에서 가장 많이 사용되고 있는 대표적인 모델들을 기술하고자 한다.

1.2.1. 계층 데이터 모델(Hierarchical Data Model)

계층 모델은 개체 집합에 대한 속성 관계를 표현하기 위하여 개체를 노드로 표현하고 개체 집합들 사이의 관계를 링크로 연결한 트리(tree) 형태의 자료구조 모델이다. 즉, 개체와 개체의 관계를 트리 구조로 연결하는 데이터 모델이다. 자료에 대한 접근은 루트 개체로만 가능하며, 모든 개체는 복수 개를 가질 수 있으나 부모는 한 개체만 갖는다. 개체와 개체는 포인터로 연결하고 이것은 현실 세계에서도 트리 구조를 갖는 업무를 표현하는데 편리하다.

1.2.2. 망 데이터 모델(Network Data Model)

망 모델은 개체 집합에 대한 속성 관계를 표현하기 위하여 개체를 노드로 표현하고 개체 집합들 사이의 관계를 링크로 연결한 그래프(graph) 형태의 자료구조 모델이다. 즉, 개체와 개체 관계를 그래프 구조로 연결하는 데이터 모델이다. 따라서 계층 데이터 모델과 유사하다. 다만 부모를 복수 개 가질 수 있다는 점만 상이하다. 이것은 현실 세계에서도 망구조의 업무를 표현하는데 편리하다.

1.2.3. 관계 데이터 모델(Relational Data Model)

관계 모델은 개체 집합에 대한 속성 관계를 표현하기 위하여 개체를 테이블(table)로 사용하고 개체 집합들 사이의 관계는 공통 속성으로 연결하는 독립된 형태의 데이터 모델이다. 모든 개체들이 다른 개체들과 직접적인 관계없이 독립적으로 존재하는 데이터 모델이다. 따라서 포인터로 연결되는 구조가 아닌 같은 속성이 있는 경우에 자료 값이 같으면 연결할 수 있고 단순한 업무에 적합하며 가장 일반적으로 많이 사용하는 모델 기법이다.

1.2.4. 객체지향 데이터 모델(Object-oriented Data Model)

객체지향 데이터 모델은 계승, 객체ID, 자료추상형 등의 객체지향 개념과 데이터베이스 개념을 통합하여 가급적 실세계와 유사하게 모형화하는 데이터 모델이다. 따라서 객체지향 모델은 복잡한 실세계의 정보 시스템을 효율적으로 모델링하고 구현하는데 그 목적이 있다. 이것은 멀티미디어의 보급과 더불어 더욱 복잡해지는 정보 세계의 객체들을 시스템화하는데 큰 역할을 수행하고 있다.

문자, 그림, 음성, 화상 등 멀티미디어 객체와 같은 복잡하고 큰 자료들을 기존의 관계 데이터베이스로 지원하는 데는 문제가 많다. 관계 데이터베이스의 특징은 단순한 자료를 처리하는데 적합하지만 복잡한 자료를 처리하기 어렵기 때문이다. 데이터베이스 시장의 새로운 요구를 위해 제안된 데이터 모델이 객체지향 프로그래밍(OOP:Object-Oriented Programming)에서 발전된 객체지향 데이터 모델이다. 객체지향 프로그램의 핵심 개념은 자료 추상형(ADT, Abstract Data Type), 객체 신원(identity), 계승(inheritance)등이므로 이들 개념을 데이터베이스에 통합한 것이 객체지향 데이터베이스이다.

1.2.5. 객체관계 데이터 모델(Object Relational Data Model)

관계 데이터 모델은 단순한 자료처리에 적합하고, 객체지향 데이터 모델은 복잡한 자료처리에 적합하다. 그러나 데이터베이스 시장에서는 단순한 자료와 복잡한 자료를 함께 잘 처리할 수 있는 데이터 모델을 원하기도 한다. 그 이유는 한 회사에서 두 가지 데이터베이스 시스템을 잘 사용하기 힘들기 때문이다. 따라서 객체관계 데이터 모델은 객체지향 모델의 장점과 관계 모델의 장점을 취하여 하나의 시스템으로 통합된 모델이다.

객체관계 모델의 대표적인 실례가 Informix Universal Server이다. 이 시스템은 객체 모델인 Illustra와 관계 모델인 Informix를 통합한 데이터베이스 시스템이다. 그 이전에는 관계 데이터베이스를 확장하여 확장형 관계 데이터베이스를 여러 데이터베이스 회사에서 추진하고 있었으나 지금은 객체관계 모델로 정리되고 있다.

1.3 관계형 모델과 객체 지향형 데이터베이스

SQL은 형식적이며 수학적 이론에 근거를 두고 있다. 개념과 정의의 집합으로 구성된 이러한 이론을 관계형 모델(relational model)이라 한다. 이 관계형 모델은 데이터베이스 언어를 위한 이론적 기초를 구성하였다. 이 모델은 데이터베이스에 데이터를 기록하도록 하는 작고 간단한 많은 개념들로 구성되었고, 정보를 조작하기 위한 다양한 연산자도 가지고 있었다. 이러한 개념과 연산자는 주로 집합 이론과 술어 논리로부터 빌려 온 것이었다.

1.3.1. 객체관계 데이터 모델(Object Relational Data Model)

RMBDS는 가장 대표적인 데이터베이스 시스템이며, 현재의 시장을 주도하고 있는 대표적인 기술이다. 그 성공의 요인은 다음과 같다.

(1) RDBMS의 성공요인

① 모델 자체가 간단하다. RDBMS는 한 마디로 문자, 숫자, 날짜, Memo 타입의 정보를 이차원 구조의 테이블 형태로 저장한다. 이는 설계자와 사용자 모두에게 정보 구조를 쉽게 이해하고 설계할 수 있도록 해주는 장점을 제공하기 때문이다.

② RDBMS 모델 자체가 수학적인 이론의 바탕 위에서 성립되어 개발시스템의 성능을 수학적으로 미리 예측하여 검증할 수 있으며 여러 연산을 수학적으로 최적화 할 수 있기 때문에 개발자에게 커다란 도움이 된다.

③ 간단한 질의어만 익히면 누구나 정보 검색을 할 수 있게 함으로써, 데이터베이스의 대중화에 크게 기여하였다.

④ 시대의 흐름에 발맞춰 그 시대가 요구하던 기술들을 지속적으로 지원해 왔으며, 대표적인 것으로 클라이언트/서버 구조를 들 수가 있다.

최근 몇 년 동안 데이터베이스 관리 시스템(DBMS)은 데이터 저장의 수단으로 대형의 상업용 트랜잭션 프로세싱 애플리케이션으로부터 PC기반 데스크톱 애플리케이션까지 구축해 왔다. 오늘날의 정보 시스템의 심장부는 관계형 데이터베이스 시스템(RDBMS)이다. 파일 시스템과 달리 RDBMS는 거대한 양의 작업 데이터를 정보 시스템에 쉽게 통합화한다.

현재 RDBMS 시장에는 MySQL을 비롯해 Oracle, Sybase, Informix, M/S SQL, DB2, dBase Ⅲ+, Paradox, FOXPRO… 등 상용제품을 내놓고 각각 서로 경쟁을 벌이고 있다. 이 벤더들 중에서, 최근 들어 Oracle과 더불어 MySQL은 선두 주자로 부각하였고, MySQL RDBMS 엔진은 다른 관계형 데이터베이스보다 더 많은 플랫폼에 이식되고 있다. MySQL의 다양한 플랫폼 지원, 뛰어난 성능 및 무료·오픈소스정책 덕분으로, 많은 애플리케이션 소프트웨어 벤더들은 MySQL을 자신의 데이터베이스 플랫폼으로 선택하였다. 그리고 현재 MySQL은 MySQL이상의 발표와 함께, 동일한 RDBMS 엔진을 데스크톱 환경에 이식하였다.

1.3.2. 관계형 모델의 용어

관계형 모델은 다양한 데이터베이스 언어를 개발하기 위한 예제로서 공헌하게 되었다. 이러한 데이터베이스 언어는 관계형 모델의 이론과 개념에 근거를 두고 있다. 따라서 이러한 언어를 **관계형 데이터베이스 언어**(relational database language)라 하는데, SQL은 이러한 언어 중 하나이다.

- 테이블(Table)
- 열(Column)
- 행(Row)
- 무결성 규칙 또는 제한(Integrity rule or constraint)
- 기본 키(Primary key)
- 후보 키(Candidate key)
- 대체 키(Alternate key)
- 참조 키 또는 외래 키(Referential key or foreign key)

이상에서 열거된 내용만이 관계형 모델에서 사용되는 모든 용어는 아니고 이외에도 많은 용어들이 있다.

1.3.3. 테이블(Table), 열(Column), 행(Row)

관계 데이터베이스에 데이터를 저장할 수 있는 유일한 형식은 테이블(Table)이다. 테이블에 대한 공식적인 이름은 릴레이션(relation)이다. 테이블이라는 용어를 사용하는 이유는 SQL에서 릴레이션보다는 테이블이란 용어를 사용하기 때문이다. 테이블의 예는 다음과 같이 주어진다.

[표 1.1] STUDENT 테이블

stu_no	stu_name	stu_ename	mobile
20141001	박도상	Park Do-Sang	010-0611-9884
20161001	박정인	Park Jung-In	010-3142-1294
20181001	장수인	Jang Soo-In	NULL
20181002	정인정	Jeung Yin-Jeung	010-0605-7837
20181004	김유미	Kim Yoo-Mi	010-0617-1290
20191001	김유신	Kim Yoo-Shin	010-0617-1290
20191002	홍길동	Hong Gil-Dong	010-6425-9245
20191003	고혜진	Ko Hea-Jin	NULL
20191004	이순신	Lee Sun-Shin	010-7141-1860
20191005	김할리	Kim Hal-Li	010-4624-0460
20191006	최에스터	Choi Esther	NULL
20191007	신안나	Shin An-Na	010-5897-0874
20191008	연개소문	Yean Gae-So-Moon	010-0641-9304
20191009	유하나	Yoo Ha-Na	010-0651-0707
20201001	강감찬	Gang Gam-Chan	010-1234-4567
20201010	김영호	Kim Young-Ho	010-4605-5598

테이블에서 STU_NO, STU_NAME, STU_ENAME과 MOBILE은 열(column)의 이름이다. STU_NO 열은 20141001, 20161001, 20181001, 그리고 20201010 값을 가지고 있다. 이러한 값들의 집합은 STU_NO 열의 모집단(population)으로 알려져 있다. STUDENT(학적) 테이블은 대학 학생의 신상 정보를 모두 16개의 행으로 구성되어 있으며, 테이블은 다음과 같은 두 개의 특별한 속성을 가지고 있다.

- 행과 열의 교차점은 원자 값(atomic value)이라는 오직 하나의 값으로 구성된다. 원자 값은 분리할 수 없는 단위이고, 데이터베이스 언어는 이러한 값만을 그대로 다룰 수 있다.
- 테이블에서 행은 순서가 정해져 있지 않다. 따라서 첫 번째 행, 다음 행, 마지막 행등의 의미는 없고 테이블의 내용은 단어의 의미대로 실제적인 행의 집합으로 간주된다.

1.3.4. 무결성 규칙

앞에서 테이블(데이터베이스 데이터)에 기록된 데이터의 무결성에 대하여 기술한 바 있다. 테이블의 내용은 무결성 규칙(integrity rule)을 만족해야 한다. 표 1.1의 STUDENT 테이블에서 두 가지 무결성 규칙의 예제는 학생의 학번은 음의 값을 가질 수 없다는 것이고, 서로 다른 학생은 동일한 학번을 가지지 않아야 한다는 것이다.

무결성 규칙은 관계형 데이터베이스 관리 시스템(relational database management system:RDBMS)에서 강화되었다. 매번 테이블이 갱신되면 RDBMS는 새로운 데이터가 적절한 무결성 규칙을 만족하는지 조사해야 한다. 이는 RDBMS에서 해야 할 중요한 작업으로서 가장 먼저 만족되어야 한다.

무결성 규칙은 몇 가지 형식을 가질 수 있으며, 이 형식에는 기본 키(primary key), 후보 키(candidate key), 대체 키(alternate key), 외래 키(foreign key)와 같은 특별한 명칭을 가지고 있다.

(1) 기본 키 (Primary key)

테이블의 기본 키는 테이블에서 유일한 행(row)을 구별할 수 있도록 사용되는 테이블의 열(column)(또는 열의 조합)이다. 다시 말하면, 테이블에서 두 개의 서로 다른 행은 기본 키 값으로 동일한 값을 가질 수 없고, 테이블에서 모든 행의 기본 키는 항상 하나의 값을 가지고 있어야 하며 NULL 값을 가질 수 없다.

STUDENT 테이블에서 stu_no 열은 이 테이블을 위한 기본 키이다. 따라서 두 명의 학생은 동일한 번호를 가질 수 없으며 번호가 없는 학생은 있을 수 없다.

(2) 후보 키 (Candidate key)

테이블은 기본 키를 대체할 수 있는 하나 이상의 열(칼럼) 또는 열의 조합을 가질 수 있다. 이러한 열은 기본 키의 모든 속성을 가지고 있는데, 이를 후보 키(candidate key)라 한다. 그래서 테이블은 최소한 한 개 이상의 후보 키를 가지고 있다.

유일성(uniqueness):한 테이블에서 모든 튜플(레코드, 행)들을 서로 구별할 수 있는 성질이며, 하나의 후보 키 값으로 서로 다른 2개의 튜플이 검색되지 않아야 한다.

최소성(minimal):후보 키를 구성하는 칼럼들 중에서 어느 하나를 제거하면 유일성 기능을 상실하는 성질이며, 2개 이상의 칼럼들이 하나의 후보 키를 구성할 때, 최소의 칼럼들의 조합으로 유일성을 만족할 수 있는 후보 키를 구성해야 한다.

만약 STUDENT 테이블에서 각 학생의 stu_name과 stu_ename의 조합키가 유일하다면 이들 열은 후보 키가 된다. 이와 같은 두개의 열을 조합하여 기본 키로 지정할 수도 있다.

(3) 대체 키 (Alternate key)

테이블의 기본 키가 아닌 후보 키를 대체 키(alternate key)라 하는데, 특별한 테이블을 위해서

0개 이상의 대체키를 정의할 수 있다. 후보 키라는 용어는 기본 키와 대체키의 일반적인 용어이다. 앞의 예제로부터 stu_name과 stu_ename의 열은 대체키가 될 수 있다.

(4) 외래 키 (Foreign key)

외래 키(foreign key)는 테이블과 테이블의 관계를 설정해 주는 키로 테이블에 있는 한 열(또는 열의 조합)로 만들 수 있고, 한 테이블에 여러 개의 외래 키가 올 수 있는 반면에 관계를 설정해 주는 부모 키는 다른 테이블의 기본 키(Primary key)여야 한다. 부분집합인 모집단으로서 참조 키(referential key)라고도 한다.

학적(STUDENT) 테이블 외에 아래와 같은 학과코드(DEPARTMENT) 테이블이 있다고 생각해 보자. 이 테이블의 DEPT_CODE가 기본 키라고 할 때, 학적(STUDENT) 테이블의 학과코드 열은 학과코드 테이블의 모집단의 부분 집합인 기본 키(Primary key)를 나타낸다. 따라서 학적 테이블의 학과코드 열은 외래 키이다.

[표 1.2] DEPARTMENT 테이블

DEPT_CODE	DEPT_NAME	DEPT_ENAME	CREATE_DATE
10	간호학과	Dept. of Nersing	1954-02-01
40	컴퓨터정보학과	Dept. of Computer Information	1995-02-01

그래서 STUDENT 테이블과 DEPARTMENT 테이블을 조합할 수 있다. 이는 STUDENT 테이블에 DEPT_CODE 열을 포함하고 있기 때문에 가능하며, DEPARTMENT 테이블로 부터 DEPT_CODE 열을 연결할 수 있다.

1.3.5. RDBMS 구성 요소들

RDBMS 구조의 중요한 두 가지 요소는 소프트웨어인 커널(Kernel)과 데이터베이스를 관리하는 커널에 의해 이용되는 시스템 레벨의 데이터 구조로 구성되는 데이터 사전(Data Dictionary)로 이루어진다.

(1) RDBMS 커널

RDBMS는 데이터 접근을 통제하기 위해 설계되는 운영체제(혹은 서브시스템 집합)라고 할 수 있는데, 이것의 기본적인 기능은 데이터의 저장, 추출, 보안이다.

MySQL은 데이터베이스의 동시 사용자를 위해 주어진 자원의 집합에 대한 접근을 관리하고 통제한다. RDBMS의 서브시스템은 호스트 운영체제와 매우 비슷하며 메모리, CPU, 디바이스,

파일 구조와 같은 자원에 머신 레벨의 접근을 하기 위해 호스트 서비스를 철저하게 통합화한다.

MySQL과 같은 RDBMS는 권한을 부여받은 사용자의 리스트와 사용자와 연관된 권한을 유지한다. 또한 메모리 캐시와 페이징(Paging)을 관리하며, 자원의 동시 사용에 대한 록킹(Locking)을 통제하며, 사용자 요청을 할당한다. 그리고 테이블스페이스 구조 내의 스페이스 사용을 관리한다.

(2) 데이터 사전

RDBMS는 다른 데이터베이스나 파일 시스템과 근본적인 차이점은 데이터를 액세스하는 방법에 있다. RDBMS는 더욱 더 추상적이고 논리적인 형식보다는 물리적 데이터를 참조할 수 있게 하며, 또한 애플리케이션 코드 개발 시 용이함과 유연성을 제공한다. RDBMS를 사용하는 프로그램은 데이터베이스 엔진을 통해 데이터에 액세스하며, 실제 데이터 소스로부터 독립성을 생성시키며, 기본적인 물리적 데이터 구조의 세부사항으로부터 애플리케이션을 분리시킨다.

RDBMS는 필드가 데이터베이스 어느 곳에 저장되는지에 주의한다. 만약 파일 시스템 기반 애플리케이션의 레코드 주소를 변경해야 한다면, 많은 양의 프로그래밍 수정을 해야 한다.

예를 들어, 추가 필드를 조정하기 위해 1에서 10바이트를 11에서 20바이트로 고객번호를 이동한다면, 고객번호를 사용하는 모든 프로그램은 수정을 요구하게 된다. 그러나 RDBMS를 사용한다면, 애플리케이션 코드는 레코드 위치보다는 이름에 의해 속성을 참조하게 되면 수정에 대한 필요성이 줄어들게 된다.

이러한 데이터 독립성은 RDBMS 데이터 사전으로 인해 가능하게 된다. 데이터 사전은 데이터베이스 내에 존재하는 모든 객체(Objects)에 대한 메타 데이터(Meta-data:데이터 관리상 필요한 작성자, 목적, 저장장소 등 속성에 관한 데이터)를 저장한다. MySQL의 데이터 사전은 데이터베이스의 특별한 영역에 저장되는 테이블과 데이터베이스 객체의 집합이며, MySQL 커널에 의해 배타적으로 관리된다.

또한 데이터베이스를 읽어오거나 갱신하는 요청은 데이터 사전 내의 정보를 사용하는 MySQL 커널에 의해 처리된다. 데이터 사전 내의 정보는 객체의 존재를 타당하게 하고, 객체에 대한 접근을 제공하며, 실제 물리적 저장 위치를 가진다.

RDBMS는 데이터의 위치에 관심을 가질 뿐 아니라, 데이터를 저장하고 추출하는 최적의 액세스 경로를 결정한다. MySQL은 첫 행 집합에 대한 최고의 반응이나 추출될 모든 행의 전체 결과에 대한 정보를 추출 가능토록 하는 복잡한 알고리즘을 사용한다.

1.4 SQL이란 무엇인가?

SQL(Structured Query Language)은 관계형 데이터베이스 언어이다. 특히, 이 언어는 데이터의 삽입, 삭제, 갱신, 질의 그리고 보호 명령문으로 구성되어 있으며, SQL은 관계 모델의 규칙에 따라 정의되어 있기 때문에 관계 데이터베이스 언어라고 한다. 비록 SQL이 DBMS의 일부는 아닐지라도 본서에서는 SQL을 간단히 DBMS라고 생각하자.

데이터베이스 언어로서 SQL에 대한 몇 가지 표현 방법이 있다. SQL은 관계 데이터베이스 언어이기 때문에 비절차적 데이터베이스 언어로 분류한다. 비절차적이라는 것은 원하는 데이터만을 명시하고 이 데이터가 어떻게 찾을 것인가는 명시하지 않는다는 것이다. 이와 반대되는 절차 언어는 C, PASCAL, COBOL 같은 언어이다.

SQL은 두 가지 방법으로 사용되는데, 먼저 대화형 사용 방법으로서 하나의 SQL 문장이 터미널이나 마이크로컴퓨터에서 입력되면 즉시 처리되어 그 결과를 화면에서 볼 수 있는 형식이다. 대화형 SQL(Interactive SQL)은 응용 프로그램 개발자와 데이터베이스를 접근하려는 단말 사용자를 위한 것이다.

두 번째 방법은 내장형 SQL(Embedded SQL)이라는 것인데, 여기서 SQL 문장은 다른 프로그래밍 언어로 작성된 프로그램 내부에 포함되어 있다. 따라서 SQL 문장의 결과는 즉시 단말 사용자에게 보이지는 않지만 프로그램 내부에 포함되어 처리된다. 내장형 SQL은 주로 단말 사용자를 위해 개발된 프로그램에서 볼 수 있다. 이들 단말 사용자는 데이터베이스에 접근하기 위해서 SQL을 배울 필요는 없고 응용 프로그램을 위해서 설계된 메뉴와 화면에서 작업을 하면 된다.

대화형 SQL과 내장형 SQL의 명령문과 기능은 실질적으로 동일하다. 따라서 대화형으로 입력되어 처리할 수 있는 대부분의 명령문은 내장형 SQL 프로그램에서 사용할 수 있다. 이와 같이 하려면 내장형 SQL은 SQL 명령문과 비SQL 명령문을 같이 사용할 수 있는 특별한 명령문을 사용해야 한다. 본서에서는 주로 대화형 SQL에 대하여 다루고 있다. SQL은 DBMS를 위한 데이터베이스 언어로서 많은 회사에서 이미 구현되어 사용되고 있다.

1.4.1. SQL의 표준화

SQL을 제공하는 회사들의 다양한 제품들 간의 차이점을 줄이기 위해서 많은 국제 모임에서는 SQL 표준을 개발하였다. 이러한 모임에는 ISO(ANSI와 함께), X/Open, SQL Access Group 등이 있지만, 여기서는 ISO의 표준에 대해서만 간단히 기술한다.

가장 중요한 SQL 표준은 말할 것도 없이 국제 표준 기구(ISO:International Standard Organization)의 SQL 표준이다. ISO는 국제적 표준화 기구로서 이들의 주된 임무는 국제적, 지역적, 국가적 표준화를 추진하는 것이다.

1983년에 ANSI와 ISO는 SQL 표준의 개발을 착수하였다. 1986년에 SQL 표준의 첫 번째 작품으로 SQL1이라는 비공식적인 발표하였다.

SQL 표준은 무결성 규칙을 지정하는 데는 매우 미약하였다. 이러한 이유 때문에 SQL1은 1989년에 기본 키와 외래 키를 포함하도록 확장되었다. 이렇게 확장된 SQL 표준을 SQL89라 한다.

1987년에 표준이 완성된 바로 후에 새로운 SQL 표준의 개발이 시작되었다. 이 표준안은 비공식적으로 SQL2 표준이라고 알려졌는데, 이는 1992년에 발표되었다. SQL2 표준은 SQL 표준을 확장한 것으로써 많은 새로운 명령문과 기존에 존재하는 명령문이 확장되어 추가되었다. 따라서 본서에서는 주로 ISO SQL 표준에서 기술된 SQL2 명령문을 설명하고 있다.

1.5 본서의 구성

제2장에서는 MySQL을 어떻게 설치하고 실제 실습을 위한 설정 방법 및 MySQL의 기본 사용법에 대해 설명한다.

제3장에서는 본서의 예제와 연습 문제에서 사용하고 있는 학사관리 데이터베이스에 대하여 자세히 설명한다. 이 데이터베이스는 학사관리를 관리하는 모델이다.

제4장에서는 SQL에 관한 전체적인 내용을 설명한다. 제4장을 읽은 후에 SQL의 전체적인 특성을 알 수 있을 것이다.

제5장에서는 특별한 SQL 명령문을 깊이 연구할 첫 번째 장이다. 이 장에서는 어떻게 테이블을 생성하고 삭제하는지 설명한다.

제6장부터 15장에서는 SELECT 명령문을 사용하여 테이블을 질의하는 명령문을 설명한다. 모든 가능성을 설명하기 위해서 많은 예제가 사용되었다. 본서에서 많은 공간을 SELECT 명령문을 설명하기 위해서 사용하였다. 그 이유는 실제적으로 이 명령문이 가장 많이 사용되기 때문이다.

제16장에서는 어떻게 테이블에 있는 데이터를 갱신하거나 삭제하는지, 어떻게 새로운 행을 추가하는지 설명한다.

제17장에서는	특별한 명령문의 실행 시간을 향상시키기 위해서 어떻게 인덱스를 사용할 수 있는지 설명한다.
제18장에서는	뷰, 가상 테이블을 설명한다. 뷰를 사용한 응용분야를 주로 다루고 있다.
제19장에서는	트랜잭션과 락을 어떻게 사용하는지를 다루고 있다.
제20장에서는	SQL 명령문을 재구성함으로써 어떻게 최적화시켜 실행 시간을 향상시킬 수 있는지 설명한다.
제21장에서는	SQL 데이터베이스 구조를 설계하는 지침에 대하여 설명한다.
제22장에서는	MySQL의 여러 가지 유틸리티를 설명한다.
제23장에서는	Trigger(트리거)의 사용목적과 사용방법에 대해 주로 설명하고 있다.
부록에서는	BNF 구조와 예약어, 구문을 정의하는 방법, Ascii 문자표 등을 설명한다.

Part 02

MySQL 설치와 기본 사용법

Part 02 MySQL 설치와 기본 사용법

2.1 MySQL의 특징

1) 작고 빠르다

MySQL 서버는 다른 DBMS에 비해서 상당히 작고 빠르다. 오라클이나 MS-SQL보다 기능이 적은 것이 문제지만, 단순한 쿼리를 사용하는 경우에는 상당히 빠르다. 현재는 중요한 부분에 있어서는 오라클이나 MS-SQL을 사용하고 ,빠른 쿼리만을 요구하는 경우에는 MySQL 서버를 사용하는 경향이 많다. 앞으로 빠르게 발전하고 있으므로, 점차 MySQL 서버의 사용 영역은 점점 높아질 것이다.

2) 누구나 쉽게 설치하고 사용할 수 있다.

MySQL 서버는 다양한 OS를 지원하기 때문에, 누구나 쉽게 설치하고 따라 할 수 있다. 특히 윈도우에 설치하는 것은 3분도 걸리지 않기 때문에 바로 SQL의 참 맛을 느낄 수 있는 것이다. 윈도우, 리눅스, 솔라리스, MacOS, HP-UX, AIX등 거의 모든 OS에 설치할 수 있고 95% 이상 호환되기 때문에, OS 전환이 어렵지 않다.

3) 개발 속도가 빠르다.

MySQL은 GPL(General Public License) 라이센스로 Open Source이기 때문에, 전 세계 개발자 누구나 참여할 수 있다. C 언어와 C++로 구성되어 있고, C 언어와 C++를 사용하여, 새로운 버전의 DBMS를 만들어 낼 수 있는 것이다. 물론 소스는 개발 후에도 재 배포해야 한다.

4.x 버전에서는 거의 3~4달에 걸쳐서 새로운 버전으로 업그레이드되었다. 이번 5.x 버전에서는 서브 쿼리나 트리거 등의 중요 기능도 지원된다.

2.2 MySQL 설치

2.2.1. MySQL 설치 전 점검사항

1) MySQL 얻어오기

MySQL 공식 홈페이지(www.mysql.com)에서 "Downloads"를 클릭하고 "Community"를 선택하면 아래와 같은 화면이 나타나고 각각의 OS에 맞는 다양한 설치버전을 제공하고 있다.

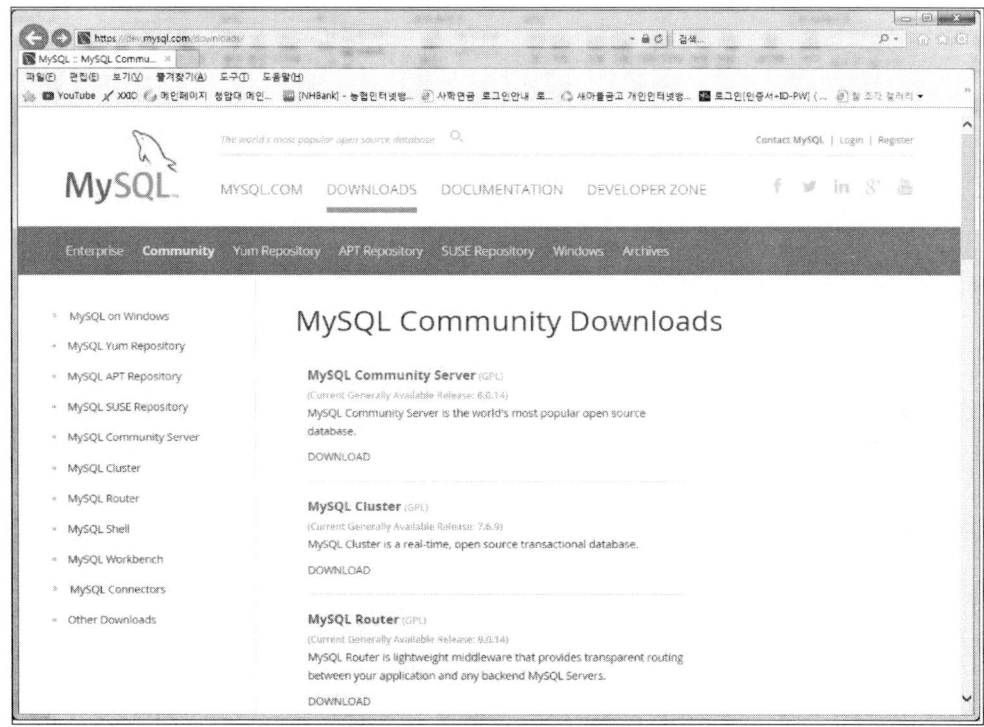

[그림 2-1] MySQL Installer 다운로드

위의 페이지의 왼쪽 창에서 MySQL on Windows를 선택한다.

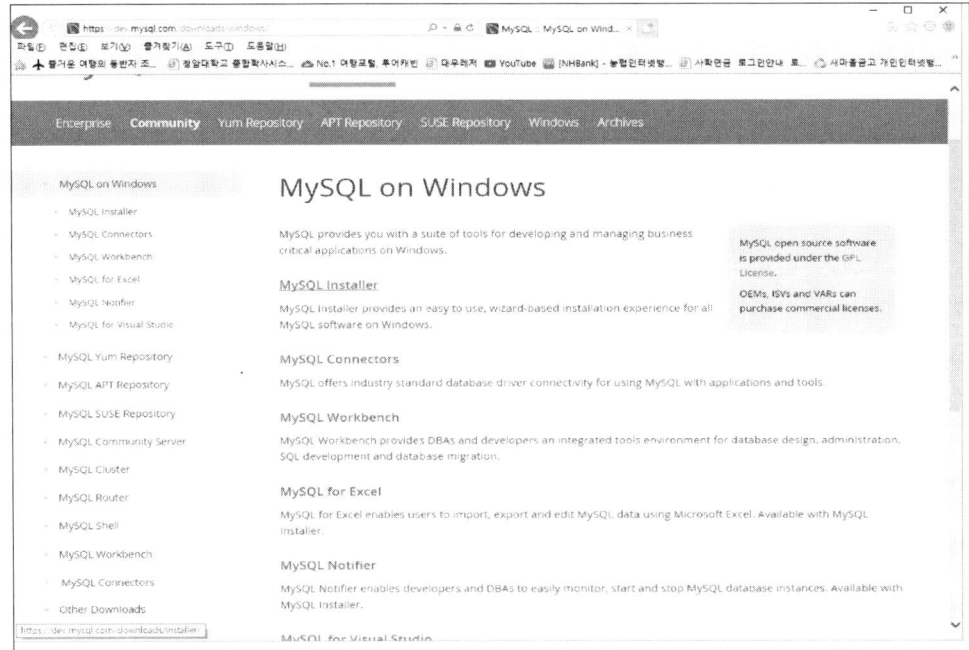

MySQL Installer를 선택한다.

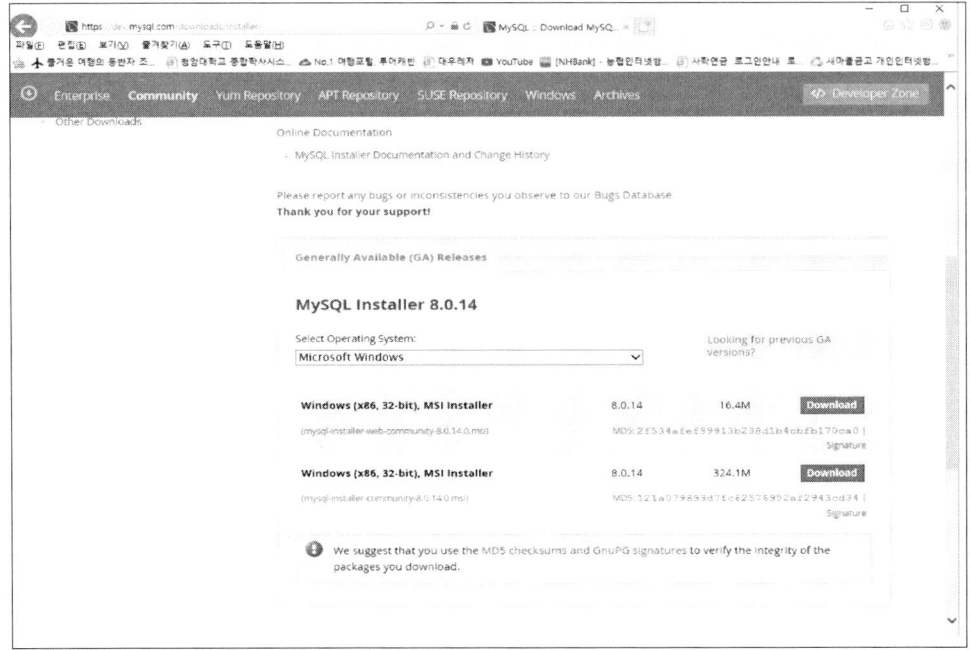

[그림 2-2] MySQL 플랫폼 선택

Installer 2개가 있는데 용량이 큰 아래 제품을 다운로드 받아줍니다. MySQL은 윈도우 비트와 무관합니다.

상기 페이지의 Windows(x86, 32-bit), MSI Installer의 파란색 다운로드 버튼을 클릭하면 아래 페이지가 나오며 MySQL 버전을 다운로드 할 수 있다. 이를 통해 자동으로 최신 GA 버전의 MySQL을 다운로드할 수 있다. 이전 버전의 MySQL 역시 홈페이지를 통해 다운로드 받을 수 있으니 참조하도록 합시다. 다운로드 버튼을 클릭하면 로그인 하라는 페이지가 나오는데 아래 "No thanks, just start my download"를 클릭하면 회원으로 가입하지 않고 다운로드 할 수 있다.

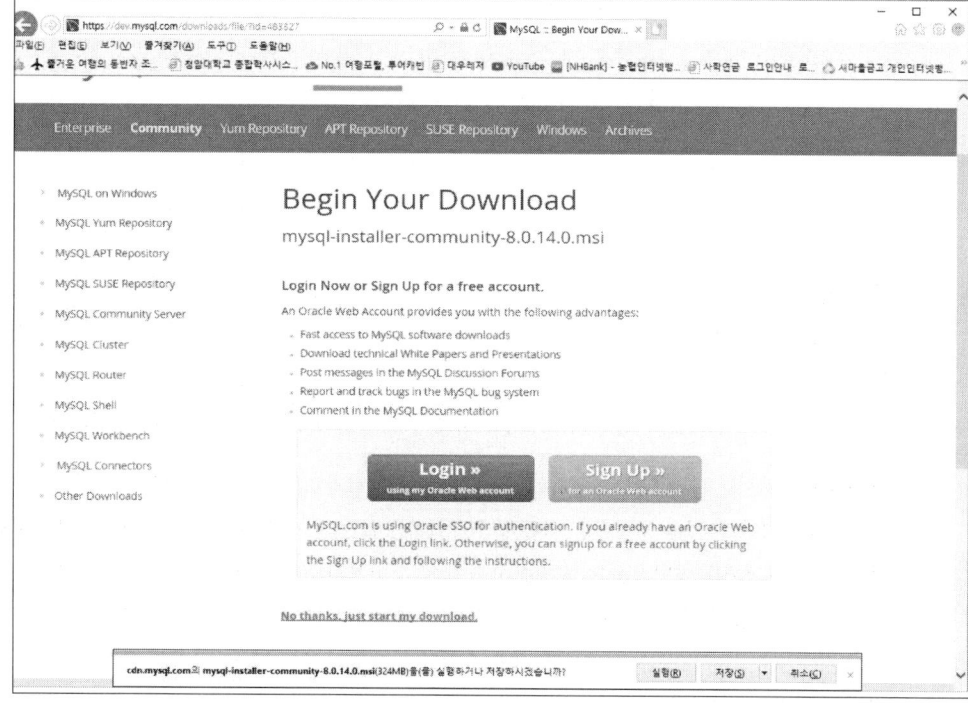

MySQL 제품은 계속 개발되고 있고 알려진 오류를 해결하고 있으나 완벽한 코드의 완성에 대해서는 믿지 않고 있다. 따라서 GA 버전은 "다소 확정된" 이라는 표현을 사용해서, 현재의 안정화된 제품 내에 어떤 것도 영향을 받지 않는 미미한 것들은 추가할 수도 있다. 물론, 이전 시리즈에 관련된 오류 해결(bugfixes)은 이후 버전에서 계속 진행된다.

모든 MySQL 릴리즈는, 비록 개발 단계 시리즈라 하더라도, MySQL벤치마크와 함께 검사 되며, 출시되기 전에 광범위한 테스트를 거치게 된다.

2) MySQL의 명명 계획(naming scheme)

MySQL의 명명 계획(naming scheme)은 세 개의 숫자와 하나의 접미사로 이루어진다.

예를 들면, mysql-5.7.25-beta. 릴리즈 내부에 포함된 숫자들은 다음과 같이 해석된다.

- 처음 숫자(5)는 주요 버전을 의미하며 파일의 포맷을 나타낸다. 모든 MySQL 5 릴리즈는 동일한 파일 포맷을 갖는다.
- 두 번째 숫자(7)는 릴리즈 레벨이다. 주요 버전 번호와 함께 사용되면 릴리즈 시리즈 번호가 된다.
- 세 번째 숫자(25)는 릴리즈 시리즈에 있는 버전 번호이다. 이것은 새로운 버전이 출시될 때마다 추가하여 더해진다. 일반적으로 여러분은 최신의 릴리즈 버전을 사용하고자 할 것이다.

각각의 미약한 업데이트의 경우, 버전 문자열의 마지막 숫자가 증가한다. 중요한 새로운 기능이 추가되거나 또는 이전 버전과 다소 호환성이 떨어지게 되면, 두 번째 번호가 증가한다. 파일 포맷이 변경될 경우에는, 첫 번째 번호가 증가한다.

릴리즈 이름은 또한 발표되는 버전의 안정성을 나타내는 접미사를 포함한다. 하나의 시리즈 안에 있는 릴리즈는 접미사의 셋을 통해 얼마나 안정화를 이루고 있는지 나타낸다.

- **알파(alpha)** 는 아직 전체적으로 테스트를 진행하지 않은 새로운 기능이 포함되었음을 나타낸다. 알려진 오류는 뉴스 섹션에 서류로 정리 된다. Appendix D, MySQL Change History를 참조할 것. 대부분의 알파 릴리즈는 새로운 명령어와 확장 기능을 구현한다. 주요 코드 변경이 포함될 수 있는 실제 개발 과정은 알파 릴리즈에서 이루어진다. 하지만, MySQL AB에서는 이 릴리즈를 발표하기 전에 테스트를 진행한다.
- **베타(beta)** 는 기능-완성(feature-complete)이 이루어진 릴리즈를 의미하며 모든 새로운 코드는 테스트를 마쳤음을 의미한다. 주요 기능들은 새롭게 추가되지는 않는다. 여기에는 알려진 치명적인 오류는 없다. 적어도 한 달 동안에는 치명적인 오류가 보고되지 않고 이전에 구현시킨 기능들을 신뢰하지 못하게 할 정도의 새로운 기능을 추가할 계획이 없는 경우에 알파에서 베타로 버전을 변경시킨다. 모든 API, 외부적으로 보여 지는 구조, 그리고 SQL명령문에 대한 칼럼들은 향후의 베타 버전, 릴리즈 예정, 또는 제품화 릴리즈에서는 변경되지 않는다.
- **알씨(rc)** 는 릴리즈 후보를 나타낸다. 즉, 일정 기간 동안 아무런 문제없이 잘 구동되는 베타 버전을 의미한다. 단지 작은 부분의 해결만 추가된다. (릴리즈 후보는 이전에는 감마(gamma)릴리즈로 알려졌다.)
- **접미사가 없다면**, 그 버전은 일정 기간 동안, 다양한 사이트에서 플랫폼 관련 오류가 아닌 다른 치명적인 반복 오류가 보고되지 않은 버전을 가리킨다. 단지 치명적 오류 해결(bugfixes)만 적용된다. 이것은 제품이 안정함이라고 부르는 것이며 또는 "General Availability" (GA)릴리즈 판이라고 부르는 것이다.

MySQL의 모든 릴리즈는 우리의 표준 테스트와 벤치마킹을 거침으로서 사용하기에 상대적으로 안정적이라는 것을 검증하게 된다. 표준 테스트는 이전에 발견된 모든 오류를 검사하도록 계속 확장되어지기 때문에, 테스트 슈트(suite)는 보다 효과적인 상태를 유지하게 된다.

2.2.2. 윈도우에서 MySQL 설치하기

1) 그림으로 보면서 따라하는 Windows에 MySQL 설치하기

본 절에서는 다운로드 받은 MySQL을 설치하는 과정을 설명한다. Windows에서는 MySQL Installer를 이용하여 간단히 설치할 수 있다.

먼저 다운로드 받은 MySQL을 실행하자. mysql-installer-community-8.0.14.0.msi 버전이다. Download 된 파일을 더블클릭하여 설치를 시작한다.

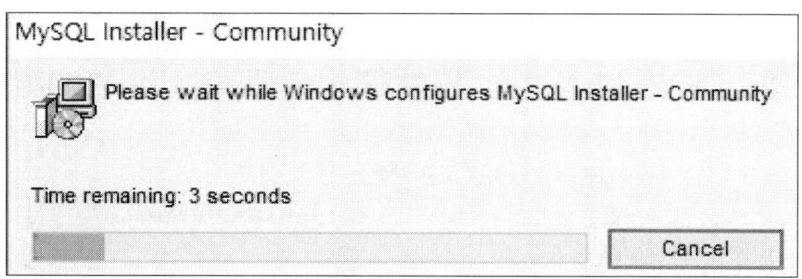

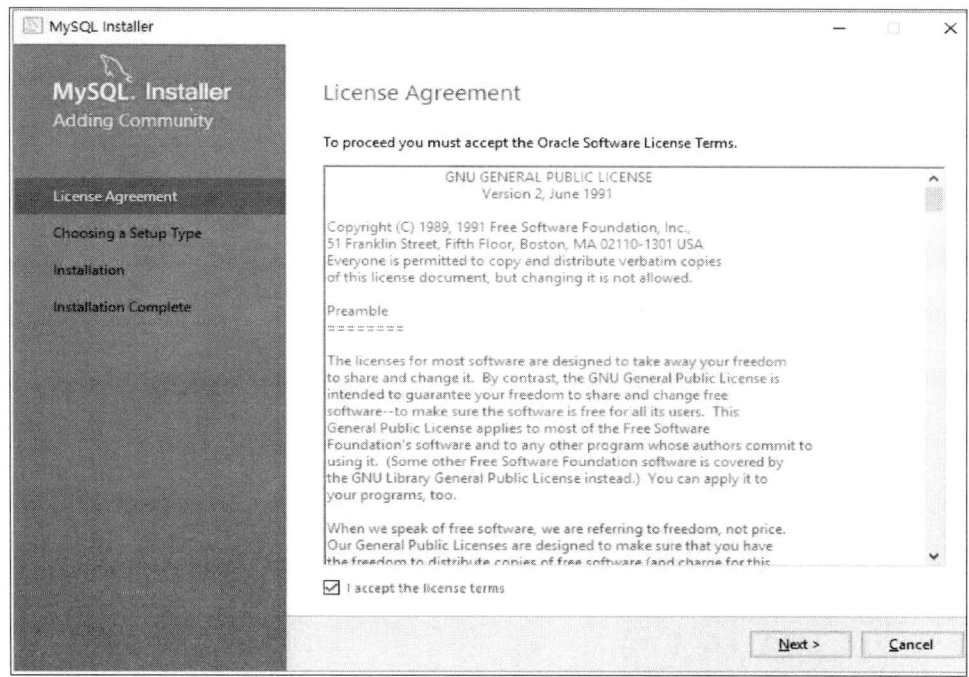

[그림 2-3] MySQL 설치시작

위와 같은 라이센스 동의를 묻는 화면이 나올 것이다 간단히 라이센스를 읽어보고 "I accept the licese terms"에 체크하고 Next 버튼을 클릭하자. 다음 화면은 이미 설치된 MySQL 이나 다운로드 받은 MySQL Installer 가 최신인지 확인하는 절차가 있다. "Execute" 버튼을 클릭해 최신 버전을 확인한 후 다음으로 넘어간다. 다음은 설치 타입을 선택하는 화면이 나올 것이다. MySQL에서 사용할 수 있는 설치 타입은 세 가지가 있다. Developer Default, Server only, client only, full, custom 유형이다.

- Developer Default 타입은 MySQL 개발에 필요한 모든 제품을 설치한다. 설치되는 항목에는 MySQL Server, MySQL Workbench, MySQL Visual Studio Plugin, MyySQL Connector, examples and tutorials, Documentation 이 설치된다.
- Server only 타입은 MySQL 서버만 설치한다. 이 설치 타입은 MySQL을 이용하여 개발하는 경우가 아니라 이미 개발된 MySQL을 이용한 서비스를 제공하는 서버로 사용할 때 필요하다.
- Client only 타입은 MySQL 서버를 제외한 개발에 필요한 모든 제품이 설치된다. 이 타입은 이미 개발된 서버를 이용하면서 MySQL client 만을 개발하는 경우 사용한다. 세부 설치 항목은 MySQL Workbench, MySQL Visual Studio Plugin, MyySQL Connector, examples and tutorials, Documentation로 구성된다.
- Full 타입은 MySQL에서 제공하는 모든 제품을 설치한다.
- Custom 설치 타입은 여러분이 설치하고자 하는 패키지와 사용하고자 하는 설치 경로에 대해 전적으로 제어를 할 수 있게 한다.

우리는 개발을 목적으로 MySQL을 설치하고 있으므로 Developer Default를 선택한다.

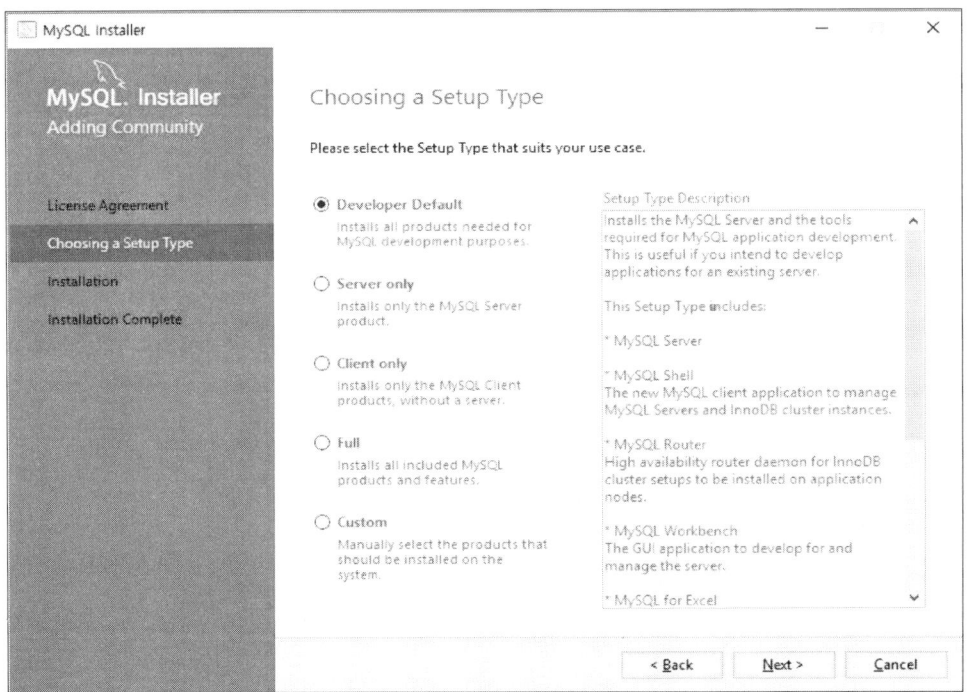

[그림 2-4] MySQL 설치타입의 선택

다음은 MySQL 설치시 필요한 패키지들을 설치하는 화면이다. MySQL Installer는 자동으로 필요한 패키지를 설치하므로 Next 버튼을 눌러 다음으로 넘어간다. 이때 만약 특정 패키지 설치가 필요하면 MySQL이 자동으로 별도의 패키지 설치를 수행한다.

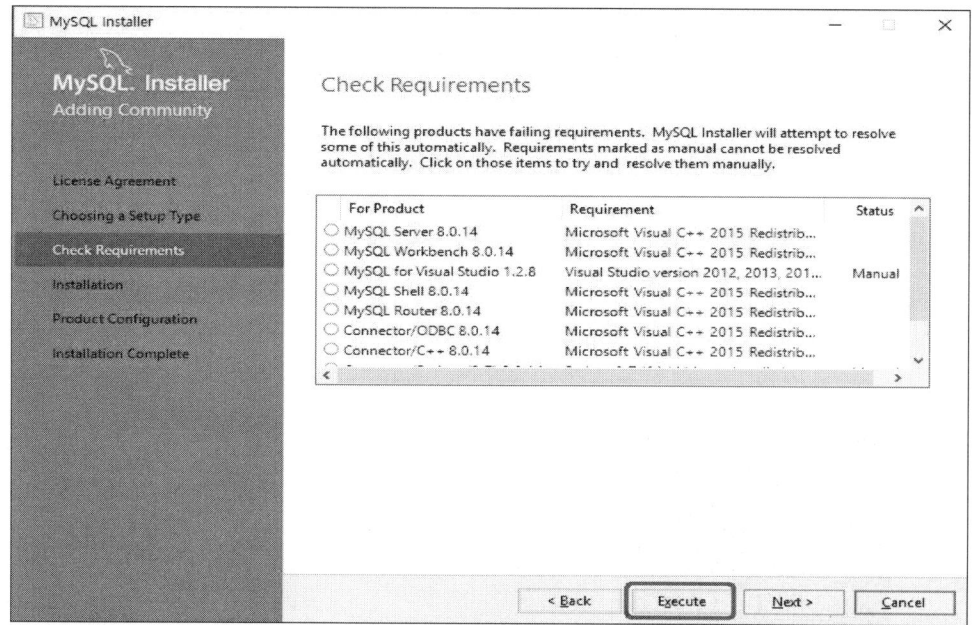

[그림 2-5] 필수 패키지 체크 및 설치(Execute선택)

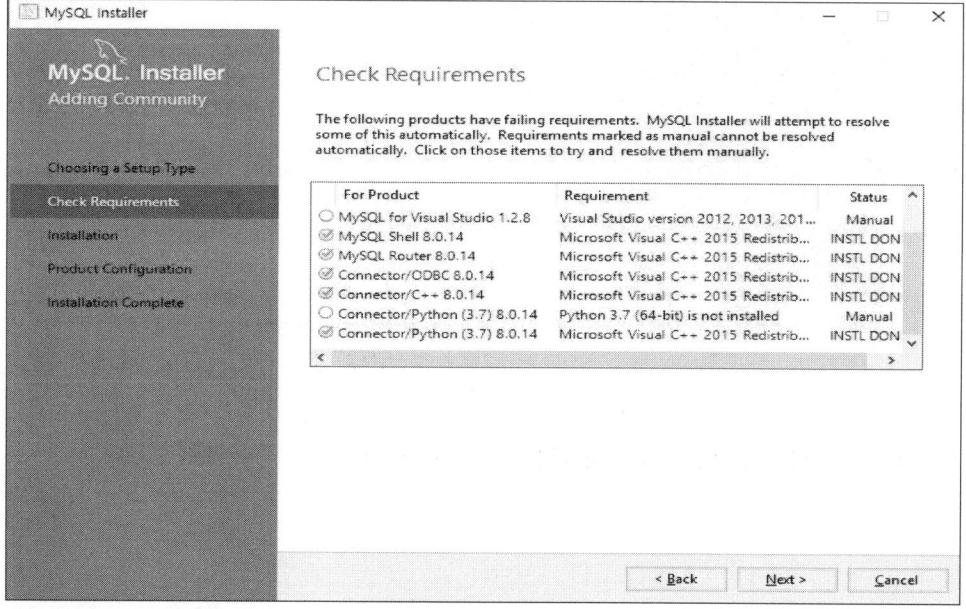

Next버튼을 선택한다.

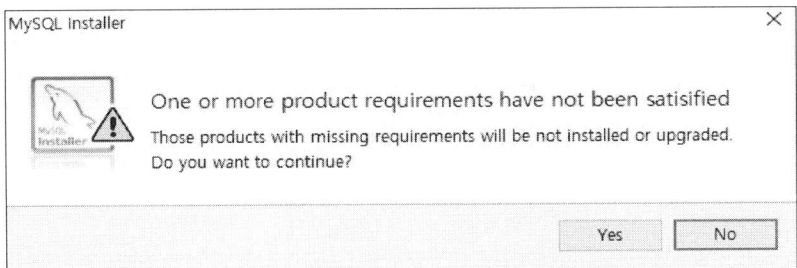

yes를 선택한다.

다음은 실제 설치될 패키지들의 리스트를 확인시켜 준다.

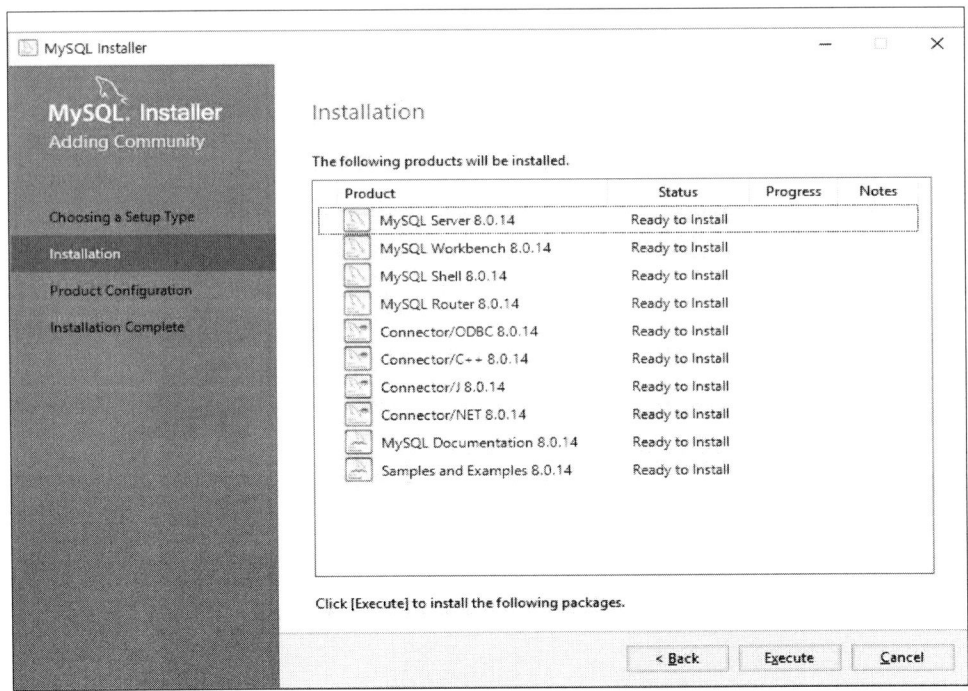

[그림 2-6] MySQL 설치

Execute 버튼을 누르면 화면에 나온 패키지들을 자동으로 하나씩 설치된다.

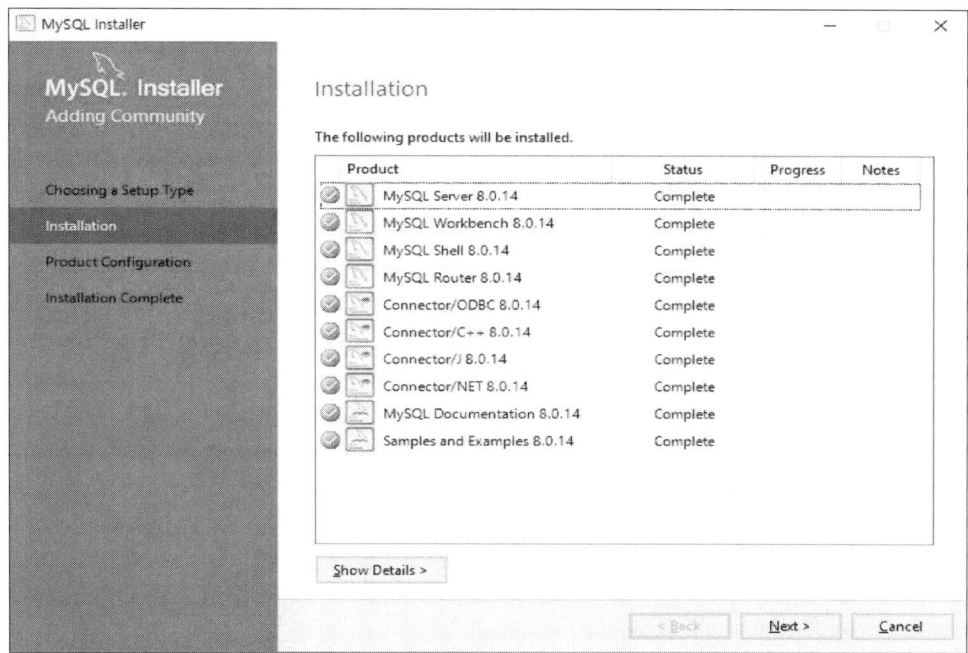

Next 버튼을 눌러 다음으로 넘어 가면 아래 MySQL Server Configuration 화면이 나온다. 아래에서 Next버튼을 클릭한다.

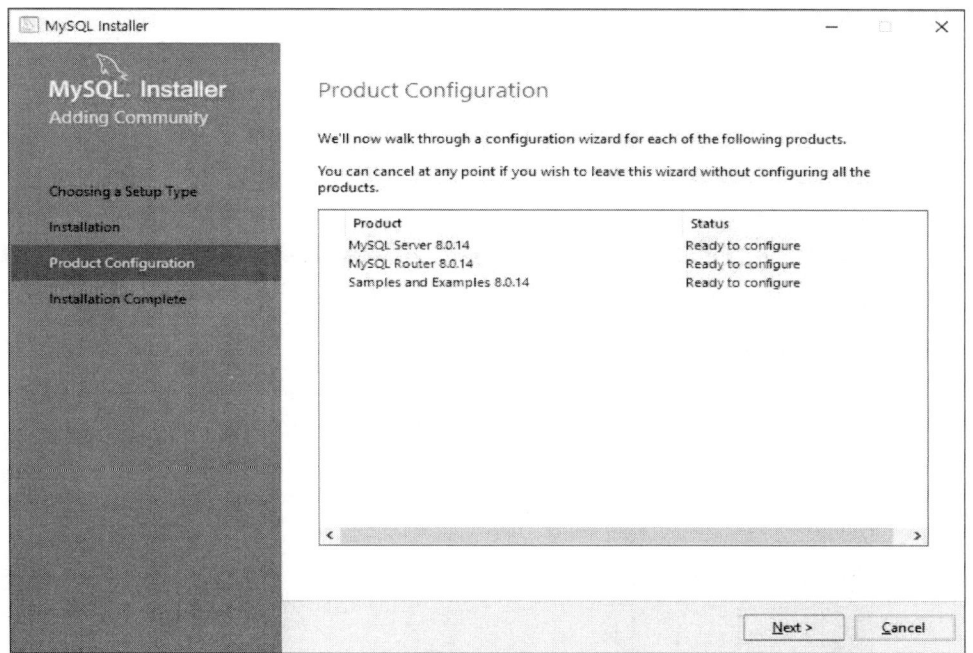

Next버튼을 선택한다.

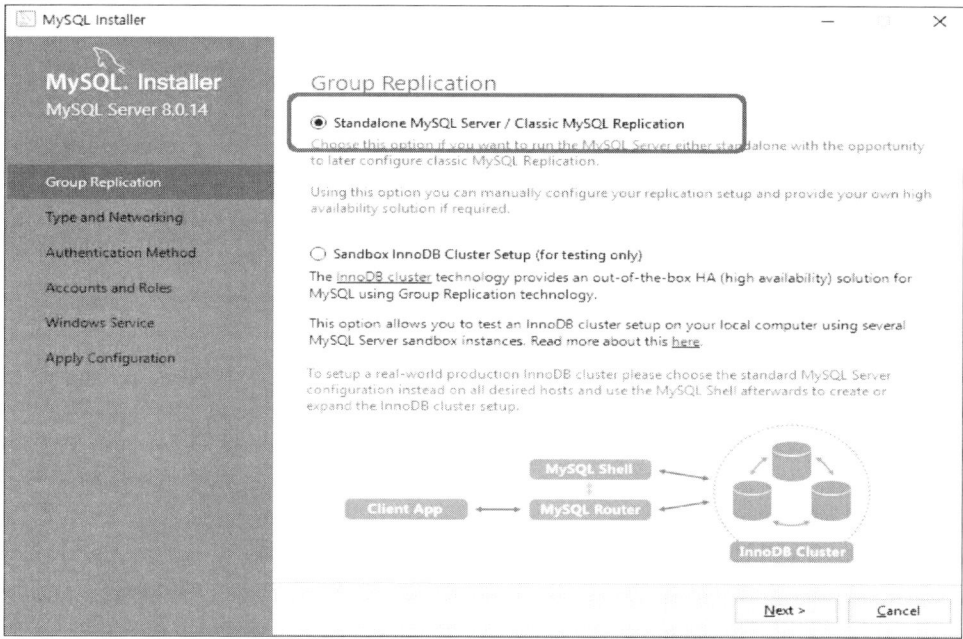

[그림 2-7] MySQL 서버 설정

우리는 개발 목적으로 사용할 예정이므로 Standalone MySQL Server을 선택하고 Next버튼을 선택한다.

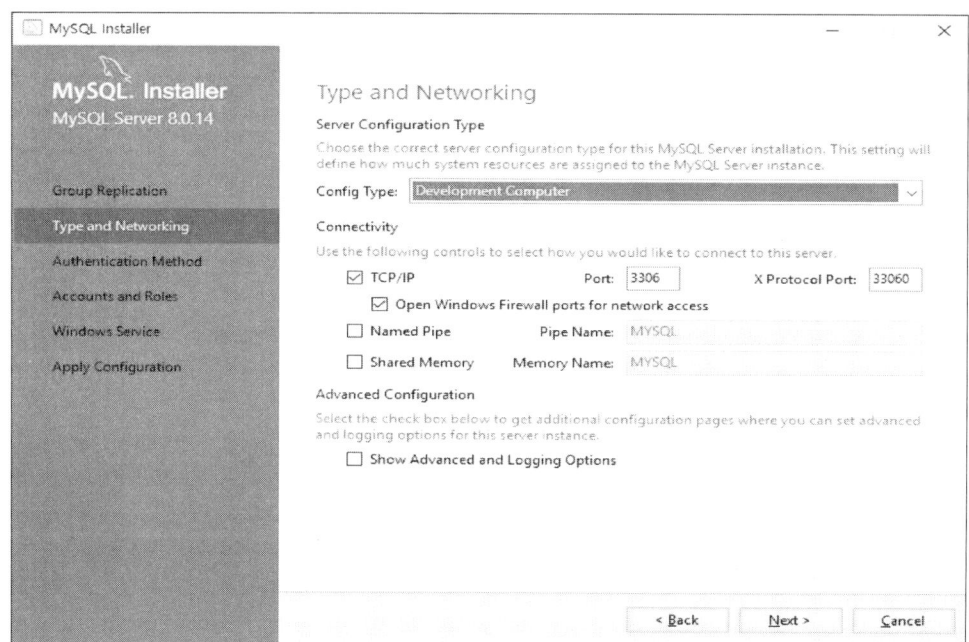

[그림 2-8] MySQL Type과 네트워크 설정

MySQL 서버가 사용할 Port 번호와 Windows Service Name, Root의 암호를 설정할 수 있다. 포트 번호는 MySQL 서버가 TCP/IP를 통해 네트워크로 연결된 Client들과 통신을 하기 위해 필요하다. Config Type은 Development Computer 이고, 통신프로토콜은 TCP/IP이며 Port는 3306을 사용한다. Next버튼을 선택한다. 다음으로 넘어가면

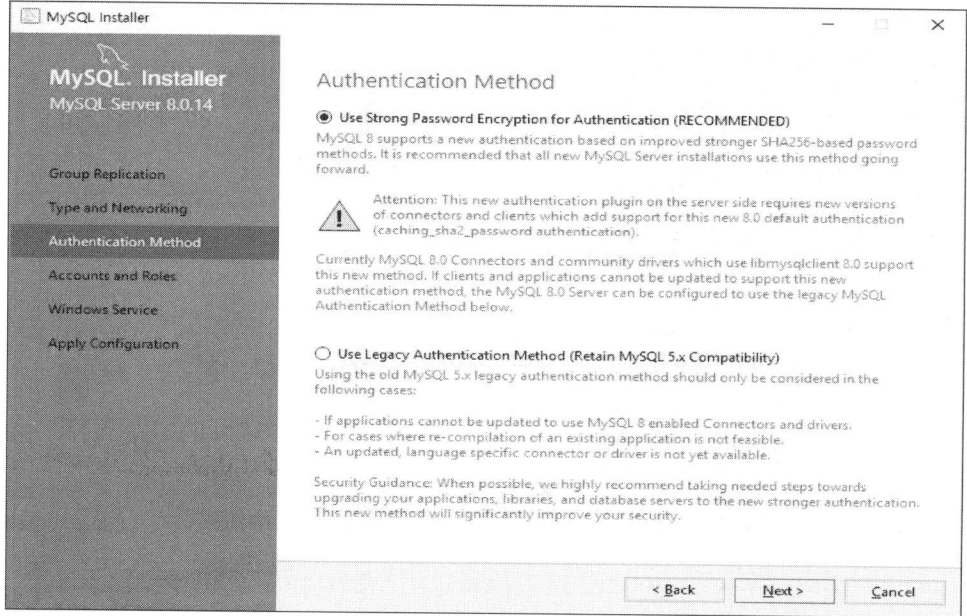

인증방법은 암호화 패스워드방식을 선택하고 Next버튼을 선택한다.

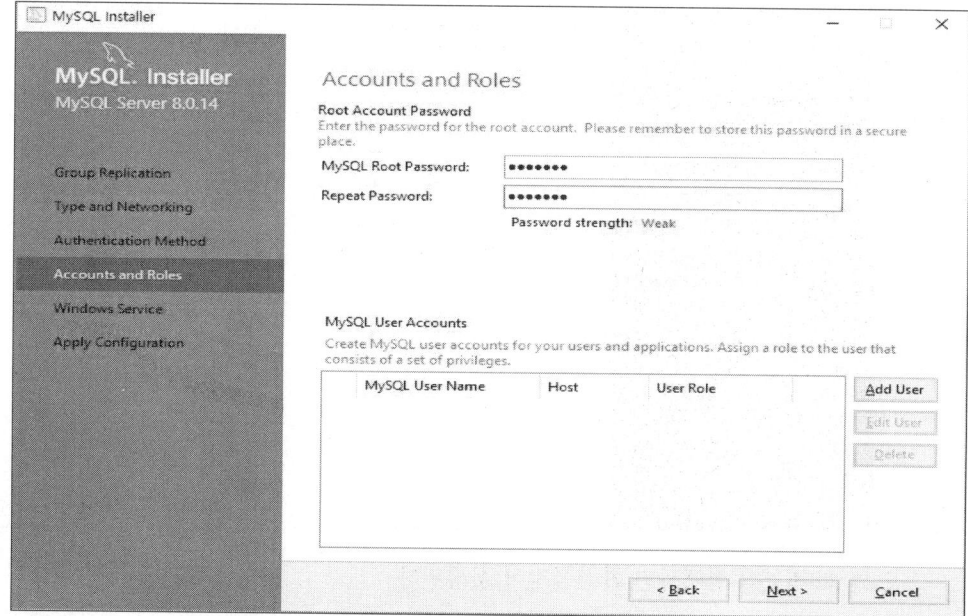

Root Password는 MySQL 상의 모든 권한을 가진 관리자 계정의 암호이다. 따라서 root password는 보안을 위해 매우 신중하게 선택해야 한다. 사용자가 원하는 Password("root123")를 반복하여 2번 입력한 후 Next 버튼을 클릭하면 자동으로 세부 설정들이 설정된다.

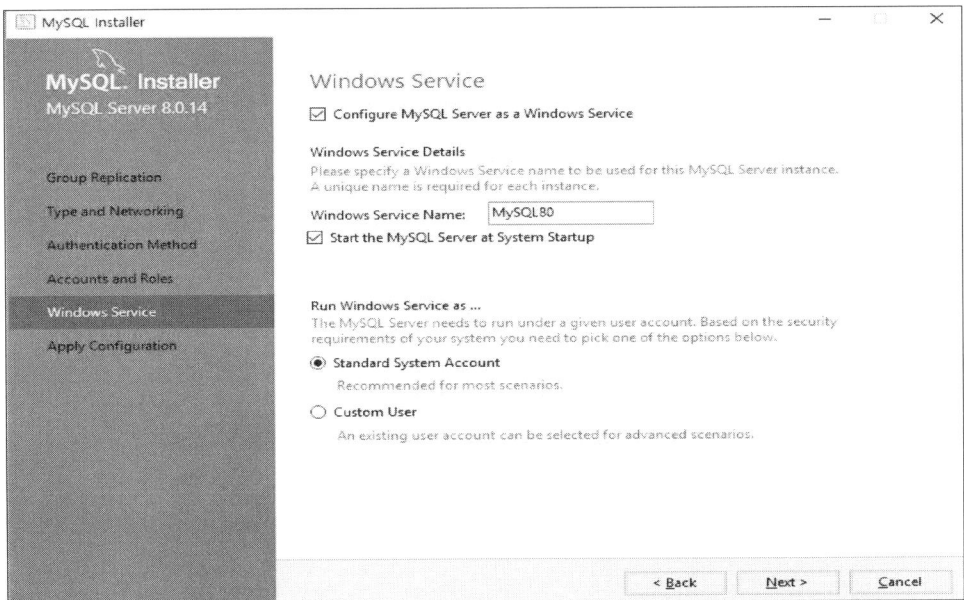

Windows Service Name은 MySQL 8.0.14.0 버전이므로 MySQL80으로 표현되어 있다. Next 버튼을 선택한다. Windows 서비스 이름은 MySQL 서버의 인스턴스를 정하기 위해 사용된다.

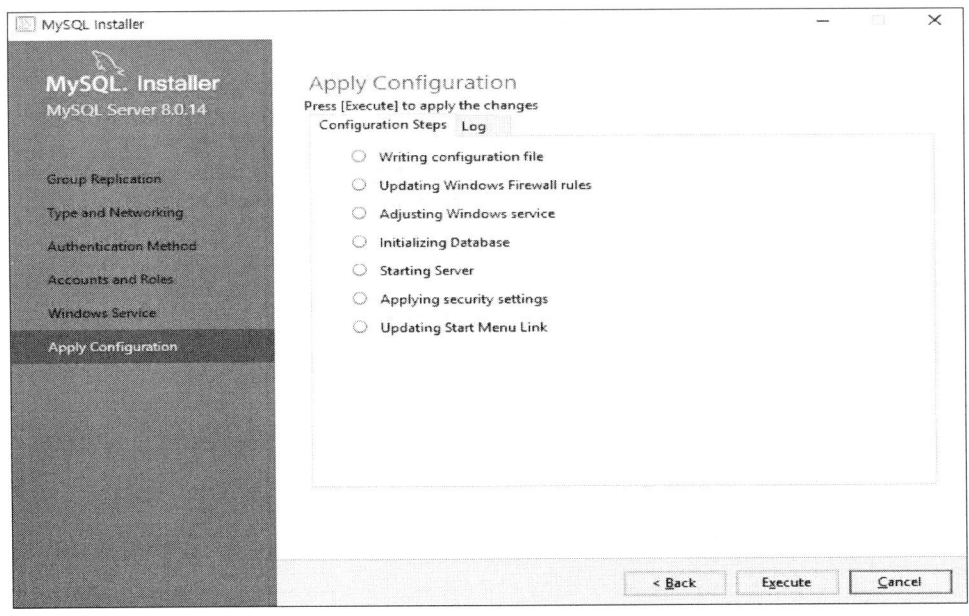

Execute버튼을 선택하면 환경설정이 실행된다.

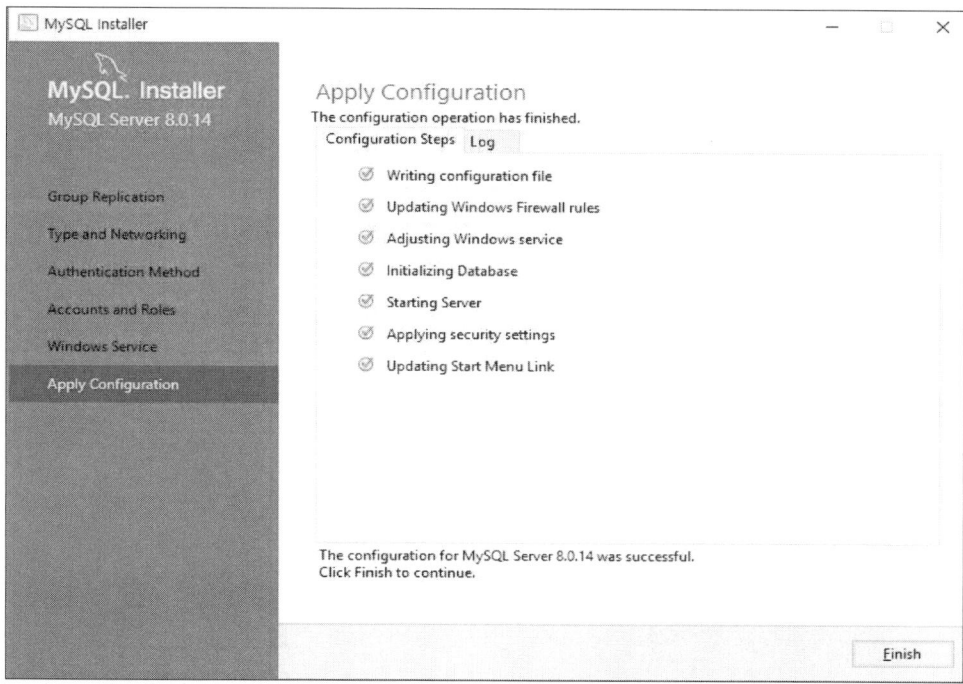

Finish버튼을 선택한다.

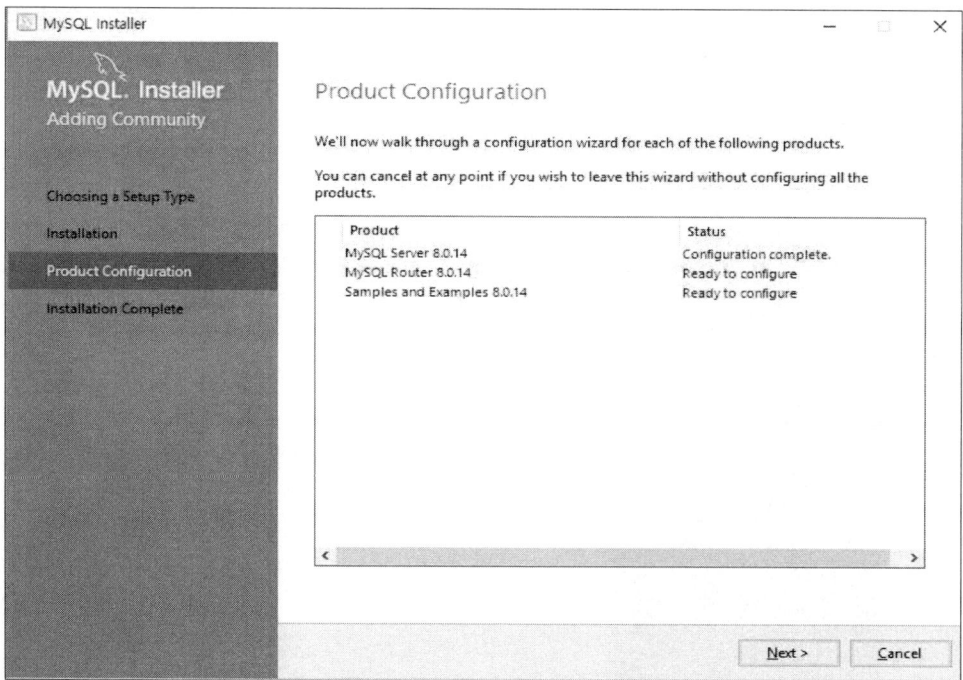

Next버튼을 선택한다.

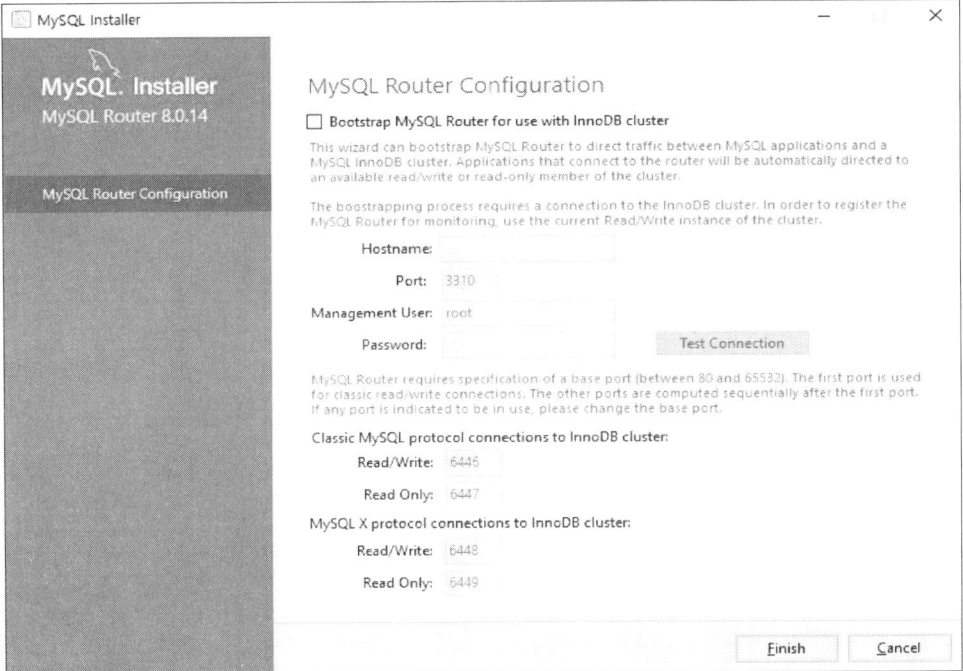

Finish버튼을 선택한다.

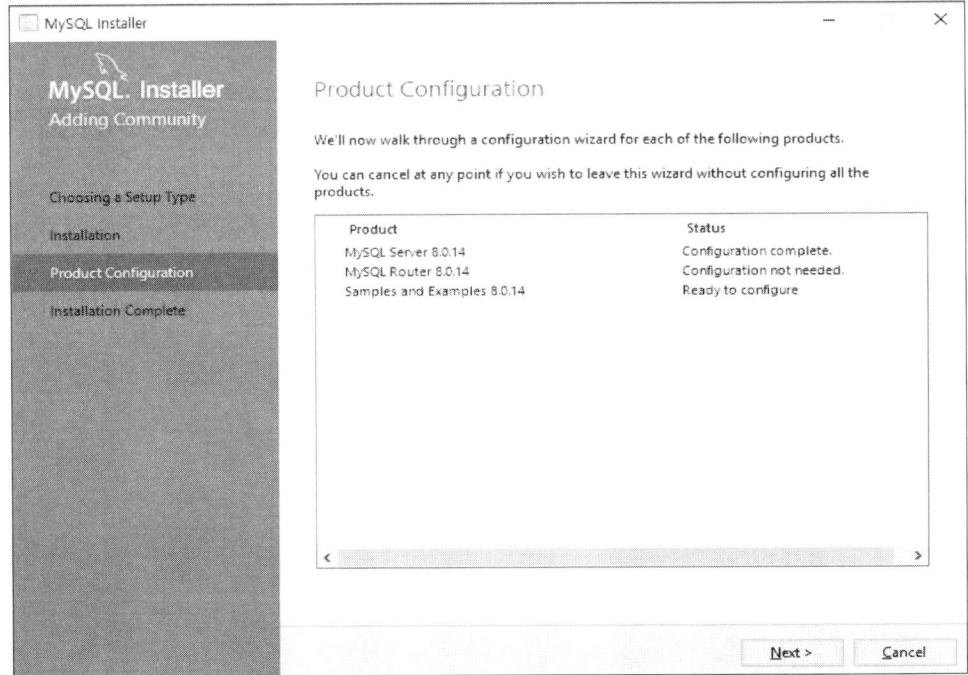

Next버튼을 선택한다.

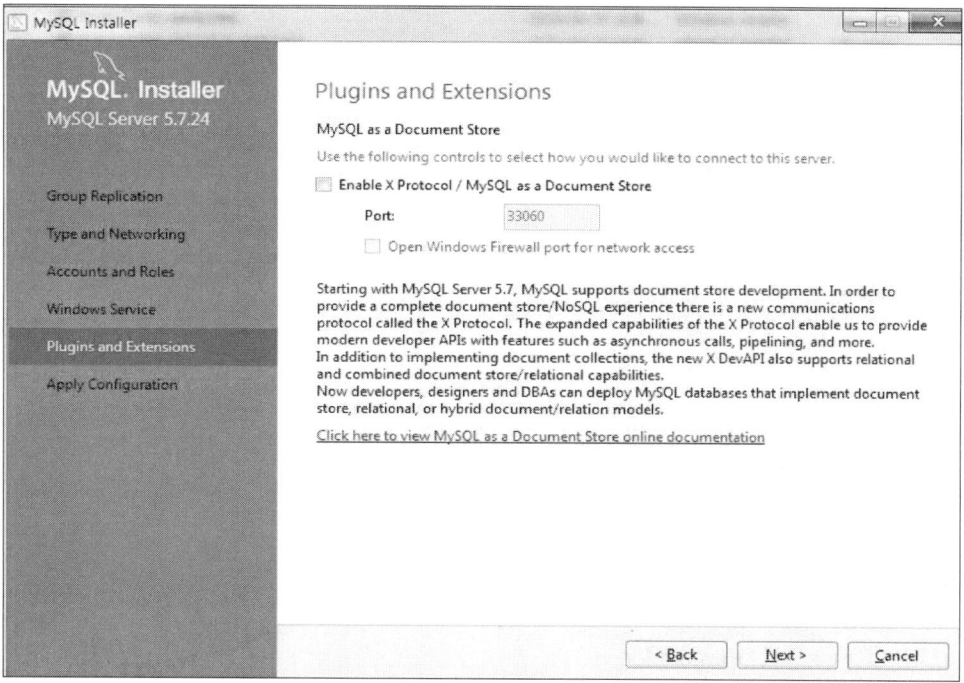

Next버튼을 선택한다.

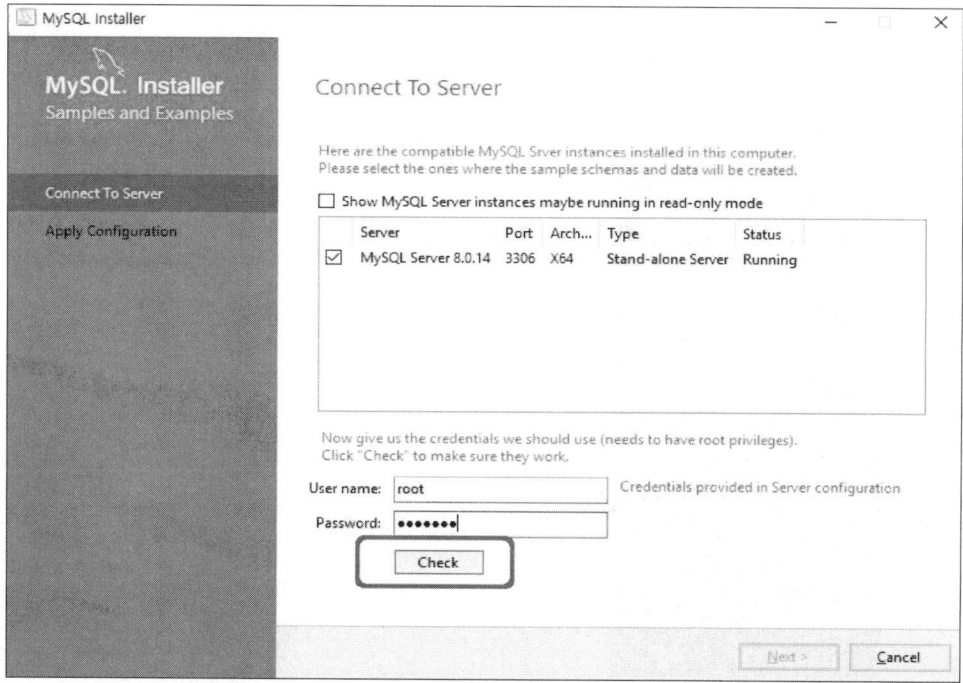

root 패스워드("root123")를 입력한 후 Check버튼을 클릭한다.

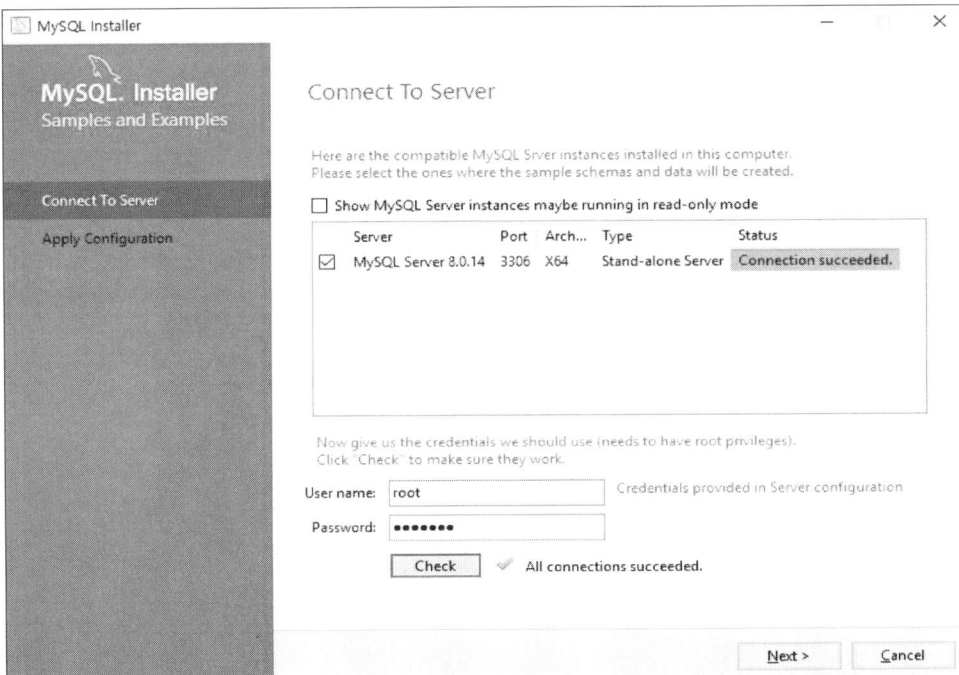

연결이 성공적으로 이루어졌다는 메시지를 출력하면 Next버튼을 선택한다.

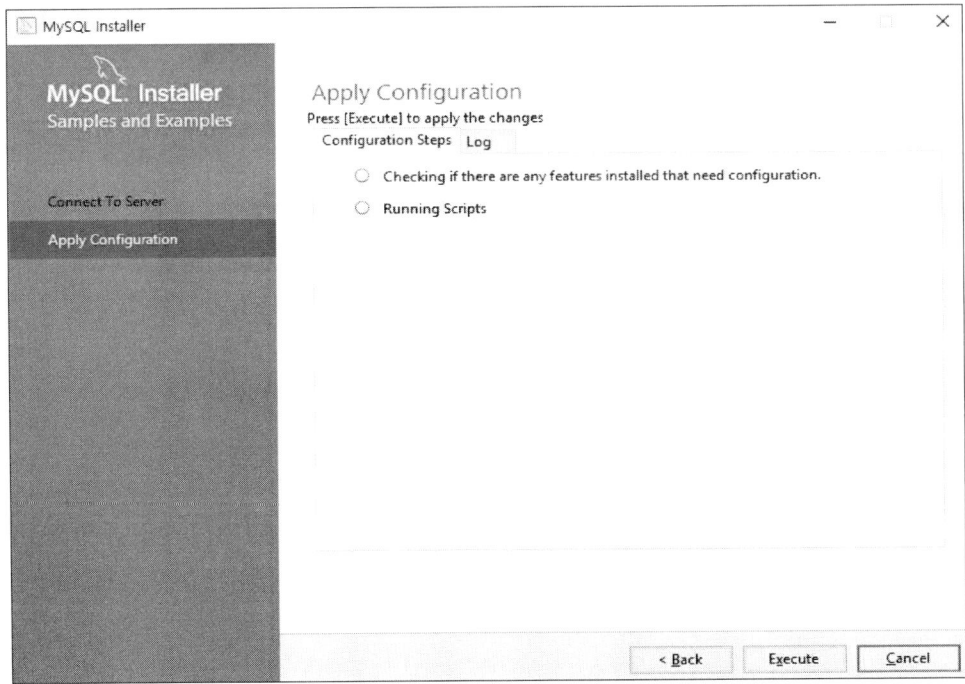

Execute버튼을 선택한다.

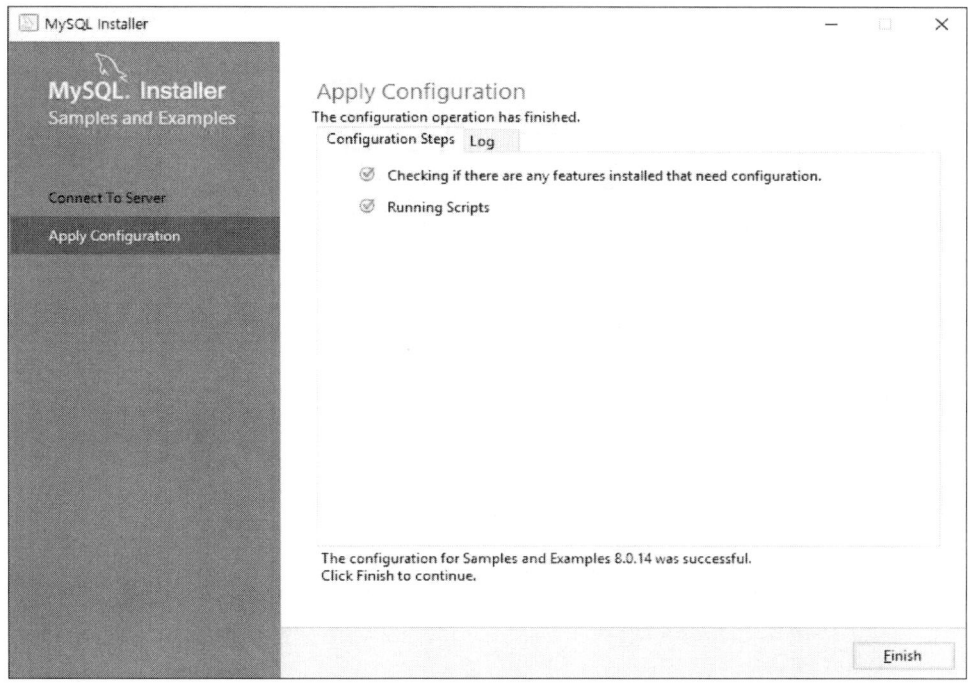

Finish버튼을 선택한다.

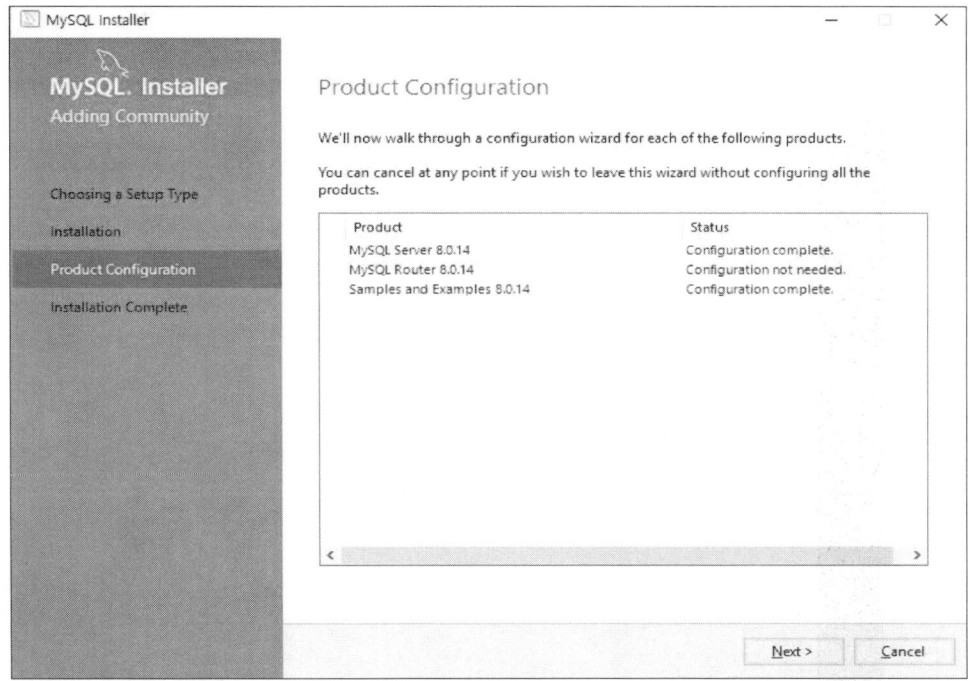

Next버튼을 선택한다.

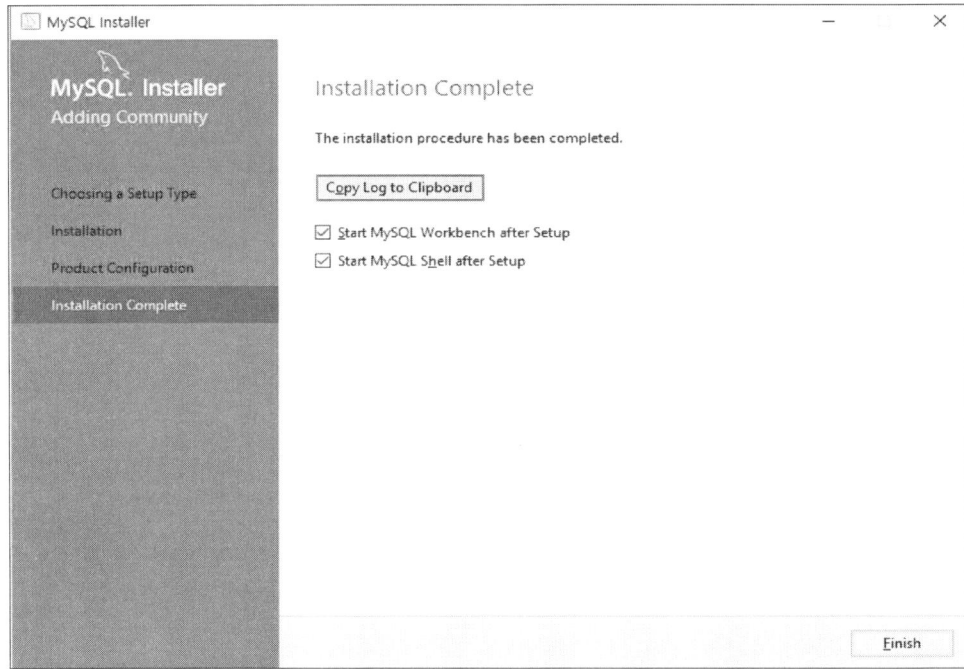

[그림 2-9] MySQL 설치 완료

Finish 버튼을 선택하면 MySQL Workbench가 실행되고 MySQL Shell 프로그램도 실행된다.

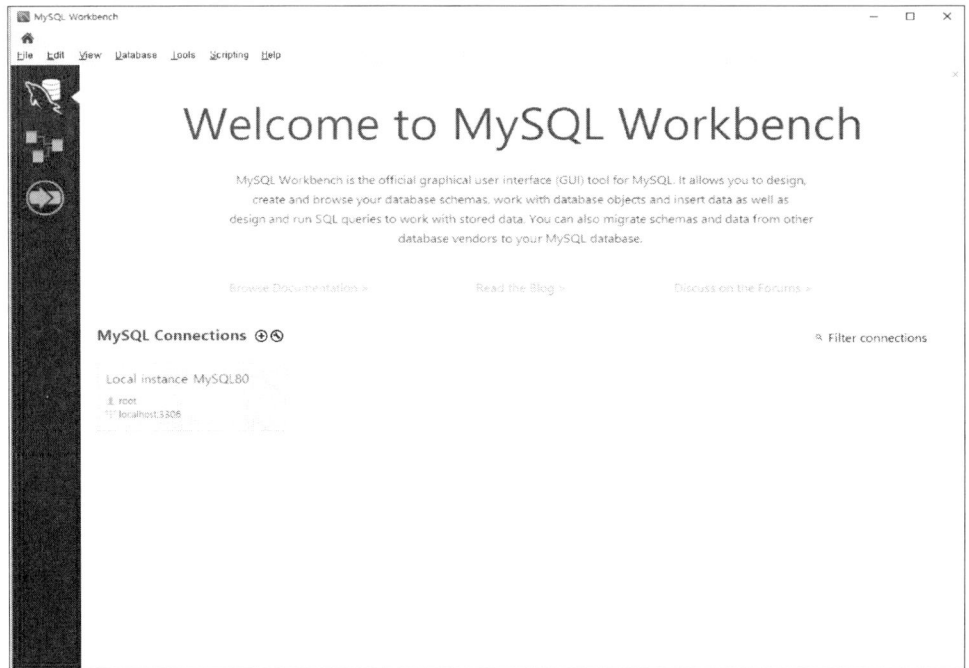

[그림 2-10] MySQL Workbench

root 패스워드("root123")를 입력한 후 OK버튼을 클릭하면 로그인이 된다.

데이터베이스를 사용하기 위해서는 메뉴에서 Database를 선택하면 된다.

OK버튼을 선택한다.

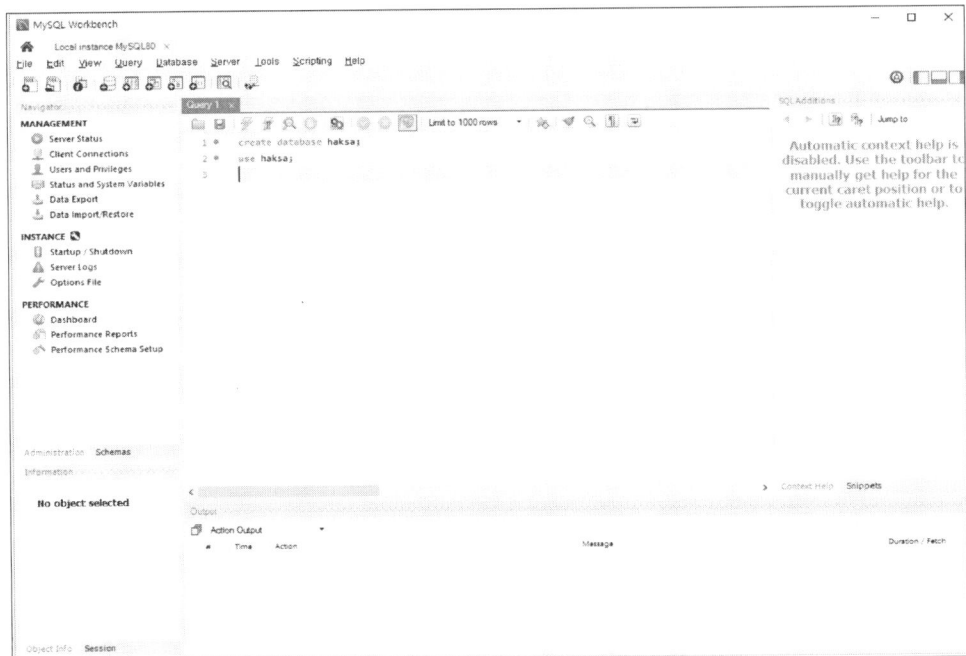

모든 SQL명령문을 MySQL Workbench에서 실행할 수 있다.

MySQL 명령문 실행방법은 윈도우의 [시작] ➡ [모든프로그램] ➡ [MySQL] ➡ [MySQL 8.0 Command Line Client] 이용하여 실행할 수 있다.

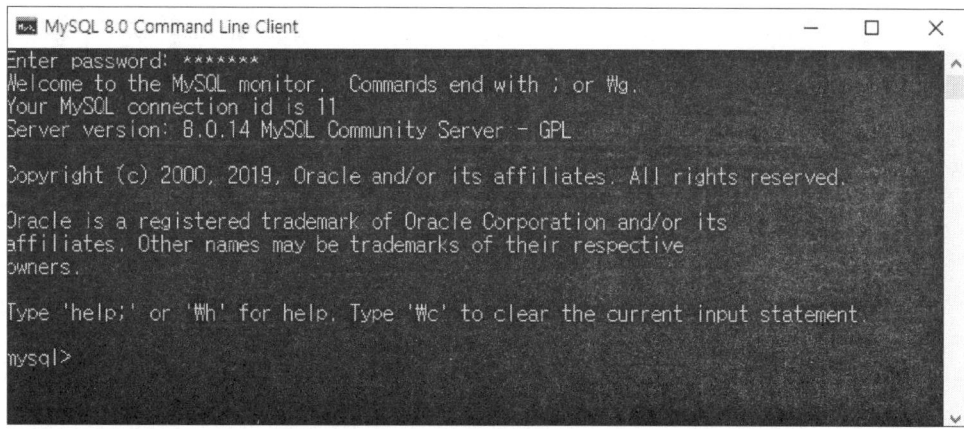

2.2.3. MySQL 설치 후 확인하기

MySQL은 커맨드 창을 이용해서도 실행할 수 있다. [시작] ➡ [실행] ➡ cmd ➡ mysql -u root -p 을 입력해 실행 할 수 있다. 이때 실행 디렉토리에 무관하게 MySQL을 실행하기 위해서는 시스템 환경 변수 PATH에 MySQL 실행 파일 경로를 추가하여야 한다. 아래는 Windows 10에서 MySQL PATH를 추가하는 예제이다. 운영체제마다 약간의 차이는 있으나 유사하게 설정할 수 있다.

내 컴퓨터에서 우측 마우스버튼을 클릭하여 속성을 선택한다. 이는 윈도우 키 + Pause Break 키를 눌러 동일하게 실행할 수 있다.

[그림 2-11] MySQL 설치

위 창에서 고급 시스템 설정을 클릭하면 아래 창이 나온다.

[그림 2-12] 고급 시스템 속성

상기 창에서 환경변수(N)을 클릭하면 아래 창이 나온다. 여기서 시스템 변수 항목 중 PATH를 더블클릭해 MySQL의 실행 파일이 있는 경로를 추가하도록 하자.

환경변수 편집 창에서 "새로만들기" 버튼을 선택하여 C:\Program Files\MySQL\MySQL Server 8.0\bin 경로를 추가한 후 "확인" 버튼을 클릭한다.

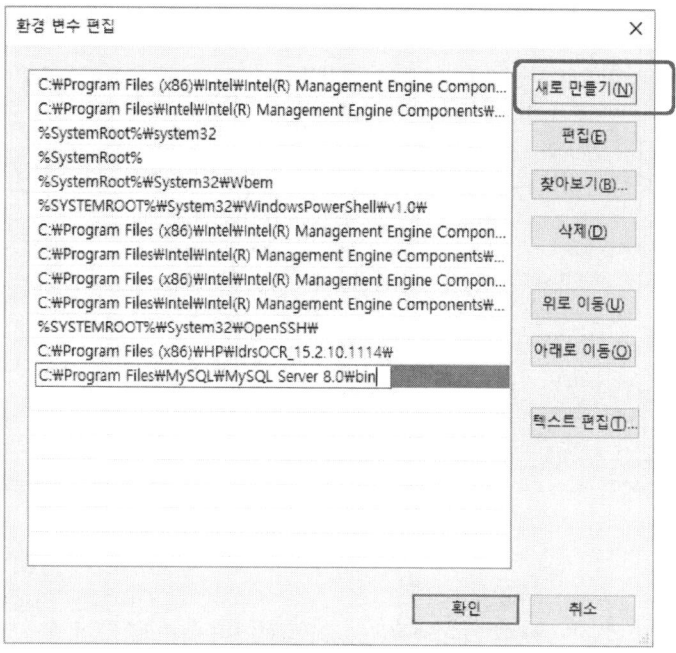

[그림 2-13] 경로 설정

경로를 추가하고 나면 [시작] ➡ [명령프롬프트]을 실행해서 mysql -u root -p을 입력해 실행 하면 아래 그림과 같이 MySQL이 실행되는 것을 확인할 수 있다. mysql -u root -p에서 -u root 는 root 계정으로 로그인 하겠다는 것을 명시하는 것이며 필요에 따라 다른 계정으로 로그인 할 수 있다. 또한 -u 옵션으로 사용자를 지정하지 않아도 MySQL이 실행되고 이 경우 MySQL 내에서 로그인을 해야 한다.

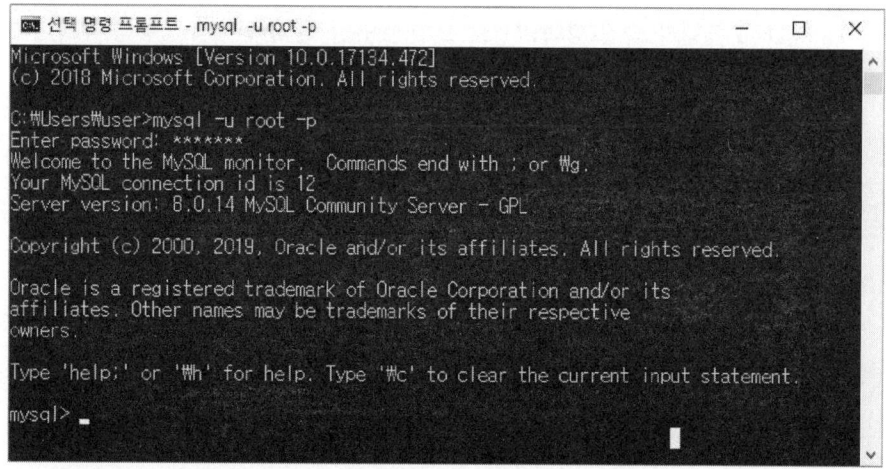

[그림 2-13] MySQL에 접속한 화면 (root 계정)

root 사용자 계정으로 로그인한 후 한글 SETUP 상태를 확인하기 위하여 show variables like 'char%';를 실행해 보자.

mysql> show variables like 'char%';	
Variable_name	Value
character_set_client	euckr
character_set_connection	euckr
character_set_database	utf8mb4
character_set_filesystem	binary
character_set_results	euckr
character_set_server	utf8mb4
character_set_system	utf8
character_sets_dir	C:\Program Files\MySQL\MySQL Server 8.0\share\charsets\

위와 같이 한글 Type이 Client 측("euckr")과 서버 측("utf8")이 혼용되어 실행되어 있음을 확인할 수 있다. 한글 사용을 모두 동일한 Type으로 "utf8"로 설정해 보자.

2.2.4. MySQL 한글 설정하기

재 사용중인 MySQL Server 8.0 버전은 한글 데이터 입력에 문제가 없지만 만약, MySQL을 이용해 생성한 테이블에 한글 데이터를 입력하지 못한다면 MySQL의 설정을 변경해 주어야 한다. 이를 위해 MySQL의 설치 폴더의 my.ini 파일을 수정해야 한다.

Windows 내 컴퓨터의 C:\ 드라이브에서 C:\ProgramData가 보이지 않을 경우에는 ProgramData 폴더가 숨긴 항목이므로 보기 메뉴를 선택하여 숨긴항목 체크버튼을 선택해 주면 화면에 나타난다.

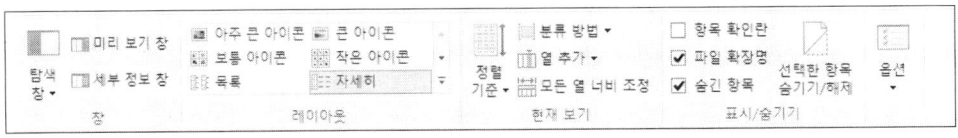

기본 설치 경로로 설치하였다면 C:\ProgramData\MySQL\MySQL Server 8.0 폴더 내에 my.ini 파일을 찾을 수 있다.

설정을 변경하기 위해 my.ini 파일을 메모장이나 워드패드를 이용해 파일열기 한 후 66라인을 default-character - set=utf8 로 변경하고 99라인도 character-set-server=utf8 로 변경한 후 저장하도록 하자.

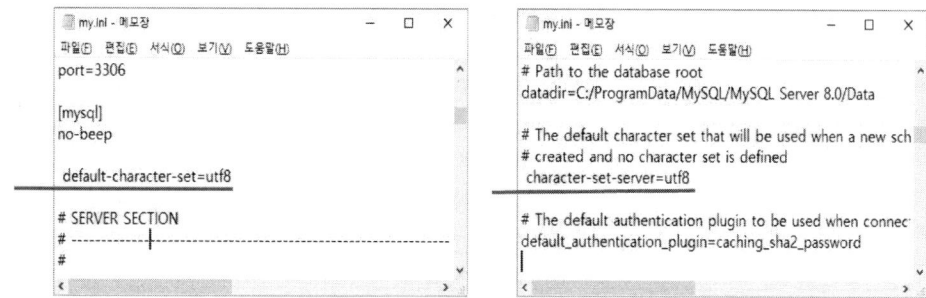

[그림 2-14] MySQL 한글 설정

C:\ProgramData\MySQL\MySQL Server 8.0\my.ini 파일을 복사해서 C:\Program Files\MySQL\MySQL Server 8.0\ 에 붙이기를 한다.

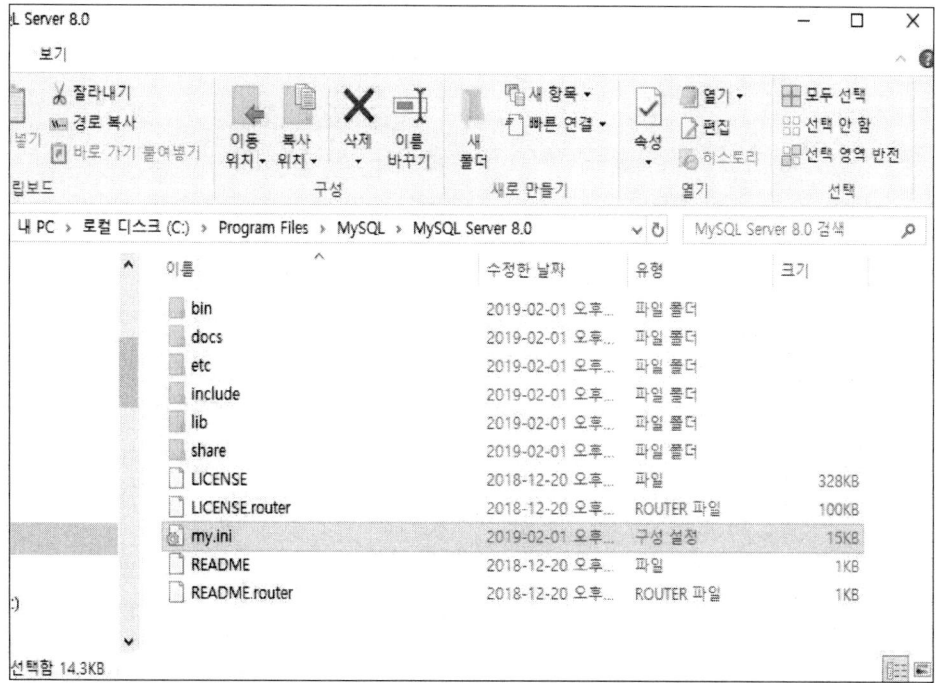

설정파일을 변경하였으니 작업관리 서비스에서 MySQL80 서비스를 다시 시작 해준다.

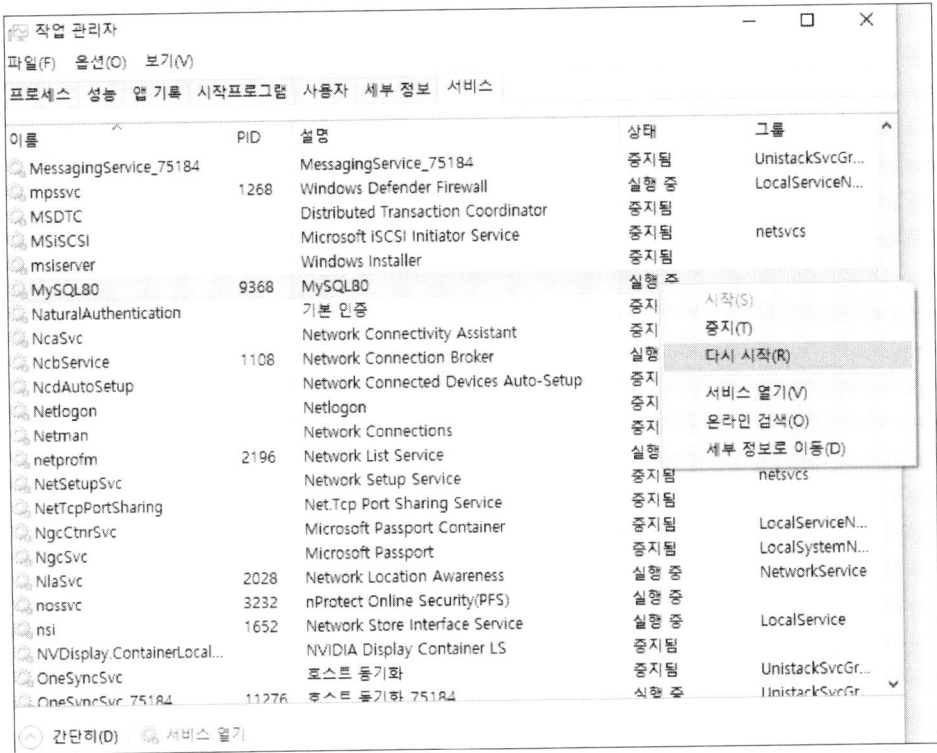

[그림 2-15] 작업관리자 서비스 MySQL80 다시 시작

root 사용자 계정으로 로그인한 후 한글 SETUP 상태를 확인하기 위하여 show variables like 'char%';를 실행해 보자.

mysql> show variables like 'char%';	
Variable_name	Value
character_set_client	utf8
character_set_connection	utf8
character_set_database	utf8
character_set_filesystem	binary
character_set_results	utf8
character_set_server	utf8
character_set_system	utf8
character_sets_dir	C:\Program Files\MySQL\MySQL Server 8.0\share\charsets\

위와 같이 한글 Type이 Client 측("utf8")과 서버 측("utf8") 모두 동일한 Type("utf8")으로 변경된 것을 확인 할 수 있다. 한글 설정작업이 모두 정상적으로 이루어 졌다.

2.3 MySQL 기본 사용법

본 절은 MySQL을 처음 접하는 사용자가 각 예제를 수행하며 MySQL의 기본 사용법을 익히고 자신감을 얻을 수 있도록 가능한 간단한 예제를 통해 MySQL의 전반적인 기능을 설명하고 있다.

2.3.1. 사용자 계정 추가하기

MySQL을 이용하기 위해서는 가장 먼저 사용자 계정을 추가해야 한다. 앞 절에서는 root 계정을 이용하여 MySQL을 접속하였으나 root 계정은 MySQL 상에서 모든 권한을 가진 슈퍼유저 계정이다. 때문에 root 계정으로 작업을 수행하면 모든 데이터베이스를 추가, 변경할 수 있지만 사용자의 실수로 중요한 데이터베이스를 망가뜨릴 수 있는 단점이 있다. 따라서 사용자 계정을 추가해서 필요한 권한을 부여하는 방법을 설명한다.

먼저, 사용자를 추가하기 위해 user 테이블에 항목을 추가하는 방법을 사용할 수 있으나 여러 가지 오류를 발생 시킬 수 있으므로 권장하지 않는다. 따라서 GRANT 문을 이용하여 사용자 계정을 추가하는 방법을 설명한다. GRANT 명령문은 사용자 계정에 권한을 부여하는 명령으로 특정 사용자에게 특정 데이터베이스에 대한 권한을 설정할 수 있다. 여기서 이야기 하는 데이터베이스란 MySQL 상에 사용자가 정의한 데이터베이스를 이야기하며 자세한 사항은 2.3.2절을 참조하자. 아래 실습은 test_user라는 사용자를 만들고 이 사용자의 비밀번호를 '1234'로 설정하고 my_database에 대한 모든 권한을 부여하는 방법을 설명한다. 이와 같이 권한은 부여하면 test_user라는 사용자는 my_database 만을 변경할 수 있어 다른 데이터베이스는 변경할 수 없다.

[실습 따라하기]

① MySQL접속
Windows 키 + R 키를 클릭하고 아래 명령을 입력한다.

```
mysql -u root -p
```

Enter password : 라는 문구가 나오면 설치시 입력했던 암호를 입력한다. 올바른 암호를 입력하면 아래와 같이 mysql 커맨드 창이 나온다.

Enter password: *******
Welcome to the MySQL monitor. Commands end with ; or \g.
Your MySQL connection id is 6
Server version: 5.5.15 MySQL Community Server (GPL)

Type 'help;' or '\h' for help. Type '\c' to clear the current input statement.

mysql〉

② MySQL 새로운 데이터베이스 생성

mysql〉 create database my_database;
Query OK, 1 row affected (0.00 sec)

③ 생성된 Database 확인

mysql〉 show databases;

```
Database
information_schema
my_database
mysql
performance_schema
sakila
sys
world
7 rows in set (0.00 sec)
```

④ 사용자 생성 (test_user)

mysql〉 create user test_user@localhost identified by 'test123';
Query OK, 0 rows affected (0.02 sec)

⑤ 권한부여

mysql〉 grant all privileges on my_database.* to test_user@localhost;
Query OK, 0 rows affected (0.01 sec)

위 따라가기를 통해 사용자를 생성하는 방법을 알아보았다. 이제 생성한 사용자 계정을 이용해 MySQL을 실행하는 방법을 설명한다. 먼저 MySQL을 실행하기 위한 명령의 형식은 아래와 같다.

mysql -h[host IP] -u[username] -p[databaseName]

여기서 원격에 있는 MySQL에 접속하고자 할 경우 MySQL 서버의 주소를 입력하는 부분으로 본 서에서는 로컬 컴퓨터을 사용하므로 입력하지 않는다. username은 접속하고자 하는 사용자 계정을 입력하고 databaseName은 사용하고자 할 데이터베이스를 입력한다. 따라서 위 따라가기에서 생성한 test_user 사용자 계정으로 my_database 라는 데이터베이스을 선택해 로그인하는 방법을 설명한다.

[실습 따라하기]

① 특정 사용자 계정으로 MySQL 접속하기

윈도우 키 + R을 클릭하여 실행 창을 열고 여기에 아래 명령을 입력하자.

---
mysql -u test_user -p my_database

상기 명령을 입력하면 비밀 번호를 묻는 창이 나온다. 이때 위 예제에서 설정한 비밀번호인 1234를 누르고 엔터를 치면 아래와 같이 로그인이 완료된 창을 볼 수 있다.

C:\Users\user⟩mysql -u test_user -p my_database

Enter password: *******
Welcome to the MySQL monitor. Commands end with ; or \g.
Your MySQL connection id is 17
Server version: 8.0.14 MySQL Community Server - GPL

Copyright (c) 2000, 2019, Oracle and/or its affiliates. All rights reserved.

Oracle is a registered trademark of Oracle Corporation and/or its
affiliates. Other names may be trademarks of their respective
owners.

Type 'help;' or '\h' for help. Type '\c' to clear the current input statement.

mysql⟩

2.3.2. 데이터베이스 생성, 선택, 삭제

하나의 MySQL에는 여러개의 데이터베이스가 존재할 수 있다. 예를 들어 학교의 데이터베이스 서버에 하나의 MySQL을 설치하고 학사관리 데이터베이스, 기자재 관리 데이터베이스, 졸업생 관리 데이터베이스 등 여러개의 데이터베이스를 만들고 관리할 수 있다. 따라서 본 절에서는 MySQL 상에서 데이터베이스를 생성하고 복수의 데이터베이스 중 하나를 선택하는 방법, 마지막으로 데이터베이스를 삭제하는 방법에 대해 설명한다.

[실습 따라하기]

① MySQL 접속하기
윈도우 키 + R을 클릭하여 실행 창을 열고 여기에 아래 명령을 입력하자.

```
mysql -u root -p
```

상기 명령을 입력하면 MySQL에 root 계정으로 로그인하고 데이터베이스는 선택하지 않은 상태이다. 데이터베이스를 생성하고 권한을 부여하는 일은 root 계정으로 수행해야 한다.

② 데이터베이스 생성하기

```
mysql> create database my_database2;
Query OK, 1 row affected (0.00 sec)
```

③ 데이터베이스 확인하기

mysql> show databases;

```
Database
information_schema
my_database
my_database2
mysql
performance_schema
sakila
sys
world
7 rows in set (0.00 sec)
```

④ 데이터베이스 선택하기
mysql> use my_database;
Database changed

⑤ 데이터베이스 변경하기
mysql> use my_database2;
Database changed

⑥ 데이터베이스 삭제하기
mysql> drop database my_database2;
Quer OK, 0 rows affected (0.32 sec)

⑦ 데이터베이스 확인하기
mysql> show databases;

```
Database
information_schema
my_database
mysql
performance_schema
sakila
sys
world
```

상기 결과에서 my_database2가 삭제된 것을 확인할 수 있다.

2.3.3. 테이블 생성, 수정, 삭제

MySQL에서 데이터베이스는 여러개의 테이블로 구성된다. 즉, 데이터베이스는 사용자가 정의한 정보가 저장된 테이블과 테이블 간의 관계로 구성된다고 할 수 있다. MySQL은 테이블과 테이블간의 관계를 이용하여 대규모의 정보를 효율적으로 관리하고 검색할 수 있도록 하는 도구이다. 여러개의 테이블로 이루어진 데이터베이스는 뒤에 학사 관리 테이블을 이용하여 설명하기로 하고 여기서는 위 절에서 생성한 my_database에 아래와 같은 아주 간단한 테이블을 생성하는 방법에 대해 설명한다.

[표 2.1] 예제 테이블

Name	Phone	ID	City
홍길동	031-252-1123	102	수원
이말자	02-231-1568	103	서울
이고순	042-856-9763	104	대전

[실습 따라하기]

① MySQL 접속하기
윈도우 키 + R을 클릭하여 실행 창을 열고 여기에 아래 명령을 입력하자.

```
mysql -u test_user -p my_database
```

상기 명령을 입력하면 MySQL에 test_user라는 계정으로 로그인하고 my_database를 선택하게 된다.

② 테이블 생성하기

mysql〉 create table example(
→ name varchar(10),
→ phone varchar(15),
→ id varchar(10),
→ city varchar(10)
→);
Query OK, 0 rows affected (0.20 sec)

③ 테이블 확인하기

mysql〉 show tables;

Tables_in_my_databse
example

위와 같이 example 테이블이 생성된 것을 확인할 수 있다.

이제 테이블의 열을 추가, 변경, 삭제하는 방법을 설명한다. 위에서 생성한 테이블은 다음 절의 예제에서 사용할 예정이므로 example2라는 이름으로 새로운 테이블을 생성해 설명한다.

[실습 따라하기]

① 테이블 생성하기

mysql〉 create table example2(
→ name varchar(10),
→ phone varchar(15),
→ id varchar(10),
→ city varchar(10)
→);
Query OK, 0 rows affected (0.20 sec)

② e_mail 열 추가하기

mysql〉 alter table example2 add e_mail varchar(20);
Query OK, 0 row affected (0.25 sec)
Records: 0 Duplicates: 0 Warnings: 0

② 테이블 내용 확인하기

mysql> desc example2;

Field	Type	Null	Key	Default	Extra
name	varchar(10)	YES		NULL	
phone	varchar(15)	YES		NULL	
id	varchar(10)	YES		NULL	
city	varchar(10)	YES		NULL	
e_mail	varchar(20)	YES		NULL	

위 결과에서 e_mail이 삽입된 것을 알 수 있다.

③ City 열 삭제하기

mysql> alter table example2 drop city;

Query OK, 0 row affected (0.25 sec)

Records: 0 Duplicates: 0 Warnings: 0

④ 테이블 내용 확인하기

mysql> desc example2;

Field	Type	Null	Key	Default	Extra
name	varchar(10)	YES		NULL	
phone	varchar(15)	YES		NULL	
id	varchar(10)	YES		NULL	
e_mail	varchar(20)	YES		NULL	

⑤ 열 변경하기 (id 열을 id_number로 바꿈)

mysql> alter table example2 change id id_number varchar(10);

Query OK, 0 row affected (0.25 sec)

Records: 0 Duplicates: 0 Warnings: 0

⑥ 테이블 내용 확인하기

mysql> desc example2;

Field	Type	Null	Key	Default	Extra
name	varchar(10)	YES		NULL	
phone	varchar(15)	YES		NULL	
id	varchar(10)	YES		NULL	
e_mail	varchar(20)	YES		NULL	

위 결과에서 id 열이 id_number로 변경되었음을 확인할 수 있다.

마지막으로 테이블을 삭제하는 방법을 설명한다. 위 예제에서 사용한 example2 테이블을 삭제한다.

[실습 따라하기]

① 테이블 삭제하기
mysql〉 drop table example2;
Query OK, 0 row affected (0.25 sec)

② 테이블 확인하기
mysql〉 show tables;

Tables_in_my_databse
example

위 결과에서 example2 테이블이 삭제된 것을 확인할 수 있다.

2.3.4. 데이터 삽입

상기 [실습 따라하기] 예제를 통해 MySQL상에서 테이블을 생성하였다. 이제 생성한 테이블에 데이터를 삽입하는 방법에 대해 설명한다. 상기 테이블 생성 예제에서 테이블의 정의는 테이블의 이름과 각 열의 이름과 데이터 타입으로 이루어져 있었다. 따라서 상기 앞 예제에서는 테이블의 열을 정의한 것이며 데이터를 삽입함으로써 행이 추가된다.

[실습 따라하기]

① 데이터 삽입
mysql〉 insert into example(name, phone, id, city) values('홍길동', '031-252-1123', '102', '수원');
Query OK, 1 row affected (0.25 sec)

② 데이터 확인
mysql〉 select * from example;

name	phone	id	city
홍길동	031-252-1123	102	수원

위와 같이 데이터를 삽입하면 하나의 행이 추가됨을 알 수 있다.

③ 데이터 추가 삽입

mysql〉 insert into example(name, phone, id, city) values('이말자', '02-231-1568', '103', '서울');
Query OK, 1 row affected (0.25 sec)

mysql〉 insert into example(name, phone, id, city) values('이고순', '042-856-9763', '104', '대전');
Query OK, 1 row affected (0.25 sec)

④ 데이터 확인
mysql〉 select * from example;

name	phone	id	city
홍길동	031-252-1123	102	수원
이말자	02-231-1568	103	서울
이고순	042-856-9763	104	대전

2.3.5. 데이터 검색

데이터베이스의 중요한 목적 중의 하나는 대용량 데이터에서 사용자가 원하는 데이터를 빠른 속도로 검색하는 것에 있다. 복잡한 데이터베이스 상에서 다양한 조건의 데이터를 검색하는 방법은 차후 다시 설명하도록 하며 본 절에서는 상기 따라가기 예제를 통해 생성한 example 테이블에서 데이터를 검색하는 방법에 대해 설명한다.

[실습 따라하기]

① 이름이 홍길동인 사람 검색하기
mysql〉 select * from example where name='홍길동';

name	phone	id	city
홍길동	031-252-1123	102	수원

② ID가 103 이상인 사람 검색하기
mysql〉 select * from example where id〉=103;

name	phone	id	city
이말자	02-231-1568	103	서울
이고순	042-856-9763	104	대전

③ 대전에 사는 사람 검색하기
mysql〉 select * from example where city='대전';

name	phone	id	city
이고순	042-856-9763	104	대전

④ 대전 또는 수원에 사는 사람 검색하기
mysql〉 select * from example where city='대전' or city='수원';

name	phone	id	city
홍길동	031-252-1123	102	수원
이고순	042-856-9763	104	대전

2.3.6. 입력 데이터 변경 및 삭제

데이터베이스에 저장된 데이터는 필요에 따라 변경하거나 삭제 할 수 있어야 한다. 이를 위해 본 절에서 example 테이블에 데이터를 변경하거나 데이터를 삭제하는 방법을 설명한다.

[실습 따라하기]

① 홍길동의 거주 도시를 뉴욕으로 변경하기
mysql〉 update example set city='뉴욕' where name='홍길동';
Query OK, 1 row affected (0.25 sec)
Rows matched: 1 Changed: 1 Warnings: 0

② 데이터 변경 확인하기
mysql〉 select * from example;

name	phone	id	city
홍길동	031-252-1123	102	뉴욕
이말자	02-231-1568	103	서울
이고순	042-856-9763	104	대전

③ 이름이 이고순인 사람의 데이터 삭제하기
mysql〉 delete from example where name='이고순';
Query OK, 1 row affected (0.25 sec)

④ 데이터 변경 확인하기

mysql〉 select * from example;

name	phone	id	city
홍길동	031-252-1123	102	뉴욕
이말자	02-231-1568	103	서울

2.4 MySQL의 데이터베이스 관리 툴

MySQL은 MySQL Workbench 라는 GUI 툴을 제공한다. MySQL Workbench는 MySQL Installer에 의해 기본적으로 설치되므로 별도의 설치 과정이 필요하지 않다. GUI 툴은 편리한 환경을 제공하고 있으나 대부분의 데이터베이스 개발자는 여전히 커맨드 방식을 사용하고 있다. 또한 커맨드 방식의 SQL 명령에 익숙해 지는 것이 MySQL 익히는데 필수적임으로 향후 모든 설명을 커맨드 쉘에서 SQL 명령을 입력하는 것으로 설명한다.

MySQL workbech는 크게 세가지의 기능으로 구성되어 있다. 아래 그림은 MySQL Workbech의 초기 화면이며 크게 SQL Development, Data Modeling, Server Administration 으로 구성되어 있는 것을 볼 수 있다. 각각의 기능은 아래와 같다.

MySQL Document : MySQL Workbench Manual(사용설명서)

Read the Blog : The MySQL Workbench Developer Central Site(개발자 중심 사이트)

Discuss on the Forums : MySQL 포럼 협의 사이트

[그림 3-15] MySQL Workbench

Part 03

학사 관리 예제 데이터베이스

Part 03 학사 관리 예제 데이터베이스

제2장에서는 학사관리에서 사용하는 데이터베이스로 학생의 신상과 등록, 수강, 성적을 기록하는 데이터베이스에 대하여 설명하고자 한다. 본서에서 기술된 대부분 예제와 연습 문제는 이 데이터베이스를 사용하고 있으므로 먼저 이 데이터베이스에 대하여 살펴보아야 한다.

3.1 MySQL의 특징

학사 데이터베이스는 학생이 대학 생활에 필요한 데이터가 저장되어 있다. 데이터베이스는 다음과 같은 9개의 테이블로 구성되어 있다.

- DEPARTMENT (학과 : 학과정보 테이블)
- STUDENT (학생 : 학생신상 테이블)
- ATTEND (수강 : 수강신청 테이블)
- FEE (등록 : 등록사항 테이블)
- SCORE (성적 : 성적사항 테이블)
- SUBJECT (교과목 : 교과목 테이블)
- PROFESSOR (교수 : 교수 테이블)
- CIRCLE (동아리 : 학생의 동아리 정보 테이블)
- POST (우편번호 : 우편번호 테이블)

DEPARTMENT 테이블은 학과의 정보를 관리하기 위하여 보관하는 데이터로서 학과코드, 학과명, 영문학과명과 같은 내용을 가지고 있다. Primary Key는 DEPT_CODE(학과코드)이다.

[표 3.1] DEPARTMENT(학과) 테이블의 정보

칼럼이름	데이터타입	Key Type	NN/Unique	FK table	FK column	설명
dept_code	int(2)	PK	NN/U			학과번호
dept_name	char(30)		NN			학과명
dept_ename	varchar(50)					영문학과명
create_date	date		default null			학과생성일자

STUDENT 테이블은 학생 신상에 관한 데이터로서 이름, 주소, 생년월일, 성별 같은 내용을 가지고 있다. Primary Key는 STU_NO(학번)이고 이 Column은 중복 데이터를 생성할 수 없다. 테이블은 과거의 데이터를 가지지 않기 때문에 어떤 학생이 다른 집으로 이사 가면 과거의 주소는 새로운 주소로 대치된다. 다시 말하면, 과거 주소는 다른 곳에서 보유하지 않는다.

[표 3.2] 학적(STUDENT) 테이블의 정보

칼럼이름	데이터타입	Key Type	NN/Unique	FK table	FK column	설명
stu_no	char(10)	PK	NN/U			학번
stu_name	char(10)		NN			이름
stu_ename	varchar(30)					영문이름
dept_code	int(2)	FK	NN	DEPARTMENT	dept_code	학과
grade	int(1)		NN			학년
class	int(1)		NN			반
juya	char(2)					주야구분
birthday	varchar(10)		NN			생년월일
gender	varchar(1)		NN			성별
post_no	varchar(6)		NN	POST	post_no	우편번호
address	varchar(100)					주소
tel1	varchar(3)					전화번호 (지역)
tel2	varchar(4)					전화번호 (국번)
tel3	varchar(4)					전화번호 (번호)
mobile	varchar(14)					휴대전화번호

ATTEND 테이블은 학생의 수강신청에 관한 데이터로서 수강신청 교과목, 이수구분, 교수코드 같은 내용을 가지고 있다. Primary Key는 STU_NO(학번), ATT_YEAR(수강년도), ATT_TERM(수강학기), SUB_CODE(교과목코드), PROF_CODE(교수코드), ATT_JAE(재수강구분)코드로 만들어진 조합키이고 이 Column들의 조합키는 중복 데이터를 생성할 수 없다. 이 조합키를 생성하는 이유는 한 학생이 학기마다 여러 과목의 수강신청을 해야 되기 때문이다.

[표 3.3] 수강신청(ATTEND) 테이블의 정보

칼럼이름	데이터타입	Key Type	NN/Unique	FK table	FK column	설명
stu_no	char(10)	PK, FK	NN	STUDENT	stu_no	학번
att_year	char(4)	PK	NN			수강년도
att_term	int(1)	PK	NN			수강학기
att_isu	int(1)		NN			이수구분
sub_code	char(5)	PK, FK	NN	SUBJECT	sub_code	교과목코드
prof_code	char(4)	PK, FK	NN	PROFESSOR	prof_code	교수번호
att_point	int(1)		NN			이수학점
att_grade	int(3)		default '0'			취득점수
att_div	char(1)		default 'N'			수강신청구분
att_jae	char(1)	PK	default '1'			재수강구분
att_date	date		NN			수강처리일자

FEE 테이블은 학생의 등록금 납입에 관한 데이터로서 입학금, 등록금액, 장학금액과 같은 내용을 가지고 있다. Primary Key는 STU_NO(학번), FEE_YEAR(등록년도), FEE_TERM(학기) 코드로 만들어진 조합키이고, 이 Column들의 조합키는 중복 데이터를 생성할 수 없다. 이 조합키를 생성하는 이유는 한 학생이 등록금을 여러 학기동안 등록금을 내기 때문이다.

[표 3.4] 등록금(FEE) 테이블의 정보

칼럼이름	데이터타입	Key Type	NN/Unique	FK table	FK column	설명
stu_no	varchar(10)	PK, FK	NN	STUDENT	stu_no	학번
fee_year	varchar(4)	PK	NN			등록년도
fee_term	int(1)	PK	NN			등록학기
fee_enter	int(7)					입학금
fee_price	int(7)		NN			등록금
fee_total	int(7)		NN,default '0'			등록금총액
jang_code	char(2)					장학코드
jang_total	int(7)					장학금액
fee_pay	int(7)		NN,default '0'			납부총액
fee_div	char(1)		NN,default 'N'			등록구분
fee_date	date		NN			등록날짜

SCORE 테이블은 학생의 성적을 학기별로 정리하여 보관하는 데이터로서 총 신청학점, 취득학점, 평점평균과 같은 내용을 가지고 있다. Primary Key는 STU_NO(학번), SCO_YEAR(성적취득년도), SCO_TERM(학기)코드로 만들어진 조합키이고 이 Column들의 조합키는 중복 데이터를 생성할 수 없다. 이 조합키를 생성하는 이유는 한 학생의 성적처리는 여러 학기동안 처리되어야 하기 때문이다.

[표 3.5] SCORE(보관용 성적) 테이블의 정보

칼럼이름	데이터타입	Key Type	NN/Unique	FK table	FK column	설명
stu_no	char(10)	PK, FK	NN	STUDENT	stu_no	학번
sco_year	char(4)	PK	NN			성적취득년도
sco_term	int(1)	PK	NN			학기
req_point	int(2)					신청학점
take_point	int(2)					취득학점
exam_avg	float(2,1)					평점평균
exam_total	int(4)					백분율 총점
sco_div	char(1)					성적구분
sco_date	date					성적처리일자

SUBJECT 테이블은 학생이 수강신청 할 때 수강 교과목을 정리하여 보관하는 데이터로서 과목명, 개설년도등 내용을 가지고 있다. Primary Key는 SUB_CODE(과목코드)이다.

[표 3.6] SUBJECT(교과목) 테이블의 정보

칼럼이름	데이터타입	Key Type	NN/Unique	FK table	FK column	설명
sub_code	char(5)	PK	NN/U			과목번호
sub_name	varchar(50)		NN			과목명
sub_ename	varchar(50)					영문과목명
create_year	char(4)					개설년도

PROFESSOR 테이블은 학생이 수강신청 할 때 담당교수를 정리하여 보관하는 데이터로서 교수명 같은 내용을 가지고 있다. Primary Key는 PROF_CODE(교수코드)이다.

[표 3.7] PROFESSOR(교수) 테이블의 정보

칼럼이름	데이터타입	Key Type	NN/Unique	FK table	FK column	설명
prof_code	char(4)	PK	NN/U			교수번호
prof_name	char(10)		NN			교수명
prof_ename	varchar(30)					영문교수명
create_date	date		default null			교수임용일자

CIRCLE 테이블은 학생들의 동아리 활동을 관리하기 위하여 보관하는 데이터로서 일련번호, 동아리이름, 학번, 회장과 같은 내용을 가지고 있다. Primary Key는 CIR_NUM(일련번호)이다. President는 회장인 경우에 0, 부회장인 경우 1, 일반회원은 2 값을 가진다.

[표 3.8] CIRCLE(동아리) 테이블의 정보

칼럼이름	데이터타입	Key Type	NN/Unique	FK table	FK column	설명
cir_num	int(4)	PK	NN/U			일련번호
cir_name	char(30)		NN			동아리명
stu_no	char(10)	FK	NN	STUDENT	stu_no	학번
stu_name	char(10)	FK	NN	STUDENT	stu_name	이름
president	char(1)		NN,default '2'			회장유무

POST 테이블은 도로명 우편번호 테이블로 학적 현주소의 우편번호를 관리하기 위하여 보관하는 데이터로서 구역번호(신우편번호), 시도명, 시군구명, 도로명, 시군구용건물과 같은 내용을 가지고 있다. Primary Key는 management_no(건물관리번호)이다. 학생의 현주소를 입력할 때 주소 중에서 시·도, 읍·면·동은 기재하지 않고, 우편번호 테이블의 데이터를 가져오고, 나머지 주소만 기재할 수 있도록 하기 위함이다.

[표 3.9] POST(도로명 우편번호) 테이블의 정보

순번	칼럼이름	데이터타입	Key Type	NN/Unique	FK table	FK column	설명
1	post_no	varchar(5)		NN			신우편번호
2	sido_name	varchar(20)		NN			시도명
3	sido_eng	varchar(40)		NN			시도영문
4	sigun_name	varchar(20)		NN			시군구명
5	sigun_eng	varchar(40)		NN			시군구영문
6	rowtown_name	varchar(20)		NN			읍면
7	rowtown_eng	varchar(40)		NN			읍면영문
8	road_code	varchar(12)					도로명코드
9	road_name	varchar(80)					도로명
10	road_eng	varchar(80)					도로영문명
11	underground_gubun	varchar(1)					지하여부
12	building_bon	int(5)					건물번호본번
13	building_boo	int(5)					건물번호부번
14	management_no	varchar(25)	PK	NN			건물관리번호
15	baedal	varchar(40)					다량배달처명
16	town_building	varchar(200)					시군구용 건물명
17	row_code	varchar(10)		NN			법정동코드
18	row_dongname	varchar(20)					법정동명
19	ri_name	varchar(20)					리명
20	administration_name	varchar(40)					행정동명
21	mountain_gubun	varchar(1)					산여부
22	bungi	int(4)					지번본번(번지)

순번	칼럼이름	데이터타입	Key Type	NN/Unique	FK table	FK column	설명
23	town_no	varchar(2)					읍면동일련번호
24	ho	int(4)					읍면동일련번호
25	gu_post_no	varchar(6)					구 우편번호
26	post_seq	varchar(3)					우편일련번호

3.2 테이블의 내용

테이블의 내용은 다음과 같으며, 이 데이터는 모든 예제와 연습 문제의 기본 형식으로 사용된다. 테이블에서 어떤 열의 데이터는 NULL값을 인정한다. 이 테이블에 사용된 데이터는 가상데이터이다.

[표 3.10] 학적(STUDENT) 테이블의 예제 데이터

STU_NO	STU_NAME	STU_ENAME	DEPT_CODE	GRADE	BAN	JUYA	BIRTHDAY	GENDER	POST_NO
20141001	박도상	Park Do-Sang	40	4	1	주	19960116	1	01066
20161001	박정인	Park Jung-In	40	3	1	주	19970403	2	04957
20181001	장수인	Jang Soo-In	40	2	1	주	19990209	2	57991
20181002	정인정	Jung In-Jung	40	2	2	주	19990315	2	05270
20181003	이상진	Lee Sang-Gin	40	2	1	주	19990819	1	17826
20181004	김유미	Kim Yoo-Mi	40	2	2	주	19990207	2	15348
20191001	김유신	Kim Yoo-Shin	40	1	3	야	20001007	3	06034
20191002	홍길동	Hong Gil-Dong	40	1	3	야	20000402	3	59635
20191003	고혜진	Ko Hea-Jin	10	1	1	주	20000307	4	47783
20191004	이순신	Lee Sun-Shin	10	1	3	야	20000222	3	01901
20191005	김할리	Kim Hal-Li	40	1	2	주	20010418	5	02463
20191006	최예스터	Choi Esther	40	1	2	주	20021003	6	03975
20191007	신안나	Shin An-Na	40	1	2	주	20011214	4	06305
20191008	연개소문	Yean Gae-So-Moon	40	1	3	야	20000615	3	48020
20191009	유하나	Yoo Ha-Na	50	1	1	주	20000921	4	61053
20201001	김영호	Kim Young-Ho	50	1	3	야	20010811	3	61689
20201002	강감찬	Gang Gam-Chan	50	1	3	야	20010312	3	34331

STU_NO	JUSO	TEL1	TEL2	TEL3	MOBILE
20141001	서울특별시 강북구 덕릉로41길 다우빌라2차 101동 203호	02	744	6126	010-0611-9884
20161001	서울특별시 광진구 영화사로16길 구의동 아차산 한라아파트 102동 306호	02	652	2439	010-3142-1294
20181001	전라남도 순천시 구암3길 22 송보아파트 108동 1101호	061	791	1236	NULL
20181002	서울특별시 강동구 동남로71길 한양아파트 6동 1203호	02	723	1078	010-0605-7837
20181003	경기도 평택시 잔다리1길 신아맨션 107동 504호	031	691	5426	NULL
20181004	경기도 안산시 단원구 당곡1로 주공5단지아파트 507동 302호	031	763	1439	010-0617-1290
20191001	서울특별시 강남구 압구정로2길 강남상가아파트 109동 1203호	02	685	7818	010-9876-1299
20191002	전라남도 여수시 시청로 금호아파트 104동 605호	061	642	4034	010-6425-9245
20191003	부산광역시 동래구 안락로 삼성아파트 1011동 102호	051	781	5135	NULL
20191004	서울특별시 노원구 석계로 현대아파트 2동 1004호	02	745	7667	010-7141-1860
20191005	서울특별시 동대문구 제기로 한신아파트 561동 102호	02	746	5485	010-4624-0460
20191006	서울특별시 마포구 연남로9길 휴먼아파트 101동 540호	02	945	6793	NULL
20191007	서울특별시 강남구 언주로 개포2차현대아파트 208동 402호	02	745	5485	010-5897-0874
20191008	부산광역시 해운대구 아랫반송로79번길 정명빌라 2080호	051	632	9306	010-0641-9304
20191009	광주광역시 북구 우치로311번길 청암아파트 204동 512호	062	651	5992	010-0651-0707
20201001	광주광역시 남구 봉선중앙로 라인광장아파트 107동 510호	062	652	5598	010-4605-5598
20201002	대전광역시 대덕구 덕암북로 금호아파트 103동 505호	042	123	1234	010-1234-4567

[표 3.11] 수강(ATTEND) 테이블의 예제 데이터

STU_NO	ATT_YEAR	ATT_TERM	ATT_ISU	SUB_CODE	PROF_CODE	ATT_POINT	ATT_GRADE	ATT_DIV	ATT_JAE	ATT_DATE
20140001	2014	1	3	4001	4002	3	99	Y	1	2014-03-05
20140001	2014	1	4	4002	4003	3	95	Y	1	2014-03-05
20140001	2014	1	4	4003	4004	3	97	Y	1	2014-03-05
20140001	2014	1	4	4004	4001	3	98	Y	1	2014-03-05
20140001	2014	1	4	4005	4007	3	96	Y	1	2014-03-05
20140001	2014	1	4	4006	4008	3	95	Y	1	2014-03-05
20140001	2014	2	3	4007	4009	3	93	Y	1	2014-09-03
20140001	2014	2	4	4008	4005	3	92	Y	1	2014-09-03
20140001	2014	2	4	4009	4006	3	94	Y	1	2014-09-03
20140001	2014	2	4	4010	4001	3	90	Y	1	2014-09-03
20140001	2014	2	4	4011	4002	3	91	Y	1	2014-09-03
20140001	2014	2	4	4012	4003	3	92	Y	1	2014-09-03
20161001	2016	1	3	4001	4002	3	99	Y	1	2016-03-05
20161001	2016	1	4	4002	4003	3	95	Y	1	2016-03-05
20161001	2016	1	4	4003	4004	3	97	Y	1	2016-03-05
20161001	2016	1	4	4004	4001	3	98	Y	1	2016-03-05
20161001	2016	1	4	4005	4007	3	93	Y	1	2016-03-05
20161001	20163	1	4	4006	4008	3	95	Y	1	2016-03-05

[표 3.12] 성적(SCORE) 테이블의 예제 데이터

STU_NO	SCO_YEAR	SCO_TERM	REQ_POINT	TAKE_POINT_	EXAM_AVG	EXAM_TOTAL	SCO_DIV	SCO_DATE
20141001	2014	1	18	18	4.5	580	Y	2014-08-10
20141001	2014	2	18	18	4.0	552	Y	2015-01-11
20191001	2019	1	18	18	4.2	572	Y	2019-08-09
20191002	2019	1	18	18	4.5	575	Y	2019-08-09
20191005	2019	1	18	18	4.4	577	Y	2019-08-09
20191006	2019	1	18	18	4.4	579	Y	2019-08-09
20191007	2019	2	18	18	0.0	0	N	2019-11-10
20191001	2019	2	18	18	0.0	0	N	2019-11-10
20191002	2019	2	18	18	0.0	0	N	2019-11-10

[표 3.13] 등록(FEE) 테이블의 예제 데이터

STU_NO	FEE_YEAR	FEE_TERM	FEE_ENTER	FEE_PRICE	FEE_TOTAL	JANG_CODE	JANG_TOTAL	FEE_PAY	FEE_DIV	FEE_DATE
20141001	2014	1	500000	3000000	3500000	01	500000	3000000	Y	2014-02-18
20141001	2014	2	NULL	3000000	3000000	10	2500000	500000	Y	2014-08-20
20141001	2015	1	NULL	3000000	3000000	11	2000000	1000000	Y	2015-02-18
20141001	2015	2	NULL	3000000	3000000	21	800000	2200000	Y	2015-08-10
20141001	2018	1	500000	2500000	3000000	02	1000000	2000000	Y	2018-02-01
20141001	2018	2	NULL	2500000	2500000	10	2500000	0	Y	2018-08-10
20141001	2019	1	NULL	2800000	2800000	10	2500000	300000	Y	2019-02-15
20141001	2019	2	NULL	2800000	2800000	10	2500000	300000	Y	2019-08-16
20161001	2016	1	NULL	3000000	3000000	10	2500000	500000	Y	2016-02-14
20161001	2016	2	NULL	3000000	3000000	10	2500000	500000	Y	2016-08-18
20161001	2019	1	NULL	3000000	3000000	11	2000000	1000000	Y	2019-02-10
20161001	2019	2	NULL	3000000	3000000	10	2500000	500000	Y	2019-08-19
20191004	2019	1	500000	3000000	3500000	01	500000	3000000	Y	2019-02-18
20191004	2019	2	NULL	3000000	3000000	NULL	NULL	3000000	Y	2019-08-10
20191005	2019	1	500000	3000000	3500000	01	500000	3000000	Y	2019-02-18
20191005	2019	2	NULL	3000000	3000000	0	2000000	2920000	Y	2006-02-18
20191006	2019	1	500000	3000000	3500000	01	500000	3000000	Y	2019-02-18
20191006	2019	2	NULL	3000000	3000000	NULL	NULL	3000000	Y	2006-02-18
20191007	2019	1	500000	3000000	3500000	01	500000	3000000	Y	2019-02-18
20191007	2019	2	NULL	3000000	3000000	NULL	NULL	3000000	Y	2019-08-10
20191008	2019	1	500000	3000000	3500000	01	500000	3000000	Y	2019-02-18
20191008	2019	2	NULL	3000000	3000000	NULL	NULL	3000000	Y	2019-08-10
20201002	2020	1	500000	3000000	3500000	01	500000	3000000	Y	2020-02-18
20201002	2020	2	NULL	3000000	3000000	10	2500000	500000	Y	2020-08-10

[표 3.14] 교과목(SUBJCET) 테이블의 예제 데이터

SUB_CODE	SUB_NAME	SUB_ENAME	CREATE_YEAR
4001	데이터베이스 응용	Database Application	2002
4002	웹사이트 구축	Web Site Construction	2003
4003	소프트웨어공학	Software Engineering	2003
4004	웹프로그래밍	Web Programming	2004
4005	컴퓨터구조	Computer Structure	2001
4006	정보처리실무	Information Process Practical business	2001
4007	UML	UML(Unified Modeling Language)	2005
4008	운영체제	Operating System	2002
4009	전자상거래 실무	Electronic Commerce	2003
4010	윈도우즈 프로그래밍	Windows Programming	2006
4011	자바프로그래밍	Java Programming	2006
4012	파이썬 프로그래밍	Python Programming	2019
4013	스크래치 프로그래밍	Scratch Programming	2019

[표 3.15] 교수(PROFESSOR) 테이블의 예제 데이터

PROF_CODE	PROF_NAME	PROF_ENAME	CREATE_DATE
4001	정진용	Jung jin-yong	1995-09-01
4002	나인섭	Na in-sub	2006-02-02
4003	오승재	Oh sung-jae	2003-03-01
4004	고진광	Go jin-gwang	2000-01-15
4005	정병열	Jung byeong-yeol	1998-03-01
4006	박심심	Park sim-sim	1988-03-01
4007	김영식	Kim young-sik	1986-03-01
4008	최우철	Choi woo-chel	1997-03-01
4009	문창우	Moon chang-woo	1995-03-01
5010	정종선	Jung jong-sun	1997-03-01
5011	최종주	Choi jong-joo	1992-03-05

[표 3.16] 우편번호(POST) 테이블의 예제 데이터

POST_NO	SIDO_NAME	SIGUN_NAME	ROAD_NAME	BUILDING_BON	TOWN_BUILDING
04957	서울특별시	광진구	영화사로16길	43	구의동 아차산 한라아파트
02463	서울특별시	동대문구	제기로	129	한신아파트
01066	서울특별시	강북구	덕릉로41길	43	다우빌라2차
01901	서울특별시	노원구	석계로	49	현대아파트
03975	서울특별시	마포구	연남로9길	20	휴먼아파트
06305	서울특별시	강남구	언주로	103	개포2차현대아파트
0603	서울특별시	강남구	압구정로2길	46	강남상가아파트
05270	서울특별시	강동구	동남로71길	23	한양아파트
47783	부산광역시	동래구	안락로	59	삼성아파트
48020	부산광역시	해운대구	아랫반송로79번길	10	정명빌라
61689	광주광역시	남구	봉선중앙로	93	라인광장아파트
61053	광주광역시	북구	우치로311번길	18	청암아파트
34331	대전광역시	대덕구	덕암북로	86	금호아파트
17826	경기도	평택시	잔다리1길	17	신아맨션
15348	경기도	안산시 단원구	당곡1로	10	주공5단지아파트
59635	전라남도	여수시	시청로	82	금호아파트
57991	전라남도	순천시	구암3길	22	송보아파트

[표 3.17] 동아리(CIRCLE) 테이블의 예제 데이터

CIR_NUM	CIR_NAME	STU_NO	STU_NAME	PRESIDENT
1	컴맹탈출	20140001	박도상	0
2	컴맹탈출	20191009	유하나	1
3	컴맹탈출	20191001	김유신	2
4	Java길라잡이	20181001	장수인	2
5	Java길라잡이	20191004	이순신	1
6	Java길라잡이	20161001	박정인	0
7	PHP길라잡이	20191002	홍길동	0

[표 3.18] 학과(DEPARTMENT) 테이블의 예제 데이터

DEPT_CODE	DEPT_NAME	DEPT_ENAME	CREATE_DATE
10	간호학과	Dept. of Nersing	1991-02-01
20	경영학과	Dept. of Management	1992-02-10
30	수학학과	Dept. of Mathematics	1993-02-20
40	컴퓨터정보학과	Dept. of Computer Information	1997-02-01
50	IT융합학과	Dept. of Information Technology Fusion	2019-02-10
60	회계학과	Dept. of Accounting	2019-02-01

3.3 무결성 규칙

앞에서 보여준 9개의 테이블 내용은 많은 무결성 규칙을 만족해야 한다. 예를 들면, 두 학생은 동일한 학번을 가질 수 없고, ATTEND, FEE 테이블에 있는 모든 학생은 STUDENT 테이블에 존재해야 한다. 각 테이블의 기본 키는 반드시 정의되어야 하고 다음의 각 열은 각 테이블의 기본 키를 나타내고 있다.

- STUDENT 테이블의 STU_NO
- ATTEND 테이블의 STU_NO, ATT_YEAR, ATT_TERM, SUB_CODE, PROF_CODE, ATT_JAE로 이루어진 조합 키
- FEE 테이블의 STU_NO, FEE_YEAR, FEE_TERM로 이루어진 조합 키
- SCORE 테이블의 STU_NO, SCO_YEAR, SCO_TERM로 이루어진 조합 키
- SUBJECT 테이블의 SUB_CODE
- PROFESSOR 테이블의 PROF_CODE
- POST 테이블의 MANAGEMENT_NO
- CIRCLE 테이블의 CIR_NUM
- DEPARTMENT 테이블의 DEPT_CODE

[그림 3.1]은 데이터베이스를 도식해 놓은 것으로(모든 행을 보여주지는 않고 있음) 열(또는 열의 조합)을 나타내고 있다. [그림 3.1]에서 외래 키는 단방향의 화살표로 나타내고 있다. 이러한 외래 키는 한 테이블에서 다른 테이블을 참조할 수 있도록 한다. 외래 키는 다음과 같다.

- **학적 테이블에서 학과 테이블의 참조**

STUDENT 테이블에 있는 DEPT_CODE(학과코드)는 DEPARTMENT테이블의 DEPT_NO(학과코드)를 참조하고 부분집합이며, DEPT_CODE(학과코드)를 참조하는 외래 키를 나타내고 있다.

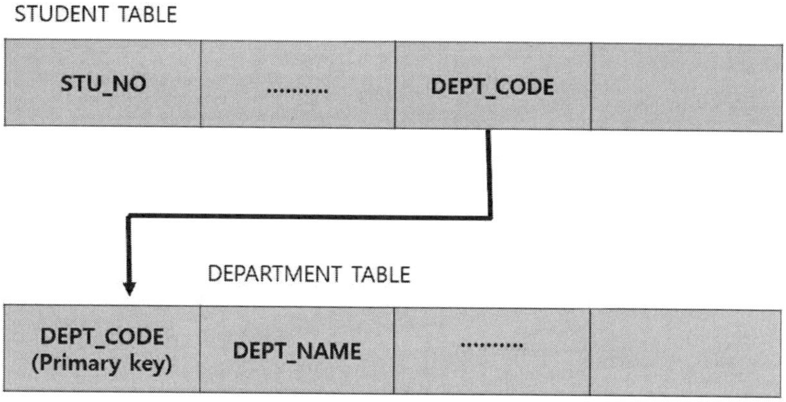

STUDENT TABLE

| STU_NO | .... | DEPT_CODE | |

DEPARTMENT TABLE

| DEPT_CODE (Primary key) | DEPT_NAME | .... | |

[그림 3.1] 학사 데이터베이스간의 관계성의 도식

- **수강, 등록, 성적 테이블에서 학적 테이블의 참조**

  수강, 등록, 성적 테이블에 존재하는 모든 학생들은 학적 테이블에 존재해야 한다.

  무결성 규칙을 다음과 같이 가질 수 있다.

  · 등록테이블의 입학금, 등록총액은 항상 0 이상이다.

Part 04

학사 관리 예제 만들기

Part 04 학사 관리 예제 만들기

제4장에서는 2장에서 설명한 학사 관리 데이터베이스를 실제 MySQL 상에서 구현하고 이에 필요한 필수적인 기능들에 대해 설명한다. 본 장에서는 학사 관리 예제와 같은 하나의 데이터베이스를 구축하는데 필요한 많은 기능을 사용하고 있기 때문에 처음 MySQL을 접하는 독자는 이해가 어려울 수 있다. 하지만 각 기능에 대한 세부 설명은 다음 장에서 자세히 설명하고 있으니 본 장에서는 예제를 따라하면서 MySQL에 대한 전반적인 개요와 기본 사용법을 익히는 것에 중점을 두기를 바란다.

4.1 MySQL 데이터베이스 생성

먼저 MySQL을 이용하여 데이터베이스를 생성하기 위해서는 MySQL에 데이터베이스를 생성해야 한다. 하나의 MySQL에는 여러 개의 데이터베이스가 존재할 수 있으며 각각의 데이터베이스의 이름은 사용자가 지정할 수 있다. 또한 하나의 데이터베이스에는 여러 개의 테이블이 존재할 수 있으며 실제 데이터베이스의 데이터는 테이블에 저장된다. 본 절에서는 실습 따라가기를 통해 데이터베이스 및 테이블을 만드는 방법을 설명하고 이때 유용한 여러 가지 기능을 설명한다.

4.1.1. 데이터베이스 및 테이블 만들기

1) 학사("haksa") 데이터베이스 생성 작업

[실습 따라하기]

① MySQL 접속하기
윈도우 키 + R을 클릭하여 실행 창을 열고 여기에 아래 명령을 입력하자.

```
mysql -u root -p
```

Enter password: 라고 적힌 창이 뜨면 MySQL 설치시 입력했던 패스워드를 입력한다. 성공적으로 MySQL에 접속되면 아래와 같은 메시지가 나온다.

Enter password: *******
Welcome to the MySQL monitor. Commands end with ; or \g.
Your MySQL connection id is 12
Server version: 8.0.14 MySQL Community Server - GPL

Copyright (c) 2000, 2019, Oracle and/or its affiliates. All rights reserved.

Oracle is a registered trademark of Oracle Corporation and/or its
affiliates. Other names may be trademarks of their respective
owners.

Type 'help;' or '\h' for help. Type '\c' to clear the current input statement.

mysql〉

② MySQL 새로운 데이터베이스 생성

mysql〉 create database haksa;
Query OK, 1 row affected (0.00 sec)

③ 생성된 Database 확인
mysql〉 show databases;

Database
haksa
information_schema
my_database
mysql
performance_schema
sakila
sys
world

④ 생성된 Database 사용하기 위해 데이터베이스 변경
mysql〉 use haksa;
Database changed
mysql〉

2) 인사테이블("insa") 생성 및 데이터 입력

[실습 따라하기]

mysql〉 create table insa(
→ bunho int(1) auto_increment,
→ name char(8) not null,
→ e_name char(4) not null,
→ town char(6) not null,
→ primary key(bunho)
→);
Query OK, 0 rows affected, 1 warning (0.75 sec)

mysql〉 insert into insa values('1', '홍길동', 'Hong', '서울');
Query OK, 1 row affected (0.00 sec)

mysql〉 insert into insa values('2', '제갈공명', 'Je', '부산');
Query OK, 1 row affected (0.01 sec)

mysql〉 insert into insa values('3', '순자', 'Soon', '대구');
Query OK, 1 row affected (0.00 sec)

mysql〉 insert into insa values(4, '이순신', 'Lee', '대전');
Query OK, 1 row affected (0.00 sec)

mysql〉 insert into insa values(null, '연개소문', 'Yean', '서울');
Query OK, 1 row affected (0.00 sec)

mysql〉 insert into insa values(null, '강감찬', NULL, '부산');
Query OK, 1 row affected (0.00 sec)

mysql〉 insert into insa values(null, '최영', '', '광주');
Query OK, 1 row affected (0.01 sec)

mysql〉 insert into insa(name, e_name,town) values('계백', 'Gae', '서울');
Query OK, 1 row affected (0.00 sec)

4.1.2. Commit/Rollback 작업

1. Commit : 변경된 데이터를 데이터베이스에 적용시킨다.
2. Rollback : 변경된 데이터를 취소시킨다. 직전에 Commit이 수행된 시점까지 취소시킨다.

표 4.3 INSA 테이블

BUNHO	NAME	E_NAME	TOWN
1	홍길동	Hong	서울
2	제갈공명	Je	부산
3	순자	Soon	대구
4	이순신	Lee	대전
5	연개소문	Yean	서울
6	강감찬		부산
7	최영		광주
8	계백	Gae	서울

우선 "INSA" 테이블을 질의하여 "INSA" 테이블의 내용을 확인해 보자.

① "INSA" 테이블 질의

mysql> select * from insa;

bunho	name	e_name	town
1	홍길동	Hong	서울
2	제갈공명	Je	부산
3	순자	Soon	대구
4	이순신	Lee	대전
5	연개소문	Yean	서울
6	강감찬	NULL	부산
7	최영		광주
8	계백	Gae	서울

8 rows in set (0.00 sec)

② 주의사항으로 MySQL은 명령어를 실행하면 자동(Default)으로 Commit를 하게 되어 있다. 우선 AutoCommit를 하지 않도록 한다.

mysql> set autocommit = 0;
Query OK, 0 rows affected (0.06 sec)

③ "INSA" 테이블의 내용 변경 : 번호 4번 도시(TOWN)을 한산도로 변경

mysql> update insa
→ set town ='한산도'
→ where bunho = 4;
Query OK, 1 row affected (0.00 sec)
Rows matched: 1 Changed: 1 Warnings: 0

변경된 "INSA" 테이블 질의

mysql> select * from insa;

bunho	name	e_name	town
1	홍길동	Hong	서울
2	제갈공명	Je	부산
3	순자	Soon	대구
4	이순신	Lee	한산도
5	연개소문	Yean	서울
6	강감찬	NULL	부산
7	최영		광주
8	계백	Gae	서울

8 rows in set (0.00 sec)

④ 변경된 데이터 복구작업 : Rollback

mysql> rollback;
Query OK, 0 rows affected (0.03 sec)

⑤ "INSA" 테이블 질의

mysql> select * from insa;

bunho	name	e_name	town
1	홍길동	Hong	서울
2	제갈공명	Je	부산
3	순자	Soon	대구
4	이순신	Lee	대전
5	연개소문	Yean	서울
6	강감찬	NULL	부산
7	최영		광주
8	계백	Gae	서울

8 rows in set (0.00 sec)

⑥ "INSA" 테이블 내용 변경 : TOWN이 부산인 데이터를 "인천"으로 변경

mysql> update insa
→ set town = '인천'
→ where town = '부산';
Query OK, 2 rows affected (0.00 sec)
Rows matched: 2 Changed: 2 Warnings: 0

⑦ "INSA" 테이블 내용 데이터베이스에 저장 : Commit

```
mysql> commit;
Query OK, 0 rows affected (0.00 sec)
```

⑧ 변경된 데이터 복구작업 : Rollback(복구가 되지 않음)

```
mysql> rollback;
Query OK, 0 rows affected (0.00 sec).
```

⑨ "INSA" 테이블 질의

mysql> select * from insa;

bunho	name	e_name	town
1	홍길동	Hong	서울
2	제갈공명	Je	인천
3	순자	Soon	대구
4	이순신	Lee	대전
5	연개소문	Yean	서울
6	강감찬	NULL	인천
7	최영		광주
8	계백	Gae	서울

8 rows in set (0.00 sec)

4.1.3. Savepoint/Truncate 작업

Savepoint는 변경된 지점(저장점)의 위치를 저장한다. Savepoint로 저장점을 저장하고 INSERT, DELETE, UPDATE작업을 수행 후 Rollback to 저장점을 수행하면 그 위치까지 다시 복구시킬 수 있다.

① "INSA" 테이블 변경 작업 : 번호 2의 도시(TOWN)을 "여수"로 변경

```
mysql> update insa
    -> set town = '여수'
    -> where bunho = 2;
Query OK, 1 row affected (0.00 sec)
Rows matched: 1  Changed: 1  Warnings: 0
```

② Savepoint "AA" 지정

mysql〉 savepoint aa;
Query OK, 0 rows affected (0.00 sec)

③ 번호 3번 행 삭제 : DELETE 작업

mysql〉 delete from insa
→ where bunho = 3;
Query OK, 1 row affected (0.00 sec).

④ "INSA" 테이블 질의

mysql〉 select * from insa;

bunho	name	e_name	town
1	홍길동	Hong	서울
2	제갈공명	Je	여수
4	이순신	Lee	대전
5	연개소문	Yean	서울
6	강감찬	NULL	여수
7	최영		광주
8	계백	Gae	서울

7 rows in set (0.00 sec)

"INSA" 테이블에서 번호 2번은 여수로 변경되었고, 번호 3번은 삭제처리 되었다. 2번 여수로 변경된 것은 그대로 유지하고, 삭제된 3번을 다시 복구시키기 위하여 rollback 명령을 Savepont "AA"까지 수행한다.

⑤ "INSA" 테이블 Savepont "AA"까지 복구

mysql〉 rollback to aa;
Query OK, 0 rows affected (0.00 sec)

⑥ "INSA" 테이블 질의

```
mysql> select * from insa;
```

bunho	name	e_name	town
1	홍길동	Hong	서울
2	제갈공명	Je	여수
3	순자	Soon	대구
4	이순신	Lee	대전
5	연개소문	Yean	서울
6	강감찬	NULL	인천
7	최영		광주
8	계백	Gae	서울

8 rows in set (0.00 sec)

위의 예제는 ① 작업을 수행한 후 Savepont "AA"를 지정했기 때문에 ①에서 변경 작업한 내용은 복구되지 않고, ③ 작업 이후만 복구된다는 것을 알 수 있다.

⑦ Truncate 작업 : "INSA" 테이블의 삭제 처리 (모든 행이 삭제 처리됨)

```
mysql> truncate table insa;
Query OK, 3 rows affected (0.08 sec)
```

⑧ Truncate 작업 후 "INSA" 테이블 복구 (복구가 되지 않음)

```
mysql> rollback;
Query OK, 0 rows affected (0.00 sec)
```

⑨ "INSA" 테이블 질의

```
mysql> select * from insa;
Empty set (0.00 sec)
```

Truncate 작업의 "INSA" 테이블 삭제 처리시 복구가 되지 않는다.

4.2 SQL 데이터형(Data Type)

본 절에서는 SQL에서 사용되는 데이터 타입을 설명한다. 데이터베이스의 목표는 데이터를 효율적으로 관리하고 이용할 수 있도록 하는 것이므로 데이터베이스를 이해하는데 있어 데이터 타입의 이해는 반드시 필요하다. 본 절에서는 SQL에서 사용할 수 있는 데이터 타입에 대해 설명한다.

4.2.1. SQL 데이터형

MySQL에서 사용되는 데이터형(문자, 숫자, 날짜…)과 그 데이터들을 보다 효율적으로 처리하기 위한 함수들에 대하여 설명하면 다음과 같다.

1) 숫자 데이터형

① 정수 데이터형(INT)

MySQL은 정수형 데이터를 저장하기 위해서 Int라는 데이터형을 제공한다. int 데이터형은 0, 음수, 양수를 저장한다.

ex) INT(n)

② 실수 데이터형(FLOAT)

MySQL은 실수형 데이터를 저장하기 위해서 FLOAT라는 데이터형을 제공한다. FLOAT데이터형은 소수점을 포함하여 값을 저장할 수 있다.

ex) FLOAT(N, M)

2) 문자 데이터형(CHAR, VARCHAR, BLOB)

MySQL은 문자 데이터를 저장하기 위해서 CHAR, VARCHAR, TEXT, BLOB이라는 데이터형을 제공한다. 데이터베이스의 상당 부분이 문자 데이터이므로 이들에 대한 적절한 사용이 필요하다.

① CHAR 데이터형

CHAR(n)

1바이트에서 255바이트까지의 고정 길이 문자열을 저장하고, 정의된 저장공간보다 입력 데이터가 짧으면 나머지 공간은 공백(SPACE)으로 채워지고, 정의된 길이보다 입력 데이터가 길면 길이에 맞게 잘린 데이터가 입력된다. 그러므로 테이블 생성시 저장할 데이터의 최대크기로 정의해야만 데이터의 손실을 막을 수 있다.

② VARCHAR 데이터형

VARCHAR(n)

CHAR 데이터형과 유사하나 정의된 저장공간보다 긴 문자열이 입력되면 CHAR 데이터형에서는 에러를 발생시키지 않고 초과되는 데이터를 잘라서 입력하지만 VARCHAR에서는 에러 값을 리턴 한다. 최대로 정의할 수 있는 데이터의 길이는 255바이트까지 저장할 수 있고, 메모 등의 다양한 길이의 데이터에 적절하고, 가변적인 길이의 문자열을 저장하기 때문에, 문자열을 저장하기 위하여 선호되는 데이터형이다. 하지만 자료 구조의 원리로 볼 때는 CHAR가 VARCHAR보다 검색 속도가 훨씬 빠르다.

③ BLOB ,TEXT 데이터형

BLOB와 TEXT는 65,535 이상의 거대한 텍스트 데이터를 저장할 때 사용하면 된다. 다만 BLOB는 검색시 대소문자를 구분하고, TEXT는 대소문자의 구분이 없이 검색할 수 있다.

3) 날짜 데이터형

MySQL은 날짜 및 시간 데이터를 저장하기 위해서 Date 데이터형을 제공한다. 사용자들은 SYSDATE이라는 함수를 사용해서 현재 OS의 날짜를 조회할 수 있다.

mysql〉 select now();

```
now( )
2019-01-31 16:42:34
```

row in set (0.00 sec)

select는 산술 계산의 결과나 날짜 등을 볼 수 있다. 위의 실행결과는 현재 오늘 시스템 날짜가 2019년 01월 31일인 경우이다.

위의 질의로 얻은 결과의 날짜는 보통 우리나라 사람들이 사용하는 년/월/일 형식으로 나타난다. Date 데이터 형에는 세기(Century), 년(Year), 월(Month), 일(Day), 시간(Hour), 분(Minute), 초(Second)에 대한 정보가 포함되어있다. Date 데이터형은 B · C. 4712년 1월 1일에서 A · D. 9999년 12월 31일까지의 범위 값을 저장할 수 있다.

4) 바이너리(binary) 데이터형

MySQL은 음성, 화상(이미지), 동영상과 같은 데이터를 저장하기 위해서 바이너리 데이터형으로 RAW와 LONG RAW 데이터형을 사용하고 제약점으로는 내장함수를 사용할 수 없다.

① RAW 데이터형

이진형 데이터를 255바이트까지 수용할 수 있으나 저장 공간의 제한점 때문에 많이 사용하지 않는다.

② LONG RAW 데이터형

이진형 데이터를 2GB까지 수용할 수 있다.

③ BLOB 데이터형

이진형 데이터를 4GB까지 수용할 수 있다.

4.2.2. NULL 값

열은 값으로 채워진다. 예를 들면, 하나의 값은 수치이거나 단어 또는 날짜를 가질 수 있다. 특별한 값으로 NULL을 사용하는데, NULL 값은 "값이 알려져 있지 않다" 또는 "값이 존재하지 않는다" 라는 의미로 사용하고, 본서에서 NULL은 공백(Space)으로 나타낸다. STUDENT 테이블의 PHONE_NO 열(표 2.10을 참조)에는 몇 개의 NULL을 가지고 있다(NULL로 표현). 이는 학생이 휴대폰을 가지고 있지 않다는 것을 나타내기 위해서 사용한다. NULL 값은 다른 NULL 값과 결코 일치하지 않는다. 그래서 2개의 NULL 값은 서로 일치하지 않지만 그렇다고 서로 일치하지 않는 것만은 아니다. 만약 2개의 NULL이 일치한다거나 일치하지 않는다는 것을 알고 있다면 이들 NULL값이 어떤 것인지 알고 있다는 것이다. 그래서 두 값은 완전히 알려지지 않는 것이라고 말할 수 없다. 이에 관한 내용은 나중에 더 자세히 설명하기로 하자.

4.2.4 절에서 열을 정의할 때 NOT NULL을 지정하는 것을 볼 수 있을 것이다. 이것은 모든 행에서 해당 열은 특정한 값으로 채워져 있어야 한다는 것을 의미한다. 다시 말하면, NULL값을 NOT NULL 열에 사용할 수 없다는 것이다. 예를 들면, 모든 학생은 NAME을 꼭 가지고 있어야 하지만, 휴대폰이 없는 경우에는 휴대폰 번호를 입력할 필요가 없다.

[주의] 본서에서 NULL은 "값이 알려져 있지 않음"이란 의미로 사용하기로 한다.

4.3 학사 관리 예제 만들기

본 절에서는 2장에서 설명한 학사 관리 예제 데이터베이스를 실제 MySQL 상에 만드는 과정을 설명한다. 각 명령들의 자세한 설명은 뒤의 세부 장에서 다시 설명하고 있으니 본 절에서는 예제를 따라가며 MySQL의 기능을 익히도록 하자.

4.3.1. 데이터베이스 및 사용자 계정 생성

학사 관리 예제 데이터베이스를 위한 데이터베이스와 사용자 계정을 생성한다. 본 예제에서는 데이터베이스 이름은 haksa, 사용자 계정은 root, 비밀번호는 root123으로 설정한다.

[실습 따라하기]

① MySQL 접속하기
윈도우 키 + R을 클릭하여 실행 창을 열고 여기에 command(cmd)를 입력하자.

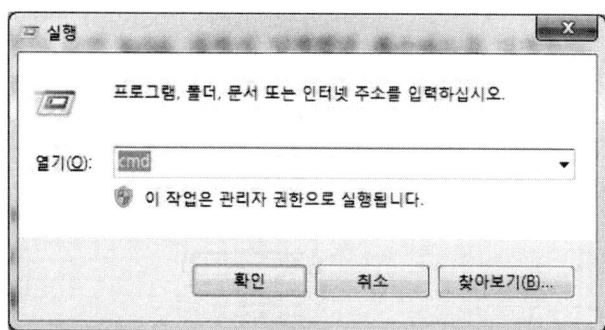

---
mysql -u root -p

Enter password: 라고 적힌 창이 뜨면 MySQL 설치시 입력했던 패스워드를 입력한다. 성공적으로 MySQL에 접속되면 아래와 같은 메시지가 나온다.

Enter password: *******

Welcome to the MySQL monitor. Commands end with ; or \g.
Your MySQL connection id is 13
Server version: 8.0.14 MySQL Community Server - GPL

Copyright (c) 2000, 2019, Oracle and/or its affiliates. All rights reserved.

Oracle is a registered trademark of Oracle Corporation and/or its affiliates. Other names may be trademarks of their respective owners.

Type 'help;' or '\h' for help. Type '\c' to clear the current input statement.

mysql>

② MySQL 새로운 데이터베이스 생성

mysql> create database haksa;
Query OK, 1 row affected (0.00 sec)

③ 생성된 Database 확인

mysql> show databases;

Database
haksa
information_schema
my_database
mysql
performance_schema
sakila
sys
world

8 rows in set (0.01 sec)

④ 사용자 생성 (kim)

mysql> create user kim@localhost identified by 'kim123';

Query OK, 0 rows affected (0.02 sec)

⑤ 권한부여

mysql> grant all privileges on haksa.* to kim@localhost;

Query OK, 0 rows affected (0.01 sec)

위 예제에서 생성한 사용자(kim)으로 haksa에 접속하자.

[실습 따라하기]

① MySQL 접속하기
윈도우 키 + R을 클릭하여 실행 창을 열고 여기에 아래 명령을 입력하자.

```
mysql -u kim -p haksa
```

상기 명령을 입력하면 비밀 번호를 묻는 창이 나온다. 이때 위 예제에서 설정한 비밀번호인 kim123을 누르고 엔터를 치면 아래와 같이 로그인이 완료된 창을 볼 수 있다.

```
Enter password: ******
Welcome to the MySQL monitor.  Commands end with ; or \g.
Your MySQL connection id is 14
Server version: 8.0.14 MySQL Community Server - GPL

Copyright (c) 2000, 2019, Oracle and/or its affiliates. All rights reserved.

Oracle is a registered trademark of Oracle Corporation and/or its
affiliates. Other names may be trademarks of their respective
owners.

Type 'help;' or '\h' for help. Type '\c' to clear the current input statement.
mysql>
```

4.3.2. 테이블 생성

테이블 생성 방법은 MySQL을 이용한 SQL 명령어(Command) 방식과 MySQL Query Browser 방식이 있다. 여기서는 SQL 명령어(Command) 방식을 이용하여 테이블을 생성해 보겠다. CREATE TABLE 명령문은 테이블을 생성할 때 사용하고, 예제로 학사("haksa")데이터베이스는 전체 9개의 테이블로 구성되어 있고, 테이블을 생성하기 위해서 CREATE TABLE 명령문을 보여주겠다. 본 명령들은 3절에서 설명한 학사 데이터베이스의 테이블을 MySQL에 입력하는 명령이다.

```
#학과테이블
create table department(
dept_code int(2) Not null,              #학과번호
dept_name char(30) Not null,            #학과명
dept_ename varchar(50),                 #학과영문이름
create_date date default null,          #학과생성날짜
primary key (dept_code)
)engine = innoDB;

#학적(학생신상)테이블
create table student(
```

```
stu_no char(10) Not null,                              #학번
stu_name char(10) Not null,                            #학생이름
stu_ename varchar(30),                                 #영문이름
dept_code int(2) Not null,                             #학과코드
grade int(1) Not null,                                 #학년
class int (1) Not null,                                #반
juya char(2),                                          #주야구분(예시 : 주, 야)
birthday varchar(8) Not null,                          #생년월일 (예시 : 19880912)
gender varchar(1) not null,                            #성별(예시 : 남자(1,3,5), 여자(2,4,6))
post_no varchar(5) Not null,                           #우편번호
address varchar(100),                                  #주소
tel1 varchar(3),                                       #집전화 지역
tel2 varchar(4),                                       #집전화 국
tel3 varchar(4),                                       #집전화 번호
mobile varchar(14),                                    #휴대전화번호
primary key (stu_no),
constraint s_dp_fk foreign key(dept_code)              #외래키 학과 테이블의 학과코드
references department(dept_code)
) engine = innoDB;

#수강신청
create table attend(
stu_no char(10) Not null,                              #학번
att_year char(4) Not null,                             #수강년도
att_term int(1) Not null,                              # 수강학기
att_isu int(1) Not null,                               #이수구분
sub_code char(5) Not null,                             #과목코드
prof_code char(4) Not null,                            #교수코드
att_point int(1) Not null,                             #이수학점
att_grade int(3) default '0',                          #취득점수
att_div char(1) default 'N' Not null,                  #수강신청구분
att_jae char(1) default '1',                           #재수강 구분 1(본학기 수강), 2(재수강), 3(계절학기 수강)
att_date date Not null,                                #수강처리일자
primary key (stu_no, att_year, att_term, sub_code, prof_code, att_jae)
) engine = innoDB;

#등록금테이블
create table fee(
stu_no varchar(10) Not null,                           #학번
```

```
fee_year varchar(4) Not null,              #등록년도
fee_term int(1) Not null,                   #등록학기
fee_enter int(7),                           #입학금
fee_price int(7) Not null,                  #등록금(수업료)
fee_total int(7) Default '0' Not null,      #등록금총액=입학금+수업료
jang_code char(2) Null,                     #장학코드
jang_total int(7),                          #장학금액
fee_pay int(7) Default '0' Not null,        #납부총액=등록금총액-장학금액
fee_div char(1) Default 'N' Not null,       #등록구분
fee_date date Not null,                     #등록날짜
primary key (stu_no, fee_year, fee_term)
) engine = innoDB;

#성적테이블
create table score(
stu_no char(10) Not null,                   #학번
sco_year char(4) Not null,                  #성적취득년도
sco_term int(1) Not null,                   #학기
req_point int(2),                           #신청학점
take_point int(2),                          #취득학점
exam_avg float(2,1),                        #평점평균
exam_total int(4),                          #백분율 총점
sco_div char(1),                            #성적구분
sco_date date,                              #성적처리일자
primary key (stu_no, sco_year, sco_term)
) engine = innoDB;

#교과목테이블
create table subject(
sub_code char(5) Not null,                  #과목번호
sub_name varchar(50) Not null,              #과목명
sub_ename varchar(50),                      #영문과목명
create_year char(4),                        #개설년도
primary key (sub_code)
)engine = innoDB;

#교수테이블
create table professor(
prof_code char(4) Not null,                 #교수번호
```

```
prof_name char(10) Not null,                    #교수명
prof_ename varchar(30),                         #교수영문이름
create_date date default null,                  #교수임용날짜
primary key (prof_code)
)engine = innoDB;

#동아리테이블
create table circle(
cir_num int(4) Not null auto_increment,         #동아리가입번호
cir_name char(30) Not null,                     #동아리명
stu_no char(10) Not Null,                       #학번
stu_name char(10) Not Null,                     #이름
president char(1) default '2' Not null,         #동아리회장(0), 부회장(1), 회원(2)
primary key (cir_num)
)engine = innoDB;

#도로명 우편번호테이블
create table post(
post_no varchar(6) Not null,                    #구역번호        1 신우편번호
sido_name varchar(20) Not null,                 #시도명          2
sido_eng varchar(40) Not null,                  #시도영문        3
sigun_name varchar(20) Not null,                #시군구명        4
sigun_eng varchar(40) Not null,                 #시군구영문      5
rowtown_name varchar(20) Not null,              #읍면            6
rowtown_eng varchar(40) Not null,               #읍면영문        7
road_code varchar(12),                          #도로명코드      8 (시군구코드(5)+도로명번호(7))
road_name varchar(80),                          #도로명          9
road_eng varchar(80),                           #도로영문명      10
underground_gubun varchar(1),                   #지하여부        11 (0 : 지상, 1 : 지하, 2 : 공중)
building_bon int(5),                            #건물번호본번    12
building_boo int(5),                            #건물번호부번    13
management_no varchar(25) Not null,             #건물관리번호    14
baedal varchar(40),                             #다량배달처명    15 (NULL)
town_building varchar(200),                     #시군구용 건물명 16
row_code varchar(10) Not null,                  #법정동코드      17
row_dongname varchar(20),                       #법정동명        18
ri_name varchar(20),                            #리명            19
administration_name varchar(40),                #행정동명        20
mountain_gubun varchar(1),                      #산여부          21 (0 : 대지, 1 : 산)
```

```
    bungi int(4),                    #지번본번(번지)   22
    town_no varchar(2),              #읍면동일련번호   23
    ho int(4),                       #지번부번(호)     24
    gu_post_no varchar(6),           #구 우편번호     25 (NULL)
    post_seq varchar(3),             #우편일련번호    26 (NULL)
    primary key (management_no)
)engine = innoDB;
```

이 테이블 입력 명령을 모두 작성해서 입력하는 것은 상당히 번거로운 작업이므로 홈페이지에서 위 명령이 저장된 파일을 "C:\SQL\" 다운로드 받아서 아래 따라가기를 통해 입력한다. MySQL에서 파일을 실행시키는 명령은 아래와 같다.

```
mysql> \. [path]\[filename]
```

[실습 따라하기]

1. 학사관리 테이블 생성(SQL 명령어 사용)

① MySQL 접속하기

윈도우 키 + R을 클릭하여 실행 창을 열고 여기에 아래 명령을 입력하자.

```
mysql -u root -p
Enter password: *******
```

mysql> SHOW VARIABLES LIKE 'secure_file_priv';

Variable_name	Value
secure_file_priv	C:\ProgramData\MySQL\MySQL Server 8.0\Uploads\

1 row in set, 1 warning (0.00 sec)

위와 같이 Upload할 기본 폴더가 설정되어 있다. 우리가 앞으로 Upload시 사용 할 폴더를 C:\SQL 라고 한다면 C:\ProgramData\MySQL\MySQL Server 8.0\my.ini을 변경해 준다. my.ini 파일의 145라인

secure-file-priv="C:/ProgramData/MySQL/MySQL Server 8.0/Uploads"

secure-file-priv="C:/SQL" 로 변경한 후 저장하고 (58페이지 참고) 설정파일을 변경하였으니 작업관리 서비스에서 MySQL80 서비스를 다시 시작 해준다. root사용자 로그인 한다.

```
mysql -u root -p
Enter password: *******
```

mysql> SHOW VARIABLES LIKE 'secure_file_priv';

Variable_name	Value
secure_file_priv	C:\SQL\

1 row in set, 1 warning (0.01 sec)

② table.sql 파일을 이용한 TABLE 생성
홈페이지에서 다운로드 받은 SQL 파일을 C:\SQL 이라는 폴더로 복사한다.
mysql> \. C:\sql\table.sql
Query OK, 0 rows affected (0.26 sec)

Query OK, 0 rows affected (0.09 sec)

Query OK, 0 rows affected (0.25 sec)

Query OK, 0 rows affected (0.05 sec)

Query OK, 0 rows affected (0.10 sec)

Query OK, 0 rows affected (0.10 sec)

Query OK, 0 rows affected (0.10 sec)

Query OK, 0 rows affected (0.08 sec)

Query OK, 0 rows affected (0.05 sec)

위 결과로부터 자동으로 위 설명한 테이블 생성 명령이 입력되는 것을 확인할 수 있다.

③ 테이블이 LOCAL DATABASE에 생성됨
사실, SQL은 위에서 입력했던 것과 같이 정확하게 명령문을 입력하지 않아도 된다. 본서에서는 읽기 쉽게 하기 위해서 위와 같이 적절히 명령문을 구분할 수 있도록 하는 설계 방법을 모든 SQL 명령문에 적용하였지만, 한 명령문의 끝에 다음 명령문을 공백 또는 콤마로 분리하여 연속해서 사용해도 아무런 문제가 없다.
각 테이블에는 3개의 속성인 이름, 열, 기본 키를 정의하고 있다. 테이블의 이름은 가장 먼저 지정되는 첫 번째 이름으로 다음과 같다.

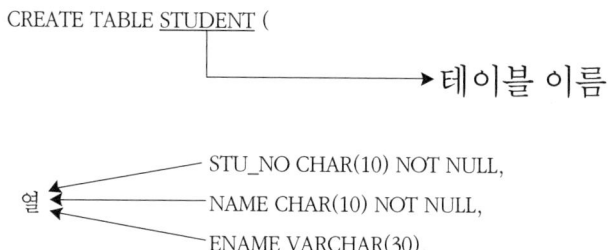

테이블의 각 열은 2개의 소괄호('('과 ')')사이에 나열되어 있으며, 각 열의 자료형(CHAR, INT, VARCHAR, DATE)도 지정되어야 한다. 자료형은 열과 관련되어 입력될 값의 자료형을 정의한다. 다음절에서 NOT NULL의 의미가 무엇인지 설명하겠다.

테이블의 기본 키는 모든 값이 오직 한번만 나타난 열(또는 열의 조합)이다. 기본 키는 무결성 규칙의 특별한 자료형이다. SQL은 CREATE TABLE 명령문에서 PRIMARY KEY라는 단어를 사용하여 기본 키를 지정해야 한다. 기본 키로 사용되는 열의 이름은 PRIMARY KEY라는 단어 다음에 괄호로 감싸야 한다.

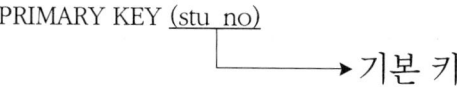

테이블에 대하여 기본 키의 정의가 꼭 필요한 것은 아니지만 이는 아주 중요하다. 모든 SQL 제품이 기본 키를 정의할 수 있는 것은 아니다. 기본 키가 없다면 테이블을 정의한 후에 중복된 값이 입력될 수 있으므로 문제를 발생할 수 있다. 따라서 기본 키를 지원하지 않는 제품을 사용할 때 각 기본 키에 대한 유일한 인덱스를 생성해야 할 것이다. 유일한 인덱스를 생성한다는 것은 기본 키를 시뮬레이션할 수 있도록 하겠다는 것이다. 다음에서는 이러한 인덱스를 생성하는 명령문을 보여주고 있다. 그리고 MySQL은 기본 키를 지원하고 있어 아래 인덱스 생성 작업이 필요하지 않으나 참고로 알아두기 바란다.

```
CREATE INDEX 인덱스이름 on 테이블(칼럼_);
CREATE       INDEX STU_PRIM ON
                STUDENT (STU_NO);
CREATE       INDEX ATT_PRIM ON
                ATTEND (STU_NO);
CREATE       INDEX FEE_PRIM ON
                STUDENT(STU_NO);
CREATE       INDEX SUB_PRIM
                SUBJECT(SUB_CODE);
```

CREATE	INDEX SCO_PRIM ON STUDENT(STU_NO);
CREATE	INDEX PRO_PRIM ON PROFESSOR(PROF_CODE);
CREATE	INDEX POS_PRIM ON POST(POST_NO);
CREATE	INDEX CIR_PRIM ON CIRCLE(CIR_NUM);
CREATE	INDEX DEP_PRIM ON DEPARTMENT(DEPT_CODE);

사용자는 어떤 인덱스 이름이든지 자유스럽게 선택할 수 있다. 9개의 예제에서 특별한 모델을 사용하는데, 하나의 인덱스 이름은 테이블 이름의 처음 3 글자가 오고 그 다음에 PRIM이란 단어를 사용하여 정의된 인덱스(기본 키라는 것을 나타낼 수 있도록)이다. 그러나 SCO_IDX와 같은 이름을 사용해도 된다.

4.3.3. 테이블 데이터 삽입

테이블이 생성되면 테이블에 데이터를 채울 수 있다. 이를 위해서 INSERT 명령을 사용해야 한다. 각 테이블에 데이터를 입력하는 명령은 아래와 같으며 전체 목록은 부록에 첨부하였다.

#DEPARTMENT 입력
INSERT INTO DEPARTMENT VALUES (10,'간호학과','Dept. of Nersing','1991-02-01');

#STUDENT 학생 테이블 입력
INSERT INTO STUDENT VALUES ('20141001', '박도상', 'Park Do-Sang', 40, 4, 1, '주', '19960116','1','01066','101동 203호','02','744','6126','010-0611-9884','1996');

#SUBJECT 입력
INSERT INTO SUBJECT VALUES ('4001', '데이터베이스 응용', 'Database Application', '2002');

#PROFESSOR 입력
INSERT INTO PROFESSOR VALUES ('4001','정진용','Jung jin-yong','1995-09-01');

#ATTEND 입력
INSERT INTO ATTEND VALUES ('20141001','2014',1,3,4001,'4002',3, 99,'Y','1','2014-03-05');

#FEE 입력
INSERT INTO FEE VALUES ('20141001','2014',1,500000,3000000,3500000,01,500000,3000000,'Y','2014-02-18');

#SCORE 입력
INSERT INTO SCORE VALUES ('20141001','2014',1,18,18,4.5,580,'Y','2014-08-10');

#CIRCLE 입력
INSERT INTO CIRCLE VALUES (1,'컴맹탈출','20141001','박도상','0');

다음 실습 따라가기는 sql 파일을 이용하여 학사 데이터베이스의 모든 데이터를 입력하는 방법을 설명한다. 이때 sql 파일은 홈페이지에서 제공하고 있다.

[실습 따라하기]

① MySQL 접속하기
윈도우 키 + R을 클릭하여 실행 창을 열고 여기에 아래 명령을 입력하자.

---
mysql -u root -p haksa

---

② table.sql 파일을 이용한 TABLE 생성
홈페이지에서 다운로드 받은 insert.sql 파일을 C:\sql\ 이라는 폴더로 복사한다.

mysql> \. c:\sql\insert.sql
Query OK, 1 row affected (0.02 sec)
               ...
Query OK, 1 row affected (0.02 sec)

위 명령을 통해 데이터베이스의 모든 내용을 입력할 수 있다.

위 명령을 통해 파일내의 각 명령문을 이용해 테이블에 새로운 행을 추가시키고 Table에 저장된다. 세 번째 INSERT 명령에서 보는 것처럼 학번('20141001')과 영문 성명('Park Do-Sang')과 같은 문자열(CHAR, VARCHAR) 값은 단일 인용 부호(')로 나타낸다.

SQL은 CREATE TABLE 명령문에서 지정했던 열의 순서를 알고 있으며, 열의 값은 콤마로 분리되어 있기 때문에 열의 순서와 동일한 순서로 값을 취해서 INSERT 명령문으로 정확하게 각 열에 입력시킨다. 따라서 STUDENT 테이블에서 첫 번째 값은 학번이고, 두 번째 값은 성명 순서로 입력하면 된다. INSERT 명령문에서 mobile(휴대폰) 컬럼의 경우 휴대폰 번호 열에 휴대폰이 없는 경우 NULL 값으로 저장하면 된다. 이 경우 NULL은 명확하게 입력되어 있으며, 이는 장수인 학생의 15번째 열인 휴대폰 번호 열에 휴대폰이 없는 경우 NULL 값으로 입력한 결과이다.

우편번호 테이블인 POST테이블은 인터넷 검색창에서 우편번호 다운로드로 검색해서 다운로드를 받으면 된다. 본서에서는 홈페이지에서 우편번호 파일을 다운로드 받아 txt파일로 C:\SQL\

ZIP_CODE\ 폴더에 복사해서 사용하도록 한다.

③ 홈페이지에서 다운로드 받은 mysql-post.txt 파일을 C:\SQL\ZIP_CODE\ 폴더로 복사한다.

mysql〉 load data infile 'C:/SQL/zip_code/mysql-post.txt' into table post fields terminated by '|';
Query OK, 17 rows affected (0.01 sec)
Records: 17 Deleted: 0 Skipped: 0 Warnings: 0

④ 필요에 따라 전국의 우편번호를 우정사업본부 홈페이지에서 다운로드 받아 파일을 C:\SQL\ZIP_CODE\ 폴더로 복사한다.

주의할 점은 이때 우정사업본부에서 Download 받은 텍스트 파일은 반드시 파일형식 아래 부분의 인코딩을 "UTF-8"로 다시 저장해 주어야 한다. (단, 본서에서 제공되는 다운로드 홈페이지 파일은 "UTF-8"로 저장한 파일임)

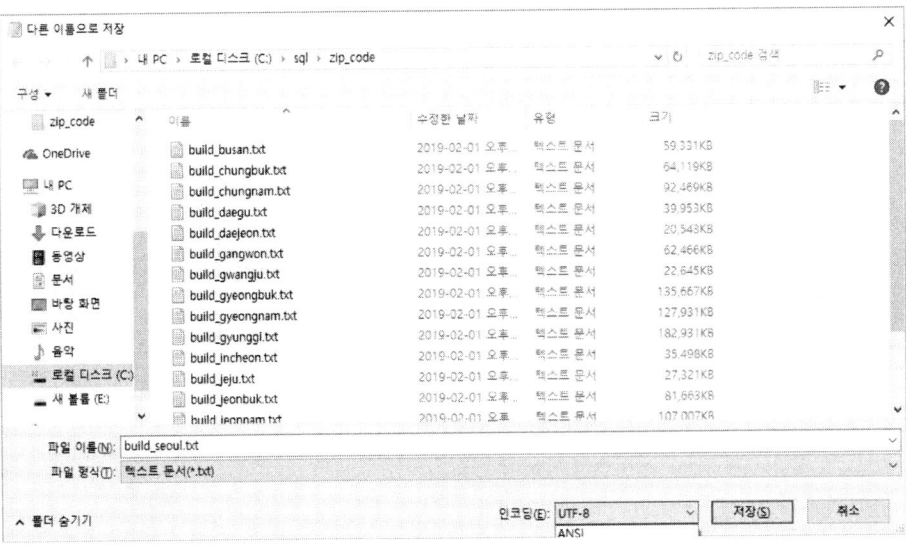

전국 우편번호를 전체 업로드 하려면, 홈페이지에서 다운로드 받은 mysql-post.txt 파일로 업로드한 17개 우편번호를 삭제처리 후 다음과 같이 Upload 하시기 바랍니다.

mysql〉 delete from post;
Query OK, 17 rows affected (0.01 sec)

예를 들면 서울특별시 다운로드 텍스트 파일("build_seoul.txt")을 Upload 하기 위해서 다음과 같이 사용한다.

mysql〉 load data infile 'C:/SQL/zip_code/build_seoul.txt' into table post fields terminated by '|';
Query OK, 564915 rows affected (21.48 sec)
Records: 564915 Deleted: 0 Skipped: 0 Warnings: 0

예를 들어 전라남도 다운로드 텍스트 파일("junnam.txt")을 Upload 하기 위해서 다음과 같이 사용한다.
mysql〉 load data infile 'c:/SQL/zip_code/build_jeonnam.txt' into table post fields terminated by '|';

Query OK, 571727 rows affected (19.17 sec)

Records: 571727 Deleted: 0 Skipped: 0 Warnings: 0

4.3.4. 질의(Query) 테이블

SELECT 명령문은 테이블로부터 데이터를 검색할 때 사용된다. 다음 예제는 이 명령문의 형식으로 설명되었다.

[예제 4-1] STUDENT 테이블로부터 성별이 남자인 각 학생의 학번, 이름, 영문이름, 학년, 성별을 영문이름 순서로 출력하라.

```
mysql> select stu_no, stu_name, stu_ename, grade, gender
    -> from student
    -> where gender = 1 or gender = 3 or gender = 5
    -> order by stu_ename;
```

stu_no	stu_name	stu_ename	grade	gender
20201002	강감찬	Gang Gam-Chan	1	3
20191002	홍길동	Hong Gil-Dong	1	3
20181001	장수인	Jang Soo-In	2	1
20191005	김할리	Kim Hal-Li	1	5
20191001	김유신	Kim Yoo-Shin	1	3
20201001	김영호	Kim Young-Ho	1	3
20181003	이상진	Lee Sang-Gin	2	1
20191004	이순신	Lee Sun-Shin	1	3
20141001	박도상	Park Do-Sang	4	1
20191008	연개소문	Yean Gae-So-Moon	1	3

10 rows in set (0.00 sec)

성별이 남자인 학생을 찾는 조건은 where gender = 1 or gender = 3 or gender = 5 이며, 성별 gender 컬럼에서 1900~1999년생 까지 남자(1), 여자(2)이고 2000년생 이후에 태어난 남자(3), 여자(4)이며, 외국인은 남자(5), 여자(6)으로 되어있다. 각 학생의 학번, 이름, 영문이름, 학년, 성별(SELECT STU_NO, STU_NAME, STU_ENAME, GRADE, GENDER)를 학적테이블(FROM STUDENT)로부터 구하는 명령문으로써, 정렬은 영문이름의 순서(ORDER BY STU_ENAME)로 이루어진다. FROM 다음에는 질의를 원하는 테이블을 지정하며, WHERE 다음에는 원하는 조건을 기술하면 된다. SELECT는 탐색하고자 하는 열을 선택할 수 있도록 하고, ORDER BY 다음에는 출력될 데이터가 정렬되는 방법을 지정한다.

SELECT 명령문의 결과로 나타나는 것은 SQL에 의해서 결정된다. 본서에서 사용하게 될 예약된 출력 양식에 대하여 간단히 살펴보자.

① 열의 폭은 열의 자료형에 의해서 결정

② 표제의 이름은 SELECT 명령문에서 사용한 열의 이름과 동일하게 사용

③ 열에 있는 값이 출력될 때 문자형 데이터는 왼쪽 정렬로 출력

④ 수치 값은 오른쪽 정렬로 출력

⑤ 출력 결과 테이블의 각 열 사이에는 1칸의 공백이 존재

⑥ NULL 값은 NULL또는 공백(SPACE)으로 출력 : INSERT할 때 입력한 값(NULL, 공백)에 따라 출력

[예제 4-2] 학년이 1학년이고 성별이 여자인 각 학생의 학번과 이름, 성별을 출력하는데, 출력 순서는 학번 내림차순이다.

```
mysql> select stu_no, stu_name, gender
    → from student
    → where grade = 1
    → and gender = 2 or gender = 4 or gender = 6
    → order by stu_no desc;
```

stu_no	stu_name	gender
20191009	유하나	4
20191007	신안나	6
20191006	최에스터	6
20191003	고혜진	4

4 rows in set (0.00 sec)

[예제 4-3] 교과목 테이블에 관한 모든 정보를 출력하라.

```
mysql> select * from subject;
```

sub_code	sub_name	sub_ename	create_year
4001	데이터베이스 응용	Database Application	2002
4002	웹사이트 구축	Web Site Construction	2003
4003	소프트웨어공학	Software Engineering	2003
4004	웹프로그래밍	Web Programming	2004
4005	컴퓨터구조	Computer Structure	2001
4006	정보처리실무	Information Process Practical business	2001
4007	UML	Unified Modeling Language	2005
4008	운영체제	Operating System	2002
4009	객체지향프로그래밍	Object Oriented Programming	2003
4010	윈도우즈 프로그래밍	Windows Programming	2006
4011	자바프로그래밍	Java Programming	2006
4012	파이썬 프로그래밍	Python Programming	2019
4013	스크래치 프로그래밍	Scratch Programming	2019

13 rows in set (0.00 sec)

각 교과목(FROM SUBJECT)에 대하여 모든 행과 열의 값(SELECT *)을 출력하는 명령문이다. 이 명령문의 결과는 SUBJECT 테이블의 전체 행(ROW)과 열(COLUMN)이 출력된다. * 문자는 모든 열("ALL COLUMNS")을 나타내는 문자이다.

4.3.5. 행의 갱신과 삭제

테이블에 존재하는 행의 갱신과 삭제에 대하여 설명하기로 하겠다.

[경 고] 만약 여기서 설명되는 명령문을 실행한다면 테이블의 내용이 변경된다. 다음 절에서는 변경되지 않는 원래의 데이터베이스를 사용하는 것으로 가정하고 있다. 따라서 원래의 데이터베이스로 복원을 해야 하는데, 본 절의 끝에서 데이터베이스 내용을 어떻게 재 저장하는지 설명하고 있으니 이를 참조하기 바란다.

UPDATE 명령문은 행에 있는 열의 값을 변경할 때 사용하고 DELETE 명령문은 테이블에서 완전히 행을 삭제할 때 사용한다. 다음의 예제를 보자.

[예제 4-4] 교과목 중 운영체제의 생성년도를 2006년으로 변경하라.

```
mysql> UPDATE  SUBJECT
    → SET  CREATE_YEAR = '2006'
    → WHERE  SUB_NAME = '운영체제';
```

교과목 테이블(UPDATE SUBJECT)의 교과목명이 "운영체제"인(WHERE SUB_NAME = '운영체제') 생성년도를 2006년으로 변경하라(SET CREATE_YEAR = '2006'). 여기서 WHERE 절은 SELECT 명령문에서 사용되는 것과 동일하다. SET 다음에는 새로운 값으로 변경될 열을 지정한다. 이 때 값은 기존에 존재하는 값에 관계없이 변경된다. 변경된 결과를 보고자 한다면 다음과 같이 SELECT 명령문을 사용하여도 된다.

[예제 4-5] 교과목 테이블에서 교과목코드, 교과목명, 교과목영문이름, 생성년도를 출력하라.

```
mysql> select sub_code, sub_name, sub_ename, create_year
    -> from subject;
```

sub_code	sub_name	sub_ename	create_year
4001	데이터베이스 응용	Database Application	2002
4002	웹사이트 구축	Web Site Construction	2003
4003	소프트웨어공학	Software Engineering	2003
4004	웹프로그래밍	Web Programming	2004
4005	컴퓨터구조	Computer Structure	2001
4006	정보처리실무	Information Process Practical business	2001
4007	UML	Unified Modeling Language	2005
4008	운영체제	Operating System	2006
4009	객체지향프로그래밍	Object Oriented Programming	2003
4010	윈도우즈 프로그래밍	Windows Programming	2006
4011	자바프로그래밍	Java Programming	2006
4012	파이썬 프로그래밍	Python Programming	2019
4013	스크래치 프로그래밍	Scratch Programming	2019

13 rows in set (0.00 sec)

삭제처리(DELETE) 작업은 테이블의 내용을 제거할 때 행(ROW) 단위로 이루어진다. 만약에 "SAMPLE"이라는 테이블의 모든 행을 삭제한다면 다음과 같다.

DELETE FROM SAMPLE;

앞의 예제는 "SAMPLE" 테이블의 모든 행을 삭제처리 하나 테이블 자체가 없어진 것은 아니다.

테이블의 명세표, 인덱스, 부여된 권한 등 환경테이블 정보 자체를 완전히 삭제 하고자 할 때는 DROP명령어를 다음과 같이 사용한다.

DROP TABLE SAMPLE;

[예제 4-6] 과목명(SUB_NAME)이 UML인 과목을 삭제하라.

```
mysql> delete from subject
    -> where sub_name = 'UML';
Query OK, 1 row affected (0.00 sec)
```

다음과 같은 Select 명령문을 아래와 같이 수행해 보면 결과는 다음과 같다.

```
mysql> select * from subject;
```

sub_code	sub_name	sub_ename	create_year
4001	데이터베이스 응용	Database Application	2002
4002	웹사이트 구축	Web Site Construction	2003
4003	소프트웨어공학	Software Engineering	2003
4004	웹프로그래밍	Web Programming	2004
4005	컴퓨터구조	Computer Structure	2001
4006	정보처리실무	Information Process Practical business	2001
4008	운영체제	Operating System	2006
4009	객체지향프로그래밍	Object Oriented Programming	2003
4010	윈도우즈 프로그래밍	Windows Programming	2006
4011	자바프로그래밍	Java Programming	2006
4012	파이썬 프로그래밍	Python Programming	2019
4013	스크래치 프로그래밍	Scratch Programming	2019

12 rows in set (0.00 sec)

실행결과에서 보는바와 같이 SUB_CODE "4007"이 삭제된 것을 확인할 수 있다. 원래의 데이터로 복원하기 위하여 UPDATE, INSERT 명령을 수행해 보자.

[예제 4-7] 교과목 중 운영체제의 생성년도를 2002년으로 변경하라.

```
mysql> UPDATE SUBJECT
    -> SET CREATE_YEAR = '2002'
    -> WHERE SUB_NAME = '운영체제';
```

[예제 4-8] 교과목 테이블에 교과목코드(4007), 교과목명(UML), 교과목영문이름(Unified Modeling Language), 생성년도(2005)인 새로운 행을 삽입하라.

```
mysql> INSERT INTO SUBJECT VALUES (
    -> '4007', 'UML', 'Unified Modeling Language', '2005');
```

4.3.6. 뷰(Views)

　테이블에는 데이터를 가지고 있는 행이 실제로 저장되어 있는데, 많은 양의 기억 장소를 차지하기 때문에 테이블(많은 행)은 많은 기억 공간이 요구된다. 반면 뷰(Views) 테이블은 사용자가 여러 테이블에 있는 데이터를 이용하여 보기 편한 새로운 테이블을 만들 수 있는 기능이다. 따라서 뷰 테이블은 데이터가 실제 저장되는 테이블이 아닌 사용자에게 보여주기 위한 뷰 전용 테이블이라 할 수 있다. 뷰 테이블은 필요에 따라 사용자가 재 정의하여 생성할 수 있으며 어떤 기억 공간을 차지하지는 않는다. 따라서 뷰는 유도된(derived) 또는 가상(virtual) 테이블이라고도 한다. 뷰는 실제 데이터 행을 가지고 있는 것처럼 동작하지만 데이터 행을 가지지는 않는다. substring(birthday, 1, 4)는 생년월일에서 출생년도만 추출하는 스칼라함수(157페이지 참조)이다.

[예제 4-9] 학적 테이블의 학번, 이름, 생년월일, 나이를 출력하라.

```
mysql> select stu_no, stu_name, birthday "생년월일",
    -> year(now()) - substring(birthday, 1, 4) + 1 "나이"
    -> from student;
```

stu_no	stu_name	생년월일	나이
20141001	박도상	19960116	24
20161001	박정인	19970403	23
20181001	장수인	19990209	21
20181002	정인정	19990315	21
20181003	이상진	19990819	21
20181004	김유미	19990207	21
20191001	김유신	20001007	20
20191002	홍길동	20000402	20
20191003	고혜진	20000307	20
20191004	이순신	20000222	20
20191005	김할리	20010418	19
20191006	최에스터	20021003	18
20191007	신안나	20011214	19
20191008	연개소문	20000615	20
20191009	유하나	20000921	20
20201001	김영호	20010811	19
20201002	강감찬	20010312	19

17 rows in set (0.00 sec)

[예제 4-9] 열의 제목 중에서 BIRTHDAY를 출력할 때 "생년월일"로 열의 표제어를 출력하고, NOW()함수는 현재 오늘날짜의 년, 월, 일, 시간을 나타내는 함수로 YEAR()함수는 년도만을 추출하는 함수이다. 따라서 NOW()함수로 현재의 날짜를 추출한 다음 다시 YEAR( )함수로 년도만을 추출 한다. 나이는 현재의 연도에서 출생년도를 가산하여 1를 더한 값으로 얻을 수 있다.(예를 들어 현재의 날짜가 2019년 2월 06일)일 때 2000년생의 나이를 계산하면 다음과 같다.

나이 = 현재 연도 - 출생년도 + 1 = 2019 - 2000 + 1 = 20

학사 데이터베이스에 있는 데이터는 9개의 테이블로 나누어진다. 이러한 테이블들은 데이터베이스 구조로 정의된다. 여기서 [예제 4-9]와 같이 나이를 필요로 하는 경우에 매번 계산을 별도로 처리해 주어야 하는 불편을 겪게 될 것이다. 이러한 데이터는 STUDENT 테이블의 생년월일에서 출생년도만을 추출하여 계산하는 AGES라는 VIEW 테이블을 작성하여 다음부터는 간단하게 검색하여 사용할 수 있다. 다음 [예제 4-10]은 원하는 나이를 가지고 있는 AGES라는 뷰 테이블을 정의한 것이다.

[예제 4-10] 학적 테이블의 학번, 이름, 나이로 구성된 AGES 뷰 테이블을 생성하라.

```
mysql> create view ages(stu_no, stu_name, age) as
    -> select stu_no, stu_name, year(now()) - substring(birthday, 1, 4) + 1
    -> from student;
Query OK, 0 rows affected (0.07 sec)
```

뷰 AGES는 stu_no와 AGES라는 2개의 열을 가지고 있다. SELECT 명령문이 뷰의 내용을 결정한다. 아래와 같은 SELECT 명령문을 사용하여 뷰의 내용을 볼 수 있을 것이다.

```
mysql> select * from ages;
```

stu_no	stu_name	age
20141001	박도상	24
20161001	박정인	23
20181001	장수인	21
20181002	정인정	21
20181003	이상진	21
20181004	김유미	21
20191001	김유신	20
20191002	홍길동	20

20191003	고혜진	20
20191004	이순신	20
20191005	김할리	19
20191006	최에스터	18
20191007	신안나	19
20191008	연개소문	20
20191009	유하나	20
20201001	김영호	19
20201002	강감찬	19

17 rows in set (0.01 sec)

AGES 뷰의 내용은 데이터베이스에 저장되지는 않지만 SELECT 명령문(또 다른 명령문)이 실행되는 순간에 유도된다. 따라서 뷰의 사용은 기억 공간을 사용하는 부가적인 비용은 전혀 없으며, 다른 테이블에 이미 저장된 데이터만으로 구성할 수 있다. 특히 뷰는 다음과 같은 상황에서 주로 사용된다. 제 19 장에서 뷰에 대하여 아주 자세히 설명하고 있다.

- 반복되는 명령문이나 루틴(routine)을 간단히 사용하고자 할 때,
- 테이블의 출력 방법을 재구성하고자 할 때,
- 여러 단계에서 SELECT 명령문이 사용될 때,
- 데이터를 보호하고자 할 때

4.4 보안 설정

데이터베이스는 대용량의 데이터가 모여 있기 때문에 데이터에 대한 보안이 필수적이다. 이러한 보안 기능을 위해 MySQL에서는 사용자를 추가하고 사용자에 대한 권한을 설정할 수 있다. 본 절에서는 이와 같이 데이터베이스를 운용하는데 필수적인 보안 관련 기능을 설명한다.

4.4.1. ROOT 사용자의 데이터 보안

데이터베이스에 저장된 데이터는 부정확한 사용이나 잘못된 사용에 대비하여 보호되어야 한다. 다시 말하면, 누구나 데이터베이스에 저장된 모든 데이터를 접근할 필요는 없다는 것이다. 특별한 단어인 GRANT라는 명령문을 사용하여 사용자의 접근을 등록할 수 있으며, 접근은 작업이 허용된 데이터에 대해서만 할 수 있다.

1) Root 패스워드 설정하기

MySQL 을 설치하고 가장 먼저 해야 할 일은 root 패스워드를 설정하는 것이다. 다음의 예는 패스워드를 "12345"로 설정하는 것이다.

```
mysql> use mysql;
Database changed
mysql> update user set password=password('12345') where user = 'root';
Query OK, 1 row affected (0.09 sec)
Rows matched: 1  Changed: 1  Warnings: 0
mysql> flush privileges;
Query OK, 0 rows affected (0.08 sec)
```

2) 슈퍼 유저[Root] 패스워드 변경 2가지

■ SET PASSWORD 사용하기

SET PASSWORD 문을 사용하여, root의 패스워드를 12345로 변경하는 예제이다. flush privileges; 명령을 사용하지 않아도 바로 적용이 된다.

```
mysql> set password for root@localhost = password('12345');
Query OK, 0 rows affected (0.05 sec)
```

■ UPDATE 문으로 user 테이블 수정하기

UPDATE 문을 사용하여 mysql 시스템 데이터베이스 안의 user 테이블을 수정하는 것으로, flush privileges; 명령을 주어야 적용이 된다.

```
mysql> update user set password=password('12345')
→ where user='root';
Query OK, 0 rows affected (0.00 sec)
Rows matched: 1  Changed: 0  Warnings: 0

mysql> flush privileges;
Query OK, 0 rows affected (0.00 sec)
```

■ PASSWORD( ) 함수

PASSWORD( )는 해독할 수 없는 암호화 방식이다. base64 인코딩 방식은 디코딩이 가능하지만, pasword()는 해독 함수가 존재하지 않는다. 그러나 기본적으로 for 루프 등을 돌려서 추측할 수 있으므로, 비밀번호는 최소 8자이상으로 설정해 주는 것이 좋다. 비밀번호는 길이가 길어지면, 해독 시간이 늘어나기 때문이다.

```
mysql> select password('12345');
```
```
password('12345')

*00A51F3F48415C7D4E8908980D443C29C69B60C9
```
1 row in set (0.00 sec)

4.4.2. 사용자 생성 및 권한부여

MySQL에서 사용자를 생성하는 방법은 command 방법과 GUI 방법 (MySQL Administrator)이 있다. 이 절에서는 command 방법으로 사용자(user)를 생성하고 권한 부여 및 삭제 방법을 설명하기로 하겠다.

다음의 예는 사용자 "choi"와 "lee", "kim", "han"을 생성한 예이다.

1) CREATE 문으로 user 생성하기

[형식] create user 사용자명 identified by '비밀번호';

① CREATE 문을 사용하여 새로운 사용자 "choi"를 암호(Password) "choi123" 으로 생성해 보자.
② CREATE 문을 사용하여 새로운 사용자 "lee@localhost"를 암호(Password) "lee123" 으로 생성해 보자.

① mysql> create user choi identified by 'choi123';
Query OK, 0 rows affected (0.00 sec)

② mysql> create user lee@localhost identified by 'lee123';
Query OK, 0 rows affected (0.16 sec)

"user" 테이블에서 새로이 생성된 사용자를 확인하기 위해 호스트명, 사용자, 비밀번호를 출력해보자.

```
mysql> select host, user, password from user;
```

host	user	password
localhost	root	*FAAFFE644E901CFAFAEC7562415E5FAEC243B8B2
%	choi	*C6A35C53FC3460B0050486E1FB5A9D6B916407FA
localhost	lee	*694E6C3F78B6E0EE7CCC45C949CD225769EE7CA6

3 rows in set (0.00 sec)

위의 "user" 테이블을 확인 해 보면 사용자 "choi"와 "lee"는 host이름이 서로 다른 것을 확인할 수 있다. 사용자 "choi"의 경우는 host명이 "%"이므로 localhost 아닌 원격에서 접속이 가능하고, 사용자 "lee"는 host명이 "localhost"이므로 localhost로 접속이 가능하다. 즉, 사용자 'choi'는 원격에서 네트워크를 이용하여 데이터베이스를 이용할 수 있으며 사용자 'lee'는 로컬 컴퓨터에서만 데이터베이스를 사용할 수 있다.

2) 사용자 권한부여

[형식1] grant all privileges on 데이터베이스명.* to 사용자명;

[형식2] grant 부여할 권한 SQL명령문 on 데이터베이스명.* to 사용자명;

---

① mysql〉 grant select, insert, update, delete on haksa.* to lee@localhost;
   Query OK, 0 rows affected (0.00 sec)

② mysql〉 grant all privileges on haksa.* to choi;
   Query OK, 0 rows affected (0.02 sec)

③ mysql〉 grant all privileges on *.* to lee@localhost;
   Query OK, 0 rows affected (0.00 sec)

---

①의 경우 사용자 "lee"에게 "haksa" 데이터베이스를 select, insert, update, delete 할 수 있는 권한을 부여하였고, ②의 경우 사용자 "choi"에게 "haksa" 데이터베이스를 관리할 수 있는 모든 권한을 부여한 경우이며, ③의 경우는 사용자 "lee"는 모든 데이터베이스를 모든 권한을 가지고 관리할 수 있도록 권한을 부여하였으므로 DBA의 권한을 부여한 것과 같다.

3) 사용자 생성 및 권한부여를 동시에 처리

[일반형식] grant priv_type [(column_list)] [, priv_type [(column_list)] ...]
        on tbl_name * *.* db_name.* to user_name [identified by 'password']
        [, user_name [identified by 'password'] ...] [with grant option]

[형식1] grant all privileges on DB명.* to DB계정명@localhost identified by '비밀번호' with grant option;

[형식2] grant all privileges on DB명.* to DB계정명 identified by '비밀번호' with grant option;

[형식1]의 경우는 localhost에서 'DB계정명'이라는 사용자를 등록한 경우이고, [형식2]의 경우는 localhost 아닌 원격에서 접속시 호스트 부분을 % 로 해준 경우이다.

① mysql〉 grant all privileges on haksa.* to kim@localhost identified by 'kim123' with grant option;
   Query OK, 0 rows affected (0.00 sec)

② mysql〉 grant all privileges on *.* to han identified by 'han123' with grant option;
   Query OK, 0 rows affected (0.00 sec)

①의 경우 사용자 "kim", password는 "kim123"을 "haksa" 데이터베이스에 모든 권한을 부여하여 [형식1]로 생성한 경우이고, ②의 경우 사용자 "han", password는 "han123"을 모든 데이터베이스에 모든 권한을 부여하여 [형식2]로 생성한 경우이다.

"user" 테이블에서 새로이 생성된 사용자를 확인하기 위해 호스트명, 사용자, 비밀번호를 출력해보자.

mysql〉 select host, user, password from user;

host	user	password
localhost	root	*FAAFFE644E901CFAFAEC7562415E5FAEC243B8B2
localhost	kim	*DFC0E7A43E14F96552318E8651E32B546FE91C59
localhost	lee	*694E6C3F78B6E0EE7CCC45C949CD225769EE7CA6
%	choi	*C6A35C53FC3460B0050486E1FB5A9D6B916407FA
%	han	*C4B2087D966138F5AB4470F41E7BEEFDC593157D

5 rows in set (0.00 sec)

4) 사용자 권한 회수

[일반형식] revoke priv_type [(column_list)] [, priv_type [(column_list)] …]
            on tbl_name * *.* db_name.* from user_name [, user_name …]

[형식] revoke SQL명령문 on DB명.* from '해당유저이름';

① 사용자 "choi"을 "haksa" 데이터베이스에서 select할 수 있는 권한을 회수해보자.
② 사용자 "lee"을 "haksa" 데이터베이스에서 select, update할 수 있는 권한을 회수해보자.

① mysql〉 revoke select on haksa.* from choi@'%';
   Query OK, 0 rows affected (0.00 sec)

② mysql> revoke select, update on haksa.* from lee@'localhost';
   Query OK, 0 rows affected (0.00 sec)
mysql> flush privileges;

사용자 "choi"와 "lee"의 권한이 회수되었는지 확인해 보자.

mysql> select host, db, user, select_priv, update_priv from db;

host	db	user	select_priv	update_priv
localhost	haksa	lee	N	N
%	haksa	choi	N	Y

2 rows in set (0.00 sec)

5) 사용자 삭제

[형식1] drop user '해당유저이름';

[형식2] delete from user where user='해당유저이름';

[형식3] delete from db where user='해당유저이름';

[형식1]의 경우는 "user" 테이블과 "db" 테이블에서 완전히 해당유저를 삭제하는 경우이고, [형식2]의 경우는 "user" 테이블에서 사용자를 삭제하는 경우이고, [형식3]의 경우는 "db" 테이블에서 해당유저에게 부여된 데이터베이스의 권한을 삭제한 경우이다.

생성된 사용자가 데이터베이스를 권한을 알 수 있는 "db" 테이블의 정보를 알아보자.

mysql> desc db;

Field	Type	Null	Key	Default	Extra
Host	char(60)	NO	PRI		
Db	char(64)	NO	PRI		
User	char(16)	NO	PRI		
Select_priv	enum('N','Y')	NO		N	
Insert_priv	enum('N','Y')	NO		N	
Update_priv	enum('N','Y')	NO		N	
Delete_priv	enum('N','Y')	NO		N	
Create_priv	enum('N','Y')	NO		N	

Drop_priv	enum('N', 'Y')	NO	N
Grant_priv	enum('N', 'Y')	NO	N
References_priv	enum('N', 'Y')	NO	N
Index_priv	enum('N', 'Y')	NO	N
Alter_priv	enum('N', 'Y')	NO	N
Create_tmp_table_priv	enum('N', 'Y')	NO	N
Lock_tables_priv	enum('N', 'Y')	NO	N
Create_view_priv	enum('N', 'Y')	NO	N
Show_view_priv	enum('N', 'Y')	NO	N
Create_routine_priv	enum('N', 'Y')	NO	N
Alter_routine_priv	enum('N', 'Y')	NO	N
Execute_priv	enum('N', 'Y')	NO	N

20 rows in set (0.00 sec)

새로이 생성된 사용자의 데이터베이스 권한을 확인하기 위해 "db" 테이블에서 호스트명, DB명, 사용자, select 권한만을 출력해보자.

mysql> select host, db, user, select_priv from db;

host	db	user	select_priv
localhost	haksa	lee	Y
%	haksa	choi	Y
localhost	haksa	kim	Y

3 rows in set (0.00 sec)

사용자 "kim"과 "lee"를 삭제처리 해보자.

① mysql> drop user kim@localhost;
② mysql> delete from user where user='lee';
③ mysql> delete from db where user='lee';

①의 경우는 사용자 "kim"을 완전히 삭제 처리한 경우이고, ②의 경우는 "user" 테이블에서 사용자 "lee"를 삭제한 경우이고, ③의 경우는 'db' 테이블에서 사용자 'lee'를 삭제한 경우이다.

연습문제

4-1. 사용자 ID를 "SKY", 암호(PASSWORD) "SKY1234"로 생성하시오.

4-2. 사용자 "SKY"의 암호를 "SKY5678"로 변경하시오.

4-3. 사용자 "SKY"에게 모든 데이터베이스를 관리할 수 있는 모든 권한을 부여하시오.

4-4. 다음과 같은 학생신상테이블(SINSANG)이 있다. 학번 : 정수 2자리, 이름 : 영수치 10자리, 출생년도 : 영수치 4자리, 성별 : 영수치 1자리, 도시명 : 영수치 10자리, 입학일자 : 날짜형, 우편번호 : 영수치 6자리, 전화번호 : 영수치 14자리이고 PRIMARY KEY는 학번이다.

(1) 학생신상테이블을 생성하시오.

(2) 학생신상 테이블(SINSANG)로 부터 도시명이 "서울"인 학생의 학번, 이름, 성별을 학번 순으로 출력하는 SQL문을 쓰시오.

(3) 학생신상 테이블의 이름을 인덱스 키로 설정하는 SQL문을 쓰시오

(4) 학생신상 테이블로 부터 우편번호가 '54612'인 모든 학생의 우편번호를 '06307'로 변경하는 SQL문을 쓰시오.

(5) 학생신상 테이블로 부터 2003년 이후에 출생한 모든 학생을 삭제하는 SQL문을 쓰시오.

(6) 학생신상 테이블의 형식에 맞추어 본인의 데이터를 생성하여 보시오
 (INSERT 명령문 사용)

Part 05

테이블 생성

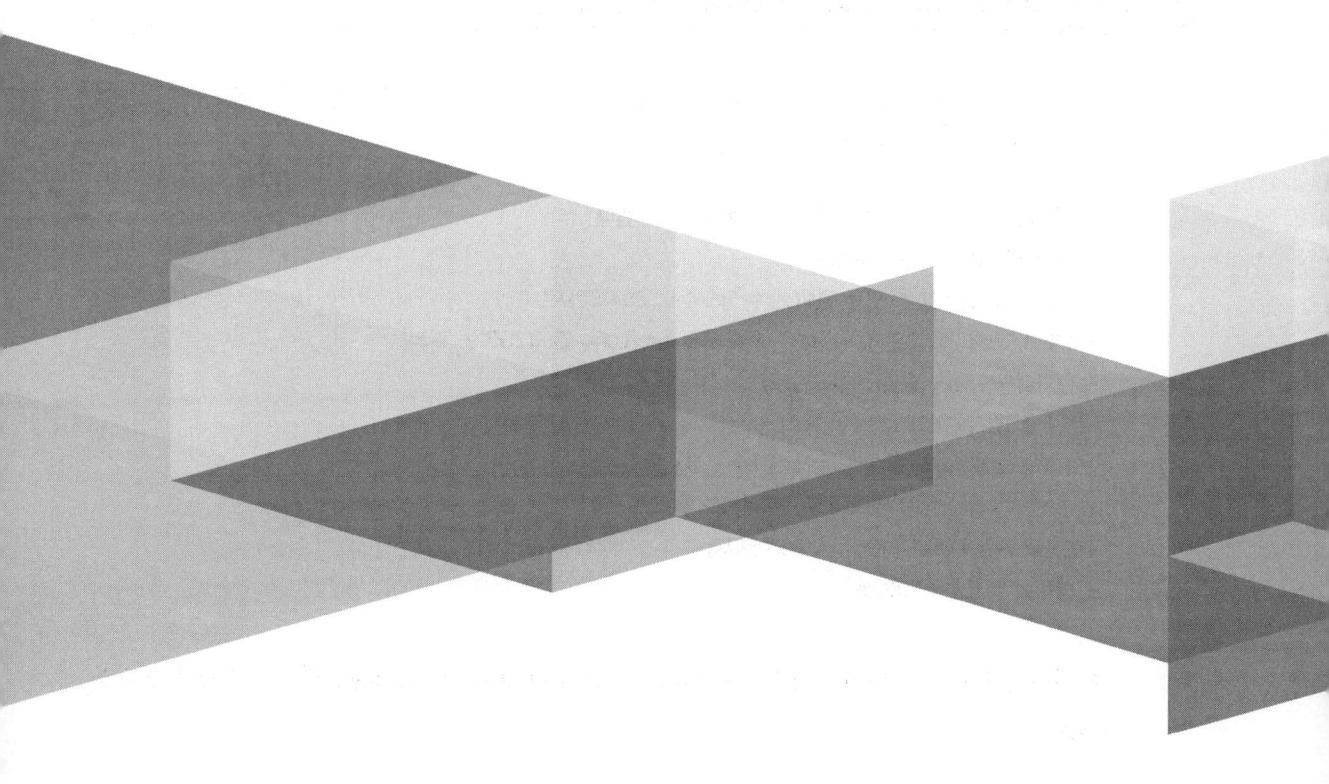

Part 05 테이블 생성

제5장에서는 테이블의 생성, 변경, 삭제에 대한 명령문을 설명한다. 여기서는 데이터가 어느 곳에 저장되는가 그리고 데이터의 구조는 어떻게 구성되는가를 이해하는데 중심으로 두고 설명하는데, 이는 어느 곳에 테이블이 생성되는가 그리고 열은 어떻게 사용하는가를 설명하는 것이다. 다시 말하면, 사용자가 데이터베이스 설계를 준비하고 사용하는 것이다. 데이터베이스 설계를 어떻게 하는지를 설명하는 것이 제5장의 전반적인 내용이다. 제5장의 끝에서는 카탈로그에 저장되는 설명문을 어떻게 정의하는가 그리고 동의어를 어떻게 생성하고 삭제하는가를 설명한다.

5.1 MySQL RDBMS의 제한 조건

MySQL 데이터베이스의 여러 가지 제약조건에 맞추어 테이블을 생성하고 데이터를 입력해야 한다. RDBMS의 제한 조건은 다음과 같다.

- 데이터베이스가 포함할 수 있는 Table의 수 : 무한대
- 테이블의 행의 갯수 : 무한대
- 테이블이 포함 할 수 있는 열의 갯수(필드수) : 254개까지
- 1개의 Row의 최대문자수(전체) : 130,306 Byte(Long 필드(2GB)는 제외)
- 문자열필드의 최대바이트수 : 255
- 숫자열필드의 최대Byte수 : 38
- 1개의 테이블에 만들 수 있는 Index수 : 무한대
- 쿼리시 결합 가능한 필드의 수 : 무한대
- SubQuery의 하위단계별수 : 255개까지
- 명칭의 문자수 : 30Byte

테이블을 관리하는 데이터 정의언어(DDL : Data Definition Language) 명령문의 종류는 다음과 같다.

- CREATE TABLE : 테이블을 생성
- ALTER TABLE : 테이블과 열(Column) 변경

- DROP TABLE : 테이블 삭제
- RENAME : 테이블 이름 변경

5.2 새로운 테이블의 생성

CREATE TABLE 명령문은 데이터 행이 저장될 수 있는 테이블을 생성한다. CREATE TABLE 명령문의 정의는 다음과 같다. 이러한 정의는 CREATE TABLE 명령문의 완전한 정의는 아니며, 외래 키와 대체 키의 개념을 정립하여 정의해야 한다. 다음은 BNF구조를 나타낸 것이다. BNF 구조는 부록 1에 자세히 설명되어 있으니 참조하도록 한다.

〈create table statement〉 ::=
    CREATE TABLE 〈table name〉 〈table schema〉

〈table schema〉 ::=
    (〈column definition〉 [{,〈column definition〉} ...]
    [〈primary key〉]
    [〈referential key〉]

〈column definition〉 ::=
    〈column name〉 〈data type〉
    [NOT NULL [〈alternate key〉]]

〈alternate key〉 ::= UNIQUE

    〈primary key〉 ::=
    PRIMARY KEY 〈column list〉

〈column list〉 ::=
    (〈column name〉 [{, 〈column name〉 } ...])

〈data type〉 ::=
    〈numeric data type〉 :
    〈char data type〉 :
    〈date data type〉

〈numeric data type〉 ::=
    NUMBER : [(〈precision〉 [,〈scale〉])] :
    LONG   : [(〈precision〉 [,〈scale〉])] :

⟨char data type⟩ ::=
    CHAR [(length)] :
    CHARACTER [(length)]
    VARCHAR [(length)]

⟨date data type⟩ ::=
   DATE

⟨precision⟩ ::= ⟨integer⟩

⟨scale⟩ ::= ⟨integer⟩

⟨length⟩ ::= ⟨integer⟩

다음에는 학사 데이터베이스에서 교과목테이블을 생성하는 CREATE TABLE 명령문의 예제를 보여주고 있다.

```
mysql> create table subject(
        → sub_code char(5) Not null,        #과목번호
        → sub_name varchar(50) Not null,    #과목명
        → sub_ename varchar(50),            #영문과목명
        → create_year char(4),              #개설년도
        → primary key (sub_code)
        → )engine = innoDB;
```

앞의 명령문을 단계적으로 설명해 보자. 테이블의 이름은 subject이며, 이 이름은 학사 데이터베이스내에 포함되어 있는 모든 테이블에 대하여 유일한 이름이어야 한다. 그리고 CREATE TABLE 명령어를 입력한 사용자가 자동적으로 테이블의 소유자(OWNER)가 된다.

테이블의 테이블 스키마(table schema)는 열의 정의와 몇 개의 키에 대한 무결성 규칙을 가지고 있다. 앞에서 언급했던 것처럼, 외래키와 대체키에 관한 사항은 제 21 장에서 설명하기로 하자. 제 5 장에서는 열의 정의와 기본 키에 대해서만 다루기로 하겠다. 열의 정의(column definition)는 열의 이름과 자료형을 가지고 있으며, NOT NULL과 가능하다면 대체 키를 지정해도 된다. 열의 자료형을 지정하는 것은 필수적인 것이다. 자료형에 의해서 열에 어떤 값이 입력되는 가를 나타낼 수 있다. 다시 말하면 열의 자료형은 입력할 수 있는 값을 제한하는 것이다. 따라서 적절한 자료형을 선택하는 것은 아주 중요하다. MySQL제품에서 사용하고 있는 데이터형에 대해서는 4.2절에서 이미 설명한 바가 있다.

각 열에는 NOT NULL 무결성 규칙이 지정되어야 한다(4.2.2 절 참조). SQL은 행에서 열에 사용할 수 있는 값으로 NULL 값을 가질 수 있다는 것을 상기하라. NULL 값은 "값이 알려지지 않다" 또는 "값이 존재하지 않다"로 비유할 수 있는데, 이는 수가 0인 경우와 또 공백인 경우와 혼동해서는 안된다. CREATE TABLE 명령문에서 열의 자료형 다음에 NOT NULL 무결성 규칙을 지정해야 한다. 이러한 무결성 규칙은 NULL 값을 가질 수 없는 열을 나타내기 위해서 사용한다. 다시 말하면, 모든 NOT NULL 열은 모든 열에 대하여 하나의 값을 가지고 있어야 한다.

5.3 기본 키

기본 키(primary key)는 값이 항상 유일한 열 또는 열의 집합으로 알려져 있다. 따라서 기본 키로 사용되는 열에는 NULL 값이 허용되지 않는다. 5.2절의 예제에서 SUB_CODE열이 SUBJECT 테이블의 기본 키이다. 기본 키로 정의된 열은 NOT NULL로 정의되어야 한다. 그리고 마지막 열에 있는 열의 정의와 PRIMARY KEY 단어 사이에는 구분을 위한 콤마를 사용한다.

테이블에서 여러 개의 열을 사용하여 기본 키를 정의할 수 있다. 이러한 기본 키를 조합 기본 키(composite primary key)라 한다.

[예제 5-1] 과목명, 과목코드, 과목인원, 과목 개설 일자를 기록하기 위한 DIPLOMAS 테이블을 생성하라. COURSE, STUDENT, END_DATE 열을 사용하여 조합 기본 키를 생성한다.

```
CREATE TABLE DIPLOMAS
    (COURSE  VARCHAR(20)   NOT NULL,
     STUDENT VARCHAR(10)   NOT NULL,
     COU_NUM INT(2),
     END_DATE DATE         NOT NULL,
     PRIMARY KEY (COURSE, STUDENT, END_DATE));
```

3개의 열을 사용하여 기본 키를 정의함으로써 학생은 지정된 일자에 한 과목에 대하여 취득할 수 있다. 그리고 NOT NULL 무결성 규칙은 모든 열에 관련되어 정의되어 있다.

실제적으로 어떤 열 또는 열의 그룹을 기본 키로 사용할 수 있지만 기본 키가 지켜야 할 많은 규칙이 있다. 이러한 규칙 중 몇 가지는 관계 모델의 이론을 근거로 하고 있지만 다른 것들은 SQL에 근거를 두고 있다. 그리고 기본 키를 정의할 때 이러한 규칙을 따르기 바란다.

- 각 테이블에는 오직 하나의 기본 키만 정의할 수 있다.
- 관계형 모델에서는 각 테이블에 하나의 기본 키를 정의하도록 하고 있다.

그러나 SQL에서는 이러한 것을 따르도록 하고 있지 않기 때문에 기본 키 없이 테이블을 생성할 수 있다. 그렇지만 각 기본 테이블에 대하여 하나의 기본 키를 지정하는 것이 바람직하다. 이와 같은 이유는, 기본 키로 테이블을 갱신할 때 유일성을 조사하기 위해서이다. 또 기본 키를 사용하지 않는 이유는 테이블에 동일한 데이터를 갖는 행을 저장할 수 있도록 하기 위해서이다. 이렇게 할 경우 문제점이 발생할 수 있는데, 그 이유는 2개의 행을 서로 구분할 수 없으므로 SELECT 명령문에서 동일한 조건을 만족하게 되며, UPDATE 명령문에서 2개의 행은 함께 갱신되기 때문에 문제가 발생한다. 이러한 상황에서는 데이터가 잘못될 가능성이 높다.

- 테이블에서 서로 다른 행은 동일한 값을 기본 키로 가질 수 없다. 이와 같은 것을 유일성 규칙(uniqueness rule)이라 한다. 예를 들면, STUDENT 테이블에서 우편번호코드는 많은 학생이 같은 도시의 동에 살고 있기 때문에 후보 키로 지정할 수 없다.
- 기본 키로 사용된 열의 일부가 삭제될 가능성이 있고, 기본 키가 유일성 규칙을 아직 만족해야 한다면 기본 키는 부정확하게 된다. 이러한 규칙을 최소화 규칙(minimal rule)이라 한다. 다시 말하면 기본 키는 불필요하게 많은 열로 구성하지 않아야 한다는 것이다. STU_NO과 STU_NAME을 기본 키로 정의했다고 가정해 보자. 우리는 학생의 학번이 유일하다는 것을 이미 알고 있다. 따라서 이러한 경우에 기본 키는 필요 이상의 열을 가지고 있으므로 최소화 규칙을 만족하지 않는다.
- 기본 키 열 목록에서 열의 이름은 오직 한번만 나타나야 한다.
- 기본 키에 포함되는 열의 집단은 NULL 값을 가지지 않아야 한다.

이러한 규칙은 첫번째 무결성 규칙(first integrity rule) 또는 엔티티 무결성 규칙(entity integrity rule)으로 알려져 있다. 기본 키에 NULL 값을 허용하면 어떤 일이 발생하는가? 기본 키 외의 다른 열의 값은 동일하고 기본 키로서 NULL 값을 갖는 2개의 행을 삽입할 가능성이 있다. 이러한 2개의 행은 유일하게 구분할 수 없다. 따라서 SELECT나 UPDATE 명령문에 항상 동일한 조건을 만족하게 된다. 사실 SQL에서 열은 NOT NULL로 정의하도록 요구하기 때문에 이러한 규칙을 위배하지는 않는다.

[예제 5-2] DIPLOMAS 테이블에 다음의 데이터를 입력하라.

```
mysql> insert into diplomas values('웹프로그래밍','공자',2,'2007/07/25');
Query OK, 1 row affected (0.01 sec)

mysql> insert into diplomas values('웹프로그래밍','맹자',3,'2007/07/25');
Query OK, 1 row affected (0.00 sec)
```

5.4 테이블 명세와 소유자

지금까지 몇 번 언급되었던 테이블의 명세와 소유자에 대하여 설명하고자 한다. 많은 SQL 명령문에서 테이블 명세(table specification)는 접근할 테이블을 구별하기 위해서 사용된다. 예를 들면 다음의 SELECT 명령문에서 키워드 FROM 다음에는 접근하고자 하는 테이블을 기술한다. 여기서 STUDENT은 테이블 명세이다. 즉, 테이블 명세는 테이블을 구분 짓는 유일한 이름이다.

```
SELECT       *
FROM         STUDENT;
```

MySQL에서 테이블의 이름은 데이터베이스 내에서 유일하다. 그래서 다른 사람이 소유자인 테이블을 접근하고자 할 때도 아무런 문제가 발생하지 않는다. 테이블 명세는 바로 테이블 이름으로 구성되어 있다.

그러나 많은 SQL 제품에서는 또 다른 규칙을 적용하는데, 즉 테이블 이름은 사용자에게만 유일하다는 것이다. 따라서 2명의 사용자는 서로 동일한 이름을 가지는 테이블을 생성할 수 있다. 이러한 제품에서는 테이블을 접근하기 위한 명령문을 입력한 사용자가 STUDENT 테이블의 소유자라고 가정하고 있다. 그래서 다른 사용자가 소유자인 테이블을 접근하려면 테이블 명세는 소유자의 이름을 포함할 수 있도록 확장해야 한다. 다음의 SELECT 명령문에서는 KIM라는 사용자가 소유자인 STUDENT 테이블을 접근하는 질의어를 보여주고 있다.

```
SELECT        *
FROMKIM.      STUDENT;
```

그래서 소유자의 이름이 없이 테이블을 지정하면 SQL은 사용자가 자신이 소유자인 테이블을 접근한다고 가정한다.

어떤 제품에서는 다른 사용자를 위한 테이블을 생성할 수 있도록 한다. 이러한 경우에 테이블의 생성자가 소유자인 것은 아니다.

5.5 테이블과 열의 이름

사용자는 테이블과 열의 이름을 자유스럽게 사용할 수 있다. SQL은 다음과 같은 제약 사항만 가지고 있다.

- MySQL에서 하나의 스키마는 2개의 테이블을 동일한 이름으로 가질 수 없다. 다른 제품에서 한 소유자는 2개의 테이블에 동일한 이름을 줄 수 없다.
- 하나의 테이블에서 2개의 열이 동일한 이름을 가질 수 없다.
- 테이블 또는 열의 이름 길이는 제한되어 있다. 이름의 최대 길이는 제품마다 약간의 차이가 있다. MySQL은 64자로 제한되어 있다.
- 이름은 문자, 숫자, 특수 기호 _(underscore), $, #로 구성되며, 첫 문자는 문자로 시작된다.
- 테이블과 열의 이름으로 예약어를 사용할 수 없다. 부록 2에는 예약어의 목록이 있으니 참조하기 바란다.

마지막에 있는 2개의 제한 사항은 테이블 이름 앞뒤에 이중 인용 부호(")를 사용함으로써 피할 수 있다. 테이블 이름으로 SELECT는 부당하지만 "SELECT"는 정당한 이름으로 사용할 수 있다. 이는 테이블 이름이 사용된 어디에서나 이중 인용부호가 사용되어야 한다는 것을 의미한다.

테이블과 열의 이름을 사용하는데 있어서 의미 있는 이름을 선택하는 것이 아주 중요하다. 열과 테이블 이름은 많은 명령문에서 사용되며, 특히 SELECT 명령문에서 많이 사용된다. 어색한 이름은 아주 불편하게 한다. 따라서 다음과 같은 이름 사용 방법을 따르는 것이 바람직하다.

- 테이블과 열의 이름을 짧게 사용하라. 그러나 이름 자체가 의미가 없도록 사용해서는 안 된다.(예를 들면, STUDENT 대신에 SDT과 같이 사용하면 안 됨)
- 정보의 의미가 있는 이름은 사용하지 말라.(STUDENT_2 보다는 STUDENT을 사용한다. 여기서 2라는 숫자는 테이블의 인덱스의 수로 사용됨) 만약 이러한 정보가 변경되면 테이블에 사용된 모든 명령문과 함께 테이블의 이름도 변경해야 한다.
- 일관성을 유지하라.(stu_no, std_no 두 개를 동시에 사용하는 것 보다는 stu_no 사용)
- 너무 긴 이름은 피하라.(STUDENTNAME 보다는 STU_NAME 사용)
- 가능하다면 열의 이름들은 각 테이블에서 사용된 동일한 이름으로 사용하라.
  (STUDENT 테이블에서 STU_NO, ATTEND 테이블에서 STU_NO, SCORE 테이블에서 STU_NO)

5.6 테이블의 삭제

DROP TABLE 명령문은 테이블을 삭제하기 위해서 사용된다. 테이블이 삭제되면 SQL은 모든 무결성 규칙에 따라 카탈로그 테이블로부터 테이블의 명세표, 인덱스, 데이터 값 그리고 테이블에 부여된 권한을 제거한다.

[예제 5-3] 예제 5-1에서 생성된 DIPLOMAS 테이블을 삭제하라.

```
mysql> DROP TABLE DIPLOMAS;
```

5.7 테이블의 구조 변경(열의 추가)

UPDATE, INSERT, DELETE 명령문은 테이블의 내용을 변경하기 위해서 사용된다. 또한 SQL은 테이블의 구조를 변경할 수 있는 기능을 제공한다. 이는 다음과 같은 ALTER TABLE 명령문을 사용한다.

```
〈alter table statement〉::=
    ALTER TABLE      〈table specification〉
    ADD 〈column name〉 〈data type〉
```

[예제 5-4] DIPLOMAS테이블을 출력하라.

mysql〉 select * from diplomas;

COURSE	STUDENT	COU_NUM	END_DATE
웹프로그래밍	공자	2	2007-07-25
웹프로그래밍	맹자	3	2007-07-25

2 rows in set (0.00 sec)

새로운 열인 성별(GENDER)을 테이블에 포함할 수 있도록 확장시켜보면 다음과 같다.

[예제 5-5] DIPLOMAS테이블에 성별 GENDER를 CHAR(2)로 열을 추가하라.

mysql〉 ALTER TABLE DIPLOMAS ADD GENDER CHAR(2);

그러면 DIPLOMAS 테이블은 GENDER라는 열을 CHAR(2) 데이터형의 크기로 추가되고 SQL에서 열에 값을 채울 때 유일하게 가능한 값은 NULL이다. DIPLOMAS 테이블을 확인하여 보면 다음과 같이 될 것이다.

mysql〉 select * from diplomas;

COURSE	STUDENT	COU_NUM	END_DATE	GENDER
웹프로그래밍	공자	2	2007-07-25	NULL
웹프로그래밍	맹자	3	2007-07-25	NULL

2 rows in set (0.00 sec)

5.8 테이블 구조의 변경

어떤 제품에서는 ALTER TABLE 명령문의 기능으로 열을 추가하는데 제약 사항을 두지 않고 있다. 즉, 이 명령으로 다음과 같은 몇 개의 서로 다른 기능을 수행할 수 있다.

- 테이블에 새로운 열을 추가한다.
- 기존에 존재하는 열을 삭제한다.
- 자료형의 길이를 변경한다.
- 기존에 존재하는 열의 자료형을 특별한 조건하에서 변경할 수 있다.
- 기본 키와 같은 새로운 무결성 규칙을 추가할 수 있다.
- 기존에 존재하는 무결성 규칙을 삭제할 수 있다.

이러한 기능에 관한 예제는 다음과 같다. 자료형의 길이는 더 커지거나 줄어들 수 있다. 길이의 감소는 테이블이 공백이거나 열이 NULL 값만을 보유하고 있는 경우에만 허용된다.

[예제 5-6] DIPLOMAS 테이블의 GENDER 열의 길이를 2에서 4로 증가시켜라.

```
mysql> ALTER TABLE DIPLOMAS MODIFY GENDER CHAR(4);
```

열에 있는 모든 값이 새로운 자료형의 규칙을 만족한다면 열은 새로운 자료형을 받아들인다.

[예제5-7] DIPLOMAS테이블에서GENDER의자료형을CHAR에서INT로변경하라.

```
mysql> ALTER TABLE DIPLOMAS MODIFY GENDER INT;
```

자료형의 변경에 있어서 일반적인 규칙은 열에 있는 값이 새로운 자료형으로 변경할 수 있어야 한다. 그래서 위의 예제는 각 CHAR 값을 INT 값으로 변경할 수 있다.

테이블에 기본 키로 정의되는 열이 중복된 값을 가지고 있지 않을 때 즉, 기본 키가 정의되어 있지 않으면 기본 키의 추가가 허용된다. DIPLOMAS 테이블에 기본 키(STUDENT)를 추가해 보자.

[예제 5-8] DIPLOMAS 테이블에 기본 키(STUDENT)를 추가하라.

```
mysql> ALTER TABLE DIPLOMAS ADD  PRIMARY KEY (STUDENT);
```

5.9 테이블 복사

CREATE TABLE문과 AS 키워드를 이용하여 SUB QUERY로 새로운 테이블을 복사할 수 있다. 테이블 복사의 형식은 다음과 같다.

```
CREATE TABLE USER.NEW_TABLE_NAME [COLUMN_NAME, ....]
    AS SELECT_STATEMENT;
```

동일한 사용자인 경우에는 새롭게 작성될 테이블명(NEW_TABLE_NAME)을 입력하고, SELECT_STATEMENT는 SUB QUERY로 유효한 SELECT 문이다. AS 키워드는 COLUMN_ NAME 이 명시될 경우 이 칼럼들의 수는 AS 키워드 다음의 SUB QUERY가 반환하는 칼럼의 수와 같아야 한다. 복사할 새로운 테이블을 만드는 경우는 다음과 같은 명령어를 실행한다.

[예제 5-9] STUDENT 테이블의 Owner가 "JJY"인 경우 STUDENT 테이블과 동일한 테이블 구조와 데이터를 가지고 있는 Owner가 "JJY"인 사람이 STUDENT1 테이블을 복사하라.

```
mysql> CREATE TABLE STUDENT1 AS SELECT * FROM STUDENT;
```

[예제 5-10] STUDENT 테이블의 Owner가 "JJY"인 경우 사용자 Owner가 "KIM"인 STUDENT2 테이블로 동일한 테이블 구조와 데이터를 복사하라.

```
mysql> CREATE TABLE KIM.STUDENT2 AS SELECT * FROM JJY.STUDENT;
```

[예제 5-11] SUBJECT테이블에서 SUB_CODE와 SUB_NAME으로 구성된 신규 SUBJECT_COPY 테이블을 생성하라.

```
mysql> CREATE TABLE SUBJECT_COPY AS SELECT SUB_CODE, SUB_NAME FROM SUBJECT;
```

[예제 5-12] SUBJECT_COPY테이블의 모든 열을 조회하라.

```
mysql> select * from SUBJECT_COPY;
```

SUB_CODE	SUB_NAME
4001	데이터베이스 응용
4002	웹사이트 구축
4003	소프트웨어공학
4004	웹프로그래밍

```
4005    컴퓨터구조
4006    정보처리실무
4007    UML
4008    운영체제
4009    객체지향프로그래밍
4010    윈도우즈 프로그래밍
4011    자바프로그래밍
4012    파이썬 프로그래밍
4013    스크래치 프로그래밍
```
13 rows in set (0.00 sec)

새롭게 생성된 "SUBJECT_COPY" 테이블의 데이터 유형을 알아보는 명령어는 다음과 같다.

mysql> desc SUBJECT_COPY;

Field	Type	Null	Key	Default	Extra
SUB_CODE	char(5)	NO		NULL	
SUB_CODE	varchar(50)	NO		NULL	

2 rows in set (0.00 sec)

5.10 테이블 이름 변경

테이블뿐만 아니라 뷰, 시노님, 시퀀스 등의 MySQL 객체의 이름을 바꿀 수 있다. RENAME 명령문의 형식은 다음과 같다.

```
mysql -u root -p
```

[예제 5-13] "SUBJECT_COPY" 테이블을 "TEST_SUBJECT" 테이블명으로 변경하라.

mysql> alter table subject_copy rename test_subject;
Query OK, 0 rows affected (0.02 sec)

5.11 테이블과 데이터 사전

MySQL은 데이터베이스와 작업에 대한 정보를 데이터 사전이라는 테이블 집합에 모아두었고, 이러한 테이블의 소유자는 "ROOT" 사용자이다.

[실습 따라하기]

1. 테이블 및 데이터 사전 정보 보기

mysql〉 use information_schema
Database changed

mysql〉 show tables;

Tables_in_information_schema
CHARACTER_SETS
COLLATION_CHARACTER_SET_APPLICABILITY
COLLATIONS
COLUMN_PRIVILEGES
COLUMN_STATISTICS
COLUMNS
ENGINES
EVENTS
⋮
⋮
VIEW_ROUTINE_USAGE
VIEW_TABLE_USAGE
VIEWS

66 rows in set (0.01 sec)

mysql〉 use mysql
Database changed
mysql〉 show tables;

Tables_in_mysql
columns_priv
component
db
default_roles
engine_cost
func
general_log
⋮
⋮
time_zone_name
time_zone_transition
time_zone_transition_type
user

33 rows in set (0.00 sec)

데이터 사전의 내용은 변경해서도 안되고, 만약, 변경되면 데이터베이스가 망가질 수 있다. 그러나 데이터 사전의 내용은 CREATE TABLE, CREATE VIEW 생성시 변경될 수 있다.

2. TABLES 뷰

mysql> use information_schema
Database changed

mysql> desc tables;

Field	Type	Null	Key	Default	Extra
TABLE_CATALOG	varchar(64)	YES		NULL	
TABLE_SCHEMA	varchar(64)	YES		NULL	
TABLE_NAME	varchar(64)	YES		NULL	
TABLE_TYPE	enum	NO		NULL	
	('BASE TABLE','VIEW','SYSTEM VIEW')	YES		NULL	
ENGINE	varchar(64)	YES		NULL	
VERSION	int(2)	YES		NULL	
ROW_FORMAT	enum('Fixed','Dynamic','Compressed',	YES		NULL	
	'Redundant','Compact','Paged')	YES		NULL	
TABLE_ROWS	bigint(21) unsigned	YES		NULL	
AVG_ROW_LENGTH	bigint(21) unsigned	YES		NULL	
DATA_LENGTH	bigint(21) unsigned	YES		NULL	
MAX_DATA_LENGTH	bigint(21) unsigned	YES		NULL	
INDEX_LENGTH	bigint(21) unsigned	YES		NULL	
DATA_FREE	bigint(21) unsigned	YES		NULL	
AUTO_INCREMENT	bigint(21) unsigned	YES		NULL	
CREATE_TIME	timestamp	NO		NULL	
UPDATE_TIME	datetime	YES		NULL	
CHECK_TIME	datetime	YES		NULL	
TABLE_COLLATION	varchar(64)	YES		NULL	
CHECKSUM	bigint(21)	YES		NULL	
CREATE_OPTIONS	varchar(256)	YES		NULL	
TABLE_COMMENT	varchar(256)	YES		NULL	

21 rows in set (0.01 sec)

3. COLUMN 뷰

COLUMN 뷰는 테이블의 구조는 다음과 같다.

mysql> desc columns;

Field	Type	Null	Key	Default	Extra
TABLE_CATALOG	varchar(64)	YES		NULL	
TABLE_SCHEMA	varchar(64)	YES		NULL	
TABLE_NAME	varchar(64)	YES		NULL	
COLUMN_NAME	varchar(64)	YES		NULL	
ORDINAL_POSITION	int(10) unsigned	NO		NULL	
COLUMN_DEFAULT	text	YES		NULL	
IS_NULLABLE	varchar(3)	NO		NULL	
DATA_TYPE	longtext	YES		NULL	
CHARACTER_MAXIMUM_LENGTH	bigint(21)	YES		NULL	
CHARACTER_OCTET_LENGTH	bigint(21)	YES		NULL	
NUMERIC_PRECISION	bigint(10) unsigned	YES		NULL	
NUMERIC_SCALE	bigint(10) unsigned	YES		NULL	
DATETIME_PRECISION	int(10) unsigned	YES		NULL	
CHARACTER_SET_NAME	varchar(64)	YES		NULL	
COLLATION_NAME	varchar(64)	YES		NULL	
COLUMN_TYPE	mediumtext	NO		NULL	
COLUMN_KEY	enum(' ','PRI','UNI','MUL')	NO		NULL	
EXTRA	varchar(60)	YES		NULL	
PRIVILEGES	varchar(154)	YES		NULL	
COLUMN_COMMENT	text	NO		NULL	
GENERATION_EXPRESSION	longtext	NO		NULL	
SRS_ID	int(10) unsigned	YES		NULL	

22 rows in set (0.00 sec)

4. USERS 뷰

mysql> use mysql

Database changed

mysql> desc user;

Field	Type	Null	Key	Default	Extra
Host	char(60)	NO	PRI		
User	char(32)	NO	PRI		
Select_priv	enum('N', 'Y')	NO		N	
Insert_priv	enum('N', 'Y')	NO		N	
Update_priv	enum('N', 'Y')	NO		N	
Delete_priv	enum('N', 'Y')	NO		N	
Create_priv	enum('N', 'Y')	NO		N	
Drop_priv	enum('N', 'Y')	NO		N	
Reload_priv	enum('N', 'Y')	NO		N	

Shutdown_priv	enum('N', 'Y')	NO	N
Process_priv	enum('N', 'Y')	NO	N
File_priv	enum('N', 'Y')	NO	N
Grant_priv	enum('N', 'Y')	NO	N
References_priv	enum('N', 'Y')	NO	N
Index_priv	enum('N', 'Y')	NO	N
Alter_priv	enum('N', 'Y')	NO	N
Show_db_priv	enum('N', 'Y')	NO	N
Super_priv	enum('N', 'Y')	NO	N
Create_tmp_table_priv	enum('N', 'Y')	NO	N
Lock_tables_priv	enum('N', 'Y')	NO	N
Execute_priv	enum('N', 'Y')	NO	N
Repl_slave_priv	enum('N', 'Y')	NO	N
Repl_client_priv	enum('N', 'Y')	NO	N
Create_view_priv	enum('N', 'Y')	NO	N
Show_view_priv	enum('N', 'Y')	NO	N
Create_routine_priv	enum('N', 'Y')	NO	N
Alter_routine_priv	enum('N', 'Y')	NO	N
Create_user_priv	enum('N', 'Y')	NO	N
Event_priv	enum('N', 'Y')	NO	N
Trigger_priv	enum('N', 'Y')	NO	N
Create_tablespace_priv	enum('N', 'Y')	NO	N
ssl_type	enum(' ', 'ANY', 'X509', 'SPECIFIED')	NO	
ssl_cipher	blob	NO	NULL
x509_issuer	blob	NO	NULL
x509_subject	blob	NO	NULL
max_questions	int(11) unsigned	NO	0
max_updates	int(11) unsigned	NO	0
max_connections	int(11) unsigned	NO	0
max_user_connections	int(11) unsigned	NO	0
plugin	char(64)	NO	caching_sha2_password
authentication_string	text	YES	NULL
password_expired	enum('N', 'Y')	NO	N
password_last_changed	timestamp	YES	NULL
password_lifetime	smallint(5) unsigned	YES	NULL
account_locked	enum('N', 'Y')	NO	N
Create_role_priv	enum('N', 'Y')	NO	N
Drop_role_priv	enum('N', 'Y')	NO	N
Password_reuse_history	smallint(5) unsigned	YES	NULL
Password_reuse_time	smallint(5) unsigned	YES	NULL
Password_require_current	enum('N', 'Y')	YES	NULL
User_attributes	json	YES	NULL

51 rows in set (0.01 sec)

[예제 5-14] 사용자 "ROOT" 사용자(USER), 인증문자열(AUTHENTICATION_STRING), 파일권한(FILE_PRIV)을 출력하라.

```
mysql> select user, authentication_string, file_priv
    -> from user
    -> where user = 'root';
```

user	authentication_string	file_priv
root	A005$■O/.■WqU2〉S■APYS■■tMgMG/bRsRQOX.ERxy5TnjDTP2fMLb1PgqnBQy6nPB3	Y

1 row in set (0.00 sec)

5. Trigger 뷰

```
mysql> use information_schema
Database changed
mysql> desc triggers;
```

Field	Type	Null	Key	Default	Extra
TRIGGER_CATALOG	varchar(64)	YES		NULL	
TRIGGER_SCHEMA	varchar(64)	NO		NULL	
TRIGGER_NAME	varchar(64)	NO		NULL	
⋮					
COLLATION_CONNECT	varchar(64)	NO		NULL	
DATABASE_COLLATIO	varchar(64)	NO		NULL	

22 rows in set (0.01 sec)

6. VIEW 뷰

VIEW 뷰는 뷰의 질의에 대한 텍스트를 조회할 수 있다.

```
mysql> desc views;
```

Field	Type	Null	Key	Default	Extra
TABLE_CATALOG	varchar(64)	YES		NULL	
TABLE_SCHEMA	varchar(64)	YES		NULL	
TABLE_NAME	varchar(64)	YES		NULL	
VIEW_DEFINITION	longtext	YES		NULL	
CHECK_OPTION	enum('NONE', 'LOCAL', 'CASCADED')	YES		NULL	
IS_UPDATABLE	enum('NO', 'YES')	YES		NULL	

DEFINER	varchar(93)	YES	NULL
SECURITY_TYPE	varchar(7)	YES	NULL
CHARACTER_SET_CLIENT	varchar(64)	NO	NULL
COLLATION_CONNECTION	varchar(64)	NO	NULL

10 rows in set (0.00 sec)

연습문제

5-1. 연습문제 4-3에서 생성된 학생신상테이블(SINSANG)에 휴대폰번호를 CHAR(12)로 열을 추가하라.

5-2. 학생신상테이블(SINSANG)에서 학번과 이름 휴대폰번호로 구성된 새로운 SAMPLE 테이블을 생성하라.

5-3. 학생신상테이블(SINSANG)의 휴대폰번호 칼럼에 주석문 "이동전화번호"을 작성하라.

Part 06

SELECT 명령문과 공통 요소

Part 06 SELECT 명령문과 공통 요소

가장 중요하고 많이 사용되는 SQL 명령문은 SELECT 명령문이다. 이 명령문은 테이블에서 데이터를 질의할 때 사용된다. 따라서 결과 테이블은 리포트 기초로서 사용할 수 있다.

본서에서는 SELECT 명령문에 대하여 제 6 장에서부터 제 15 장까지 다루고 있다. 제 6 장에서는 많은 SQL 명령문에 중요한 공통 요소와 SELECT 명령문에 대하여 설명한다. 이를 위해서 특히 다음과 같은 공통 요소에 대하여 설명한다.

- 리터럴(Literal)
- 시스템 변수(System variable)
- 사용자 변수(User variable)
- 수치 수식(Numeric expression)
- 영숫자 수식(Alphanumeric expression)
- 데이터의 수식(Data expression)
- 스칼라 함수(Scalar function)
- 통계 함수(Statistical function)

⟨literal⟩ ::=
　　⟨numeric literal⟩　　　:
　　⟨alphanumeric literal⟩　:
　　⟨date literal⟩

⟨numeric literal⟩ ::=
　　⟨integer literal⟩　　　:
　　⟨decimal literal⟩　　　:
　　⟨floating point literal⟩

⟨integer literal⟩ ::= [+ | -] ⟨integer⟩

⟨decimal literal⟩ ::=
　　[+ | -] ⟨integer⟩ [. ⟨integer⟩]　　:
　　[+ | -] ⟨integer⟩ . |
　　[+ | -] . ⟨integer⟩

⟨floating point literal⟩ ::=
    ⟨mantissa⟩ { E | e } ⟨exponent⟩

⟨alphanumeric literal⟩ ::= '[⟨character⟩ ...]'

⟨date literal⟩ ::=
    '⟨year⟩ / ⟨month⟩ / ⟨day⟩'

⟨mantissa⟩ ::= ⟨decimal literal⟩

⟨exponent⟩ ::= ⟨integer literal⟩

⟨character⟩ ::= ⟨non quote character⟩ : ' '

⟨non quote character⟩ ::= ⟨digit⟩ | ⟨letter⟩
                        : ⟨special character⟩

⟨day⟩ ::= ⟨digit⟩ [⟨digit⟩ [⟨digit⟩ [⟨digit⟩]]]

⟨month⟩ ::= ⟨digit⟩ [⟨digit⟩]

⟨year⟩ ::= ⟨digit⟩ [⟨digit⟩]

⟨integer⟩ ::= ⟨digit⟩ ...

6.1 리터럴(Literal)

리터럴(literal)은 고정되거나 변경할 수 없는 값으로 상수(constant)라고도 한다. 리터럴은 SELECT 명령문에서 행을 선택하는 조건에 사용되거나 INSERT 명령문에서 새로운 행에 값을 지정하기 위해서 사용된다. 각 리터럴은 테이블에서 열과 같은 특별한 자료형을 가지고 있다. SQL은 다음과 같은 형식의 리터럴을 제공한다.

- 정수 리터럴
- 십진 리터럴
- 부동 소수점 리터럴
- 영수치 리터럴
- 날짜 리터럴

6.1.1. 정수 리터럴

정수 리터럴(integer literal)은 전체가 정수이거나 소수점이 없는 정수로써 양의 부호(+) 또는 음의 부호(-)를 가질 수 있다. 정수 리터럴의 예는 다음과 같다.

정수형 리터럴	잘못된 정수형 리터럴
38	342.16
+12	−14E5
−3404	jim
−16	−123.45

6.1.2. 십진 리터럴

십진 리터럴(decimal literal)은 소수점을 가지고 있거나 가지지 않는 수로서 필요하다면 양 또는 음의 부호를 사용할 수 있다. 각 정수 리터럴은 십진 리터럴 정의에 따른다. 십진 리터럴의 예는 다음과 같다.

```
        49
     18.47
     -3400
       -16
   0.83459
      -349
```

소수점 앞에 있는 숫자의 수를 정밀도(precision)라 하며 소수점 뒤에 있는 숫자의 수를 크기(scale)라 한다. 십진 리터럴 123.45는 3개의 정밀도와 2개의 크기를 가지고 있다. MySQL의 Number 데이터형에서는 123.45값을 처리하기 위해서는 Size를 5자리 이상, Scale을 2자리 이상으로 정의하여 사용해야 한다.

```
SUCHI INT(5, 2) NOT NULL   // 123.45, 12.3 값이 입력 가능
```

6.1.3. 부동 소수점 리터럴

부동 소수점 리터럴(floating point literal)은 지수를 가지고 있는 십진 리터럴이다. 부동 소수점 리터럴의 예는 다음과 같다.

부동 소수점 리터럴	값
49	49
18.47	18.47
−34E2	−3400
0.16E4	1600
4E−3	0.004

6.1.4. 영수치 리터럴

영수치 리터럴(alphanumeric literal)은 인용부호(')로 감싼 0 또는 그 이상의 영수치 문자로 구성된 문자열이다. 여기서 인용부호는 리터럴에 포함되지 않고 문자열의 시작과 끝을 나타낸다. 다음의 문자들은 영수치 리터럴을 구성하는데 사용되는 문자들이다.

- 모든 영문자의 소문자   (a-z)
- 모든 영문자의 대문자   (A-Z)
- 모든 숫자   (0-9)
- 특수 기호   (+, =, ?, =, _)

앞에서 설명했던 것처럼 영수치 리터럴 인용부호를 가질 수 있다. 영수치 리터럴에 포함되어 있는 모든 단일 인용부호에 대하여 리터럴을 감싸기 위해서 사용된 인용부호와 구분하기 위해서 2개의 인용부호를 사용하면 된다. 이에 관한 몇 개의 예제를 다음에서 보여주고 있다.

영수치 리터럴	값
'collins'	collins
'''tis'	'tis
'!?-'	!?-
''	
''''	'
'1234'	1234

다음의 예제는 영수치 리터럴을 잘못 사용한 경우이다.

```
' collins
'' tis
' ' '
```

6.1.5. 날짜 리터럴

날짜 리터럴(date literal)은 연도(year), 달(month), 일(day)로 구성하여 날짜를 표현한다. 이와 같은 날짜를 구성하는 3개의 요소는 슬래쉬('/')로 구분되어 있는데, 앞에 0은 생략할 수 있으며, 년도가 2자리 수치를 사용한다면 19가 두 자리 수치 앞에 생략된 것이다.

날짜 리터럴	한글 버전 입력 값	영문 버전 입력 값
1980/12/08	80/12/08	8 December 1980
1995/06/19	95/06/19	19 June 1995
99/1/1	99/01/01	1 January 1999
996/1/1	96/01/01	1 January 1996
2000/01/01	00/01/01	1 January 2000
1/1/1	01/01/01	1 January 0001

6.2 수식

수식(expression)은 하나 이상의 연산자와 필요할 경우 괄호를 사용하여 하나의 값을 표현한다. 이러한 값은 영수치, 수치 또는 날짜 자료형을 가질 수 있다. 수식은 다양한 형식을 취할 수 있다. SQL에서는 수식을 사용하는데, 예를 들면 SELECT 명령문의 SELECT와 WHERE 절에서 수식이 사용된다. 다음절에서는 3 종류의 수식에 대하여 설명하고자 한다.

```
〈numeric expression〉 ::=
        〈numeric literal〉                    :
        〈column specification〉               :
        〈system variable〉                    :
        〈scalar function〉                    :
        〈statistical function〉               :
        [ + | - ]〈numeric expression〉        :
        ( 〈numeric expression〉 )             :
        〈numeric expression〉〈mathematical operator〉
        〈numeric expression〉                 :
        〈date expression〉 - 〈date expression〉
        〈alphanumeric expression〉            :
        NULL

〈column specification〉 ::=
        [ 〈table specification〉 . ] 〈column name〉

〈scalar function〉 ::=
        〈function name〉 ( [ 〈parameter〉 [ ,〈parameter〉} ... ] ] )

〈mathematical operator〉 ::=
        * | / | + | -
```

6.2.1. 수치 수식과 숫자 처리 함수

수치 수식(numeric expression)은 정수, 십진수 또는 부동소수점수로 구성된 산술 수식이다. 예를 들면 다음과 같다.

수치 수식	값
14 * 8	112
(−16 + 43) / 3	9
5 * 4 + 2 * 10	40
18E3 + 10E4	118E3
12.6 / 6.3	2.0

다음의 산술 연산자는 수치 수식에 사용된다.

연산자	의미
*	곱셈 연산자
/	나눗셈 연산자
+	덧셈 연산자
−	뺄셈 연산자

수치 데이터를 가지고 있는 수치 리터럴의 열은 이러한 연산자를 사용한다. 필요하다면 수치 수식에 괄호가 사용된다. 예제를 보기 전에 다음을 먼저 살펴보자.

- 수치 수식에서 열 명세가 NULL 값을 가진다면 전체 수식의 값은 NULL값으로 정의된다.
- 수식의 계산 값은 다음과 같은 우선순위로 수행된다.
  (1) 왼쪽에서 오른쪽으로
  (2) 괄호
  (3) 곱셈과 나눗셈
  (4) 덧셈과 뺄셈
- 수치 수식에서 사용된 열 명세와 함수 그리고 시스템 변수는 수치 자료형을 가져야 한다.
- 영수치 수식을 수치 수식으로 변환할 수 있다. 이는 영수치 수식의 값을 수치 값으로 변환할 수 있어야 한다 (이러한 변환은 자동적으로 수행된다).

다음에서는 이상에서 설명된 예제를 보여주고 있다(여기서 TOTAL 열의 값은 25이다).

수치 수식	값
6 + 4 * 25	106
6 + 4 * TOTAL	106
0.6E1 + 4 * TOTAL	106
(6 + 4) * 25	250
(50 / 10) * 5	25
50 / (10 * 5)	1
'25'	25
NULL * 30	NULL

잘못된 수치 수식은 다음과 같다.

```
86 + 'Jim'
((80 + 4)
4 / 2 (* 3)
```

정수형과 십진형(8,2)과 같은 서로 다른 정밀도와 크기를 가지는 2개의 수치 수식을 곱셈했을 때 결과의 자료형은 무엇인가? 이는 다른 연산자에 대해서도 동일한 질문을 할 수 있다. 덧셈과 뺄셈 연산에 대한 결과의 자료형은 더 큰 정밀도(precision)를 가지는 자료형과 동일하게 된다. 정수형과 십진형 (6,2) 값을 더하면 결과의 크기(scale)는 2가 된다.

이러한 연산은 곱셈과 나눗셈에서는 더욱 복잡하다. 즉, 정밀도는 두 값 중에 더 큰 정밀도와 동일하게 되며, 크기는 두 값의 크기를 더한 것이 된다. 다시 말하면, 십진 형 (8,3)과 (5,2)를 곱셈 연산하면 크기의 결과는 (3+2)인 5가 된다. 수치 수식은 한 날짜에서 다른 날짜를 뺄셈한 날짜로 구성할 수 있다. 이 때 결과는 2개의 날짜간의 날짜의 수가 되며, 이 수치는 당연히 수치 값이다. 날짜에 관한 사항은 6.7절에서 다시 설명하고 있다.

다음 예제는 1학년 신입생의 경우에만 입학금을 내고 재학생의 경우에는 입학금을 내지 않으므로 등록금총액(fee_total)은 "입학금(fee_enter) + 수업료(fee_price)"가 된다. 그러나, 입학금이 NULL인 경우에는 가산을 할 수 없으므로 ifnull(fee_enter, 0)와 같이 ifnull( ) 함수를 사용하여 NULL 값을 0으로 변환하여 가산을 할 수 있다.

[예제 6-1] 등록금 총액을 변경하라.

```
mysql> update fee
    → set fee_total = ifnull(fee_enter, 0) + fee_price;
Query OK, 24 rows affected (0.08 sec)
Rows matched: 24  Changed: 24  Warnings: 0
```

[예제 6-2] 납입금 총액은 "등록금 총액 - 장학금 총액"이다. 납입금 총액을 변경하라.

```
mysql> update fee
→ set fee_pay = fee_total - ifnull(jang_total, 0);
Query OK, 0 rows affected (0.01 sec)
Rows matched: 24  Changed: 0  Warnings: 0
```

ifnull(jang_total, 0) 함수를 이용하여 장학금액이 NULL인 경우는 0으로 변환하여 사용하였다.

6.2.2. 영수치 수식

수치 수식이 수치 값을 갖는 것처럼 영수치 수식(alphanumeric expression)은 영수치 값을 갖는다. CHAR(ACTER)은 영수치 자료형이다.

```
〈alphanumeric expression〉 ::=
    〈alphanumeric literal〉                      :
    〈column specification〉                      :
    〈system variable〉                           :
    〈scalar function〉                           :
    〈statistical function〉                      :
    〈numeric expression〉                        :
    NULL                                         :
    〈alphanumeric expression〉 + 〈alphanumeric expression〉
〈column specification〉 ::=
    [ 〈table specification〉 . ] 〈column name〉
〈scalar function〉 ::=
    〈function name〉 ( [ 〈parameter〉 [ {,〈parameter〉} ... ] ] )
```

영수치 수치 수식에 관한 예제는 다음과 같다.

영수치 수식	값
'Jim'	Jim
'Pete and Jim'	Pete and Jim
'2019'	2019
TOWN	stratford
1234	1234

수치 수식은 자동적으로 영수치 수식으로 변환된다. 위의 예제에서 1234를 보면 알 수 있을 것이다.

[예제 6-3] 우편번호가 "06034"이고 도로명이 "압구정로2길"인 우편번호, 시도이름, 시군이름, 도로명, 건물번호본번, 건물명, 병정동명을 출력하라.

```
mysql> select post_no, sido_name, sigun_name, road_name, building_bon, town_building, row_dongname
    -> from post
    -> where post_no = "06034" and road_name = "압구정로2길";
```

post_no	sido_name	sigun_name	road_name	building_bon	town_building	row_dongname
06034	서울특별시	강남구	압구정로2길	36		신사동
06034	서울특별시	강남구	압구정로2길	46	강남상가아파트	신사동
06034	서울특별시	강남구	압구정로2길	45		신사동
06034	서울특별시	강남구	압구정로2길	49		신사동
06034	서울특별시	강남구	압구정로2길	35		신사동
06034	서울특별시	강남구	압구정로2길	37		신사동

6 rows in set (5.46 sec)

6.2.3. 숫자 처리 함수

1) ROUND, TRUNCATE 함수

ROUND 함수는 숫자를 소수점 이하 자릿수에서 반올림(자릿수는 양수, 0, 음수를 갖을 수 있다.)한다. 자릿수를 생략하면 소숫점이 5 이상일 때 반올림/자릿수를 지정하면 지정한 자리수에서 반올림한다.

TRUNCATE함수는 숫자를 소수점 이하 자릿수에서 버린다. n은 자릿수를 소숫점 이하로 정하며, 해당숫자가 자릿수보다 소숫점이 모자랄 경우 0값으로 대치한다. 만일 자릿수를 소숫점 이전(음수 값)으로 정하면 소숫점 이하는 버리고, n의 자릿수만큼 0값으로 처리된다. TRUNCATE 함수는 반드시 자릿수를 명시해 주어야한다.

[형식] ROUND(column_name or value, n)
　　　TRUNCATE(column_name or value, n)

[실습 따라하기]

mysql> select round(123456.789,2), truncate(123456.789,2)

round(123456.789,2)	truncate(123456.789,2)
123456.79	123456.78

앞의 예제 ROUND(123456.789) 함수는 소수점 아래 두 번째 자리에서 반올림한 결과이고, TRUNCATE( ) 함수는 소수점 아래 두 번째 자리에서 절삭한 결과이다.

mysql〉 select round(12345678.901,-3), truncate(12345678.901, -3);

mysql〉 select round(12345678.901,-3), truncate(12345678.901, -3);

round(12345678.901,-3)	truncate(12345678.901, -3)
12346000	12345000

위의 예제 ROUND(12345678.901) 함수는 소수점을 기준으로 왼쪽 3자리는 0을 채워지고, 네 번째 자리에 반올림한 결과이고, TRUNCATE(12345678.901) 함수는 소수점을 기준으로 왼쪽 3자리를 0으로 채워 절삭한 결과이다.

2) FLOOR, CEIL 함수

FLOOR 함수는 위에서 다룬 TRUNC 함수와 유사하여 소수점 아래의 수를 무조건 절삭하여 정수 값을 반환하고, CEIL 함수는 소수점 아래의 수는 무시하고 무조건 올림을 하여 정수를 반환한다. 두 함수는 뒤의 인수에 대해 무조건 정수를 반환하도록 하므로 ROUND나 TRUNCATE 함수의 소수 자리를 나타내주던 두 번째 인수를 쓰지 않는다.

[형식] FLOOR(column_name or value)
CEIL(column_name or value)

[실습 따라하기]

mysql〉 select floor(123456.789), ceil(123456.123);

floor(123456.789)	ceil(123456.123)
123456	123457

위의 결과를 살펴보면, TRUNC와 FLOOR함수는 거의 동일한 결과를 반환하지만, ROUND와 CEIL함수는 그 차이를 분명히 해야 한다. ROUND는 반올림하기 위한 기준(0.5이상)이어야 인수보다 큰 다음 정수를 나타내지만, CEIL은 (0.5미만)이라도 인수보다 큰 다음 정수를 반환한다.

3) MOD 함수

MOD 함수는 첫 번째 인수를 두 번째 인수로 나누어 나머지를 반환한다.

[형식] MOD(column_name1 or value1 (분자), column_name2 or value2 (분모))

[실습 따라하기]

mysql> select mod(10,3), mod(5,8);

mod(10,3)	mod(5,8)
1	5

MOD 함수에서 두 번째 인수가 첫 번째 인수보다 크거나 0(zero)일 경우 결과 값은 첫 번째 인수를 반환한다. 특히 일반 수식 계산은 0(zero)으로 나눌 경우 에러가 출력되지만, MOD 함수에서는 두 번째 인수가 0(zero)이라도 에러를 출력하지 않는다.

4) ABS함수

절대값을 출력하는 함수이다.

[형식] ABS(column_name or value)

[실습 따라하기]

mysql> select abs(124), abs(-124);

abs(124)	abs(-124)
124	124

위의 실습은 124와 -124의 절대값을 구하는 식이다.

5) POW함수 또는 POWER함수

제곱의 값을 구하는 함수이며 소숫점이 있는 경우에도 실행이된다. 단, 음수는 양수로 승처리된다.

[형식] POW(column_name or value, n)

[실습 따라하기]

mysql〉 select pow(2,4), pow(-2.5,2), pow(1.5,6);

pow(2,4)	pow(-2.5,2)	pow(1.5,6)
16	6.25	11.390625

첫 번째는 2의 4승값을 구하고, 두 번째는 소수점을 포함한 음수지만 양수로 처리되어 나오며, 세 번째는 소수점을 포함한 1.5의 6 승값을 구한 것이다.

6) GREATEST, LEAST함수

GREATEST함수는 주어진 숫자중 가장 큰 수를 반환하는 것이고, LEAST는 반대로 가장 작은 수를 반환한다.

[형식] GREAST(coulumn_name or values,coulumn_name or values,......)
        LEAST(coulumn_name or values,coulumn_name or values,......)

[실습 따라하기]

mysql〉 select greatest(15,45,32,65), least(15,45,32,65);

greatest(15,45,32,65)	least(15,45,32,65)
65	15

위에 실습을 보면 GREATEST는 4개의 숫자중 가장 큰 65를 반환하지만, LEAST는 4개의 숫자 중 가장 작은 15를 반환한다.

[예제 6-4] 재학생들의 등록금액에 비례한 장학금의 비율은 몇 %인가?

mysql〉 select fee_total "등록금액", jang_total "장학금액",
→ round(ifnull(jang_total, 0) / fee_total*100, 2) "비율"
→ from fee;

등록금액	장학금액	비율
3500000	500000	14.29
3000000	2500000	83.33
3000000	2000000	66.67

3000000	800000	26.67
3000000	1000000	33.33
2500000	2500000	100.00
2800000	2500000	89.29
2800000	2500000	89.29
3000000	2500000	83.33
3000000	2500000	83.33
3000000	2000000	66.67
3000000	2500000	83.33
3500000	500000	14.29
3000000	2000000	66.67
3500000	500000	14.29
3000000	NULL	0.00
3500000	500000	14.29
3000000	NULL	0.00
3500000	500000	14.29
3000000	NULL	0.00
3500000	500000	14.29
3000000	NULL	0.00
3500000	500000	14.29
3000000	2500000	83.33

24 rows in set (0.01 sec)

mysql〉

6.3 스칼라 함수

　스칼라 함수(scalar function)는 연산을 수행하기 위해서 사용된다. 스칼라 함수는 전달 인수를 사용하지 않거나 하나 이상의 전달 인수를 사용한다. 문자 처리 함수는 문자열 조작에 관한 함수들이 있다. CONCAT 함수는 두 문자열을 연결시켜 합쳐주고, SUBSTRING 함수는 지정된 위치에서 지정된 길이만큼의 문자열을 추출한다. LENGTH 함수는 문자열의 길이를 정수값으로 반환한다. INSTR 함수는 문자열에서 특정 문자의 위치를 반환하고, LPAD 함수는 왼쪽에 지정된 문자를 지정된 길이만큼 채워주고, RPAD 함수는 오른쪽에 지정된 문자를 지정된 길이만큼 채워준다. 문자 처리 함수의 또 한 종류는 대소문자를 변화해주는 문자열 조작에 관한 함수들이 있다. LOWER 함수는 문자열을 모두 소문자로 바꾸어 주고, UPPER 함수는 문자열을 모두 대문자로 바꾸어준다. INITCAP 함수는 문자열에 속한 각 단어별로 첫 글자를 대문자로, 나머지 부분은 소문자로 바꾸어준다.

[형식] CONCAT (column_name1 or string1, column_name2 or string2)
       SUBSTRING (column_name or string, m, n)
       LENGTH (column_name or string)
       INSTR (column_name or string, character)
       LPAD (column_name or string, m, character)
       RPAD (column_name or string, m, character)
       LOWER (column_name or string)
       UPPER (column_name or string)
       INITCAP (column_name or string)

다음의 예는 위 함수들의 사용법을 설명하고 있다.

CONCAT('Data', 'Base') → DataBase
SUBSTRING('Korea', 1, 3) → Kor
LENGTH('lee_woo') → 7
INSTR('Korea', 'e') → 4
LPAD('Korea', 15, '*') → **********Korea
RPAD('Korea', 15, '#') → Korea##########
LOWER ('Korea') → korea
UPPER ('Korea') → KOREA
INITCAP ('KOREA UNIVERSITY') → Korea University

스칼라 함수에 관한 사항은 몇 개의 함수에 대해서만 살펴보기로 하자.

[예제 6-5] 학번이 20191001인 학생의 학번, 이름, 영문이름을 출력하라.

단, 영문이름은 대문자로 출력하라

```
mysql> select stu_no, stu_name, upper(stu_ename)
    → from student
    → where stu_no = '20191001';
```

stu_no	stu_name	upper(stu_ename)
20191001	김유신	KIM YOO-SHIN

[예제 6-6] 2학년 학생의 번호와 이름, 영문이름 그리고 영문이름의 길이를 나타내어라.

```
mysql> select stu_no, stu_name, stu_ename, length(rtrim(stu_ename))
    -> from student
    -> where grade = 2;
```

stu_no	stu_name	stu_ename	length(rtrim(stu_ename))
20181001	장수인	Jang Soo-In	11
20181002	정인정	Jung In-Jung	12
20181003	이상진	Lee Sang-Gin	12

STUDENT 테이블에서 각 학생에 대한 스칼라 함수 LENGTH(…)의 값이 결정된다. 이 함수의 전달 인수 자체는 RTRIM이라는 함수이다. RTRIM 함수는 영수치 값에서 우측에 있는 불필요한 공백을 모두 제거한다. 예제에서 문자의 수가 계산되기 전에 이름으로부터 모든 공백은 제거된다. 만약 RTRIM 함수를 사용하지 않으면 영문이름의 길이는 열의 길이인 30BYTE로 표현될 것이다.

[예제 6-7] 영문이름의 길이가 정확히 12자인 각 학생의 번호와 영문이름을 출력하라.

```
mysql> select stu_no, stu_ename
    -> from student
    -> where length(rtrim(stu_ename)) = 12;
```

stu_no	stu_ename
20141001	Park Do-Sang
20161001	Park Jung-In
20181002	Jung In-Jung
20181003	Lee Sang-Gin
20191001	Kim Yoo-Shin
20191004	Lee Sun-Shin
20201001	Kim Young-Ho

STUDENT 테이블에서 각 학생에 대하여 영문이름의 길이가 12인 학생만 LENGTH 함수로 결정한다.

[예제 6-8] 현주소의 우편번호가 "01"로 시작하는 학생의 학번과 이름, 우편번호를 나타내어라.

```
mysql> select stu_no, stu_name, post_no
    -> from student
    -> where substring(post_no,1,2) = '01';
```

stu_no	stu_name	post_no
20141001	박도상	01066
20191004	이순신	01901

[예제 6-9] 학번이 20141001, 20191002인 학생의 학번, 이름, 우편번호, 주소를 출력하라.

```
mysql> select stu_no, stu_name, post_no, address
    → from student
    → where stu_no = '20141001' or stu_no = '20191002';
```

stu_no	stu_name	post_no	address
20141001	박도상	01066	101동 203호
20191002	홍길동	59635	전라남도 여수시 시청로 금호아파트 104동 605호

2 rows in set (0.00 sec)

STUDENT 테이블에서 박도상 학생의 경우 주소가 아파트 동 호수만 출력되었다. 박도상 학생의 경우 우편번호가 "01066"이고 도로명 주소가 "덕릉로41길"이며 아파트 이름이 "다우빌라2차"이다.

[예제 6-10]은 학생신상테이블과 우편번호 두 개의 테이블을 조인(Join)하여 사용한 예제이다. 조인(Join)에 관한 내용은 15장에서 자세히 다루겠지만 From절 뒤에 두 개 이상의 테이블을 명기하고, 두 테이블간의 행을 조합하여 테이블을 생성하고 Where절에서 열을 비교하여 조건에 알맞은 내용을 출력한다.

[예제 6-10] 학번이 '200141001'인 학생의 학번과 이름, 우편번호, 주소를 출력하라. 출력에는 rtrim( ) 함수를 이용하여 오른쪽 공백 부분을 삭제하여 출력하고 문자열을 연결시키는 CONCAT함수를 이용한다. (단, 도로명이 "덕릉로41길", 아파트 이름은 "다우빌라2차" 이다.)

```
mysql> select s.stu_no, s.stu_name, s.post_no,
    → concat(rtrim(p.sido_name),' ', rtrim(p.sigun_name),' ', p.road_name,' ', p.town_building,' ',
      rtrim(s.address)) "주소"
    → from student s, post p
    → where s.post_no = p.post_no
    → and road_name = '덕릉로41길'
    → and p.town_building = '다우빌라2차'
    → and s.stu_no = '20141001';
```

stu_no	stu_name	post_no	주소
20141001	박도상	01066	서울특별시 강북구 덕릉로41길 다우빌라2차 101동 203호

1 row in set (5.81 sec)

우편번호 테이블에서 우편번가 "01066"이고 도로명이 "덕릉로41길"이며, 시군구 건물명(아파트명)이 "다우빌라2차"에 해당하는 주소 값(서울특별시 강북구 덕릉로41길 다우빌라2차)과 학생신상 테이블에서 '20141001'인 학생의 주소 값(101동 203호)을 조합하여 박도상 학생의 주소를 완성하여 출력하였다.

[예제 6-11]은 [예제 6-10]의 결과와 같이 학생신상테이블에서 박도상 학생의 주소를 도로명과 아파트명이 포함된 주소로 변경하는 update문을 만들어 보자.

[예제 6-11] 학번이 '200141001'인 학생의 주소를 "서울특별시 강북구 덕릉로41길 다우빌라2차 101동 203호"로 변경하라.

mysql> update student
    → set address = '서울특별시 강북구 덕릉로41길 다우빌라2차 101동 203호'
    → where stu_no = '20141001';
Query OK, 1 row affected (0.02 sec)
Rows matched: 1 Changed: 1 Warnings: 0

[예제 6-12] 학번이 '200141001'인 학생의 학번, 이름, 우편번호, 주소를 출력하라.

mysql> select stu_no, stu_name, post_no, address
    → from student
    → where stu_no = '20141001';

stu_no	stu_name	post_no	address
20141001	박도상	01066	서울특별시 강북구 덕릉로41길 다우빌라2차 101동 203호

1 row in set (0.00 sec)

6.4 날짜 및 시간 처리

MySQL은 표준시간 이외에도 다양한 날짜 및 시간 관련 칼럼 타입과 함수를 지원한다. 먼저 MySQL에서 지원하는 날짜칼럼 타입에는 어떤 것들이 있는지 살펴보도록 하자.

6.4.1. 날짜 및 시간 관련 칼럼 타입

① DATE

날짜 타입이다. '1000-01-01'에서 '9999-12-31'까지 나타낼 수 있다. 기본적으로 지원하는 형태는 'YYYY-MM-DD'이다.

② DATETIME

날짜와 시간이 합쳐진 타입이다. '1000-01-01 00:00:00'에서 '9999-12-31 23:59:59'까지 나타낼 수 있다. 기본적으로 지원하는 형태는 'YYYY-MM-DD HH:MM:SS'이다.

③ TIMESTAMP[(M)]

날짜 및 시간 타입이다. '1970-01-01 00:00:00'에서 2037년까지 나타낸다. [(M)]자리에는 출력될 길이를 나타내는 숫자를 쓸 수 있는데 14나 12나 8혹은 6을 쓸 수 있다. 숫자를 쓰지 않으면 기본적으로 14자리로 나타낸다. TIMESTAMP의 특징은 자동 변경 칼럼 타입이라는 것이다. INSERT나 UPDATE문을 사용할 때 매우 유용하다.

④ TIME

시간 타입이다. '-838:59:59'에서 '838:59:59'까지 나타낼 수 있다. 기본적으로 지원하는 형태는 'HH:MM:SS'이다.

⑤ YEAR[(2/4)]

연도를 나타내는 타입이다. 2자리 혹은 4자리로 나타낼 수 있으면 자리수를 지정하지 않으면 기본적으로 4자리로 나타낸다. 4자리로 사용할 때는 1901에서 2155년까지 지원하며 2자리로 사용할 때는 1970에서 2069년까지 지원한다.

6.4.2. 날짜 및 시간 관련 함수

[실습 따라하기]

1) NOW( ) 또는 SYSDATE( ) : 현재 날짜와 시간을 반환한다.

mysql> select sysdate(), now();

sysdate( )	now( )
2019-02-11 10:50:46	2019-02-11 10:50:46

1 row in set (0.01 sec)

2) CURDATE( ) 또는 CURRENT_DATE( ) : 현재 날짜를 반환한다.

mysql> select curdate(), current_date();

curdate( )	current_date( )
2019-02-11	2019-02-11

3) CURTIME( ) 또는 CURRENT_TIME( ) : 현재 시간을 반환한다.

mysql> select curtime( ), current_time( );

curtime( )	current_time( )
10:24:54	10:24:54

4) DAYOFMONTH(date) : 몇일인지를 리턴 한다.

mysql> select now( );

now( )
2019-02-11 10:53:31

1 row in set (0.00 sec)

mysql> select dayofmonth(now());

dayofmonth(now( ))
2

5) DAYOFWEEK(date) / WEEKDAY(date) : 숫자로 요일을 리턴 한다.

DAYOFWEEK의 데이터 값은 제품에 따라 다음과 같다.

요일	일요일	월요일	화요일	수요일	목요일	금요일	토요일
정수 값	1	2	3	4	5	6	7
문자열 값	SUNDAY	MONDAY	TUESDAY	WEDNESDAY	THURSDAY	FRIDAY	SATURDAY

mysql> select dayofmonth(now()), dayofweek(now( ));

dayofmonth(now( ))	dayofweek(now( ))
2	11

6) DAYOFYEAR(date) : 1년 중 며칠이 지났는가를 리턴 한다.

mysql> select dayofyear(now());

dayofyear(now( ))
42

7) DATE_ADD와 DATE_SUB

[형식]   DATE_ADD(column_name or date, interval기본값)
         DATE_SUB(column_name or date, interval기본값)

DATE_ADD함수는 날짜에서 기준값만큼 더한 값이고 DATE_SUB함수는 날짜에서 기준값 만큼 뺀값을 나타낸다(기준값 : YEAR, MONTH, DAY, HOUR, MINUTE, SECOND).

[실습 따라하기]

mysql> select date_add(now( ), interval 3 day), date_sub(now( ), interval 3 day);

date_add(now( ), interval 3 day)	date_sub(now( ), interval 3 day)
2019-02-14 10:55:29	2019-02-08 10:55:29

1 row in set (0.00 sec)

첫 번째는 현재의 날짜(예를들어 오늘이 2019-02-11 이라면)에서 3일후를 나타내며 두 번째는 현재의 날짜에서 3일 전을 나타낸다.

8) YEAR, MONTH

YEAR함수는 날짜의 연도를 출력하면 MONTH는 날짜의 월을 출력한다.

[실습 따라하기]

mysql> select year(now()), month(now());

year(now( ))	month(now( ))
2019	2

9) DATE_FORMAT(날짜, '형식') : 날짜를 형식에 맞게 출력

DATE 타입	구분기호	설명	구분기호	설명
년도	%Y	4자리 년도	%y	2자리 년도
월	%M %b	긴 월 이름(January,....) 짧은 월 이름(Jan,....)	%m %c	숫자의 월(01...12) 숫자의 월(1...12)
요일	%W	긴 요일 이름(Sunday,....)	%a	짧은 요일 이름(Sun,....)

일	%D %w	월 내에서 서수 형식의 일(1th,....) 숫자의 요일(0=Sunday,....)	%d %e %i	월 내의 일자 (01...31) 월 내의 일자 (1...31) 일년 중의 날수 (001...366)
시	%I %h %l	12시간제의 시(1...12) 12시간제의 시(01...12) 12시간제의 시(01...12)	%k %H	12시간제의 시 (0...23) 12시간제의 시 (00...23)
분	%i	숫자의 분(00...59)		
초	%S	숫자의 초(00...59)	%s	숫자의 초 (00...59)
시간	%r	12시간제의 시간(hh:mm:ss AM 또는 PM)	%T	24시간제의 시간 (hh:mm:ss)
주	%U	일요일을 기준으로 한 주(0...53)	%u	일요일을 기준으로 한 주(0...53)
기타	%%	문자 '%'	%p	AM 또는 PM

[예제 6-13] 교수테이블에서 교수코드, 교수이름, 임용일자를 년도(4자리), 월(영문), 일(0이 포함된 날짜) 형식으로 출력하라.

```
mysql> select prof_code, prof_name, date_format(create_date, '%Y %M %d')
    -> from professor;
```

prof_code	prof_name	date_format(create_date, '%Y %M %d')
4001	정진용	1995 September 01
4002	나인섭	2006 February 02
4003	오승재	1993 September 01
4004	고진광	1988 March 01
4005	정병열	1998 March 01
4006	박심심	2000 January 15
4007	김영식	2013 March 01
4008	최우철	1997 March 01
4009	문창우	1995 March 01
5010	정종선	1997 March 01
5011	최종주	1992 March 05

11 rows in set (0.03 sec)

6.5 데이터형 변환 함수

1) 형변환 함수(Cast Functions)

MySQL 4.0.2부터 추가된 함수로 CAST()와 CONVERT() 함수는 한 타입의 값을 취해서 다른 타입의 값으로 사용된다. 구문은 아래와 같다.

```
CAST(expression AS type)
CONVERT(expression,type)
CONVERT(expr USING transcoding_name)
```

타입값은 아래의 것들 중 하나가 될 것이다:

- BINARY
- CHAR
- DATE
- DATETIME
- SIGNED
- TIME
- UNSIGNED

CAST( )와 CONVERT( )는 4.0.2부터 가능하고, CHAR 형변환은 4.0.6부터 가능하다. CONVERT( )의 USING 형식은 4.1.0부터 가능하다.

CAST( )와 CONVERT(… USING …)는 SQL-99 구문이다. USING을 사용하지 않는 CONVERT( )의 형식은 ODBC 구문이다.

cast 함수는 CREATE … SELECT 구문에서 특정 타입으로 칼럼을 생성하고자 하는데 유용하다:

```
mysql> CREATE TABLE new_table SELECT CAST('2020-01-01' AS DATE);
Query OK, 1 row affected (0.03 sec)
Records: 1  Duplicates: 0  Warnings: 0

mysql> select * from new_table;
```

CAST('2020-01-01' AS DATE)
2020-01-01

1 row in set (0.00 sec)

cast 함수는 ENUM 칼럼을 사전순으로 정렬하는데도 유용하게 사용된다. 보통 ENUM 칼럼의 sorting은 내부 수치값을 사용하여 발생한다. 그 값을 CHAR 결과값으로 형변환하면 사전순으로 정렬된다:

```
SELECT enum_col FROM tbl_name ORDER BY CAST(enum_col AS CHAR);
```

CAST(string AS BINARY)는 BINARY string과 동일하다. CAST(expr AS CHAR)는 구문을 디폴트 캐릭터 셋을 가진 문자열로 취급한다.

> **Note**
>
> MySQL 4.0에서 DATE, DATETIME, 또는 TIME으로 CAST()를 하면 그 칼럼은 특정 타입으로만 표시되고 칼럼의 값은 바뀌지 않는다. MySQL 4.1.0에서 그 값은 사용자에게 전송될 때, 정확한 칼럼 타입으로 변환된다.
>
> mysql> SELECT CAST(NOW() AS DATE);
> → 2009-02-11

다른 포맷으로 데이터를 추출하는데 CAST()를 사용해선 안된다. 대신 LEFT나 EXTRACT()와 같은 string 함수를 사용할 수 있다. 6.4.2 Date and Time Functions. 참고 문자열(string)을 숫자값으로 형변환 하려면, CAST()를 사용 할 필요가 없다. 단지 문자열값을 숫자로 사용하기만 하면 된다:

```
mysql> SELECT 1+'1';
결과 → 2
```

만약 문자열에서 숫자를 사용하게 되면, 숫자는 자동적으로 binary string으로 변환된다.

```
mysql> SELECT CONCAT("hello you", 2);
결과 → "hello you 2"
```

MySQL은 signed, unsigned 64bit 값을 가진 수학적인 연산을 지원한다. 더하기(+)와 같은 산술연산을 하고, 연산자 중의 하나가 unsigned integer라면, 결과는 unsigned로 나타나게 될 것이다. 이것을 SIGNED와 UNSIGNED 형변환 연산자를 이용하여 연산을 signed나 unsigned 64bit integer로 각각 형변환하는데 오버라이드할 수 있다.

```
mysql> SELECT CAST(1-2 AS UNSIGNED);
결과 → 18446744073709551615
mysql> SELECT CAST(CAST(1-2 AS UNSIGNED) AS SIGNED);
결과 → -1
```

두 연산자 모두 실수 포인트값을 가지고 있다면 결과도 실수 포인트 값이며, 위의 룰에 영향을 받지 않음을 알아두자. (문맥상, 십진수 값은 실수값으로 간주된다.)

```
mysql> SELECT CAST(1 AS UNSIGNED) - 2.0;
결과 → -1.0
```

수학 연산에서 문자열을 사용하고 있다면, 실수 포인트값으로 변환될 것이다.

unsigned 값의 조작은 MySQL 4.0에서 변경되어 BIGINT 값을 적절히 지원할 수 있도록 변동되었다. MySQL 4.0과 3.23(이 버전에서는 CAST()를 쓰지 못하겠지만) 모두 실행되기를 원하는 코드가 있다면, 두개의 unsigned integer 칼럼에서 뺄셈을 할 때 부호가 있는 정수값을 다음과 같은 테크닉을 사용해서 얻을 수 있다:

```
SELECT (unsigned_column_1+0.0)-(unsigned_column_2+0.0);
```

핵심은 뺄셈이 일어나기 전에 그 칼럼이 실수 포인트 값으로 형변환된다는 것이다.

MySQL 4.0으로 포팅을 할 때 예전 MySQL 어플리케이션에서 UNSIGNED 칼럼에서 문제가 발생한다면 --sql-mode=NO_UNSIGNED_SUBTRACTION 옵션을 mysqld를 시작할 때 쓸 수 있다. 그러나 이것을 쓰게 되면, BIGINT UNSIGNED 컬러 타입을 쓸 수 없다는 것은 명심해야 한다.

USING을 사용한 CONVERT() 는 서로 다른 문자셋 사이의 데이터를 형변환 하는데 사용된다. MySQL에서는 코드변환 이름은 상응하는 문자셋 이름과 동일하다. 예를 들어, 이 구문은 서버의 기본 문자셋의 문자열 'abc'를 utf8 캐릭터 셋의 문자열에 상응하도록 변환한다.

```
SELECT CONVERT('abc' USING utf8);
```

6.6 사용자 정의 변수

MySQL에서는 두 가지 방법으로 사용자가 정의한 변수를 지원한다. 변수이름은 alphanumeric 문자와 '_', '$', '.'로 구성된다. 변수에 초기값이 지정되지 않으면, NULL이 디폴트이며, integer, real, string 값을 저장할 수 있다. 변수이름은 버전 5.x부터는 대·소문자 구분이 없다.

방법1)

SET 문을 사용하여 변수를 설정

ET @variable={integer expression | real expression | string expression }
      [,@variable=...]

【예제】

mysql> set @t3=5;

mysql> select @t3;

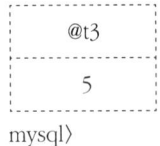

@t3
5

mysql>

방법2)

@variable:=expr 문을 사용하여 설정

【예제】

mysql> SELECT @t1:=(@t2:=1)+@t3:=4,@t1,@t2,@t3;

@t1:=(@t2:=1)+@t3:=4	@t1	@t2	@t3
5	5	1	4

6.7 시스템변수

시스템 변수는 thread-specific 변수와 global 변수가 있다. global 변수는 SET GLOBAL 명령으로, session 변수는 SET SESSION 명령으로 변경할 수 있다. 시스템 변수를 변경하는 방법은 다음과 같다.(예는 sort_buffer_size이다)

1) global 변수 변경

SET GLOBAL sort_buffer_size=value;

또는 SET @@global.sort_buffer_size=value;

2) session 변수 변경 (여기서 session=LOCAL을 의미함)

SET SESSION sort_buffer_size=value;

또는 SET @@session.sort_buffer_size=value;

또는 SET session.sort_buffer_size=value;

변수를 확인해 볼 수 있는 명령은 다음과 같다.

1) global 변수인 경우

SELECT @@global.sort_buffer_size;

또는 SHOW GLOBAL VARIABLES LIKE 'sort_buffer_size';

2) session 변수인 경우

SELECT @@session.sort_buffer_size;

또는 SHOW SESSION VARIABLES LIKE 'sort_buffer_size';

【예제】

```
mysql> set global sort_buffer_size=530000;
Query OK, 0 rows affected (0.01 sec)

mysql> set session sort_buffer_size=524280;
Query OK, 0 rows affected (0.00 sec)

mysql> select @@global.sort_buffer_size;
```

@@global.sort_buffer_size
530000

1 row in set (0.01 sec)

```
mysql> select @@session.sort_buffer_size;
```

@@session.sort_buffer_size
524280

1 row in set (0.00 sec)

mysql>

현재의 autocommit 상태를 확인하는 방법은 다음 예제와 같다.

【예제】

mysql> select @@session.autocommit;

@@session.autocommit
1

1 row in set (0.03 sec)

mysql> set autocommit=0;
Query OK, 0 rows affected (0.00 sec)

mysql> select @@session.autocommit;

@@session.autocommit
0

1 row in set (0.01 sec)

다음은 global과 session 변수를 정리하였다.

변수이름	변수값 타입	타입
autocommit	bool	SESSION
big_tables	bool	SESSION
binlog_cache_size	num	GLOBAL
bulk_insert_buffer_size	num	GLOBAL | SESSION
concurrent_insert	bool	GLOBAL
connect_timeout	num	GLOBAL
convert_character_set	string	SESSION
delay_key_write	OFF | ON | ALL	GLOBAL
delayed_insert_limit	num	GLOBAL
delayed_insert_timeout	num	GLOBAL
delayed_queue_size	num	GLOBAL
error_count	num	LOCAL
flush	bool	GLOBAL
flush_time	num	GLOBAL
foreign_key_checks	bool	SESSION
identity	num	SESSION
insert_id	bool	SESSION
interactive_timeout	num	GLOBAL | SESSION

join_buffer_size	num	GLOBAL | SESSION
key_buffer_size	num	GLOBAL
last_insert_id	bool	SESSION
local_infile	bool	GLOBAL
log_warnings	bool	GLOBAL
long_query_time	num	GLOBAL|SESSION
low_priority_updates	bool	GLOBAL|SESSION
max_allowed_packet	num	GLOBAL|SESSION
max_binlog_cache_size	num	GLOBAL
max_binlog_size	num	GLOBAL
max_connect_errors	num	GLOBAL
max_connections	num	GLOBAL
max_error_count	num	GLOBAL | SESSION
max_delayed_threads	num	GLOBAL
max_heap_table_size	num	GLOBAL | SESSOIN
max_join_size	num	GLOBAL | SESSOIN
max_sort_length	num	GLOBAL | SESSOIN
max_tmp_tables	num	GLOBAL
max_user_connections	num	GLOBAL
max_write_lock_count	num	GLOBAL
myisam_max_extra_sort_file_size	num	GLOBAL|SESSION
myisam_repair_threads	num	GLOBAL|SESSION
myisam_max_sort_file_size	num	GLOBAL|SESSION
myisam_sort_buffer_size	num	GLOBAL|SESSION
net_buffer_size	num	GLOBAL|SESSION
net_read_timeout	num	GLOBAL|SESSION
net_retry_count	num	GLOBAL|SESSION
net_write_timeout	num	GLOBAL|SESSION
query_cache_limit	num	GLOBAL
query_cache_size	num	GLOBAL
query_cache_type	enum	GLOBAL
read_buffer_size	num	GLOBAL|SESSION
read_rnd_buffer_size	num	GLOBAL|SESSION
rpl_recovery_rank	num	GOLBAL
safe_show_database	bool	GOLBAL
server_id	num	GOLBAL
slave_compressed_protocol	bool	GOLBAL
slave_net_timeout	num	GOLBAL
slow_launch_time	num	GOLBAL
sort_buffer_size	num	GLOBAL | SESSION
sql_auto_is_null	bool	SESSION

sql_big_selects	bool	SESSION
sql_big_tables	bool	SESSION
sql_buffer_results	bool	SESSION
sql_log_binlog	bool	SESSION
sql_log_off	bool	SESSION
sql_log_update	bool	SESSION
sql_low_priority_updates	bool	GLOBAL	SESSION
sql_max_join_size	num	GLOBAL	SESSION
sql_quote_slow_create	bool	SESSION
sql_safe_updates	bool	SESSION
sql_select_limit	bool	SESSION
sql_slave_skip_counter	num	GLOBAL
sql_warnings	bool	SESSION
table_cache	num	GLOBAL
table_type	enum	GLOBAL	SESSION
thread_cache_size	num	GLOBAL
timestamp	bool	SESSION
tmp_table_size	enum	GLOBAL	SESSION
tx_isolation	enum	GLOBAL	SESSION
version	sting	GLOBAL
wait_timeout	num	GLOBAL	SESSION
warning_count	num	LOCAL
unique_checks	bool	SESSION

연습문제

6-1. 학적테이블에서 학번과 이름, 영문이름을 출력하라. 단 , 영문이름의 첫 글자는 대문자로 나머지는 소문자로 출력하라.

6-2. 영문이름의 길이가 정확히 11자인 학생의 학번과 영문이름을 출력하라.

6-3. 등록일자가 2019년 2월 18일인 학생의 학번과 등록년도, 학기, 등록일자를 출력하라.

6-5. 학적테이블에서 학번과 이름, 주민등록번호를 출력하라. 단 여학생은 제외시키고 출력 순서는 학과별 오름차순, 학년별 내림차순, 학번 오름차순 순서이다.

Part 07

SELECT 명령문의 절(Clause)

Part 07 SELECT 명령문의 절(Clause)

7.1 서론

제 6 장에서 SELECT 명령문을 사용하는 몇 가지 예제를 보여 주었다. 제 7 장에서는 SELECT 명령문에 대하여 좀 더 자세히 설명한다. SELECT 명령문은 많은 절(Clause)로 구성되어 있는데, 이에 관한 정의는 아래와 같다.

```
⟨select statement⟩ ::=
        ⟨select clause⟩
        ⟨from clause⟩
        [ ⟨where clause⟩ ]
        [ ⟨group by clause⟩
        [ ⟨having clause⟩ ] ]
        [ ⟨order by clause⟩ ]
```

제 7 장에서는 SELECT 명령문의 정의에 관하여 확장된 내용을 설명하고 있으며, 사용된 모든 절에 관하여 좀더 깊이 있게 설명하고 있다. SELECT 명령문을 구성할 때 규칙 및 주의할 점은 다음과 같다.

- 각 SELECT 명령문은 SELECT와 FROM이라는 절을 가지기 때문에 적어도 2개의 절을 가지고 있다. 그리고 WHERE, GROUP BY, ORDER BY 같은 절은 선택적으로 사용된다.
- 절의 순서는 고정되어 있다. 예를 들면, GROUP BY절은 WHERE 또는 FROM절 앞에 올 수 없다. 그리고 ORDER BY절이 사용된다면 이 절은 항상 가장 나중에 사용된다.
- HAVING절은 GROUP BY 절이 사용되어야 만이 사용할 수 있다.

다음에는 정확한 SELECT 명령문의 사용의 예제를 보여주고 있다. 내용을 간단하게 표현하기 위해서 각 절 다음에 오는 내용은 점으로 표현하고 있다.

```
SELECT      ...
FROM        ...
ORDER BY ...
SELECT      ...
FROM        ...
GROUP BY ...
HAVING      ...
SELECT      ...
FROM        ...
WHERE       ...
```

7.2 SELECT 명령문 모든 절을 포함한 수행 과정

SQL이 SELECT 명령문을 수행할 때 수행되는 단계를 설명하고 있다.

[예제 7-1] 등록 테이블("FEE")에서 장학금을 지급 받은 학생의 학번과 장학금 내역을 출력하라.

```
mysql> select stu_no, jang_total
    → from fee
    → where jang_total > 0;
```

stu_no	jang_total
20141001	500000
20141001	2500000
20141001	2000000
20141001	800000
20141001	1000000
20141001	2500000
20141001	2500000
20141001	2500000
20161001	2500000
20161001	2500000
20161001	2000000
20161001	2500000
20191004	500000
20191004	2000000
20191005	500000

20191006	500000
20191007	500000
20191008	500000
20201002	500000
20201002	2500000

20 rows in set (0.01 sec)

mysql〉

위의 예제에서는 2번의 FROM 절을 먼저 수행하면 등록 테이블에 있는 전체 행의 복사본을 만들어 내고, 3번의 WHERE 절에서 조건에 맞는 행을 선택한 후 1번의 열의 값을 찾아내어 출력한다.

[예제 7-2] 등록 테이블("FEE")에서 학금을 1,000,000 이상 지급 받은 학생 중에서 2회 이상 지급받은 학생의 학번과, 지급받은 횟수를 학번 내림차순으로 출력하라.

```
mysql〉 select stu_no, count(*)
    → from fee
    → where jang_total 〉 1000000
    → group by stu_no
    → having count(*) 〉 1
    → order by stu_no desc;
```

stu_no	count(*)
20161001	4
20141001	5

위의 SELECT 명령문은 장학금이 1,000,000원 이상을 받은 학생의 학번을 찾아서 2회 이상 장학금을 지급받은 학생의 결과를 학번 내림차순으로 출력한다.

그림 7-1에서는 SQL이 각 절들을 처리하는 과정을 보여주고 있다. 여기서 SQL은 입력된 명령문과 다르게 절의 순서를 변경한다는 것을 알 수 있을 것이다.

각 절이 수행되는 순서는 2번(FROM절)→3번(WHERE절)→4번(GROUP BY절)→5번(HAVING 절)→1번(SELECT절)→6번(ORDER BY절) 순으로 처리가 진행된다. 각 절이 수행되면 0 또는 그 이상의 행과 1 또는 그 이상의 열로 구성된 하나의 결과 테이블(임시 테이블)이 생성된다. 첫 번째 절을 제외한 모든 절은 0 또는 그 이상의 행과 1 또는 그 이상의 열로 구성된 테이블을 가진다는 것이다. 첫 번째 절은 데이터베이스로부터 데이터를 찾아내고, FROM 절은 데이터베이스로부터 하나 이상의 테이블을 입력으로 취한다.

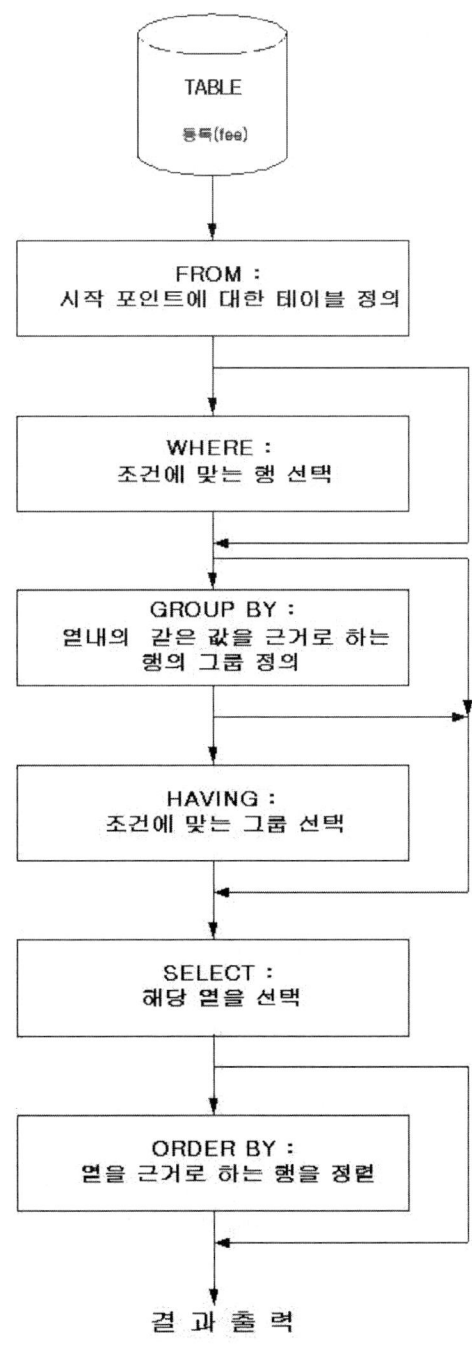

그림 7-1. SELECT 명령문의 절

다음절의 입력으로 사용되는 이러한 테이블을 중간 결과 테이블(intermediate result table)이라 한다. SQL은 사용자에게 중간 결과 테이블을 보여주지는 않고 최종 결과 테이블만 보여 준다.

SQL은 여기서 설명한 것과 같이 SELECT 명령문을 처리하지는 않고 실제적으로 SQL은 처리 속도를 증가시키기 위해서 가능하다면 필요한 만큼 동시에 절들을 처리한다.

7.2.1. FROM 절

FROM 절에서 FEE 테이블만 사용되었다. SQL은 이 테이블에서만 작업을 수행한다는 것이다. 이 절의 중간 결과 테이블은 FEE 테이블에서 학번, 등록년도, 학기, 장학코드, 장학금액에 대한 정확한 자료는 다음과 같다.

stu_no	fee_year	fee_term	fee_enter	fee_price	fee_total	jang_code	jang_total	fee_pay	fee_div	fee_date
20141001	2014	1	500000	3000000	3500000	1	500000	3000000	Y	2014-02-18
20141001	2014	2	NULL	3000000	3000000	10	2500000	500000	Y	2014-08-20
20141001	2015	1	NULL	3000000	3000000	11	2000000	1000000	Y	2015-02-18
20141001	2015	2	NULL	3000000	3000000	21	800000	2200000	Y	2015-08-10
20141001	2018	1	500000	2500000	3000000	2	1000000	2000000	Y	2018-02-01
20141001	2018	2	NULL	2500000	2500000	10	2500000	0	Y	2018-08-10
20141001	2019	1	NULL	2800000	2800000	10	2500000	300000	Y	2019-02-15
20141001	2019	2	NULL	2800000	2800000	10	2500000	300000	Y	2019-08-16
20161001	2016	1	NULL	3000000	3000000	10	2500000	500000	Y	2016-02-14
20161001	2016	2	NULL	3000000	3000000	10	2500000	500000	Y	2016-08-18
20161001	2019	1	NULL	3000000	3000000	11	2000000	1000000	Y	2019-02-10
20161001	2019	2	NULL	3000000	3000000	10	2500000	500000	Y	2019-08-19
20191004	2019	1	500000	3000000	3500000	1	500000	3000000	Y	2019-02-18
20191004	2019	2	NULL	3000000	3000000	11	2000000	1000000	Y	2019-08-10
20191005	2019	1	500000	3000000	3500000	1	500000	3000000	Y	2019-02-18
20191005	2019	2	NULL	3000000	3000000	NULL	NULL	3000000	Y	2019-08-10
20191006	2019	1	500000	3000000	3500000	1	500000	3000000	Y	2019-02-18
20191006	2019	2	NULL	3000000	3000000	NULL	NULL	3000000	Y	2019-08-10
20191007	2019	1	500000	3000000	3500000	1	500000	3000000	Y	2019-02-18
20191007	2019	2	NULL	3000000	3000000	NULL	NULL	3000000	Y	2019-08-10
20191008	2019	1	500000	3000000	3500000	1	500000	3000000	Y	2019-02-18
20191008	2019	2	NULL	3000000	3000000	NULL	NULL	3000000	Y	2019-08-10
20201002	2020	1	500000	3000000	3500000	1	500000	3000000	Y	2020-02-18
20201002	2020	2	NULL	3000000	3000000	10	2500000	500000	Y	2020-08-10

24 rows in set (0.00 sec)

7.2.2. WHERE 절

조건으로 JANG_TOTAL 〉 1000000 이라는 WHERE 절이 사용된다면 JANG_TOTAL 열에 있는 값이 1000000원 이상이 되는 모든 행은 조건을 만족하게 된다.

stu_no	fee_year	fee_term	fee_enter	fee_price	fee_total	jang_code	jang_total	fee_pay	fee_div	fee_date
20141001	2014	2	NULL	3000000	3000000	10	2500000	500000	Y	2014-08-20
20141001	2015	1	NULL	3000000	3000000	11	2000000	1000000	Y	2015-02-18
20141001	2018	2	NULL	2500000	2500000	10	2500000	0	Y	2018-08-10
20141001	2019	1	NULL	2800000	2800000	10	2500000	300000	Y	2019-02-15
20141001	2019	2	NULL	2800000	2800000	10	2500000	300000	Y	2019-08-16
20161001	2016	1	NULL	3000000	3000000	10	2500000	500000	Y	2016-02-14
20161001	2016	2	NULL	3000000	3000000	10	2500000	500000	Y	2016-08-18
20161001	2019	1	NULL	3000000	3000000	11	2000000	1000000	Y	2019-02-10
20161001	2019	2	NULL	3000000	3000000	10	2500000	500000	Y	2019-08-19
20191004	2019	2	NULL	3000000	3000000	11	2000000	1000000	Y	2019-08-10
20201002	2020	2	NULL	3000000	3000000	10	2500000	500000	Y	2020-08-10

11 rows in set (0.00 sec)

7.2.3. GROUP BY 절

GROUP BY 절은 그룹별로 검색을 할 때 사용된다. GROUP BY 절을 사용할 때는 그룹 함수를 같이 사용해야 한다. 대표적인 그룹 함수에는 COUNT( ), AVG( ), MIN( ), MAX( ), SUM( ) 등이 있으며, COUNT( )는 개수를 구하는 함수이고, AVG( )는 평균, MIN( )은 최소값, MAX( )는 최대값, SUM( )은 총 합을 구하는 함수이다. 위의 결과에서 학번으로 그룹을 만들면

```
mysql> select stu_no, count(*)
    -> from fee
    -> where jang_total > 1000000
    -> group by stu_no;
```

stu_no	count(*)
20141001	5
20161001	4
20191004	1
20201002	1

4 rows in set (0.00 sec)

위 예제에서는 동일한 학번을 가진 행을 하나의 그룹으로 묶고 동일한 행의 개수를 count(*) 열에 출력하는 예제이다. 즉, fee 테이블에는 장학금은 1,000,000원 이상 받은 학생 중 stu_no로 그룹을 만들어 각 학생(stu_no)별로 1,000,000 이상 장학금을 받은 횟수를 출력하는 예제이다. 이와 같이 GROUP BY 절을 사용하여 하나의 테이블을 그룹으로 분류하여 데이터를 처리할 수 있다.

7.2.4. HAVING 절

HAVING 절과 WHERE 절을 서로 비교할 수 있는데, 그 차이점은 WHERE 절은 FROM 절에서 생성된 중간 테이블에서 동작하고, HAVING 절은 GROUP BY 절에서 생성된 중간 테이블에서 동작한다. 사실 수행된 과정은 동일하다. HAVING 절을 포함시켰을 때 SQL은 조건을 참조하여 행을 선택한다. 이러한 경우에 조건은 다음과 같다.

```
COUNT(*) 〉 1
```

아래 예제는 1,000,000 원 이상 장학금을 2번 이상 받을 학생의 stu_no와 횟수를 출력하는 예제이다. HAVING 절을 이용하여 GROUP BY의 결과로 만들어진 중간 테이블에서 count(*) 값이 1 보다 큰 행만 선택하여 출력하고 있다.

```
mysql> select stu_no, count(*)
    → from fee
    → where jang_total 〉 1000000
    → group by stu_no
    → having count(*) 〉 1;
```

stu_no	count(*)
20141001	5
20161001	4

2 rows in set (0.00 sec)

7.2.5. SELECT 절

SELECT 절은 최종 결과 테이블에 표현될 열을 지정하기 위해서 사용된다. 다시 말하면 SELECT 절은 열을 선택하는 것이다. 2장에서 설명한 학사 관리 예제의 fee 테이블은 stu_no, fee_yaer, fee_term, fee_enter 등 11개의 열로 구성된다. 따라서 SELECT 절을 이용하여 fee 테이블 중에서 stu_no와 fee_year 만 선택하여 출력할 수 있다.

```
mysql> select stu_no, fee_year
    -> from fee;
```

stu_no	fee_year
20141001	2014
20141001	2014
20141001	2015
20201002	2020
20201002	2020

24 rows in set (0.00 sec)

SELECT 절은 다른 절을 이용해 만들어진 중간 결과 테이블에서 사용자가 보고 싶은 절을 선택하여 출력할 수 있다. 아래 예제는 fee 테이블에서 장학금을 1,000,000원 이상 받은 학생의 stu_no와 fee_year, fee_term을 출력하는 예제이다.

```
mysql> select stu_no, fee_year, fee_term
    -> from fee
    -> where jang_total > 1000000;
```

stu_no	fee_year	fee_term
20141001	2014	2
20141001	2015	1
20141001	2018	2
20141001	2019	1
20141001	2019	2
20161001	2016	1
20161001	2016	2
20161001	2019	1
20161001	2019	2
20191004	2019	2
20201002	2020	2

11 rows in set (0.00 sec)

7.2.6. ORDER BY 절

ORDER BY 절은 마지막으로 수행되는 절로 중간 결과 테이블의 내용에 영향을 주지 않는다. 그러나 마지막까지 선택된 행을 정렬한다. 따라서 stu_no 열에 있는 데이터는 ORDER BY 절에 의해서 정렬된다. SELECT 절에서 나온 결과 값은 입력된 데이터 순으로 출력되었으므로 정렬을 원하면 ORDER BY 절을 사용한다. 결과 값은 학번 내림차순이므로 결과 값이 달라질 것이다. 사용자에게 보이는 최종 결과는 다음과 같다.

```
mysql> select stu_no, count(*)
    -> from fee
    -> where jang_total > 1000000
    -> group by stu_no
    -> having count(*) > 1
    -> order by stu_no desc;
```

stu_no	count(*)
20161001	4
20141001	5

2 rows in set (0.00 sec)

7.3 SELECT 명령문 일부 절을 포함한 수행 과정

SELECT 명령문에서 GROUP BY, HAVING 절이 없는 명령문이 수행되는 과정을 보여주기 위해서 두 번째 예제를 살펴보자.

[예제 7-3] 수강신청 테이블(ATTEND)에서 2006년도 1학기에 수강 신청한 학생의 학번과 수강년도, 학기, 교과목코드, 교수코드를 교수코드 오름차순으로 나타내어라.

```
mysql> select stu_no, att_year, att_term, sub_code, prof_code
    -> from attend
    -> where att_year = '2016' and att_term = 1
    -> order by prof_code;
```

stu_no	att_year	att_term	sub_code	prof_code
20161001	2016	1	4004	4001
20161001	2016	1	4001	4002
20161001	2016	1	4002	4003
20161001	2016	1	4003	4004
20161001	2016	1	4005	4007
20161001	2016	1	4006	4008

6 rows in set (0.00 sec)

7.3.1. FROM 절

FROM 절에서 ATTEND 테이블만 사용되었다. SQL은 이 테이블에서만 작업을 수행한다는 것이다. 이 절의 중간 결과 테이블은 ATTEND 테이블에 대한 정확한 복사본으로써 다음과 같다.

stu_no	att_year	att_term	att_isu	sub_code	prof_code	att_point	att_grade	att_div	att_jae	att_date
20141001	2014	1	3	4001	4002	3	99	Y	1	2014-03-05
20141001	2014	1	4	4002	4003	3	95	Y	1	2014-03-05
20141001	2014	1	4	4003	4004	3	97	Y	1	2014-03-05
20141001	2014	1	4	4004	4001	3	98	Y	1	2014-03-05
20141001	2014	1	4	4005	4007	3	96	Y	1	2014-03-05
20141001	2014	1	4	4006	4008	3	95	Y	1	2014-03-05
20141001	2014	2	3	4007	4009	3	93	Y	1	2014-09-03
20141001	2014	2	4	4008	4005	3	92	Y	1	2014-09-03
20141001	2014	2	4	4009	4006	3	94	Y	1	2014-09-03
20141001	2014	2	4	4010	4001	3	90	Y	1	2014-09-03
20141001	2014	2	4	4011	4002	3	91	Y	1	2014-09-03
20141001	2014	2	4	4012	4003	3	92	Y	1	2014-09-03
20161001	2016	1	3	4001	4002	3	99	Y	1	2016-03-05
20161001	2016	1	4	4002	4003	3	95	Y	1	2016-03-05
20161001	2016	1	4	4003	4004	3	97	Y	1	2016-03-05
20161001	2016	1	4	4004	4001	3	98	Y	1	2016-03-05
20161001	2016	1	4	4005	4007	3	93	Y	1	2016-03-05
20161001	2016	1	4	4006	4008	3	95	Y	1	2016-03-05

18 rows in set (0.00 sec)

FROM ATTEND 명령어에 의해 ATTEND 테이블에 있는 모든 데이터를 결과 값을 출력해 주고 수강신청일자는 각 대학의 학사 일정에 따라 달라지나 대부분 재학생은 학기말에 다음 학기 수강신청을 하고, 신입생은 입학시 수강신청을 하므로 1학기 수강신청일자는 다소 차이가 있으니 유의하기 바란다.

7.3.2. WHERE 절

조건으로 ATT_YEAR = '2016' AND ATT_TERM = 1 이라는 WHERE 절이 사용된다면 이 두 가지 조건이 모두 만족한 행이 결과 값으로 출력되며 다음과 같다.

stu_no	att_year	att_term	att_isu	sub_code	prof_code	att_point	att_grade	att_div	att_jae	att_date
20161001	2016	1	3	4001	4002	3	99	Y	1	2016-03-05
20161001	2016	1	4	4002	4003	3	95	Y	1	2016-03-05
20161001	2016	1	4	4003	4004	3	97	Y	1	2016-03-05
20161001	2016	1	4	4004	4001	3	98	Y	1	2016-03-05
20161001	2016	1	4	4005	400	3	93	Y	1	2016-03-05
20161001	2016	1	4	4006	4008	3	95	Y	1	2016-03-05

7.3.3. GROUP BY 절

GROUP BY 절을 사용하지 않았으므로 중간 결과는 변하지 않고 그대로 유지된다.

7.3.4. HAVING 절

HAVING 절을 사용하지 않았으므로 중간 결과는 변하지 않고 그대로 유지된다.

7.3.5. SELECT 절

SELECT 절에서 STU_NO, ATT_YEAR, ATT_TERM, SUB_CODE, PROF_CODE 열을 지정했으므로 중간 결과는 다음과 같다.

stu_no	att_year	att_term	sub_code	prof_code
20161001	2016	1	4001	4002
20161001	2016	1	4002	4003
20161001	2016	1	4003	4004
20161001	2016	1	4004	4001
20161001	2016	1	4005	4007
20161001	2016	1	4006	4008

7.3.6. ORDER BY 절

ORDER BY 절은 마지막으로 수행되는 절로 중간 결과 테이블의 내용에 영향을 주지 않는다. 그러나 마지막까지 선택된 행을 정렬한다. ORDER BY PROF_CODE는 오름차순 정렬인 ASC(ENDING)이 생략된 경우로 교수코드를 우선적으로 오름차순 정렬하여 결과 값을 출력한다. 정렬 후 결과 값은 다음과 같다.

stu_no	att_year	att_term	sub_code	prof_code
20161001	2016	1	4004	4001
20161001	2016	1	4001	4002
20161001	2016	1	4002	4003
20161001	2016	1	4003	4004
20161001	2016	1	4005	4007
20161001	2016	1	4006	4008

6 rows in set (0.00 sec)

만약 ORDER BY의 정렬 대상의 결과 값에 NULL 값이 존재한다면 MySQL에서는 NULL값이 가장 적은 값이 되어 오름차순 정렬에는 맨 처음에 출력되고, 내림차순인 경우에는 맨 마지막에 출력된다.

제 12 장에서는 이에 대하여 좀 더 자세히 설명하고 있다.

연습문제

7-1. SELECT명령문에는 6개의 절로 구성되어 있다. 6개 절 중에서 생략이 가능한 절은 무엇인가?

7-2. HAVING절을 사용하기 위해서는 반드시 어떤 절이 먼저 기술되어야 하는가?

7-3. SELECT명령문에는 6개의 절로 구성되어 있다. 6개의 절을 전체 기술된 SELECT명령문이 있는 경우 처리과정을 순서적으로 나타내어라.

7-4. 다음 SELECT명령문의 절의 처리과정을 순서적으로 표현하라.

```
SELECT CIR_NAME, COUNT(*)
FROM CIRCLE
WHERE CIR_NUM < 7
GROUP BY CIR_NAME
HAVING COUNT(*) > 1
ORDER BY CIR_NAME;
```

Part 08

SELECT 명령문 : FROM 절

Part 08 SELECT 명령문 : FROM 절

제 8 장에서는 FROM 절의 특징을 설명한다. FROM 절은 SELECT 명령문에서 아주 중요한 절이다. 이 절에서는 다른 절에서 사용되는 열을 가지고 있는 테이블을 지정해야 한다. 여기서 다른 절에서 사용하는 열이란 SELECT 절 또는 조건에서 사용되는 열을 말한다.

```
⟨from clause⟩ ::=
        FROM ⟨table reference⟩ [ {, ⟨table reference⟩ } ... ]

⟨table reference⟩ ::=
        ⟨table specification⟩ [ ⟨pseudonym⟩ ]

⟨table specification⟩ ::= ⟨table name⟩
```

8.1 FROM 절에서 테이블 명세

FROM 절은 사용하려는 테이블을 지정하기 위해서 사용된다. 이는 테이블 참조(table reference)를 통하여 수행될 수 있는데, 테이블 참조는 가능하다면 가명이 따라오는 테이블 명세로 구성된다. 테이블 명세는 정상적인 경우는 테이블 이름으로 구성되는데, 테이블 이름 대신에 뷰나 동의어를 지정할 수도 있지만 지금은 테이블 명세에 대해서만 설명하기로 하자.

MySQL은 테이블 명세를 두 부분으로 구성되는데, 테이블 소유자의 이름 다음에는 테이블의 이름만 오게 된다. 즉, FROM 절에서 다른 사람이 생성한 테이블을 참조할 수 있다는 것을 의미하며, 이 때 테이블 이름 앞에 소유자의 이름을 지정해야 한다. 하지만 사용자가 테이블의 소유자라면 소유자의 이름은 지정할 필요가 없다.

[예제 8-1] "JJY"가 생성한 STUDENT 테이블의 전체 내용을 "KIM"이 보고자 할 때 적절한 SELECT 명령문을 완성하라(KIM은 STUDENT 테이블을 질의할 수 있는 권한이 있다고 가정한다).

```
SELECT *
FROM JJY.STUDENT;
```

새로운 복합 이름인 JJY.STUDENT(소유자의 이름과 테이블 사이에는 마침표로 구분되어 있음)은 테이블 명세이다. 소유자를 지정하는 것은 가끔 테이블 이름의 자격(qualification)으로써 참조된다. 따라서 위의 예제에서 테이블 이름 STUDENT은 소유자의 이름인 "JJY"의 자격을 갖게 된다.

만약 "JJY"이란 사용자가 STUDENT 테이블의 내용을 보고자 한다면 위의 명령문을 사용할 수 있지만 다음과 같이 소유자의 이름을 사용하지 않을 수도 있다.

```
SELECT   *
FROMSTUDENT;
```

8.2 열 명세

SELECT 명령문에서 열의 이름 앞에 열이 포함되어 있는 테이블의 이름을 지정할 수 있다. 이러한 것을 열의 자격(column qualification)이라 한다. 사실 열을 참조하는 것은 두 부분으로 구성되어 있다.

⟨table specification⟩ . ⟨column specification⟩

앞부분은 STUDENT이나 ATTEND과 같은 테이블 이름을 사용하고 생략도 가능하다. 뒷부분은 stu_no이나 stu_name과 같은 열의 이름으로 반듯이 기록해야 되며, 열 명세(column specification)에는 이들을 함께 묶어서 사용할 수 있다.

[예제 8-2] 각 학생의 학번을 나타내어라(두 가지 방법을 사용할 수 있다).

```
SELECT STU_NO            SELECT STUDENT.STU_NO
FROMSTUDENT;             FROMSTUDENT;
```

8.3 다중 테이블 명세

지금까지는 FROM 절에 하나의 테이블 명세만 사용하였다. 만약 결과 테이블에 서로 다른 테이블로부터 데이터를 가져오려 한다면 FROM 절에 여러 개의 테이블을 지정해야 한다.

ATTEND 테이블은 각 학생의 수강년도, 학기, 수강과목코드, 교수코드에 관한 정보는 가지고 있지만 이름에 대한 정보는 가지고 있지 않기 때문에 학생 신상 테이블인 STUDENT테이블에서 가져와야한다. 그러므로 2개의 테이블이 모두 필요하다. 따라서 FROM 절에 두 테이블 모두 지정해야 한다.

[예제 8-3] 각 학생의 학번과 이름, 수강년도, 학기, 수강과목코드, 교수코드를 나타내어라.

```
mysql> select student.stu_no, stu_name,
    → att_year, att_term, sub_code, prof_code
    → from student, attend
    → where student.stu_no = attend.stu_no;
```

FROM 절을 실행한 후 중간 결과는 다음과 같다.

stu_no	stu_name	att_year	att_term		sub_code	prof_code
20141001	박도상	2014	1	……	4001	4002
20141001	박도상	2014	1	……	4002	4003
20141001	박도상	2014	1	……	4003	4004
20141001	박도상	2014	1	……	4004	4001
20141001	박도상	2014	1	……	4005	4007
20141001	박도상	2014	1	……	4006	4008
20141001	박도상	2014	2	……	4007	4009
20141001	박도상	2014	2	……	4008	4005
20141001	박도상	2014	2	……	4009	4006
20141001	박도상	2014	2	……	4010	4001
20141001	박도상	2014	2	……	4011	4002
20141001	박도상	2014	2	……	4012	4003

306 rows in set (0.08 sec)

STUDENT 테이블의 각 행은 ATTEND 테이블의 좌측에 나란히 정렬되어 있다. FROM절의 중간 결과 테이블에 있는 전체 열은 한 테이블의 전체 열과 다른 테이블의 전체 열을 더한 것이며, 전체 행의 수는 한 테이블의 행의 수와 다른 테이블에 있는 행의 수를 곱한 것과 같다. 이와 같은 결과를 관련된 테이블의 카티션 프로덕트(Cartesian product)라 한다.

FROM 절의 중간 결과 행의 수 : A 테이블의 행수 * B 테이블의 행 수
FROM 절의 중간 결과 열의 수 : A 테이블의 열수 + B 테이블의 열 수

예를 들면

STUDENT 테이블의 행수가 17행이고, 열의 수가 15열
ATTEND 테이블의 행수가 18 이고, 열의 수가 11열

이라면 FROM 절의 중간 결과의 행수와 열수는 다음과 같다.

행 수 : 17 * 18 = 306 행
열 수 : 15 + 11 = 26 열

이 되어 위의 중간 결과와 같이 306행이 선택된 것이다.

앞의 예제 WHERE절에서 보는 것처럼 stu_no 열 앞에 테이블 이름을 식별하는 것이 필요하다. 그러지 않으면 SQL이 stu_no 열을 사용하는데 있어서 어떤 테이블의 stu_no을 사용할 것인지 명확히 알지 못한다. 결론적으로, FROM 절에서 두 개 이상의 테이블이 지정될 때 각 테이블에서 사용하고 있는 열의 이름이 같은 이름으로 중복되어 사용되는 경우에는 "테이블 명세.열의 명세" 의 형식으로 사용해야 한다.

SELECT절에서 STUDENT.STU_NO, STU_NAME, ATT_YEAR, ATT_TERM, SUB_CODE, PROF_CODE의 6개의 열 값과 학생신상테이블의 학번과 수강신청테이블의 학번이 같은 경우 만을 출력하기 원하고 있기 때문에 그 결과는 다음과 같다.

stu_no	stu_name	att_year	att_term	sub_code	prof_code
20141001	박도상	2014	1	4001	4002
20141001	박도상	2014	1	4002	4003
20141001	박도상	2014	1	4003	4004
20141001	박도상	2014	1	4004	4001
20141001	박도상	2014	1	4005	4007
20141001	박도상	2014	1	4006	4008
20141001	박도상	2014	2	4007	4009
20141001	박도상	2014	2	4008	4005
20141001	박도상	2014	2	4009	4006
20141001	박도상	2014	2	4010	4001
20141001	박도상	2014	2	4011	4002

20141001	박도상	2014	2	4012	4003
20161001	박정인	2016	1	4001	4002
20161001	박정인	2016	1	4002	4003
20161001	박정인	2016	1	4003	4004
20161001	박정인	2016	1	4004	4001
20161001	박정인	2016	1	4005	4007
20161001	박정인	2016	1	4006	4008

18 rows in set (0.00 sec)

[예제8-4] 학생들의 학번, 이름, 수강신청구분을 나타내어라. 단, 수강신청구분은 ATTEND 테이블에 있다.

```
mysql> select s.stu_no, stu_name, att_div
    -> from student s, attend a
    -> where s.stu_no = a.stu_no;
```

stu_no	stu_name	att_div
20141001	박도상	Y
20141001	박도상	Y
20141001	박도상	Y
20141001	박도상	Y
20141001	박도상	Y
20141001	박도상	Y
20141001	박도상	Y
20141001	박도상	Y
20141001	박도상	Y
20141001	박도상	Y
20141001	박도상	Y
20161001	박정인	Y
20161001	박정인	Y
20161001	박정인	Y
20161001	박정인	Y
20161001	박정인	Y
20161001	박정인	Y

18 rows in set (0.00 sec)

SELECT 절에서 애매모호함을 피하기 위해서 STU_NO 열 앞에 테이블 이름을 지정해야 한다.

8.4 가명(Alias)

FROM 절에 여러 개의 테이블 명세가 사용되는 경우에 가명(pseudonym 또는 alias)을 사용하는 것이 더 편리할 때가 있다. 가명은 테이블의 임시 대체 이름이다. 앞의 예제에서 열에 접근 권한을 줄 때 전체 테이블의 이름을 지정해야만 한다. 이 때 테이블의 이름을 사용하는 대신에 가명을 사용할 수 있는데, 가명은 FROM 절에서 선언한다. 아래의 예제에서는 ATTEND 테이블에 대한 가명인 A를 정의하고 있다. 일단 가명이 정의되면 다른 절에서 실제 테이블 이름 대신에 사용할 수 있다.

[예제8-5] 학생들의 학번, 이름, 등록여부를 나타내어라. 단, 학적 테이블의 가명을 S, 등록테이블의 가명은 F로 정의한다.

```
mysql> select s.stu_no, stu_name, fee_div
    → from student s, fee f
    → where s.stu_no = f.stu_no;
```

사실 가명 S와 F는 FROM 절의 선언문 이전인 SELECT 절에서 사용되고 있지만 아무런 문제는 없다. 이는 앞에서 보았던 것처럼 FROM절이 먼저 처리되기 때문이다. 이 예제에서 가명을 사용하는 것이 필수적인 것은 아니지만 테이블 이름이 자주 사용될 때 테이블 이름의 크기를 줄여서 SELECT 절을 좀 더 편리하고 쉽게 사용하기 위해서이다. 가명은 이름을 부여하는 규칙을 만족해야 한다. 한 개의 가명은 256문자까지 가능하며 영문자, 숫자, 밑줄 문자를 사용할 수 있는데, 첫 번째 문자는 반드시 영문자로 시작해야 한다. 그리고 동일한 가명을 1개의 문장에 사용할 수 없다.

8.5 FROM 절의 다양한 예제

8.5절에서는 FROM절에 대한 다양한 형식을 설명하기 위한 예제를 보여주고 있다.

[예제 8-6] 수강테이블의 학번과 이름, 수강과목코드, 교수코드, 교수명을 나타내어라.

```
mysql> select s.stu_no, stu_name, sub_code, p.prof_code, prof_name
    → from student s, attend a, professor p
    → where s.stu_no = a.stu_no and
    → a.prof_code = p.prof_code;
```

stu_no	stu_name	sub_code	prof_code	prof_name
20141001	박도상	4001	4002	나인섭
20141001	박도상	4002	4003	오승재
20141001	박도상	4003	4004	고진광
20141001	박도상	4004	4001	정진용
20141001	박도상	4005	4007	김영식
20141001	박도상	4006	4008	최우철
20141001	박도상	4007	4009	문창우
20141001	박도상	4008	4005	정병열
20141001	박도상	4009	4006	박심심
20141001	박도상	4010	4001	정진용
20141001	박도상	4011	4002	나인섭
20141001	박도상	4012	4003	오승재
20161001	박정인	4001	4002	나인섭
20161001	박정인	4002	4003	오승재
20161001	박정인	4003	4004	고진광
20161001	박정인	4004	4001	정진용
20161001	박정인	4005	4007	김영식
20161001	박정인	4006	4008	최우철

18 rows in set (0.00 sec)

위의 예제는 구태여 가명을 사용하지 않아도 각각의 테이블 열 이름이 다르기 때문에 전혀 문제가 없으나 가명을 사용하면 SQL명령문을 단순하게 처리할 수 있다.

[예제 8-7] 학적테이블의 학번과 이름, 수강테이블의 수강교과목코드, 교과목테이블의 교과목명을 나타내어라.

```
mysql> select s.stu_no, stu_name, att_year, att_term, a.sub_code, sub_name
    -> from student s, attend a, subject su
    -> where s.stu_no = a.stu_no and
    -> a.sub_code = su.sub_code;
```

stu_no	stu_name	att_year	att_term	sub_code	sub_name
20141001	박도상	2014	1	4001	데이터베이스 응용
20141001	박도상	2014	1	4002	웹사이트 구축
20141001	박도상	2014	1	4003	소프트웨어공학
20141001	박도상	2014	1	4004	웹프로그래밍

20141001	박도상	2014	1		4005	컴퓨터구조
20141001	박도상	2014	1		4006	정보처리실무
20141001	박도상	2014	2		4007	UML
20141001	박도상	2014	2		4008	운영체제
20141001	박도상	2014	2		4009	객체지향프로그래밍
20141001	박도상	2014	2		4010	윈도우즈 프로그래밍
20141001	박도상	2014	2		4011	자바프로그래밍
20141001	박도상	2014	2		4012	파이썬 프로그래밍
20161001	박정인	2016	1		4001	데이터베이스 응용
20161001	박정인	2016	1		4002	웹사이트 구축
20161001	박정인	2016	1		4003	소프트웨어공학
20161001	박정인	2016	1		4004	웹프로그래밍
20161001	박정인	2016	1		4005	컴퓨터구조
20161001	박정인	2016	1		4006	정보처리실무

18 rows in set (0.01 sec)

STUDENT 테이블은 학생에 관한 정보를 가지고 있고 ATTEND 테이블은 수강신청에 관한 정보를 가지고 있으며, SUBJECT 테이블은 교과목에 관한 정보를 가지고 있기 때문에 3개의 테이블을 FROM 절에서 사용해야 한다.

[예제 8-8] 학적테이블의 학번과 이름, 보관성적테이블의 성적 취득년도, 학기, 신청학점, 취득학점, 평점평균을 나타내어라.

```
mysql> select s.stu_no, stu_name, sco_year, sco_term,
    -> req_point, take_point, exam_avg
    -> from student s, score sc
    -> where s.stu_no = sc.stu_no;
```

stu_no	stu_name	sco_year	sco_term	req_point	take_point	exam_avg
20141001	박도상	2014	1	18	18	4.5
20141001	박도상	2014	2	18	18	4.0
20191001	김유신	2019	1	18	18	4.2
20191001	김유신	2019	2	18	18	0.0
20191002	홍길동	2019	1	18	18	4.5
20191002	홍길동	2019	2	18	18	0.0
20191005	김할리	2019	1	18	18	4.4
20191006	최에스터	2019	1	18	18	4.4
20191007	신안나	2019	2	18	18	0.0

9 rows in set (0.01 sec)

[예제 8-9] 학적테이블의 학번과 이름, 수강테이블의 수강신청년도, 학기, 수강신청유무를 나타내어라.

```
mysql> select s.stu_no, stu_name, att_year, att_term, att_div
    -> from student s, attend a
    -> where s.stu_no = a.stu_no;
```

stu_no	stu_name	att_year	att_term	att_div
20141001	박도상	2014	1	Y
20141001	박도상	2014	1	Y
20141001	박도상	2014	1	Y
20141001	박도상	2014	1	Y
20141001	박도상	2014	1	Y
20141001	박도상	2014	1	Y
20141001	박도상	2014	2	Y
20141001	박도상	2014	2	Y
20141001	박도상	2014	2	Y
20141001	박도상	2014	2	Y
20141001	박도상	2014	2	Y
20141001	박도상	2014	2	Y
20161001	박정인	2016	1	Y
20161001	박정인	2016	1	Y
20161001	박정인	2016	1	Y
20161001	박정인	2016	1	Y
20161001	박정인	2016	1	Y
20161001	박정인	2016	1	Y

18 rows in set (0.00 sec)

최종 결과를 보면 중복된 데이터가 많이 존재한다는 것을 확인할 수 있다. 그러면 중복된 값을 자동으로 제거할 수 명령어가 SELECT 다음에 바로 DISTINCT라는 단어를 사용해야 한다.(DISTINCT에 대한 자세한 내용은 제 10 장 참조)

[예제 8-10] 학적테이블의 학번과 이름, 수강테이블의 수강신청년도, 학기, 수강신청유무를 나타내어라.(단, 중복은 배제한다.)

```
mysql> select distinct s.stu_no, stu_name, att_year, att_term, att_div
    -> from student s, attend a
    -> where s.stu_no = a.stu_no;
```

stu_no	stu_name	att_year	att_term	att_div
20141001	박도상	2014	1	Y
20141001	박도상	2014	2	Y
20161001	박정인	2016	1	Y

3 rows in set (0.01 sec)

최종 결과를 보면 중복된 데이터가 제거되어 18개 행에서 3개 행으로 줄어든 것을 확인할 수 있다.

[예제8-11] 적어도 한번 이상 장학금을 받은 학생의 이름을 나타내어라.

```
mysql> select distinct s.stu_no, stu_name
    -> from student s, fee f
    -> where s.stu_no = f.stu_no and
    -> not jang_code is null;
```

stu_no	stu_name
20141001	박도상
20161001	박정인
20191004	이순신
20191005	김할리
20191006	최에스터
20191007	신안나
20191008	연개소문
20201002	강감찬

8 rows in set (0.00 sec)

위의 예제 조건 절에서 NOT JANG_CODE IS NULL의 "NOT IS NULL"은 "NULL값을 같지 않는다"라고 해석한다. 만약 DISTINCT라는 단어를 사용하지 않을 경우 SELECT 명령문이 중복된 값을 어떻게 가져오는지에 대해서는 스스로 생각해 보기 바란다.

[예제8-12] 등록한 학생의 이름, 등록년도, 학기, 장학코드, 장학금총액, 등록구분을 나타내어라.

```
mysql> select stu_name, fee_year, fee_term, jang_code, jang_total, fee_div
    -> from student s, fee f
    -> where s.stu_no = f.stu_no
    -> and f.fee_div = 'Y';
```

stu_name	fee_year	fee_term	jang_code	jang_total	fee_div
박도상	2014	1	1	500000	Y
박도상	2014	2	10	2500000	Y
박도상	2015	1	11	2000000	Y
박도상	2015	2	21	800000	Y
박도상	2018	1	2	1000000	Y
박도상	2018	2	10	2500000	Y
박도상	2019	1	10	2500000	Y
박도상	2019	2	10	2500000	Y
박정인	2016	1	10	2500000	Y
박정인	2016	2	10	2500000	Y
박정인	2019	1	11	2000000	Y
박정인	2019	2	10	2500000	Y
이순신	2019	1	1	500000	Y
이순신	2019	2	11	2000000	Y
김할리	2019	1	1	500000	Y
김할리	2019	2	NULL	NULL	Y
최에스터	2019	1	1	500000	Y
최에스터	2019	2	NULL	NULL	Y
신안나	2019	1	1	500000	Y
신안나	2019	2	NULL	NULL	Y
연개소문	2019	1	1	500000	Y
연개소문	2019	2	NULL	NULL	Y
강감찬	2020	1	1	500000	Y
강감찬	2020	2	10	2500000	Y

24 rows in set (0.00 sec)

FROM 절에서 테이블 명세가 사용되는 순서는 FROM 절 이후에 있는 나머지 절의 실행 결과나 명령문의 최종 결과에 아무런 관계가 없다. SELECT 절은 열이 출력되는 순서를 정의할 수 있는 유일한 절이다. ORDER BY 절은 행의 순서를 정의한다. 따라서 다음 두 문장은 동일한 문장이다.

```
SELECT S.STU_NO
FROM STUDENT S, FEE F
WHERE S.STU_NO = F.STU_NO
```

그리고

```
            SELECT S.STU_NO
            FROM FEE F, STUDENT S
            WHERE F.STU_NO = S.STU_NO
```

[예제 8-13] 2019년에 등록한 학생의 학번과 이름을 나타내어라.

```
mysql> select distinct s.stu_no, s.stu_name
    → from student s, fee f
    → where s.stu_no = f.stu_no
    → and fee_year = 2019;
```

stu_no	stu_name
20141001	박도상
20161001	박정인
20191004	이순신
20191005	김할리
20191006	최에스터
20191007	신안나
20191008	연개소문

8.6 반드시 가명을 사용해야 하는 경우

어떤 SELECT 명령문에서는 가명을 사용할 것인지? 아니면 사용하지 않을 것인지를 선택할 수 있는 기회가 없이 반드시 가명을 사용해야 하는 경우가 있다. 이러한 상황은 FROM 절에서 동일한 테이블 이름이 한 번 이상 사용될 때 발생한다. 이를 위해 다음과 같은 예제를 보자.

[예제 8-14] 장수인(1999년 02월 09일) 학생보다 먼저 태어난 학생의 이름과 생년월일을 나타내어라.

```
mysql> select s.stu_name, s.birthday
    → from student s, student st
    → where st.stu_name = '장수인'
    → and  s.birthday < st.birthday;
```

stu_name	birthday
박도상	19960116
박정인	19970403
김유미	19990207

3 rows in set (0.00 sec)

앞의 예제에서 열을 유일하게 식별하기 위해서 열의 이름 앞에 테이블 이름을 지정했다. 다시 말하면 FROM 절에 동일한 이름을 가지는 두개의 테이블을 참조하면 반드시 가명이 사용되어야 한다. 만약 장수인의 생년월일(1999년 02월 09일)을 미리 알고 있다면 가명을 사용하지 않아도 되지만 이를 알 수 없기 때문에 가명을 사용한다.

만약, SELECT 절에서 S.BIRTHDAY 대신에 ST.BIRTHDAY를 사용하면 결과는 어떻게 될까? 박도상, 박정인, 김유미의 생년월일 전부 장수인의 박정인으로 생년월일(1999년 02월 09일) 로 출력될것이다. 조건절("S.BIRTHDAY 〈 ST.BIRTHDAY ")에 따라서 SELECT 절의 가명을 올바르게 기입해 주어야 한다.

```
mysql> select s.stu_name, st.birthday
  from student s, student st
    -> where st.stu_name = '장수인'
    -> and  s.birthday 〈 st.birthday;
```

stu_name	birthday
박도상	19990209
박정인	19990209
김유미	19990209

3 rows in set (0.00 sec)

연습문제

8-1. 다음에서 왜 SELECT 명령문이 잘못되었는지 설명하라.
   (1) SELECT   STU_NO
       FROM   STUDENT, FEE;
   (2) SELECT   STUDENT.STU_NO
       FROM   FEE;

8-2. 다음 명령문의 각 절의 중간 결과와 최종 결과를 설명하라.
   SELECT   STUDENT.STU_NAME
   FROM   FEE, STUDENT
   WHERE   STUDENT.STU_NO = FEE.STU_NO;

8-3. 각 학생에 대하여 수강신청 과목코드, 수강학점을 나타내어라.

8-4. 장학금을 받은 학생의 학번과 이름을 나타내어라.

8-5. 등록을 한 모든 학생의 학번과 이름을 출력하라.

Part 09

SELECT 명령문: WHERE 절

Part 09 SELECT 명령문: WHERE 절

제 8 장에서 WHERE 절을 사용하고 있는 많은 SELECT 명령문에 대한 다양한 예제를 보았다. 그러나 아직은 WHERE 절에 대한 자세한 내용은 설명하지 않았다. WHERE 절의 조건에 만족하는 행은 최종 결과에 나타난다. 따라서 제 9 장에서는 WHERE 절에서 사용할 수 있는 다양한 종류의 조건에 대하여 자세히 설명한다.

9.1 개요

어떻게 WHERE 절은 처리되는가? SQL은 FROM 절의 중간 결과 테이블에 나타난 각 행을 살펴보고 특별한 행에 대하여 조건이 참이면 WHERE 절의 중간 결과 테이블로 이동시킨다. 이와 같은 처리 과정은 다음과 같이 형식화 할 수 있다.

```
WHERE-RESULT := [ ];
FOR EACH R IN FROM-RESULT DO
    IF CONDITION = TRUE THEN
        WHERE-RESULT :+ R;
END FOR
```

WHERE-RESULT와 FROM-RESULT는 데이터 행을 임시적으로 저장할 수 있는 두 개의 집합을 나타내고 있다. 그리고 R은 집합 중 한 행을 나타내며, 기호 [ ]은 공백 집합을 타나낸다. 연산자 :+은 행을 집합에 추가하는 것을 의미한다. 이와 같은 표현 방법은 나중에 다시 사용되므로 여기서는 간단히 이해만 하면 되겠다.

조건(condition)에 대한 정의는 다음에서 보여주고 있다. 본서에서 조건이라는 용어와 술어(predicate)라는 용어는 동일하게 취급하므로 서로 바꾸어 사용할 수도 있다.

〈condition〉 ::=
    〈predicate〉

〈predicate〉 OR 〈predicate〉   :
〈predicate〉 AND 〈predicate〉   :
(〈condition〉) :
NOT 〈condition〉

〈predicate〉 ::=
〈predicate with comparison〉 :
〈predicate with between〉   :
〈predicate with in〉   :
〈predicate with like〉   :
〈predicate with null〉   :
〈predicate with any all〉   :
〈predicate with exists〉

제 8 장에서 WHERE 절에서 사용할 수 있는 조건에 대한 몇 가지 예제를 보여주었다. 제 9 장에서는 다음과 같은 내용에 대하여 설명하고자 한다.

- 관계 연산자
- AND, OR, NOT과 결합된 조건
- BETWEEN 연산자
- IN 연산자
- LIKE 연산자
- NULL 연산자
- 부속 질의어 함께 사용되는 IN 연산자
- 부속 질의어 함께 사용되는 관계 연산자
- ANY와 ALL 연산자
- EXISTS 연산자

제 9 장에서 설명되는 모든 연산자는 다양한 수식에서 사용된다. 통계 함수는 WHERE 절의 조건에는 사용할 수 없다.

9.2 관계 연산자를 사용하는 조건

조건의 가장 간단한 형식은 두 수식간의 관계 연산이다. 이러한 조건은 수식, 조건 연산자, 수식으로 구성된다. 관계 연산자의 좌변에 있는 값은 우변에 있는 값과 비교되어 조건의 결과는 참, 거짓을 갖게 된다. SQL에서 사용하는 관계 연산은 표 9.1과 같다.

표 9-1. 관계 연산자

관계 연산자	의 미
=	같다.
<	작다.
>	크다.
<=	작거나 같다.
>=	크거나 같다.
<>	같지 않다. (NOT = 사용)

비교 조건에 대한 정의는 다음에서 보여주고 있다. 그리고 9.9절에서는 이러한 정의를 확장한 내용을 보여주고 있다.

```
〈predicate with comparison〉 ::=
        〈expression〉 〈comparison operator〉 〈expression〉

〈comparison operator〉 ::=
        = | 〈 | 〉 | 〈= | 〉= | 〈〉
```

(다른 SQL 제품에서 관계 연산자 중 〈〉 연산자는 !=, ·=, # 등으로 사용됨)

[예제 9-1] 성별이 여자인 학생의 학번과 이름, 성별, 생년월일을 출력하라.

```
mysql> select stu_no, stu_name, gender, birthday
    -> from student
    -> where gender = 2 or gender = 4 or gender = 6;
```

stu_no	stu_name	gender	birthday
20161001	박정인	2	19970403
20181002	정인정	2	19990315
20181004	김유미	2	19990207
20191003	고혜진	4	20000307
20191006	최에스터	6	20021003
20191007	신안나	6	20011214
20191009	유하나	4	20000921

7 rows in set (0.00 sec)

성별(gender)이 2000년 이전에 태어난 여학생은 2, 2000년 이후에 태어난 여학생은 4, 외국인 여학생의 경우는 6으로 입력되었다. 우리나라의 주민등록번호에서 성별 구분과 동일하게 데이터를 입력해 주었다.

[예제9-2] 야간학생들의 학번과 이름을 출력하라.

```
mysql> select stu_no, stu_name
    → from student
    → where juya='야';
```

stu_no	stu_name
20191001	김유신
20191002	홍길동
20191004	이순신
20191008	연개소문
20201001	김영호
20201002	강감찬

6 rows in set (0.04 sec)

만약 행에 대한 조건이 알려져 있지 않았다면(UNKNOWN) 이는 결과에 포함되지 않을 것이다.

[예제 9-3] 학번이 20191008인 학생의 학번과 이름을 나타내어라.

```
mysql> select stu_no, stu_name
    → from student
    → where stu_no = '20191008';
```

stu_no	stu_name
20191008	연개소문

stu_no 이 20191008인 행만 조건을 만족하기 때문에 이 행만 stu_no에 출력된다. 여기서 stu_no 열의 값이 NULL 값을 가지는 행은 조건이 알려지지 않는 것이기 때문에 출력되지 않는다. 만약 조건에서 수식의 자료형에 관계없이 어느 곳에라도 NULL 값이 나타난다면 이는 "알 수 없는 것"으로 평가한다. 이는 어떤 명령문에서는 기대하지 않는 결과를 가져올 수 있다. 다음에서는 약간 이상하게 보이는 예제를 보여주고 있다.

[예제9-4] 휴대폰을 가지고 있는 학생의 학번과 이름, 휴대폰 번호를 나타내어라.

```
mysql> select stu_no, stu_name, mobile
    -> from student
    -> where mobile = mobile;
```

stu_no	stu_name	mobile
20141001	박도상	010-0611-9884
20161001	박정인	10-3142-1294
20181002	정인정	010-0605-7837
20181004	김유미	010-0617-1290
20191001	김유신	010-9876-1299
20191002	홍길동	010-6425-9245
20191004	이순신	010-7141-1860
20191005	김할리	010-4624-0460
20191007	신안나	010-5897-0874
20191008	연개소문	010-0641-9304
20191009	유하나	010-0651-0707
20201001	김영호	010-4605-5598
20201002	강감찬	010-1234-4567

13 rows in set (0.00 sec)

여기서 MOBILE = MOBILE은 동일한 MOBILE이 존재하면 모든 행이 출력될 것이고 MOBILE이 NULL값인 경우에는 출력되지 않는다. 만약 MOBILE 열이 NULL(채워져 있지 않다면) 조건은 알 수 없는 값으로 평가할 것이다. 이와 같은 이유는 조건에서 어느 곳에선가 NULL 값이 나타나면 조건의 값은 알 수 없는 것으로 평가되기 때문에 출력하지 않는다. 9.7절에서는 이와 같은 질문에 대한 대답을 명확히 기술하고 있다.

관계 연산에서 수식은 비교할 수 있는 데이터를 가지고 있어야 한다. 예를 들면, 수치 수식과 문자 수식은 비교하는 것은 언제나 허용되는 것은 아니다. 다음의 조건에서 값 24는 자동적으로 문자수치 데이터로 변환되기 때문에 비교가 허용된다.

```
WHERESTU_NAME = 24
```

그러나 다음의 조건에서 DATE 열은 날짜(DATE) 자료형을 가지고 있지만 수치 24는 수치 값이므로 비교가 허용되지 않는다.

```
WHEREDATE = 24
```

문자 수치 값에서 어떤 영수치 값이 다른 문자 수치 값에 비하여 영문자의 ASCII 코드 값 보다 더 적다면 다른 값 보다 적다고 할 수 있다. 예를 들면,

조건	값
'Jim' 〈 'Pete'	TRUE
'Truck' 〉= 'Trek'	TRUE
'Jim' = 'JIM'	FALSE

날짜 자료형에서 어떤 날짜 값이 다른 날짜 값보다 이전의 값이라면 더 적다고 할 수 있다. 예를 들면,

조건	값
'2019/05/02' 〉 '2018/12/31'	TRUE
	TRUE

9.3 AND, OR, NOT을 사용한 다중 조건

WHERE 절은 AND, OR, NOT 연산자를 사용하여 다중 조건을 가질 수 있다. 이를 살펴보기 위해 다음에서는 다양한 예제를 보여주고 있다.

[예제9-5] 2000년 이전에 출생한 여학생의 학번, 이름, 생년월일을 출력하라.

```
mysql〉 select stu_no, stu_name, gender, birthday
    → from student
    → where gender = 2 and substring(birthday , 1, 4) 〈 2000 ;
```

stu_no	stu_name	gender	birthday
20161001	박정인	2	19970403
20181002	정인정	2	19990315
20181004	김유미	2	19990207

3 rows in set (0.00 sec)

STUDENT 테이블에서 2000년 이전에 태어난 여학생의 경우는 GENDER 값이 2이고 생년월일에서 앞 4자리만 추출하기 위하여 SUBSTRING(BIRTHDAY, 1, 4) 스칼라 함수를 사용하여 열의 값이 2000보다 작은 경우만을 AND 연산자로 묶어 결과 값을 출력하였다.

[예제9-6] 경인지역에 거주하는 학생의 학번과이름, 집 전화번호를 나타내어라. (단 집 전화의 지역번호 02는 서울 거주자이고 031은 경기도 거주자이다. 집전화가 없는 경우는 제외한다.)

```
mysql> select stu_no, stu_name, concat(tel1, '-', tel2, '-', tel3) "집전화"
    -> from student
    -> where tel1 = '02' or tel1 = '031';
```

stu_no	stu_name	집전화
20141001	박도상	02-744-6126
20161001	박정인	02-652-2439
20181002	정인정	02-723-1078
20181003	이상진	031-691-5423
20181004	김유미	031-763-1439
20191001	김유신	02-685-7818
20191004	이순신	02-745-7667
20191005	김할리	02-746-5485
20191006	최에스터	02-945-6893
20191007	신안나	02-745-5485

10 rows in set (0.00 sec)

위의 예제에서 만약 OR 연산자 대신에 AND 연산자를 사용하게 되면 SELECT 명령문은 결과로서 공백 테이블을 반환하게 된다.

만약 WHERE 절이 하나 이상의 AND나 OR 연산자를 가지고 있다면 평가는 왼쪽에서 오른쪽으로 수행(좌 결합 법칙)된다. 다음의 WHERE 절을 보자.

```
WHERE C1 AND C2 OR C3 AND C4
```

먼저 C1 AND C2가 평가된다. 만약 그 결과가 A1이라 한다면 다음 연산은 A1 OR C3이다. 이 연산의 결과가 다시 A2라면 최종 연산은 A2 AND C4이다. 이러한 수행 과정은 다음과 같이 나타낼 수 있다.

```
C1 AND C2 → A1
A1 OR  C2 → A2
A2 AND C4 → 최종 결과
```

괄호를 사용하여 수식의 평가 순서를 변경할 수 있다. 다음과 같은 WHERE 절을 생각해 보자.

```
            WHERE (C1 AND C2) OR (C3 AND C4)
```

위의 수식의 평가 순서는 다음과 같다.

```
        C1 AND C2 → A1
        C3 AND C4 → A2
        A1 OR  A2 → 최종 결과
```

C1, C2, C3, C4가 어떤 값을 가질 때 첫 번째 예제와 두 번째 예제는 동일하지는 않다. 예를 들면, C1, C2, C3이 참이고 C4가 거짓일 때 첫 번째 예제의 결과는 거짓이 되고 두 번째 예제의 결과는 참이 된다. NOT 연산자는 각 조건 앞에 사용되어 조건이 참이면 거짓으로, 조건이 거짓이면 참으로 변경한다.

[예제 9-7] 2000년도에 태어나지 않은 학생의 학번, 이름, 생년월일을 나타내어라.

```
mysql> select stu_no, stu_name, birthday
    → from student
    → where substring(birthday, 1, 4) <> 2000;
```

stu_no	stu_name	birthday
20141001	박도상	19960116
20161001	박정인	19970403
20181001	장수인	19990209
20181002	정인 정	19990315
20181003	이상진	19990819
20181004	김유미	19990207
20191005	김할리	20010418
20191006	최에스터	20021003
20191007	신안나	20011214
20201001	김영호	20010811
20201002	강감찬	20010312

위의 예제는 다음과 같은 SELECT 명령문으로 작성할 수 있다.

select stu_no, stu_name, birthday
from student
where not substring(birthday, 1, 4) = 2000;

조건이 SUBSTRING(BIRTHDAY, 1, 4) = 2000인 행은 2000년에 태어난 학생들이고 이 조건에 전체 부정인 NOT 연산자를 사용하였기 때문에 2000년에 태어나지 않은 행만 반환된다.

[예제 9-8] 성별이 남자이거나 1999년에 출생한 학생의 학번, 이름, 성별, 생년월일을 나타내어라. 그러나 1988년도에 출생한 남학생은 제외한다.

```
mysql> select stu_no, stu_name, gender, birthday
    -> from student
    -> where (gender = 1 or substring(birthday,1,4) = 1999)
    -> and not (gender = 1 and substring(birthday,1,4) = 1999);
```

stu_no	stu_name	gender	birthday
20141001	박도상	1	19960116
20181002	정인정	2	19990315
20181004	김유미	2	19990207

위의 결과처럼 1999년에 태어난 남자 20181001(장수인) 학생과 20181003(이상진)학생은 출력되지 않는다.

다음의 표 9.2에서는 2개의 조건 C1과 C2에 대한 AND, OR, NOT 연산을 했을 때 그 결과를 보여주고 있다.

표 9-2. AND, OR, NOT의 진리표

C1	C2	C1 AND C2	C1 OR C2	NOT C1
true	true	true	true	false
true	false	false	true	false
true	unknown	unknown	true	false
false	true	false	true	true
false	false	false	false	true
false	unknown	false	unknown	true
unknown	true	unknown	true	unknown
unknown	false	false	unknown	unknown
unknown	unknown	unknown	unknown	unknown

9.4 BETWEEN 연산자

SQL은 주어진 값의 범위에 어떤 값이 포함되어 있는지를 결정하도록 하는 BETWEEN이라는 특별한 연산자를 제공한다.

```
⟨predicate with between⟩ ::=
    ⟨expression⟩ [ NOT ] BETWEEN ⟨expression⟩ AND ⟨expression⟩
```

[예제 9-9] 현재 나이가 20살부터 23살까지 학생의 학번과 이름, 나이를 출력하라. (단, AGES 뷰테이블을 사용한다.)

```
mysql> select stu_no, stu_name, age
    -> from ages
    -> where age >= 20
    -> and age <= 23;
```

stu_no	stu_name	age
20161001	박정인	23
20181001	장수인	21
20181002	정인정	21
20181003	이상진	21
20181004	김유미	21
20191001	김유신	20
20191002	홍길동	20
20191003	고혜진	20
20191004	이순신	20
20191008	연개소문	20
20191009	유하나	20

11 rows in set (0.00 sec)

위의 명령문은 BETWEEN 연산자를 사용하여 다음과 같이 다시 작성할 수 있으며, 그 결과는 동일하다.

```
mysql> select stu_no, stu_name, age
    -> from ages
    -> where age between 20 and 23;
```

만약 수식 E1, E2, E3이 존재할 때 조건식

E1 BETWEEN E2 AND E3

은 다음과 같다.

(E1 >= E2) AND (E1 <= E3)

위의 조건식에서 3개의 수식 중 하나라도 NULL 값과 동일한 값을 가진다면 전체 조건을 알 수 없게 된다. 다음의 조건식을 보자.

E1 NOT BETWEEN E2 AND E3

위의 조건식은 다음과 같은 조건식이다.

NOT (E1 >= E2) AND (E1 <= E3) 또는 (E1 < E2) OR (E1 > E3)

만약 E1이 NULL 값을 가진다면 조건식은 알 수 없는 값으로 평가된다. 그리고 만약 E1은 NULL이 아니고 E2가 NULL이고 E1이 E3보다 크다면 조건식은 참이 된다.

[예제 9-10] 출생연도가 1997년부터 2000년 사이에 태어난 학생의 학번과 이름, 출생년도를 출력하라. 단, 출생년도 오름차순으로 출력하라.

```
mysql> select stu_no, stu_name, birthday
    -> from student
    -> where substring(birthday, 1, 4) between 1997 and 2000
    -> order by birthday;
```

stu_no	stu_name	birthday
20161001	박정인	19970403
20181004	김유미	19990207
20181001	장수인	19990209
20181002	정인정	19990315
20181003	이상진	19990819
20191004	이순신	20000222
20191003	고혜진	20000307
20191002	홍길동	20000402
20191008	연개소문	20000615
20191009	유하나	20000921
20191001	김유신	20001007

11 rows in set (0.00 sec)

[예제 9-9]와 다른 점은 출력 순서가 출생년도 오름차순으로 정렬이 된 점이다.

9.5 IN 연산자

열에 있는 값이 매우 큰 값의 집합에 존재하는지 결정하기 위한 긴 조건식을 사용한다면 조건식을 사용하는 것이 아주 귀찮을 때가 있다. 다음에서는 복잡한 조건을 간단하게 처리할 수 있는 IN 연산자의 예제를 보여주고 있다. 9.8절에서는 이러한 조건을 정의를 더 자세히 설명하게 된다.

```
〈predicate with in〉 ::=
        〈expression〉 [ NOT ] IN 〈expression list〉

〈expression list〉 ::=
        ( 〈expression〉 [ {, 〈expression〉 } …] )
```

[예제 9-11] 우편번호가 01066, 01901, 06305에 해당되는 각 학생의 학번, 이름, 우편번호를 출력하라.

```
mysql> select stu_no, stu_name, post_no
    -> from student
    -> where post_no = '01066'
    -> or post_no = '01901'
    -> or post_no = '06305';
```

stu_no	stu_name	post_no
20141001	박도상	01066
20191004	이순신	01901
20191007	신안나	06305

3 rows in set (0.00 sec)

위의 명령문의 결과는 정확하지만 명령문은 아주 길고 지루하다. IN 연산자는 이러한 명령문을 간단하게 사용하기 위해서 사용된다. 따라서 다음과 같이 명령문을 작성할 수 있다.

```
mysql> select stu_no, stu_name, post_no
    -> from student
    -> where post_no in('01066', '01901', '06305');
```

stu_no	stu_name	post_no
20141001	박도상	01066
20191004	이순신	01901
20191007	신안나	06305

3 rows in set (0.00 sec)

POST_NO값이 3개의 우편번호를 가지고 있는 집합에 포함되면 각 행은 조건을 만족하게 된다.

[예제 9-12] 1996, 1997, 2001년에 출생한 각 학생의 학번과 이름, 생년월일을 출력하라.

```
mysql> select stu_no, stu_name, birthday
    -> from student
    -> where substring(birthday, 1, 4) in (1996, 1997, 2001);
```

stu_no	stu_name	birthday
20141001	박도상	19960116
20161001	박정인	19970403
20191005	김할리	20010418
20191007	신안나	20011214
20201001	김영호	20010811
20201002	강감찬	20010312

6 rows in set (0.00 sec)

다음의 규칙은 IN 연산자 다음에 사용되는 수식에 적용되는 규칙이다.

- 수식의 자료형을 비교할 수 있어야 한다.
- 통계 함수는 수식으로 사용할 수 없다.

E1, E2, E3, E4가 수식이라고 할 때 조건식

E1 IN (E2, E3, E4)

은 다음의 수식과 동일하다.

(E1 = E2) OR (E1 = E3) OR (E1 = E4)

그리고 다음과 같이 NOT 연산자를 함께 사용하는 경우를 보자.

E1 NOT IN (E2, E3, E4)

위의 조건식은 다음의 조건식과 동일하다.

NOT (E1 IN (E2, E3, E4))

또는

(E1 <> E2) AND (E1 <> E3) AND (E1 <> E4)

9.6 LIKE 연산자

LIKE 연산자는 특별한 패턴이나 마스크를 가지는 영수치 값을 선택할 때 사용된다.

⟨predicate with like⟩ ::=
    ⟨expression⟩ [NOT] LIKE ⟨expression⟩

[예제 9-13] 영문이름이 문자 K 로 시작하는 학생의 학번과 이름, 영문이름을 나타내어라.

```
mysql> select stu_no, stu_name, stu_ename
    → from student
    → where stu_ename like 'K%';
```

stu_no	stu_name	stu_ename
20181004	김유미	Kim Yoo-Mi
20191001	김유신	Kim Yoo-Shin
20191003	고혜진	Ko Hea-Jin
20191005	김할리	Kim Hal-Li
20201001	김영호	Kim Young-Ho

LIKE 연산자 다음에 문자수치 리터럴 'K%'를 볼 수 있을 것이다. 이러한 리터럴은 LIKE 연산자 다음에 사용되는 퍼센트 기호(%)는 특별한 의미를 가지고 있는데, 이를 패턴(pattern) 또는 마스크(mask)라 한다. 마스크에서 특별한 기호로 사용되는 퍼센트 기호는 0 또는 그 이상의 임의의 모든 문자를 의미한다.

(DOS명령어에서 DIR *.HWP를 사용 시 확장자가 HWP인 모든 파일을 화면 출력하라는 명령어와 동일하게 사용)

위의 SELECT 명령문에서는 이름의 첫 문자가 "K"로 시작되고 그 이후의 문자는 0 또는 그 이상의 임의의 문자로 구성된 이름을 찾게 된다.

[예제9-14] 영문이름의 맨 끝에 문자 g를 가지고 있는 학생의 학번과 이름을 나타내어라.

```
mysql> select stu_no, stu_ename
    → from student
    → where stu_ename like '%g';
```

stu_no	stu_ename
20141001	Park Do-Sang
20181002	Jung In-Jung
20191002	Hong Gil-Dong

특별한 의미를 나타내는 또 다른 기호는 밑줄 기호(_)이다. 밑줄 기호는 LIKE 연산자와 같이 사용되면 정확히 한 문자를 나타낸다.(DOS 명령어의 ?과 같은 의미)

[예제 9-15] 영문이름의 끝에서 두 번째 문자가 i인 학생의 학번과 이름을 나타내어라.

```
mysql> select stu_no, stu_ename
    -> from student
    -> where stu_ename like '%i_';
```

stu_no	stu_ename
20161001	Park Jung-In
20181001	Jang Soo-In
20181003	Lee Sang-Gin
20191001	Kim Yoo-Shin
20191003	Ko Hea-Jin
20191004	Lee Sun-Shin

밑줄 문자나 퍼센트 기호가 조건을 지정하기 위해서 필요한 것은 아니다. 대신에 = 연산자를 사용할 수 있다.

STU_ENAME LIKE 'Baker'

이는 다음과 같다.

STU_ENAME = 'Baker'

A가 문자 수치 열이라 하고 M이 마스크라 할 때 다음 두 경우는 동일하다.

A NOT LIKE M
NOT (A LIKE M)

[예제 9-16] 영문이름이 문자 K 로 시작하지 않는 학생의 학번과 이름을 나타내어라.

```
mysql> select stu_no, stu_ename
    -> from student
    -> where not (stu_ename like 'K%');
```

stu_no	stu_ename
20141001	Park Do-Sang
20161001	Park Jung-In
20181001	Jang Soo-In
20181002	Jung In-Jung
20181003	Lee Sang-Gin
20191002	Hong Gil-Dong
20191004	Lee Sun-Shin
20191006	Choi Esther
20191007	Shin An-Na
20191008	Yean Gae-So-Moon
20191009	Yoo Ha-Na
20201002	Gang Gam-Chan

12 rows in set (0.00 sec)

9.7 NULL 연산자

NULL 연산자는 특정한 열이 값을 가지고 있지 않는 행을 선택할 때 사용한다.

⟨predicate with null⟩ ::=
    ⟨expression⟩ IS [NOT] NULL

9.2절의 [예제 9-4]에서 어떻게 휴대폰(MOBILE) 번호를 가지고 있는 모든 학생을 찾을 것인가를 보여주었다. 이 명령문은 또 다른 방법으로 작성할 수 있는데, 이 방법은 원래의 방법보다 더 좋은 방법이며, 이는 다음과 같다.

[예제9-17] 휴대폰을 가지고 있는 학생의 학번과 이름, 휴대폰 번호를 나타내어라.

```
mysql> select stu_no, stu_name, mobile
    → from student
    → where mobile is not null;
```

stu_no	stu_name	mobile
20141001	박도상	010-0611-9884
20161001	박정인	010-3142-1294

20181002	정인정	010-0605-7837
20181004	김유미	010-0617-1290
20191001	김유신	010-9876-1299
20191002	홍길동	010-6425-9245
20191004	이순신	010-7141-1860
20191005	김할리	010-4624-0460
20191007	신안나	010-5897-0874
20191008	연개소문	010-0641-9304
20191009	유하나	010-0651-0707
20201001	김영호	010-4605-5598
20201002	강감찬	010-1234-4567

13 rows in set (0.03 sec)

만약 NOT이 생략된다면 휴대폰이 없는 모든 학생이 출력 될 것이다.

```
mysql> select stu_no, stu_name, mobile
    -> from student
    -> where mobile is null;
```

stu_no	stu_name	mobile
20181001	장수인	NULL
20181003	이상진	NULL
20191003	고혜진	NULL
20191006	최에스터	NULL

4 rows in set (0.00 sec)

[예제 9-18] 휴대폰을 가지고 있지 않은 학생의 학번과 이름, 휴대폰 번호가 NULL인 경우에는 "휴대폰 없음"을 나타내어라.

```
mysql> select stu_no, stu_name, ifnull(mobile, '휴대폰없음')
    -> from student
    -> where mobile is null;
```

stu_no	stu_name	ifnull(mobile, '휴대폰없음')
20181001	장수인	휴대폰없음
20181003	이상진	휴대폰없음
20191003	고혜진	휴대폰없음
20191006	최에스터	휴대폰없음

4 rows in set (0.01 sec)

[예제 9-19] 학생의 휴대폰번호(MOBILE)가 010이 아닌 모든 학생의 학번과 이름, 휴대폰번호를 출력하라. (단, 휴대폰이 없는 학생도 포함되어 출력되어야 한다.)

```
mysql> select stu_no, stu_name, mobile
    -> from student
    -> where substring(mobile, 1, 3) <> '010'
    -> or mobile is null;
```

stu_no	stu_name	mobile
20181001	장수인	NULL
20181003	이상진	NULL
20191003	고혜진	NULL
20191006	최에스터	NULL

4 rows in set (0.00 sec)

만약 조건 MOBILE IS NULL이 생략된다면 결과 테이블은 다음과 같이 MOBILE 열이 NULL이 아니고 010이 아닌 행만 가지게 될 것이다. 이는 MOBILE 열이 NULL을 가지고 있다면 MOBILE <> '010' 조건의 값은 알 수 없기 때문에 다음과 같이 해당되는 데이터가 없는 것과 같이 출력된다.

```
mysql> select stu_no, stu_name, mobile
    -> from student
    -> where substring(mobile, 1, 3) <> '010' ;
```
Empty set (0.00 sec)

E1이 수식이라고 가정하면

E1 IS NOT NULL

은 다음과 동일하다.

NOT(E1 IS NULL)

IS NULL 또는 IS NOT NULL을 가지고 있는 조건은 알 수 없는 값(unknown)을 가질 수 없다.

9.8 부속질의어에서 IN 연산자

9.5절에서 IN 연산자를 설명하였다. 테이블에서 특정한 열에 있는 값이 IN 연산자에 사용되는 수식의 집합에 일치한다면 IN 연산자의 조건식을 만족하는 행이 된다. 이러한 집합에 있는 수식

은 사용자가 각각 지정한다. IN 연산자는 각각 수식의 집합을 사용하지 않는 또 다른 형식으로 구성할 수 있다. 여기서 집합은 명령문이 처리될 때 SQL에 의해서 결정되는데, 9.8절에서는 이러한 처리에 대하여 설명하고자 한다.

9.5절에서 IN 연산자가 가지는 조건의 정의를 나타내었다. 다음에서는 이러한 IN 연산자의 정의를 확장한 것이다.

```
⟨predicate with in⟩ ::=
        ⟨expression⟩ [ NOT ] IN ⟨expression list⟩    ;
        ⟨expression⟩ [ NOT ] IN ⟨subquery⟩
⟨expression list⟩ ::=
        ( ⟨expression⟩ [ {, ⟨expression⟩ } ... ] )
⟨subquery⟩ ::= ( ⟨select statement⟩ )
```

등록을 한 각 학생의 학번, 이름을 출력하라.

이러한 질문을 실제적으로 두 부분으로 구성되어 있다. 첫 번째, 학생이 등록을 했는지 작업을 해야 하고, 그 다음에 이러한 학생의 학번, 이름을 찾아야 한다. FEE 테이블은 적어도 등록을 한 학생의 학번을 가지고 있다. 따라서 다음의 간단한 SELECT 명령문으로 등록을 한 학생의 학번을 찾을 수 있다. 이 때 중복된 값을 사용할 필요는 없으므로 distinct를 사용한다.

```
mysql> select distinct stu_no
    -> from fee;
```

stu_no
20141001
20161001
20191004
20191005
20191006
20191007
20191008
20201002

8 rows in set (0.02 sec)

그러나 어떻게 이러한 번호를 가지고 STUDENT 테이블로부터 관련된 이름을 찾을 수 있겠는가? 지금까지 설명된 내용으로 이러한 작업을 하려면 먼저 종이에 번호를 모두 옮겨 적은 다음에 다음과 같이 명령문을 다시 작성해야 한다.

[예제 9-20] 등록을 한 각 학생의 학번, 이름을 출력하라.(in연산자를 이용)

```
mysql> select stu_no, stu_name
    -> from student
    -> where stu_no IN (20141001, 20161001, 20191004, 20191005,
    ->                  20191006, 20191007, 20191008, 20201002);
```

stu_no	stu_name
20141001	박도상
20161001	박정인
20191004	이순신
20191005	김할리
20191006	최에스터
20191007	신안나
20191008	연개소문
20201002	강감찬

8 rows in set (0.01 sec)

물론 이러한 방법으로 작업을 할 수 있다. 그러나 이는 매우 조잡할 뿐 만 아니라 만약 등록(FEE)테이블이 서로 다른 많은 학생의 학번을 가지고 있다면 적절하지 못하다. 따라서 이러한 문제점을 적절히 다룰 수 있도록 SQL은 명령문 내부에 SELECT 명령문을 포함할 수 있는 기능을 제공한다. 이제 앞의 예제는 다음과 같은 부속질의어를 이용한 SELECT 명령문을 사용하여 다시 작성할 수 있으며 결과는 예제 9-20과 동일하다.

[예제 9-21] 부속질의어를 이용하여 등록을 한 각 학생의 학번, 이름을 출력하라.

```
mysql> select stu_no, stu_name
    -> from student
    -> where stu_no in
    ->     (select stu_no
    ->      from fee);
```

stu_no	stu_name
20141001	박도상
20161001	박정인
20191004	이순신
20191005	김할리
20191006	최에스터

20191007	신안나
20191008	연개소문
20201002	강감찬

8 rows in set (0.01 sec)

9.5절의 예제에서 했던 것처럼 IN 연산자 다음에 리터럴의 집합을 더 이상 가질 필요가 없고, 리터럴 대신에 다른 SELECT 명령문을 사용할 수 있다. 이 SELECT 명령문을 부속 질의어(subquery)라 한다. 부속 질의어는 정상적인 SELECT 명령문과 동일한 결과를 가진다. 위의 예제의 결과는 IN 연산자에 다음과 같은 리터럴의 집합을 사용하는 것과 동일하다.

```
WHERE stu_no IN (20141001, 20161001, 20191004, 20191005, ......);
```

SQL은 SELECT 명령문을 처리할 때 부속 질의어를 부속 질의어의 중간 결과로 대치한다. 이는 다음과 같은 SELECT 명령문을 사용하는 것과 동일하다.

```
mysql> SELECT stu_no,stu_name
    -> FROM STUDENT
    -> WHERE stu_no IN (20141001, 20161001, 20191004, 20191005, ......);
```

위의 처리 결과는 앞에서 보여준 최종 처리 결과와 동일하다.

IN 연산자에서 부속 질의어를 사용할 때와 리터럴의 집합을 사용할 때의 중요한 차이점은 리터럴의 집합을 사용할 때 리터럴의 집합은 사용자가 직접 지정한 값으로 고정되지만 부속 질의어를 사용하면 SELECT 명령문을 처리하는 동안 SQL에 의해서 결정된다는 것이다.

나중에 설명될 몇 가지 제한 사항을 제외하고 부속 질의어는 정상적인 SELECT 명령문이다. 예를 들면 자신만의 WHERE 절을 가지고 있으며, FROM 절에는 다수의 테이블을 지정할 수도 있다. 다음 예제에서는 조건을 가지고 있는 부속 질의어를 보여주고 있다.

[예제 9-22] 적어도 한 번의 장학금을 받았던 학생의 학번과 이름을 출력하라.

```
mysql> select stu_no, stu_name
    -> from student
    -> where stu_no in
    -> (select stu_no
    -> from fee
    -> where jang_total > 0);
```

stu_no	stu_name
20141001	박도상
20161001	박정인
20191004	이순신
20191005	김할리
20191006	최에스터
20191007	신안나
20191008	연개소문
20201002	강감찬

8 rows in set (0.01 sec)

[예제 9-23] "20191009"인 학생이 가입한 동아리를 제외한 다른 동아리에 적어도 한 번 가입을 한 학생의 학번과 이름을 출력하라.

```
mysql> select stu_no, stu_name
    -> from student
    -> where stu_no in
    -> (select stu_no
    -> from circle
    -> where cir_name not in
    -> (select cir_name
    -> from circle
    -> where stu_no = '20191009'));
```

stu_no	stu_name
20181001	장수인
20191004	이순신
20161001	박정인
20191002	홍길동

4 rows in set (0.01 sec)

IN 연산자를 가지고 있는 조건이 언제 참이 되고 언제 거짓이 되며, 언제 알 수 없는 값을 가지는가? 만약 C가 열의 이름이라 하고, v1, v2, ... , vn은 부속 질의어 S의 중간 결과 값이라고 할 때, 이는 다음과 같다.

C IN (S)

이는 다음과 동일하다.

(C = C) AND ((C = v1) OR (C = v2) OR … OR (C = vn) OR false)

만약 C가 NULL 값과 동일하다면 조건 (C = C)가 알 수 없음으로 전체 조건은 알 수 없음으로 평가된다. 이러한 규칙은 부속 질의어에 많은 행이 있더라도 그대로 적용된다. 그러나 만약 C가 NULL 값과 동일하지 않고 부속 질의어가 결과를 반환하지 않는다면 마지막 끝의 false에 의해서 전체 조건은 거짓으로 평가된다. 이와 같은 규칙은 NOT IN에도 동일하게 적용할 수 있다.

C NOT IN (S)

이는 다음과 동일하다.

(C = C) AND

(C 〈〉 v1) AND

(C 〈〉 v2) AND … AND

(C 〈〉 vn) AND true

만약 부속 질의어가 행을 반환하지 않는다면 이 조건은 참이 된다. 그리고 만약 C가 NULL 값과 동일하다면 전체 조건은 알 수 없음으로 평가된다.

학번 "20141001"과 "20161001", "20181002"의 휴대폰번호와 주야구분을 알 수 없다고 생각해보자. 다음과 같은 SELECT 명령문의 최종 결과는 어떻게 나타나는가?

[예제 9-24] 휴대폰을 가지고 있는 학생을 출력하라.(단, 휴대폰이 있어도 야간인 학생은 제외한다.)

```
mysql> select stu_no, stu_name, mobile
    -> from student
    -> where mobile not in
    -> (select mobile
    -> from student
    -> where juya = '야');
```

stu_no	stu_name	mobile
20141001	박도상	010-0611-9884
20161001	박정인	010-3142-1294
20181002	정인정	010-0605-7837
20181004	김유미	010-0617-1290
20191005	김할리	010-4624-0460
20191007	신안나	010-5897-0874
20191009	유하나	010-0651-0707

7 rows in set (0.00 sec)

학번 "20141001" 학생은 주간 학생이므로 출력되고, "20191001"번 김유신은 야간이므로 제외되었다. 휴대폰이 없는 "20181001" 장수인 학생도 제외되었고, 휴대폰을 가지고 있고 주간인 학생만 최종 결과에 포함될 것이다. 제 14 장에서는 부속 질의어에서 사용할 수 있는 것과 제한 사항에 대하여 자세히 설명하고 있다.

9.9 부속 질의어에서 관계 연산자

부속 질의어는 IN 연산자 다음에 사용할 수도 있고, 관계 연산자 다음에도 사용할 수도 있다. 여기서 9.2절에서 설명하였던 관계 연산자에 관한 정의를 다음과 같이 확장할 수 있다.

⟨predicate with comparison⟩ ::=
    ⟨expression⟩ ⟨comparison operator⟩ ⟨expression⟩ :
    ⟨expression⟩ ⟨comparison operator⟩ ⟨subquery⟩

⟨subquery⟩ ::= (⟨select statement⟩)

[예제 9-25] 수강신청을 한 학생의 학번과 이름을 출력하라.

```
mmysql> select stu_no, stu_name
    → from student
    → where stu_no in
    → (select stu_no
    → from attend
    → where att_div = 'Y');
```

stu_no	stu_name
20141001	박도상
20161001	박정인

2 rows in set (0.01 sec)

부속 질의어의 중간 결과는 다음과 같다. 이 값으로 다음과 같이 부속 질의어를 대치할 수 있다.

SELECT STU_NO, STU_NAME
FROM STUDENT
WHERE STU_NO
   IN ('20141001', '20141001',..........., '20161001', '20161001');

"=" 연산자는 부속 질의어가 항상 정확히 하나의 값만을 반환할 때 유효하다. 위의 명령문은 IN 연산자를 사용하여 구성할 수도 있다. 그러나 부속 질의어가 오직 하나의 값만 반환할 때 IN 연산자 대신에 "=" 연산자를 사용하는 2가지 이유가 있는데, 이는 다음과 같다.

- "=" 연산자를 사용함으로써 부속질의어는 오직 하나의 값만을 가진다는 의미를 줄 수 있다. 만약 부속 질의어가 다수의 값을 반환한다면 데이터베이스의 내용이 부정확하거나 데이터베이스 구조가 사용자가 원하는 형식을 가지고 있지 않다는 것이다. 이와 같이 두 경우에 "=" 연산자는 제어의 의미로서 기능을 가진다.
- "=" 연산자를 사용함으로써 사용자는 부속 질의어에서 반환이 예상되는 값에 관한 SQL 정보를 얻을 수 있다. 이러한 정보를 기초로 하여 SQL은 가장 적절한 처리 기법을 결정한다.

[예제 9-26] 장수인(1999년생) 보다 나이가 더 많은 각 학생의 학번과 이름, 생년월일을 출력하라.

```
mysql> select stu_no, stu_name, birthday
    -> from student
    -> where substring(birthday,1,4) <
    -> (select substring(birthday, 1,4)
    -> from student
    -> where stu_name = '장수인');
```

stu_no	stu_name	birthday
20141001	박도상	19960116
20161001	박정인	19970403

2 rows in set (0.00 sec)

앞에서 설명했던 것처럼 이장의 마지막 절에서는 부속 질의어에 관한 자세한 사항을 설명하고 있다. 여기서는 조건 연산자를 가지고 있는 부속 질의어가 오직 하나의 값만 반환하는 것에 대해서만 설명하기로 하자. 다음 명령문은 SQL에서 처리할 수 없는 잘못된 것이다.

```
SELECT  *
FROM    STUDENT
WHERE   birthday <
            (SELECT birthday
             FROM    STUDENT);
```

9.10 ALL과 ANY 연산자

부속 질의어를 사용하는 3번째 방법은 ALL과 ANY 연산자를 사용하는 것이다. 이러한 연산자는 부속 질의어에서 IN 연산자를 사용하는 것과 유사하다. 그리고 ANY 연산자 대신에 SOME 연산자를 사용할 수 있는데, ANY 연산자와 SOME 연산자는 동의어이다.

```
⟨predicate with any all⟩ ::=
    ⟨expression⟩ ⟨any all operator⟩ ⟨subquery⟩

⟨any all operator⟩ ::=
    ⟨comparison operator⟩ { ALL | ANY | SOME }

⟨subquery⟩ ::= ( ⟨select statement⟩ )
```

[예제 9-27] 가장 나이가 많은 학생의 학번, 이름, 생년월일을 출력하라.

(단, 가장 나이가 많은 학생은 다른 학생의 생년월일보다 생년월일이 더 적거나 같은 생년월일을 가진 학생이다.)

```
mysql> select stu_no, stu_name, birthday
    -> from student
    -> where birthday <= all
    -> (select birthday
    -> from student);
```

stu_no	stu_name	birthday
20141001	박도상	19960116

1 row in set (0.00 sec)

부속 질의어의 중간 결과는 모든 학생의 생년월일로 구성되어 있다. SELECT 명령문에서 SQL은 각 학생의 생년월일이 중간 결과에 기록되어 있는 각 생년월일보다 작거나 동일한가 보게 된다.

IN 연산자를 사용하여 이러한 조건이 참인지 거짓인지 아니면 알 수 없음인지 명확하게 보여줄 수 있으며, 또 ALL 연산자를 사용해서도 보여줄 수 있다. y1, y2, ..., yn이 부속 질의어 S에서 반환한 모든 학생의 생년이라면 이는 다음과 같다.

```
BIRTH_YEAR <= ALL (S)
```

이는 다음과 동일한 의미를 갖는다.

```
(BIRTHDAY = BIRTHDAY)     AND
(BIRTHDAY <= y1)          AND
(BIRTHDAY <= y2)          AND … AND
(BIRTHDAY <= yn)          AND
TRUE
```

위의 명령문을 다음과 같은 내용을 가지고 있다.

- BIRTHDAY가 NULL 값을 가진다면 BIRTHDAY = BIRTHDAY는 알 수 없음과 동일하기 때문에 전체 조건은 알 수 없음으로 평가된다. 이러한 규칙은 부속 질의어의 결과에서 행이 존재한다 할지라도 그대로 유지된다.
- 만약 BIRTHDAY가 NULL 값이 아니고 부속 질의어가 결과를 반환하지 않는다면 마지막 조건이 true이기 때문에 조건은 참이 된다.
- 만약 BIRTHDAY가 NULL 값이 아니고 y 값 중 하나가 NULL 값이라면 조건은 알 수 없음이 된다.

ANY 연산자는 ALL 연산자의 반대가 되는 연산자이다.

[예제 9-28] 가장 나이가 많은 학생(박도상)을 제외한 나머지 모든 학생의 학번, 이름, 생년월일을 출력하라.

```
mysql> select stu_no, stu_name, birthday
    -> from student
    -> where birthday > any
    -> (select birthday
    -> from student);
```

stu_no	stu_name	birthday
20161001	박정인	19970403
20181001	장수인	19990209
20181002	정인정	19990315
20181003	이상진	19990819
20181004	김유미	19990207
20191001	김유신	20001007
20191002	홍길동	20000402
20191003	고혜진	20000307
20191004	이순신	20000222
20191005	김할리	20010418
20191006	최에스터	20021003

20191007	신안나	20011214
20191008	연개소문	20000615
20191009	유하나	20000921
20201001	김영호	20010811
20201002	강감찬	20010312

16 rows in set (0.01 sec)

부속 질의어의 중간 결과는 앞에서처럼 모든 생년월일로 구성된다. 그러나 이번의 경우는 SQL이 다른 학생의 생년월일보다 더 큰 생년월일을 가지는 모든 학생을 찾는다. 이러한 생년월일이 발견되면 SQL은 이 학생이 가장 나이가 많은 학생이 아니라는 것을 알게 된다. 이 명령문의 결과는 가장 나이가 많은 학생을 제외한 모든 학생들이다. 이전의 예제 "박도상"을 보여주었지만 이번에는 이 학생을 제외한 나머지 학생들이 최종 결과가 된다.

만약 y1, y2, ... , yn이 부속 질의어 S에서 반환한 모든 생년월일이라면 이는 다음과 같다.

```
BIRTHDAY > ANY (S)
```

이는 다음과 동일한 의미를 갖는다.

```
(BIRTHDAY = BIRTHDAY)    AND
(BIRTHDAY > y1)          OR
(BIRTHDAY > y2)          OR ... OR
(BIRTHDAY > yn)          OR  false);
```

위의 명령문은 다음과 같은 내용을 가지고 있다.

- BIRTHDAY가 NULL 값을 가진다면 BIRTHDAY = BIRTHDAY는 알 수 없음과 동일하기 때문에 전체 조건은 알 수 없음으로 평가된다. 이러한 규칙은 부속 질의어의 결과에서 행이 존재한다 할지라도 그대로 유지된다.
- 만약 BIRTHDAY가 NULL 값이 아니고 부속 질의어가 결과를 반환하지 않는다면 마지막 조건이 false이기 때문에 조건은 거짓이 된다.
- 만약 BIRTHDAY이 NULL 값이 아니고 y 값 중 하나가 NULL 값이라면 조건은 알 수 없음이 된다.

9.10절에서 사용한 더 크다의 연산자(>)와 더 적거나 같다의 연산자(<=)를 사용하는 대신에 다른 관계 연산자를 사용할 수도 있다.

조건 C = ANY (S)가 C IN (S)와 동일하다는 것을 추측해 보기 바라며, 조건 C <> ALL (S)가 C

NOT IN (S)와 NOT(C IN (S))와 동일하다는 것을 증명해 보기 바란다.

정의에서 부속 질의어가 서로 다른 다중 값을 반환한다면 열에 있는 값은 동시에 2개 이상의 서로 다른 값과 동일하지 않기 때문에 조건 C = ALL (S)는 거짓이 된다. 이러한 명제는 간단한 예제를 통하여 설명할 수 있다. 만약 v1과 v2가 부속 질의어 S의 중간 결과로 생성된 서로 다른 2개의 값이라면 C = ALL (S)는 (C = v1) AND (C = v2)와 동일하다. 따라서 정의에 의해서 이는 거짓이 된다.

이제 역으로 적용하여 조건 C 〈〉 ANY (S)를 보자. 만약 부속 질의어가 다중 값을 반환한다면 정의에 의해서 조건은 참이 된다. 그 이유는 만약 부속 질의어 S의 중간 결과가 v1과 v2로 구성되어 있다면 C 〈〉 ANY (S)는 (C 〈〉 v1) OR (C 〈〉 v2)와 동일하다. 그리고 이는 정의에 의해서 참이 된다.

[예제 9-29] 학번 20191004인 학생이 등록한 등록금의 납부총액(1,000,000)보다 더 많은 등록금을 낸 학생의 학번과 납부총액을 출력하라. 이때 20191004번은 결과에서 제외한다.

```
mysql> select distinct stu_no, fee_pay
    -> from fee
    -> where stu_no 〈〉 '20191004'
    -> and fee_pay 〉 any
    -> (select fee_pay
    -> from fee
    -> where stu_no = '20191004');
```

stu_no	fee_pay
20141001	3000000
20141001	2200000
20141001	2000000
20191005	3000000
20191006	3000000
20191007	3000000
20191008	3000000
20201002	3000000

8 rows in set (0.00 sec)

9.11 EXISTS 연산자

주 질의어와 관련된 부속 질의어에서 사용할 수 있는 마지막 연산자인 EXISTS 연산자 대하여 설명하고 있다.

⟨predicate with exists⟩ ::= EXISTS ⟨subquery⟩

⟨subquery⟩ ::= (⟨select statement⟩)

[예제 9-30] 등록을 한 학생의 학번과 이름을 출력하라.

```
mysql> select stu_no, stu_name
    -> from student
    -> where stu_no in
    -> (select stu_no
    -> from fee);
```

stu_no	stu_name
20141001	박도상
20161001	박정인
20191004	이순신
20191005	김할리
20191006	최에스터
20191007	신안나
20191008	연개소문
20201002	강감찬

8 rows in set (0.00 sec)

위의 명령문은 다음과 같이 EXISTS 연산자를 사용하여 다시 작성할 수 있다.

```
mysql> select stu_no, stu_name
    -> from student
    -> where exists
    -> (select * from fee
    -> where stu_no = student.stu_no);
```

```
mysql> select stu_no, stu_name
    -> from student
    -> where exists
    -> (select * from fee
    -> where stu_no = student.stu_no);
```

여기서 부속 질의어에서 새로운 일을 할 수 있다는 것을 알 수 있을 것이다. 조건에서 열 명세 STUDENT.STU_NO은 주 질의어의 명령문에서 사용했던 테이블을 참조하게 된다. 이와 같은 이유는 상호 관련된 부속 질의어(correlated subquery)를 호출하기 때문이다. 즉, 지정된 열 명세를 사용함으로써 부속 질의어와 주 질의어간에 관계성을 확립한다.

정확하게 이 명령문의 의미는 무엇인가? SQL은 STUDENT 테이블에 있는 모든 학생에 대하여 부속 질의어의 결과로서 행을 반환하는지 반환하지 않는지 결정한다. 다시 말하면, WHERE EXISTS의 결과가 있는지 조사한다는 것이다. 만약 FEE 테이블이 학생과 관련된 동일한 학번인 행이 적어도 하나 이상 있다면 그 행은 조건을 만족하게 된다. 이에 대한 예제를 다음에서 보기로 하자. FEE 테이블에서 첫 번째 행인 학번 "20161001"에 대하여 다음과 같은 부속 질의어가 실행된다는 것이다.

```
mysql> SELECT *
    → FROM FEE
    → WHERE STU_NO = '20161001';
```

중간 결과는 하나의 행으로 구성되어 있다. 그래서 최종 결과는 학번이 "20161001"인 학생의 이름을 출력하게 될 것이다.

유사하게, SQL은 STUDENT 테이블에 있는 첫 번째, 두 번째, 그 다음 행을 순서적으로 실행하게 된다. 이 때 매번 변화가 발생하는 것은 WHERE 절에 있는 STUDENT.STU_NO의 값이다. 따라서 부속 질의어는 STUDENT 테이블에 있는 각 학생에 대하여 서로 다른 중간 결과 값을 가질 수 있다.

[예제 9-31] 등록하지 않은 학생의 학번과 이름을 출력하라.

```
mysql> select stu_no, stu_name
    → from student
    → where not exists
    → (select *
    → from fee
    → where stu_no = student.stu_no);
```

stu_no	stu_name
20181001	장수인
20181002	정인정
20181003	이상진

20181004	김유미
20191001	김유신
20191002	홍길동
20191003	고혜진
20191009	유하나
20201001	김영호

9 rows in set (0.00 sec)

EXISTS 연산자를 가지고 있는 조건은 항상 참, 거짓, 알 수 없는 값을 가진다. 제 14 장에서는 상호 관련 부속 질의어에 대하여 자세히 설명하고 있다.

앞에서 설명했던 것처럼 EXISTS 연산자를 가지고 있는 조건을 평가하는 동안에 SQL은 부속 질의어의 결과로 행이 반환되었는지 에만 관심이 있고 행의 내용에는 관심이 없다. 이는 SELECT 절에서 사용자가 지정한 것과는 완전히 무관하다는 것이다. 그리고 리터럴까지도 사용할 수 있다. 그래서 위의 명령문은 다음의 명령문과 동일하다.

```
mysql> select stu_no, stu_name
    -> from student
    -> where not exists
    -> (select 'Nothing'
    -> from fee
    -> where stu_no = student.stu_no);
```

stu_no	stu_name
20181001	장수인
20181002	정인정
20181003	이상진
20181004	김유미
20191001	김유신
20191002	홍길동
20191003	고혜진
20191009	유하나
20201001	김영호

9 rows in set (0.00 sec)

상호 관련 부속 질의어들은 EXISTS 연산자를 가지고 있는 주 질의어와 연결된 부속 질의어의 정의에는 관련이 없다. 다음의 예제에서는 ALL 연산자가 상호 관련 부속 질의어에서 어떻게 사용되는가 보여주고 있다.

[예제 9-32] 학적 테이블에서 학번, 이름, 휴대폰번호, 우편번호를 출력하라.

mysql> select stu_no, stu_name, mobile, post_no from student;

stu_no	stu_name	mobile	post_no
20141001	박도상	010-0611-9884	01066
20161001	박정인	010-3142-1294	04957
20181001	장수인	NULL	57991
20181002	정인정	010-0605-7837	05270
20181003	이상진	NULL	17826
20181004	김유미	010-0617-1290	15348
20191001	김유신	010-9876-1299	06034
20191002	홍길동	010-6425-9245	59635
20191003	고혜진	NULL	47783
20191004	이순신	010-7141-1860	01901
20191005	김할리	010-4624-0460	02463
20191006	최에스터	NULL	03975
20191007	신안나	010-5897-0874	06305
20191008	연개소문	010-0641-9304	48020
20191009	유하나	010-0651-0707	61053
20201001	김영호	010-4605-5598	61689
20201002	강감찬	010-1234-4567	34331

17 rows in set (0.00 sec)

[예제 9-33] 각각의 도시에 거주하는 모든 학생에 대하여 휴대폰을 가지고 있는 학생의 학번과 이름 우편번호, 휴대폰 번호를 나타내어라.(단, 휴대폰이 있는 학생과 휴대폰이 없는 학생의 우편번호 앞 1자리가 동일한 학생은 제외시킨다)

```
mysql> select stu_no, stu_name, post_no, mobile
    -> from student s1
    -> where not mobile in
    -> (select mobile
    -> from student s2
    -> where substring(s1.post_no, 1, 1) = substring(s2.post_no, 1, 1)
    -> and mobile is null);
```

stu_no	stu_name	post_no	mobile
20191009	유하나	61053	010-0651-0707
20201001	김영호	61689	010-4605-5598
20201002	강감찬	34331	010-1234-4567

3 rows in set (0.00 sec)

위의 실행결과는 휴대폰이 없는 학생과 휴대폰이 있어도 휴대폰이 없는 학생의 우편번호 앞 1자리가 같으면 제외되었다. 휴대폰 없는 장수인 학생의 우편번호(57991)과 이상진 학생의 우편번호(17826), 고혜진 학생의 우편번호(47783), 최예스터 학생의 우편번호(03975)의 앞 1번째 자리는 (0, 1, 4, 5)이므로, 학생들이 휴대폰을 가지고 있더라도 우편번호 앞 1자리가 (0, 1, 4, 5)로 시작하는 학생들은 제외된다. 여기에 해당되는 학생들 박도상, 박정인, 정인정, 김유미, 김유신, 홍길동, 이순신, 김할리, 신안나, 연개소문 학생은 휴대폰이 있지만 제외되었다.

9.12 부정 조건

SQL에서 자주 발생하는 오류의 대하여 설명한다. 이러한 오류는 부정 조건을 가지고 있는 오류라고도 한다. 열에서 특별한 값을 가지고 있지 않는 행을 찾는 조건을 부정 조건(condition with negation)이라 한다. 부정 조건은 긍정 조건 앞에 NOT을 위치시킴으로써 만들 수 있다. 여기에서는 이러한 문제를 설명하기 위해서 2개의 예제를 보여주고 있다.

[예제 9-34] "Java길라잡이" 동아리에 가입한 학생의 학번과 이름을 출력하라.

```
mysql> select stu_no, stu_name
    → from circle
    → where cir_name = 'Java길라잡이';
```

stu_no	stu_name
20181001	장수인
20191004	이순신
20161001	박정인

3 rows in set (0.00 sec)

[예제 9-35] "Java길라잡이" 동아리에 가입하지 않은 학생의 학번과 이름을 출력하라.

```
mysql> select stu_no, stu_name, cir_name
    → from circle
    → where cir_name <> 'Java길라잡이';
```

stu_no	stu_name	cir_name
20141001	박도상	컴맹탈출
20191009	유하나	컴맹탈출

20191001	김유신	컴맹탈출
20191002	홍길동	PHP길라잡이

4 rows in set (0.00 sec)

앞의 예제에서 간단히 연산자 <>을 추가하여 "Java길라잡이" 동아리에 가입하지 않은 학생을 찾을 수 있다. 지금까지는 아무런 문제가 없다. 그 이유는 SELECT 절의 출력 결과 값이 NULL 값을 포함하지 않고 있기 때문이다.

조건 앞에 NOT 연산자를 위치시킴으로써 부정 조건을 가지는 SELECT 명령문을 만들 수 있다.

```
mysql> select stu_no, stu_name, cir_name
    -> from circle
    -> where not cir_name = 'Java길라잡이';
```

만약 SELECT 절의 결과 값 중에 NULL 값을 포함한 데이터가 존재한다면 부정조건을 처리할 때 문제가 발생한다. 다음의 [예제 9-38]에서는 이러한 내용을 설명하고 있다.

[예제 9-36] 등록테이블에서 장학코드가 '11' 학생의 학번과 장학코드, 장학금 총액을 출력하라.

```
mysql> select stu_no, jang_code, jang_total
    -> from fee
    -> where jang_code = 11;
```

stu_no	jang_code	jang_total
20141001	11	2000000
20161001	11	2000000
20191004	11	2000000

3 rows in set (0.00 sec)

지금까지의 질문과 응답에 관한 SELECT 명령문의 구조는 앞의 예제와 유사하게 보인다. 이제 장학코드가 '11'이 아닌 학생에 대하여 출력해 보자. 만약 예제와 동일한 방법으로 사용한다면 SELECT 명령문은 다음과 같을 것이다.

[예제 9-37] 등록테이블에서 장학코드가 '11' 이 아닌 학생의 학번과 장학코드, 장학금총액을 출력하라.

```
mysql> select stu_no, jang_code, jang_total
    -> from fee
    -> where jang_code <> 11;
```

stu_no	jang_code	jang_total
20141001	1	500000
20141001	10	2500000
20141001	21	800000
20141001	2	1000000
20141001	10	2500000
20141001	10	2500000
20141001	10	2500000
20161001	10	2500000
20161001	10	2500000
20161001	10	2500000
20191004	1	500000
20191005	1	500000
20191006	1	500000
20191007	1	500000
20191008	1	500000
20201002	1	500000
20201002	10	2500000

17 rows in set (0.00 sec)

FEE 테이블에서 장학코드가 '11' 이거나 NULL 값을 가지고 있는 학생은 제외되었으므로 원하는 데이터가 출력되지 않은 것을 알 수 있다. 위의 예제를 NOT IN 연산자를 이용하여 출력해 보자.

[예제 9-38] 등록테이블에서 장학코드가 '11'이 아닌 학생의 학번과 장학코드, 장학금총액을 출력하라.(NOT IN 이용)

```
mysql> select stu_no, jang_code, jang_total
    → from fee
    → where jang_code not in
    → (select jang_code
    → from fee
    → where jang_code in (11));
```

stu_no	jang_code	jang_total
20141001	1	500000
20141001	10	2500000
20141001	21	800000
20141001	2	1000000

20141001	10	2500000
20141001	10	2500000
20141001	10	2500000
20161001	10	2500000
20161001	10	2500000
20161001	10	2500000
20191004	1	500000
20191005	1	500000
20191006	1	500000
20191007	1	500000
20191008	1	500000
20201002	1	500000
20201002	10	2500000

17 rows in set (0.00 sec)

NOT IN 부속 질의어를 사용하여도 [예제 9-37]과 동일한 결과를 얻을 수 있다. 주 질의어에서 SQL은 부속 질의어의 결과에 나타나지 않는 학생을 찾는다.

[예제 9-39] 등록테이블에서 장학코드가 '11'이 아닌 학생의 학번과 장학코드, 장학금총액을 출력하라.(단, NOT IN 이용하고 장학코드가 NULL인 학생도 포함하여 출력하라.)

```
mysql> select stu_no, jang_code, jang_total
    -> from fee
    -> where jang_code not in
    -> (select jang_code
    -> from fee
    -> where jang_code in(11))
    -> or jang_code is null;
```

stu_no	jang_code	jang_total
20081001	NULL	NULL
20081002	NULL	NULL
20141001	1	500000
20141001	10	2500000
20141001	21	800000
20141001	2	1000000
20141001	10	2500000
20141001	10	2500000

20141001	10	2500000
20161001	10	2500000
20161001	10	2500000
20161001	10	2500000
20191004	1	500000
20191005	1	500000
20191005	NULL	100000
20191006	1	500000
20191006	NULL	100000
20191007	1	500000
20191007	NULL	100000
20191008	1	500000
20191008	NULL	100000
20201002	1	500000
20201002	10	2500000

23 rows in set (0.01 sec)

연습문제

9-1. 2000년 이후에 출생한 각 학생의 학번을 나타내어라(적어도 2개의 가능한 SELECT 명령문을 작성할 수 있다).

9-2. 학번 20141001번이 등록하였다면 학생의 이름을 나타내어라.

9-3. 다음 SELECT 명령문의 결과는 어떻게 되는가?

　　SELECT　　　STU_NO, PHONE_NO
　　FROM　　　　STUDENT
　　WHERE　　　 MOBILE > MOBILE

9-4. 적어도 한 번 이상 장학금을 받은 학생의 학번을 출력하라.

9-5. 1,500,000원 이상 장학금을 받은 학생의 학번과 이름을 출력하라.

9-6. 성별이 남자가 아닌 학생의 학번과 이름을 출력하라.

9-7. 1998부터 2001년 사이에 출생한 학생의 학번과 이름, 출생년도를 출력하라.

9-8. 적어도 한번은 장학금을 받고 1999년 이후에 출생한 학생의 학번, 이름, 장학금 총액을 출력하라.

9-10. 장학금 수령총액이 500,000원에서 2,000,000원 사이에 포함되는 각 학생의 학번을 출력하라.

9-11. 장학금 수령총액이 500,000원에서 2,000,000원 사이에 포함되지 않는 각 학생의 학번을 출력하라

9-12. 입학년도가 2002년부터 2006년까지 입학한 학생의 학번과 입학년도를 출력하라.

9-13. 출생년도가 1998년, 2000년, 2002년에 태어난 학생의 학번과 이름, 출생년도를 출력하라.

9-14. 나이가 19세부터 23세 사이인 학생의 학번을 출력하라.

9-16. 서울광역시와 경기도에 거주하지 않는 학생의 번호, 이름, 우편번호를 출력하라.

9-17. 영문이름이 문자 'Kim'로 시작하는 각 학생의 학번과 이름을 출력하라.

9-18. 영문이름이 13문자로 구성된 각 학생의 이름과 학번을 출력하라.

9-19. 영문이름이 13문자 이상으로 구성된 각 학생의 학번과 이름을 출력하라.

9-20. 학생의 영문이름에서 앞에서 4번째 문자가 문자 'g'인 각 학생의 학번과 이름을 출력하라.

9-21. 다음 SELECT 명령문에 있는 조건이 정당하지 못한가?

```
SELECT      *
FROM        STUDENT
WHERE       STU_NAME IS NULL
```

9-22. 적어도 한 번 이상 장학금을 지급 받은 학생의 학번과 이름을 출력하라.

9-23. 1,000,000이상의 장학금을 적어도 한 번 이상 지급 받을 학생의 학번과 이름 출력하라.

9-24. 적어도 한 번 이상 장학금을 지급 받았고 동아리에 가입을 하지 않은 학생의 학번과 이름을 출력하라.

9-25. 다음 SELECT 명령문의 결과는 무엇인가?

```
SELECT      STU_NO, STU_NAME, MOBILE
FROM        STUDENT
WHERE       PHONE_NO  NOT IN
            (SELECT    MOBILE
             FROM      STUDENT
             WHERESTU_NO IN ('20191009', 20201001'));
```

9-26. 남학생중나이가가장많은학생의학번과 이름 출생년도를출력하라.

9-27. 적어도한번의장학금을받은학생의학번,이름을출력하라(IN연산자를사용하지 않고작성).

9-28. 적어도 한 과목이상 수강신청을 한 학생의 이름과 학번을 출력하라.

9-29. 학번20191007번인학생의등록년도, 학기, 등록날짜와이름을출력하라.

9-30. 수강신청을 하였으나 보관성적에 존재하지 않은 학생의 학번과 수강년도, 학기, 수강과목을 출력하라.

9-31. 동아리 테이블에서 동아리의 회장의 학번과 이름, 동아리 명을 출력하라.

9-32. 동아리에 소속되지 않은 학생의 학번과 이름을 출력하라.

Part 10

SELECT 명령문 : 통계함수

Part 10. SELECT 명령문 : 통계함수

WHERE 절은 행을 선택하기 위해서 사용된다. 이 절의 중간 결과 테이블은 수평 부분 집합(horizontal subset)으로 구성된다. 반대로 SELECT 절은 행이 아니라 열만을 선택하고, 중간 결과는 테이블의 수직 부분 집합(vertical subset)이다.

SELECT 절의 제한성과 사용은 GROUP BY 절의 존재 유무에 의존한다. 제 10 장에서는 GROUP BY 절이 없는 SELECT 명령문에 대하여 설명하고, 제 11 장에서는 GROUP BY 절을 어떻게 사용하는가에 대하여 중점적으로 설명하고 있다.

제 10 장에서는 대부분 통계 함수의 사용에 대하여 설명하고 있다.

```
⟨select clause⟩ ::=
SELECT [ DISTINCT | ALL ] ⟨select element list⟩

⟨select element list⟩ ::=
⟨select element⟩ [ {, ⟨select element⟩ } … ] |
 *

⟨select element⟩ ::=
⟨expression⟩ [ ⟨column heading⟩ ] |
⟨table specification⟩.* |
⟨correlation name⟩.*

⟨column heading⟩ ::= " ⟨ ⟨ " ⟨name⟩ " ⟩ ⟩ "
```

10.1 모든 열의 선택(*)

특수 문자 *(asterisk라 읽음)는 FROM 절에서 사용된 각 테이블에 있는 모든 열을 간단히 표현한 것이다. 다음 2개의 SELECT 명령문은 동일하다.

```
SELECT      *
FROM        CIRCLE;
```

그리고

```
SELECT CIR_NUM, CIR_NAME, STU_NO, STU_NAME, PRESIDENT
FROM   CIRCLE;
```

FROM 절이 2개 이상의 테이블을 가지고 있을 때 표현될 열을 명확히 하기 위해서 * 기호 앞에 테이블 명세가 필요하다. 다음 3개의 명령문은 동일하다.

- SELECT CIRCLE.*
  FROM CIRCLE, STUDENT
  WHERE CIRCLE.STU_NO = STUDENT.STU_NO;

- SELECT CIR_NUM, CIR_NAME, CIRCLE.STU_NO, CIRCLE.STU_NAME, PRESIDENT
  FROM CIRCLE, STUDENT
  WHERE CIRCLE.STU_NO = STUDENT.STU_NO;

- SELECT CI.*
  FROM CIRCLE CI, STUDENT
  WHERE CI.STU_NO = STUDENT.STU_NO;

위의 3개의 SELECT 명령은 아래와 같은 동일한 결과를 출력한다.

cir_num	cir_name	stu_no	stu_name	president
1	컴맹탈출	20141001	박도상	0
2	컴맹탈출	20191009	유하나	1
3	컴맹탈출	20191001	김유신	2
4	Java길라잡이	20181001	장수인	2
5	Java길라잡이	20191004	이순신	1
6	Java길라잡이	20161001	박정인	0
7	PHP길라잡이	20191002	홍길동	0

7 rows in set (0.00 sec)

10.2 SELECT 절의 수식

SELECT 절을 처리하는데 있어서 SQL은 행 단위로 구성된 중간 결과를 평가하고, 각 수식은 결과 행의 값으로 주어진다. 지금까지 SELECT 절의 대부분의 예제는 열의 이름만을 지정했지만 수식에는 리터럴, 계산 또는 스칼라 함수를 사용할 수도 있다.

[예제 10-1] 2019년에 등록한 학생에 대한 학번, 년도, 학기, 장학금액, 납부총액(등록금-장학금), 납부금비율(납부총액/등록금*100), '%'를 출력하시오.

```
mysql> select stu_no, fee_year, fee_term, fee_total, jang_total,
    -> fee_pay "납부총액", fee_pay/fee_total*100 "납부금비율", '%'
    -> from fee
    -> where fee_year = 2019;
```

stu_no	fee_year	fee_term	fee_total	jang_total	납부총액	납부금비율	%
20141001	2019	1	2800000	2500000	300000	10.7143	%
20141001	2019	2	2800000	2500000	300000	10.7143	%
20161001	2019	1	3000000	2000000	1000000	33.3333	%
20161001	2019	2	3000000	2500000	500000	16.6667	%
20191004	2019	1	3500000	500000	3000000	85.7143	%
20191004	2019	2	3000000	2000000	1000000	33.3333	%
20191005	2019	1	3500000	500000	3000000	85.7143	%
20191005	2019	2	3000000	NULL	3000000	100.0000	%
20191006	2019	1	3500000	500000	3000000	85.7143	%
20191006	2019	2	3000000	NULL	3000000	100.0000	%
20191007	2019	1	3500000	500000	3000000	85.7143	%
20191007	2019	2	3000000	NULL	3000000	100.0000	%
20191008	2019	1	3500000	500000	3000000	85.7143	%
20191008	2019	2	3000000	NULL	3000000	100.0000	%

14 rows in set (0.01 sec)

위의 결과와 같이 20141001학생은 2019년에 2번의 장학금을 받았고, 20191006번 학생은 2019년 1학기에 장학금을 받아 전체 등록금의 85.71%를 내었고, 2학기에는 등록금 전액을 낸 사실을 확인 할 수 있다.

10.3 DISTINCT를 사용한 중복된 행의 제거

SELECT 절은 DISTINCT라는 단어가 선행하는 많은 수식으로 구성할 수 있다(앞에서 보여준 정의 참조). DISTINCT를 사용하면 SQL은 중간 결과에서 중복된 행을 삭제한다(어떤 SQL 제품에서는 DISTINCT 대신에 UNIQUE를 사용함).

[예제 10-2] 등록(FEE) 테이블에서 등록년도가 2019년인 학생의 학번, 이름을 출력하라.

```
mysql> select fe.stu_no, stu_name
    -> from fee fe, student s
    -> where fe.stu_no = s.stu_no
    -> and fe.fee_year = 2019;
```

stu_no	stu_name
20141001	박도상
20141001	박도상
20161001	박정인
20161001	박정인
20191004	이순신
20191004	이순신
20191005	김할리
20191005	김할리
20191006	최에스터
20191006	최에스터
20191007	신안나
20191007	신안나
20191008	연개소문
20191008	연개소문

14 rows in set (0.00 sec)

결과 테이블에서 박도상, 박정인, … 연개소문 학생이 2번씩 출력되었다. 만약 이 명령문에 다음과 같이 DISTINCT를 사용하면 중복된 행은 삭제될 것이다.

```
mysql> select distinct fe.stu_no, stu_name
    -> from fee fe, student s
    -> where fe.stu_no = s.stu_no
    -> and fe.fee_year = 2019;
```

stu_no	stu_name
20141001	박도상
20161001	박정인
20191004	이순신
20191005	김할리
20191006	최에스터
20191007	신안나
20191008	연개소문

7 rows in set (0.00 sec)

[예제 10-3] FEE 테이블에서 2016년과 2018년에 등록한 모든 학생의 학번, 이름, 등록년도를 출력하라.

```
mysql> select fe.stu_no, stu_name, fee_year
    -> from fee fe, student s
    -> where fe.stu_no = s.stu_no
    -> and (fe.fee_year = 2016 or fe.fee_year = 2018);
```

stu_no	stu_name	fee_year
20141001	박도상	2018
20141001	박도상	2018
20161001	박정인	2016
20161001	박정인	2016

4 rows in set (0.00 sec)

위의 결과 또한 중복된 행을 가지고 있다. 예를 들면, 20141001부터 20161001까지 모든 학생이 중복되어 나타났다. 이 명령문에 DISTINCT를 사용하면 다음과 같다.

```
mysql> select distinct fe.stu_no, stu_name, fee_year
    -> from fee fe, student s
    -> where fe.stu_no = s.stu_no
    -> and (fe.fee_year = 2016 or fe.fee_year = 2018);
```

stu_no	stu_name	fee_year
20141001	박도상	2018
20161001	박정인	2016

2 rows in set (0.00 sec)

그리고, 명령문에서 DISTINCT는 DISTINCT 바로 다음에 있는 수식에만 적용되는 것은 아니고 전체 행에 적용된다. 다음에는 DISTINCT를 남용한 세 가지 경우를 설명하고 있다.

- SELECT 절이 FROM 절에 지정된 각 테이블에 대하여 적어도 하나의 후보키를 가지고 있을 때 DISTINCT는 불필요하다. 후보 키의 가장 중요한 속성은 중복이 되는 값을 열에 허용하지 않는다는 것이다. 따라서 후보 키를 가지고 있는 테이블은 중복 행을 허용하지 않는다. SELECT 절에 후보 키를 포함한다는 것은 최종 결과 테이블에 중복된 행이 나타나지 않는다는 것을 보장한다.
- SELECT 절의 결과가 하나의 행만을 가질 때 DISTINCT는 불필요하다.
- SELECT 절의 결과가 Primary key 만을 출력할 때는 DISTINCT는 불필요하다.

마지막으로 사용자는 DISTINCT를 사용하는 것처럼 이 위치에 ALL을 지정할 수 있다. 실제적으로 ALL은 DISTINCT의 반대되는 효과를 나타내고, 정상적인 SELECT 명령문의 결과를 변경하지는 않는다. 다시 말하면 다음의 두 명령문은 동일하다.

```
SELECT ALL STU_NAME
FROM STUDENT;
```

그리고

```
SELECT STU_NAME
FROM STUDENT;
```

언제 2개의 행이 동일(identical) 또는 동등(equal)한가? 간단히 보면 이는 같은 질문처럼 보인다. 그러나 2개의 행 중에 하나가 NULL 값을 가질 때 동등한가? 이와 같은 2개의 질문에 대한 대답은 약간의 차이가 있다고 할 수 있다.

n개의 값인 vi(1 <= i <= n)로 구성된 두 개의 행 R1과 R2에 대하여 생각해 보자. 다음과 같은 조건에서 두 개의 행 R1과 R2는 동등하다.

- 행에 있는 다수의 값들이 동등하고,
- 각 i(1 <= i <= n)에 대하여 R1vi가 R2vi와 동등하거나, R1vi와 R2vi 모두 가 NULL 값과 동등할 때 동등하다.

이는 만약 R1v3이 NULL값과 동등하고 R2v3은 아니라면 R1과 R2는 동등하지 않다는 것을 의미(다른 값에 독립적)한다. 그러나 만약 R1v3과 R2v3이 NULL과 동등하다면 이들은 동등하다고 할 수 있다. 이러한 규칙은 9.2절에서 설명했던 규칙과는 다른데, 9.2절에서는 NULL 값을 가지고 있는 관계 연산자는 알 수 없음으로 평가된다고 설명하였으며, 이 규칙은 조건에서 각각의 값을 비교한다. 여기서는 SQL은 두 행(서로 다른 값을 가지는)이 동등한지 검사한다는 것을 설명하고 있다. 이러한 규칙은 관계형 모델의 규칙에 따른다.

[예제 10-4] 학적테이블에서 휴대폰번호(MOBILE)가 서로 다른 학생의 휴대폰번호를 출력하라.

```
mysql> select distinct mobile
    -> from student;
```

mobile
010-0611-9884
010-3142-1294

```
       NULL
010-0605-7837
010-0617-1290
010-9876-1299
010-6425-9245
010-7141-1860
010-4624-0460
010-5897-0874
010-0641-9304
010-0651-0707
010-4605-5598
010-1234-4567
```

14 rows in set (0.00 sec)

결과에서 화면에 보이는 것은 14개 행만 보이지만, 원래 학적 테이블의 전체 행은 17개 행이 존재하고 휴대폰번호(MOBILE)가 NULL인 사람이 4명이 있다. NULL 값은 서로 동등한 것으로 구성되는 행이기 때문에 오직 한 번만 나타나므로 14개의 행이 출력된 것이다.

[예제 10-5] 학적테이블에서 휴대폰번호(MOBILE)가 서로 다른 학생의 휴대폰 번호를 출력하라. (단, 휴대폰이 없는 학생은 "휴대폰 없음"으로 출력하라.)

```
mysql> select distinct
    -> ifnull(mobile, '휴대폰 없음')
    -> from student;
```

```
ifnull(mobile, '휴대폰 없음')
010-0611-9884
010-3142-1294
휴대폰 없음
010-0605-7837
010-0617-1290
010-9876-1299
010-6425-9245
010-7141-1860
010-4624-0460
010-5897-0874
010-0641-9304
```

010-0651-0707
010-4605-5598
010-1234-4567

14 rows in set (0.00 sec)

만약 휴대폰이 없어 NULL값을 가지면 "휴대폰 없음"을 출력한다.

10.4 언제 2개의 행이 동등한가?

SELECT 절에서 사용되는 수식은 통계 함수를 가질 수 있다. 만약 SELECT 명령문이 GROUP BY 절을 가지고 있지 않다면 SELECT 절에 있는 통계 함수는 모든 행에 적용된다. SQL은 다음 표 10.1에 있는 통계 함수를 사용할 수 있다. 통계 함수(Statistical functions)는 연산을 수행하기 위한 스칼라 함수와 유사하게 사용되며, 이러한 함수 또한 전달 인수를 사용한다. 두 함수간의 중요한 차이점이 있는데, 스칼라 함수는 항상 많아야 하나의 행에서 수행되지만 통계 함수는 행의 집합을 통하여 수행된다. 표 10.1에서는 SQL에서 지원하는 통계 함수를 설명하고 있다.

표 10.1 통계 함수

함 수	의 미
COUNT	테이블에서 열의 수 또는 행의 수를 결정한다.
MIN	열에서 최소 값을 결정한다.
MAX	열에서 최대 값을 결정한다.
SUM	열에 있는 값들의 합을 결정한다.
AVG	열에 있는 값들의 산술평균을 결정한다.

SELECT 절이 통계 함수를 가지고 있다면 전체 SELECT 명령문은 그 결과로서 한 행만 생성한다(지금은 SELECT 절이 GROUP BY 절을 사용하지 않는다고 가정한다).

```
⟨statistical function⟩ ::=
        COUNT ( [ DISTINCT | ALL ] { * | ⟨expression⟩ } )    :
        MIN ( [ DISTINCT  : ALL ] ⟨expression⟩ )            :
        MAX ( [ DISTINCT  : ALL ] ⟨expression⟩ )            :
        SUM ( [ DISTINCT  : ALL ] ⟨expression⟩ )            :
        AVG ( [ DISTINCT  : ALL ] ⟨expression⟩ )
```

[예제 10-6] STUDENT 테이블에 전체 학생 수는?

```
mysql> select count(*)
    -> from student;
```

count(*)
17

1 row in set (0.01 sec)

함수 COUNT(*)는 FROM 절에 있는 테이블의 행의 수를 구한다. 이 경우에 행의 수는 STUDENT 테이블에 있는 행의 수와 일치한다.

[예제 10-7] 성별이 여자인 학생은 몇 명인가?

```
mysql> select count(*)
    -> from student
    -> where gender in (2, 4, 6);
```

count(*)
7

1 row in set (0.03 sec)

SELECT 절은 WHERE 절 다음에 처리되기 때문에 GENDER IN (2, 4, 6) 열이 가지고 있는 값이 한 개인 행의 수가 된다.

10.5 COUNT 함수

COUNT 함수에서는 괄호 내부에 * 또는 수식을 지정할 수 있다. * 가 사용되는 첫 번째 경우는 앞의 10.5절에서 이미 설명하였다. 10.6절에서는 수식을 사용하는 경우를 살펴보자.

[예제 10-8] 2학년인 학생의 수는 얼마나 되는가?

```
mysql> select count(*)
    -> from student
    -> where grade = 2;
```

count(*)
3

1 row in set (0.00 sec)

[예제 10-9] 휴대폰을 가지고 있는 학생의 몇 명인가?

    mysql〉 select count(mobile)
        → from student;

count(mobile)
13

1 row in set (0.00 sec)

함수 COUNT(MOBILE)는 중간 결과 테이블에 있는 행의 수를 계산하는 대신에 MOBILE열에 있는 NULL 값을 제외한 수를 계산하게 된다. 그래서 결과는 13이다. 이는 함수가 SQL 표준에서 어떻게 정의되는지, 그리고 많은 SQL 제품에서 이 함수가 구현되는 방법이 서로 다르게 구현되고 있다. COUNT 함수는 열에 있는 서로 다른 값의 수를 계산하는 데에도 사용된다. 다음을 보자.

[예제 10-10] BAN 열에는 서로 다른 반이 얼마나 되는가?

    mysql〉 select count(distinct class)
        → from student;

count(distinct class)
3

1 row in set (0.00 sec)

열 이름 앞에서 DISTINCT가 사용되면 모든 중복된 값이 먼저 제거되고 덧셈이 수행된다.

[예제 10-11] 생년월일의 앞 4자리의 값이 서로 다른 숫자를 가지는 것은 몇 명인가?(즉, 태어난 연도가 서로 다른 경우의 수를 나타내어라)

    mysql〉 select count(distinct substring(birthday, 1, 4))
       -〉 from student;

count(distinct substring(id_num, 1, 2))
6

[예제 10-12] STUDENT 테이블에 나타난 서로 다른 학과코드의 수?

```
mysql> select count(distinct dept_code)
    -> from student;
```

count(distinct dept_code)
3

1 row in set (0.00 sec)

SELECT 절에서 동시에 여러 개의 함수를 사용할 수 있다.

[예제 10-13] 서로 다른 입학년도의 개수와 학년의 수를 출력하라.

```
mysql> select count(distinct substring(stu_no, 1, 4)),
    -> count(distinct grade)
    -> from student;
```

count(distinct substring(stu_no, 1, 4))	count(distinct grade)
5	4

1 row in set (0.00 sec)

10.6 MAX와 MIN 함수

MAX와 MIN 함수를 사용하여 SQL은 각 열에 있는 값들 중에서 최대값과 최소값을 구할 수 있다.

[예제 10-14] 납부총액중 가장 많은 등록금을 출력하라.

```
mysql> select max(fee_pay)
    -> from fee;
```

max(fee_pay)
3000000

1 row in set (0.00 sec)

결과를 변경하지 않고 열의 이름 앞에 ALL을 지정할 수 있다. ALL을 사용함으로써 모든 값을 고려하였다. 중복된 값은 계산에 두 번 포함된다. 다음 명령문은 위의 명령문과 동일하다.

```
mysql> SELECT MAX(ALL FEE_PAY)
    -> FROM FEE;
```

[예제 10-15] 여학생 중에서 등록금을 가장 적게 납부한 등록금은 얼마인가?

```
mysql> select min(fee_pay)
    -> from fee
    -> where stu_no in
    -> (select stu_no
    -> from student
    -> where gender in (2, 4, 6));
```

min(fee_pay)
500000

1 row in set (0.00 sec)

[예제 10-16] 최대로 납부한 등록금과 동일한 등록금을 납부한 행의 수는?

```
mysql> select fee_pay, count(*)
    -> from fee
    -> where fee_pay =
    -> (select max(fee_pay)
    -> from fee);
```

fee_pay	count(*)
3500000	2

1 row in set (0.00 sec)

부속 질의어는 최대 등록금을 계산하는데, 이는 3,500,000원이다. 주 질의어의 SELECT 명령문은 최대의 등록금과 동일한 등록금을 납부한 행의 수를 계산한다.

[예제 10-17] 최대로 납부한 등록금과 동일한 등록금을 납부한 학생의 수는?

```
mysql> select count(distinct stu_no)
    -> from fee
    -> where fee_pay =
    -> (select max(fee_pay)
    -> from fee);
```

count(distinct stu_no)
2

1 row in set (0.01 sec)

[예제 10-18] 등록한 학생중 학생별로 가장 많은 등록금을 납부했을 때 학생의 학번, 등록년도, 학기, 납부총액을 출력하라. 단, 출력순서는 학번, 등록년도, 학기 오름차순이다.

```
mysql> select stu_no, fee_year, fee_term, fee_pay
    -> from fee f1
    -> where fee_pay =
    -> (select max(fee_pay)
    -> from fee f2
    -> where f1.stu_no = f2.stu_no)
    -> order by stu_no, fee_year, fee_term;
```

stu_no	fee_year	fee_term	fee_pay
20141001	2014	1	3000000
20161001	2019	1	1000000
20191004	2019	1	3000000
20191005	2019	1	3000000
20191005	2019	2	3000000
20191006	2019	1	3000000
20191006	2019	2	3000000
20191007	2019	1	3000000
20191007	2019	2	3000000
20191008	2019	1	3000000
20191008	2019	2	3000000
20201002	2020	1	3000000

12 rows in set (0.00 sec)

통계 함수는 계산에도 사용할 수 있는데, 다음의 2개의 예제에서 이러한 사용 방법을 보여주고 있다.

[예제 10-19] 등록금을 납부한 학생 중 최대 등록금과 최소 등록금, 최대-최소간의 차이는 얼마인가?

```
mysql> select max(fee_pay), min(fee_pay), (max(fee_pay) - min(fee_pay))
    -> from fee;
```

max(fee_pay)	min(fee_pay)	(max(fee_pay) - min(fee_pay))
3500000	0	3500000

1 row in set (0.00 sec)

위의 예제는 최대 납부금이 3,500,000이고 최소로 납부한 금액이 0이므로 차액은 3,500,000이 된다.

[예제 10-20] 영문이름 중 알파벳 순서로 가장 큰 값(마지막)을 나타나는 이름의 첫 문자를 찾아 출력하라.

```
mysql> select substring(max(stu_ename), 1, 1)
    → from student;
```

substring(max(stu_ename), 1, 1)
Y

1 row in set (0.00 sec)

먼저, MAX 함수는 알파벳 순서로 마지막이 되는 이름을 찾고, 스칼라 함수 SUBSTRING 함수는 이름의 첫 번째 문자를 찾아낸다. 학번 20191009 학생의 영문이름이 "Yoo Ha-Na"이므로 첫 번째 문자 "Y"를 출력한다.

일반적으로 DISTINCT는 MAX 또는 MIN 함수와 사용되지만 최종 결과를 변경하지는 않는다. 주어진 행에 있는 열이 오직 NULL 값만 가지고 있다면 MIN과 MAX 함수의 값 또한 NULL이다.

10.7 SUM 함수

SUM 함수는 특별한 열에 있는 모든 값의 합을 계산한다.

[예제 10-21] "박정인" 학생이 재학 중 받은 전체 장학금의 총액은 얼마인가?

```
mysql> select sum(jang_total)
    → from fee
    → where stu_no in
    → (select stu_no
    → from student
    → where stu_name = '박정인');
```

```
sum(jang_total)
   9500000
```
1 row in set (0.02 sec)

결과에 영향을 미치지 않고 열의 이름 앞에 ALL을 사용할 수 있다. ALL을 사용하면 사용자는 모든 값을 고려하여 계산한다는 것을 명확하게 나타낼 수 있다. 반대로 SUM 함수 내부에 DISTINCT를 사용하여 최종 결과를 변경할 수 있다. 만약 SELECT 명령문에서 DISTINCT를 가지도록 SUM 함수를 확장한다면 다음과 같이 명령문을 작성할 수 있다. 아래의 결과와 같이 매학기 받은 장학금액이 같은 경우에는 제외되므로 잘못된 결과가 나온다. all를 사용한 경우는 정확한 결과를 출력한다.

```
mysql> select sum(distinct jang_total)
    -> from fee
    -> where stu_no in
    -> (select stu_no
    -> from student
    -> where stu_name = '박정인');
```
```
sum(distinct jang_total)
        4500000
```
1 row in set (0.01 sec)

```
mysql> select sum(all jang_total)
    -> from fee
    -> where stu_no in
    -> (select stu_no
    -> from student
    -> where stu_name = '박정인');
```
```
sum(distinct jang_total)
        9500000
```
1 row in set (0.01 sec)

COUNT, MIN 그리고 MAX 함수는 열과 영수치 자료형과 날짜 자료형의 수식에 적용할 수 있으나, SUM 함수는 오직 열과 수치 자료형의 수식에만 적용되고, 주어진 행에 있는 열이 오직 NULL 값만을 가지면 결과 값이 NULL이 된다.

10.8 AVG 함수

AVG 함수는 특별한 열에 있는 값의 산술 평균을 계산한다. 물론 이 함수는 열과 수치 자료형의 수식에만 적용할 수 있다.

[예제 10-22] 학번 20161001("박정인") 학생이 받은 장학금의 평균을 계산하라.

```
mysql> select avg(jang_total)
    -> from fee
    -> where stu_no = '20161001';
```

avg(jang_total)
2375000.0000

1 row in set (0.00 sec)

평균 장학금 2,375,000은 2,500,000, 2,500,000, 2,000,000, 2,500,000을 합산한 값(9,500,000)을 4로 나눈 평균값이다.

[예제 10-23] 동일한 등록금 납부총액을 제외한 등록금 납부총액의 평균은 얼마인가?

```
mysql> select avg(distinct fee_pay)
    -> from fee;
```

avg(distinct fee_pay)
1562500.0000

1 row in set (0.00 sec)

[예제 10-24] 평균 장학금 보다 더 많은 장학금을 받은 학생의 학번과 장학금을 출력하라.

```
mysql> select distinct stu_no, jang_total
    -> from fee
    -> where jang_total >
    -> (select sum(jang_total) / count(*)
    -> from fee);
```

stu_no	jang_total
20141001	2500000
20141001	2000000
20161001	2500000
20161001	2000000
20191004	2000000
20201002	2500000

6 rows in set (0.00 sec)

ALL을 추가하면 최종 결과에는 영향을 주지 않지만 계산에 모든 값을 포함시킨다는 의미를 강조하게 된다.

[예제 10-25] 영문이름의 평균 길이(문자의 수)와 이름의 최대 길이는 얼마인가?

```
mysql> select avg(length(rtrim(stu_ename))),max(length(rtrim(stu_ename)))
    -> from student;
```

avg(length(rtrim(stu_ename)))	max(length(rtrim(stu_ename)))
11.5882	16

1 row in set (0.00 sec)

AVG 함수에서도 만약 주어진 행에 있는 열이 NULL 값만을 가지고 있다면 AVG 함수의 결과 또한 NULL을 가진다. 만약 열이 NULL 값과 NULL이 아닌 값을 가지고 있다면 AVG 함수의 결과는 NULL이 아닌 값의 전체 합을 NULL이 아닌 값의 수로 나눈 것이다(NULL을 제외하므로 값의 전체 수로 나눈 것이 아니다).

[예제 10-26] 입학금의 평균을 avg( )함수와 산술평균(입학금의 전체 합 / 전체 행의 수)을 구하여라.

```
mysql> select avg(fee_enter), sum(fee_enter) / count(*)
    -> from fee;
```

avg(fee_enter)	sum(fee_enter) / count(*)
500000.0000	153846.1538

1 row in set (0.00 sec)

위의 예제에서 avg( )함수를 이용한 경우에는 입학금에 NULL 값이 포함되어 있으나 NULL 값은 무시하고 실제 데이터 값만을 계산하므로 올바른 결과가 아니다. 그러므로 데이터의 일부에 NULL 값이 포함된 경우의 산술평균은 전체의 합을 행의 수로 나누어 구한 것(sum(fee_enter) / count(*))이 올바른 결과이므로 산술평균 값은 153846.15380원이 맞는 값이다.

10.9 STDDEV와 VARIANCE 함수

STDDEV 함수는 열의 NULL 값을 제외한 표준편차를 계산하여 값을 결정하고, VARIANCE 함수는 열의 NULL 값을 제외한 분산을 계산하여 값을 결정한다.

[예제 10-27] 장학금의 표준편차와 분산을 구하여라.

```
mysql> select stddev(ifnull(jang_total,0)), variance((ifnull(jang_total,0)))
    -> from fee;
```

stddev(ifnull(jang_total,0))	variance((ifnull(jang_total,0)))
1024406.3080749105	1049408284023.6686

1 row in set (0.00 sec)

10.10 통계 함수를 사용하는 일반적인 규칙

NULL 값은 함수의 계산에 포함되지 않는다. NULL은 계산할 때 매우 혼란스러운 결과를 만들어 낼 수 있다. 예를 들면, NULL 값을 허용하는 JANG_TOTAL 열을 생각해 볼 때, 다음 두 명령문의 결과는 동일하지 않다. 첫 번째 명령문에서 SQL은 NULL이 아닌 값의 전체 합을 FEE 테이블에 있는 전체 열의 수로 나눈다. 두 번째 명령문에서 NULL이 아닌 모든 값의 합을 NULL이 아닌 값의 수로 나눈다. 만약 JANG_TOTAL 열이 NULL값을 가지고 있다면 열에서 NULL 값이 아닌 값의 수는 FEE 테이블에 있는 행의 수보다 더 적을 가능성이 있다. 그러나 만약 JANG_TOTAL 열이 CREATE TABLE 명령문에서 NULL이 아니라고 정의되었다면 두 SELECT 명령문의 결과는 동일하다.

```
SELECT SUM(JANG_TOTAL) / COUNT(*)
FROM FEE;

SELECT AVG(JANG_TOTAL)
FROM FEE;
```

[예제 10-28] 장학금의 평균을 SUM( )/COUNT(*)와 AVG( )함수를 이용한 결과 값을 출력하라.

```
mysql> select sum(jang_total) / count(*), avg(jang_total)
    -> from fee;
```

sum(jang_total) / count(*)	avg(jang_total)
1146153.8462	1241666.6667

1 row in set (0.00 sec)

위의 예제에서 장학금(jang_total)에는 NULL 값을 포함하고 있기 때문에 서로 다른 결과 값을 출력한다. 다음은 NULL 값을 포함하지 않은 등록금 총액의 평균을 구해 보자.

[예제 10-29] 등록금 총액의 평균을 SUM( )/COUNT(*)와 AVG( )함수를 이용한 결과 값을 출력하라.

```
mysql> select sum(fee_total) / count(*), avg(fee_total)
    -> from fee;
```

sum(fee_total) / count(*)	avg(fee_total)
3295384.6154	3295384.6154

1 row in set (0.00 sec)

위의 예제에서는 등록금 총액은 NULL 값을 포함하지 않으므로 동일한 결과 값이 출력된다.

제 10 장에서 SELECT 명령문에서 사용되는 통계 함수에 대하여 설명하였다. 그러나 다음과 같은 중요한 규칙을 준수해야 한다.

만약 SELECT 명령문이 GROUP BY 절을 가지고 있지 않고 SELECT 절이 하나 이상의 통계 함수를 가지고 있다면 SELECT 절에서 사용된 어떤 열의 이름은 통계 함수 내부에 있어야 한다.

따라서 다음에 있는 명령문은 SELECT 절이 수식으로써 통계 함수를 가지고 있고 STU_NO이란 열의 이름이 통계 함수 외부에 나타나 있기 때문에 잘못된 것이다.

```
SELECT COUNT(*), STU_NO
FROM STUDENT;
```

이와 같은 제약을 두는 이유는 통계 함수의 결과는 항상 하나의 값으로만 구성되지만 열 명세에서 생성되는 값은 값의 집합으로 구성되기 때문이다. 따라서 SQL은 두 결과를 함께 표현할 수 없다.

그러나 이러한 규칙은 열 명세에 대해서만 적용되고 리터럴이나 시스템 함수에 대해서는 적용되지 않는다. 따라서 다음에서 보여주는 명령문은 정당하다.

```
mysql> select '학적 테이블의 전체 행의 수는', count(*)
    -> from student;
```

학적 테이블의 전체 행의 수는	count(*)
학적 테이블의 전체 행의 수는	17

1 row in set (0.03 sec)

10.11 열의 표제어 사용

MySQL의 SELECT 절에서는 모든 수식이나 칼럼이름 다음에 열의 표제어(column heading)라는 다른 이름을 사용할 수 있다. 이와 같은 열의 표제어는 결과를 출력할 때 수식이나 칼럼이름 자체를 대신하여 사용된다. 여러분은 예제를 통하여 표제어 사용을 많이 해 보았다.

[예제10-30] 동아리에 소속된 학생의 학번, 이름 소속 동아리 명을 출력하라(단, 동아리 명을 출력할 때는 표제어를 "동아리 명"이라고 기입하라).

```
mysql> select stu_no, stu_name, cir_name "동아리명"
    -> from circle;
```

stu_no	stu_name	동아리명
20141001	박도상	컴맹탈출
20191009	유하나	컴맹탈출
20191001	김유신	컴맹탈출
20181001	장수인	Java길라잡이
20191004	이순신	Java길라잡이
20161001	박정인	Java길라잡이
20191002	홍길동	PHP길라잡이

7 rows in set (0.00 sec)

결과에서 보는 것처럼 DONG_NAME 뒤에 "동아리 명"을 기입하여 동아리 이름이라는 것을 더욱 명확하게 결과로 표현할 수 있다. SELECT 명령문 외의 다른 절에서는 열의 표제어를 사용할 수 없다.

[예제10-31] 교수 테이블에서 교수코드, 교수명을 출력하라. 단, 출력할 때는 표제어를 "코드", "교수명"이라고 기입하고, 교수코드는 4001, 4002, 4005, 5010만 출력한다.

```
mysql> select prof_code "교수코드", prof_name "교수명"
    -> from professor
    -> where prof_code in ('4001', '4002', '4005', '5010');
```

교수코드	교수명
4001	정진용
4002	나인섭
4005	정병열
5010	정종선

4 rows in set (0.02 sec)

연습문제

10-1. 다음의 각 명령문에서 DISTINCT가 불필요한 것은 또한 그 이유는?

    (1) SELECT   DISTINCT STU_NO
        FROM   SCORE;

    (2) SELECT   DISTINCT STU_NO
        FROM   FEE
        WHERE   STU_NO = '20161001';

    (3) SELECT   DISTINCT H.STU_NO
        FROM   STUDENT H, FEE D
        WHERE   H.STU_NO = D.STU_NO;

    (4) SELECT   DISTINCT D.STU_NO
        FROM   STUDENT H, ATTEND S
        WHERE   H.STU_NO = S.STU_NO;

    (5) SELECT   DISTINCT D.STU_NO, H.STU_NO, D.DUNG_YY
        FROM   STUDENT H, FEE D
        WHERE   H.STU_NO = D.STU_NO;

10-2. 등록테이블에서 학번, 등록년도, 학기, 입학금, 등록금액, 등록금합계를 출력하라.(단, 입학금이 NULL 인 경우에는 'NULL VALUE'를 출력하라)

10-3. NUM 열에 값이 { 1, 2, 3, 4, 1, 4, 4, NULL, 5 }의 집합을 가지고 있다고 할 때 다음의 각 함수의 값이 어떻게 되는가?

    (1) COUNT(*)
    (2) COUNT(NUM)
    (3) MIN(NUM)
    (4) MAX(NUM)
    (5) SUM(NUM)
    (6) AVG(NUM)
    (7) COUNT(DISTINCT NUM)
    (8) MIN(DISTINCT NUM)
    (9) MAX(DISTINCT NUM)
    (10) SUM(DISTINCT NUM)
    (11) AVG(DISTINCT NUM)

10-4. 장학금의 평균 총액은 얼마인가?

10-5. 20191006 학생보다 장학금을 더 많이 받은 학생의 학번과 장학금 총액을 출력하라.

10-6. 등록금 총액의 최대값과 최소 값의 차와 납입한 금액의 최대 값과 최소 값의 차는 얼마인가?

10-7. 영문이름의 길이가 영문이름의 평균 길이보다 더 큰 학생의 번호와 이름을 출력하라.

Part 11

GROUP BY와 HAVING

Part 11 GROUP BY와 HAVING

제 11 장에서는 SELECT 명령문에서 함께 사용되는 2개의 절인 GROUP BY 절과 HAVING 절에 대하여 설명한다.

GROUP BY 절은 동일성을 기초하여 여러 개의 행을 그룹화 한다. 예를 들면 STUDENT 테이블에서 학년별로 그룹화를 하면 학년별로 모든 행을 그룹화 하는데, 결과는 같은 학년의 학생들의 신상정보를 한 그룹으로 생성하게 된다. 예를 들면, 같은 학년의 학생 중 주야구분이 같은 학생이 얼마나 한 그룹에 속해 있는가? 라는 질의가 있다고 하자. 이 질의에 대한 실제적인 대답은 [예제 11-5]와 같이 "먼저 학년별로 그룹화하고, 다시 주야별로 그룹화하여 그룹별로 행의 수를 계산"해주면 된다.

HAVING 절은 WHERE 절과 유사한 기능을 가지고 있으며, 그룹화하는 조건을 지정하는데 사용된다. HAVING 절은 오직 GROUP BY 절과 함께 사용되기 때문에 제 11 장에서는 GROUP BY 절과 HAVING 절을 함께 설명하겠다.

```
〈group by clause〉 ::=
        GROUP BY 〈column specification〉
        [ {, 〈column specification〉 } ... ]
〈having clause〉 ::=
        HAVING 〈condition〉
〈column specification〉 ::=
        [ 〈table specification〉. ] 〈column name〉
```

11.1 열의 그룹화

GROUP BY 절의 가장 단순한 형식은 오직 하나의 열에 대하여 그룹화하는 것이다. 다음의 예제를 보자.

[예제 11-1] STUDENT 테이블에 있는 학생의 입학년도별 그룹을 출력하라.

```
mysql> select substring(stu_no, 1, 4)
    -> from student
    -> group by substring(stu_no, 1, 4);
```

GROUP BY 절을 사용하여 생성된 중간 결과는 다음과 같다.

substring(stu_no, 1, 4)	stu_no	stu_name
2014	20141001	박도상
2016	20161001	박정인
2018	20181001, 20181002, 20181003, 20181004	장수인, 정인정, 이상진, 김유미
2019	20191001, 20191002, 20191003, 20191004	김유신, 홍길동, 고혜진, 이순신
	20191005, 20191006, 20191007, 20191008	김할리, 최예스터, 신안나, 연개소문
	20191009	유하나
2020	20201001, 20201002	김영호, 강감찬

동일한 년도를 가지고 있는 모든 행은 그룹으로 구성된다. 중간 결과에 있는 각 행에 대하여 년도 열은 하나의 값을 가지고 있지만, 다른 모든 열은 여러 개의 값을 가질 수 있다. 위의 중간 결과에서 STU_NO, STU_NAME과 같은 열은 여러 개의 값을 가지고 있는 열이다. SQL에서는 이러한 열을 실제적으로는 다르게 표현할 수도 있으며, 이는 최종 결과에서는 나타나지 않고 생략된다. 따라서 최종 결과는 다음과 같다.

substring(stu_no, 1, 4)
2019
2014
2016
2018
2020

5 rows in set (0.04 sec)

위의 질문에 대하여 GROUP BY 절을 사용하지 않고 SELECT 명령문에서 DISTINCT를 사용하여 아주 간단하게 작성할 수 있다. 출력결과는 동일하다.

```
mysql> select distinct(substring(stu_no, 1, 4))
    -> from student
```

SELECT 절이 통계 함수를 가질 수 있도록 확장한다면 GROUP BY 절은 아주 재미있게 된다.

[예제 11-2] 각 입학년도별 총 학생 수를 출력하라.

```
mysql> select substring(stu_no, 1,4), count(*)
    -> from student
    -> group by substring(stu_no, 1, 4);
```

substring(stu_no, 1,4)	count(*)
2019	9
2014	1
2016	1
2018	4
2020	2

5 rows in set (0.01 sec)

COUNT(*) 함수는 서로 다른 모든 행에 대하여 연산하지 않고 각 그룹화 된 행에 의존하여 실행된다. 다시 말하면, COUNT(*) 함수는 각 그룹화된 행에서 계산된다.

원칙적으로, 어떤 통계 함수가 그룹화되지 않는 열에 대하여 연산을 수행한다면 SELECT 절에서 사용할 수 있다.

[예제11-3] 등록한 학생에 대하여 학번, 등록횟수, 각 학생이 받은 장학금의 전체 합을 출력하라.

```
mysql> select stu_no, count(*), sum(jang_total)
    -> from fee
    -> group by stu_no;
```

stu_no	count(*)	sum(jang_total)
20141001	8	14300000
20161001	4	9500000
20191004	2	2500000
20191005	2	500000
20191006	2	500000
20191007	2	500000
20191008	2	500000
20201002	2	3000000

8 rows in set (0.02 sec)

[예제11-4] 박정인 학생에 대하여 학번, 등록한 횟수의 수를 출력하라.

```
mysql> select stu_no, count(*)
    -> from fee
    -> where stu_no in
    -> (select stu_no
    -> from student
    -> where stu_name = '박정인')
    -> group by stu_no;
```

stu_no	count(*)
20161001	4

1 row in set (0.00 sec)

11.2 2개 이상의 열에 대한 그룹화

GROUP BY 절에 2개 이상의 열 명세를 사용할 수 있다. 다음에서 보여주는 두 개의 예제에서는 2개 이상의 열 명세를 사용하여 그룹화시키는 경우를 보여주고 있다.

[예제11-5] 학년별, 주야인원을 출력하라. 단, 출력 순서는 학년별 오름차순, 주야 오름차순이다.

```
mysql> select grade, juya, count(*)
    -> from student
    -> group by grade, juya
    -> order by grade, juya;
```

위의 예제는 하나의 열에 대하여 그룹화되지 않고 두 개의 열을 그룹화하였다. 즉, 동일한 학년(GRADE)과 주야구분(JUYA)을 가지고 있는 모든 행들이 그룹으로 구성된다. 실행과정은 먼저 학년별로 그룹화하고 주야별로 그룹화하여 인원수를 합산하는 SQL 명령어이다.

GROUP BY 절의 중간 결과는 다음과 같다.

grade	juya	stu_no
1	야	20191001
1	야	20191002
1	야	20191004

1	야	20191008
1	야	20201001
1	야	20201002
1	주	20191003
1	주	20191005
1	주	20191006
1	주	20191007
1	주	20191009
2	주	20181001
2	주	20181002
2	주	20181003
3	주	20161001
3	주	20181004
4	주	20141001

GROUP BY 절의 중간 결과는 학년별 주야구분별로 학번을 그룹화한다.

grade	juya	stu_no
1	야	20191001,20191002,20191004, 20191008, 20201001, 20201002
1	주	20191003,20191005,20191006, 20191007, 20191009
2	주	20181001,20181002,20181003
3	주	20161001, 20161004
4	주	20141001

SELECT 절의 최종결과는 다음과 같다.

grade	juya	count(*)
1	야	6
1	주	5
2	주	3
3	주	2
4	주	1

5 rows in set (0.01 sec)

[예제11-6] STUDENT 테이블에서 학년, 반, 주야구분이 서로 다른 모든 조합을 인원수로 출력하라.

```
mysql> select grade, class, juya, count(*)
    -> from student
    -> group by grade, class, juya;
```

grade	class	juya	count(*)
4	1	주	1
3	1	주	1
2	1	주	2
2	2	주	1
3	2	주	1
1	3	야	6
1	1	주	2
1	2	주	3

8 rows in set (0.00 sec)

GROUP BY 절에서 열의 순서는 명령문의 최종 결과에 아무런 영향을 미치지 않는다. 위의 예제에서 학년과 반을 서로 바꾸어 보자. 출력되는 순서가 반을 기준으로 오름차순으로 출력될 뿐 결과값은 동일하게 출력된다. 따라서 다음 명령문은 앞에서 보여준 명령문과 동일한 명령문이다.

```
mysql> select class, grade, juya, count(*)
    -> from student
    -> group by class, grade, juya;
```

class	grade	juya	count(*)
1	4	주	1
1	3	주	1
1	2	주	2
2	2	주	1
2	3	주	1
3	1	야	6
1	1	주	2
2	1	주	3

8 rows in set (0.00 sec)

다음의 예제에서 보는 것처럼 위의 SELECT 명령문에 필요한 함수를 추가하여 사용할 수 있다.

[예제11-7] FEE 테이블에서 각 학생별로 대학 재학시 총 납입한 금액과 등록금 최대값, 가장 적게 받은 장학금, 등록 횟수를 출력하라.

```
mysql> select stu_no, sum(fee_pay), max(fee_total),
    -> min(jang_total), count(*)
    -> from fee
    -> group by stu_no;
```

stu_no	sum(fee_pay)	max(fee_total)	min(jang_total)	count(*)
20141001	9300000	3500000	500000	8
20161001	2500000	3000000	2000000	4
20191004	4000000	3500000	500000	2
20191005	6000000	3500000	500000	2
20191006	6000000	3500000	500000	2
20191007	6000000	3500000	500000	2
20191008	6000000	3500000	500000	2
20201002	3500000	3500000	500000	2

8 rows in set (0.00 sec)

[예제11-8] 등록한 학생에 대하여 학번, 이름, 납입금의 총액을 출력하라.

```
mysql> select s.stu_no, stu_name, sum(fee_pay)
    -> from student s, fee f
    -> where s.stu_no = f.stu_no
    -> group by s.stu_no, stu_name;
```

stu_no	stu_name	sum(fee_pay)
20141001	박도상	9300000
20161001	박정인	2500000
20191004	이순신	4000000
20191005	김할리	6000000
20191006	최에스터	6000000
20191007	신안나	6000000
20191008	연개소문	6000000
20201002	강감찬	3500000

8 rows in set (0.01 sec)

11.3 수식의 그룹화

지금까지의 결과에서 하나 이상의 열이 그룹화되는 예제를 보았지만 이 외에도 SQL 제품은 수식을 그룹화 할 수 있는 기능을 제공한다. 이를 살펴보기 위해서 다음의 예제를 보자.

[예제 11-9] 등록 연도에 대하여 등록된 수를 출력하라.

```
mysql> select fee_year, count(*)
    → from fee
    → group by fee_year;
```

fee_year	count(*)
2014	2
2015	2
2018	2
2019	14
2016	2
2020	2

6 rows in set (0.00 sec)

[예제 11-10] 동아리 가입번호를 기초로 하여 학생들을 그룹화하라. 이 때 그룹 1은 가입번호 1부터 3까지이며, 그룹 2는 가입번호 4부터 6까지의 순서로 3명씩을 한 그룹으로 그룹화한다. 그리고 각 그룹에 대하여 학생의 수와 가장 높은 학번을 출력한다.

```
mysql> select ceil(cir_num/3), count(*), max(stu_no)
    → from circle
    → group by ceil(cir_num/3);
```

ceil(cir_num/3)	count(*)	max(stu_no)
1	3	20191009
2	3	20191004
3	1	20191002

3 rows in set (0.01 sec)

11.4 NULL값의 그룹화

NULL 값을 가지고 있는 열을 그룹화한다면 NULL 값은 하나의 그룹으로 구성될 것이다.

[예제 11-11] 서로 다른 장학코드를 그룹화하고 인원수를 출력하라.

```
mysql> select ifnull(jang_code,null) "장학코드", count(*)
    → from fee
    → group by jang_code;
```

장학코드	count(*)
1	7
10	8
11	3
21	1
2	1
NULL	4

6 rows in set (0.00 sec)

위의 예제는 장학코드를 그룹화한 후 장학코드별로 인원수를 합산한 결과이다.

11.5 GROUP BY와 DISTINCT

제 10.3절의 SELECT 절에서 DISTINCT를 잘못 사용하는 경우를 설명하였는데, 이때 설명된 규칙은 GROUP BY 절이 없는 SELECT 명령문에 적용된 규칙이다. 따라서 다음의 규칙은 GROUP BY 절을 가지고 있는 SELECT 명령문에 추가되는 규칙이다.

- SELECT 절이 GROUP BY 절에서 지정한 모든 열을 가지고 있다면 DISTINCT(통계 함수의 외부에 사용될 때)는 필요하지 않다. GROUP BY 절은 열이 중복된 값을 갖지 않도록 행을 그룹화하기 때문이다.

11.6 HAVING 절의 소개

GROUP BY 절은 FROM 절로부터 생성되는 결과의 행을 그룹화 한다. HAVING 절은 특별한 그룹 속성을 기초로 하여 행의 그룹을 선택할 수 있도록 한다. HAVING 절에 있는 조건은 WHERE 절에 있는 일반적인 조건처럼 보인다. 그럼에도 불구하고 차이가 있는데, 그것은 HAVING 절의 조건에 있는 수식은 통계 함수를 가질 수 있지만 WHERE 절에 있는 조건 수식에서는 통계 함수를 가질 수 없다(부속 질의어에서는 통계 함수를 사용할 수 있음)는 것이다.

[예제 11-12] 세 번 이상 등록한 학생의 학번과 등록 횟수를 출력하라.

```
mysql> select stu_no, count(*)
    -> from fee
    -> group by stu_no
    -> having count(*) > 2;
```

stu_no	count(*)
20141001	8
20161001	4

2 rows in set (0.00 sec)

GROUP BY 절의 중간 결과는 다음과 같다.

stu_no	fee_year	fee_term
20141001	2014	1, 2
	2015	1, 2
	2018	1, 2
	2019	1, 2
20061011	2016	1, 2
	2019	1, 2
20191004	2019	1, 2
20191005	2019	1, 2
20191006	2019	1, 2
20191007	2019	1, 2
20191008	2019	1, 2
20201002	2020	1, 2

최종 결과는 다음과 같다.

stu_no	count(*)
20141001	8
2016100	4

11.7 HAVING 절의 예제

11.8절에서는 HAVING 절에서 통계 함수를 어떻게 사용하는 그 예제를 보여주고 있다.

[예제 11-13] 2019년에 등록한 학생의 학번과 등록 횟수를 출력하라.

```
mysql> select stu_no, fee_year, count(*)
    -> from fee
    -> group by stu_no, fee_year
    -> having fee_year = '2019';
```

stu_no	fee_year	count(*)
20141001	2019	2
20161001	2019	2
20191004	2019	2
20191005	2019	2
20191006	2019	2
20191007	2019	2
20191008	2019	2

7 rows in set (0.00 sec)

[예제11-14] 재학중에 납부한 등록금의 전체 납부금액이 5,000,000원 이상인 각 학생에 대하여 출력하라.

```
mysql> select stu_no, sum(fee_pay)
    -> from fee
    -> group by stu_no
    -> having sum(fee_pay) >= 5000000;
```

stu_no	sum(fee_pay)
20141001	9300000
20191005	6000000
20191006	6000000
20191007	6000000
20191008	6000000

5 rows in set (0.00 sec)

[예제 11-15] 남학생이면서 재학중 납부한 전체등록금이 2,000,000원 이상인 학생의 학번과 등록금의 총액을 출력하라.

```
mysql> select stu_no, sum(fee_pay)
    -> from fee
    -> where stu_no in
    -> (select stu_no
    -> from student
    -> where gender in (1, 3, 5))
```

→ group by stu_no
→ having sum(fee_pay) >= 2000000;

stu_no	sum(fee_pay)
20141001	9300000
20191004	4000000
20191005	6000000
20191008	6000000
20201002	3500000

5 rows in set (0.00 sec)

[예제 11-16] 재학중 납부한 등록금 총액이 가장 많은 각 학생에 대한 학번과 등록금의 총액을 출력하라 (만약 등록금 총액이 모두 같거나 모두 많다면, 이 질의어는 많은 학생을 반환할 것이다).

mysql> select stu_no, sum(fee_pay)
→ from fee
→ group by stu_no
→ having sum(fee_pay) >= all
→ (select sum(fee_pay)
→ from fee
→ group by stu_no);

stu_no	sum(fee_pay)
20141001	9300000

1 row in set (0.00 sec)

11.8 HAVING 절에 대한 일반적인 규칙

11.6절의 SELECT 절에서 열과 통계 함수의 사용에 대한 개략적인 규칙을 설명하였다. HAVING 절은 다음과 같은 유사한 규칙을 요구한다.

HAVING 절에서 사용된 각 열의 이름은 통계 함수 내부에서 사용하거나 GROUP BY 절의 열의 리스트에서 사용되어야 한다.

따라서, 다음 명령문은 잘못 사용한 경우이다. 그 이유는 CLASS 열이 통계 함수 내부에서도 그룹화를 수행하는 열의 리스트에서도 사용되지 않고 HAVING 절에서 사용되기 때문이다.

```
mysql> select birthday, count(*)
    -> from student
    -> group by birthday
    -> having class = 2;
ERROR 1054 (42S22): Unknown column 'class' in 'having clause'
```

이와 같이 제약을 두는 이유는 11.6에서 보여주었던 SELECT 절에서와 동일한 이유이다. 즉, 통계 함수의 결과는 항상 각 그룹에 대하여 하나의 값으로 구성되고, 그룹화되는 열 명세의 결과는 그룹 당 하나의 값으로 구성된다. 반대로, 그룹화가 되지 않는 열의 명세의 결과는 값들의 집합으로 구성된다. 앞에서 설명했던 것처럼, 모순된 결과를 가지기 때문에 이는 허용되지 않는 것이다.

연습문제

11-1. 다음 명령문에서 DISTINCT가 필요 없는 이유를 설명하라.

    (1) SELECT   DISTINCT STU_NO
        FROM   FEE
        GROUP   BYSTU_NO;

    (2) SELECT   DISTINCT COUNT(*)
        FROM   STUDENT
        GROUP BY   STU_NO;

    (3) SELECT   DISTINCT COUNT(*)
        FROM   STUDENT
        WHERE   STU_NO = 20001015
        GROUP BY   STU_NO;

11-2. STUDENT 테이블로부터 서로 다른 출생 연도와 인원을 출력하라.

11-3. 적어도 한번이상 장학금을 지급받은 학생의 학번과 장학금총액, 장학금 평균값, 장학금 지급 받은 횟수를 출력하라.

11-4. 교과목 테이블에서 과목이 생성된 연도로 그룹화하여 과목 수를 출력하라.

11-5. 교수 테이블에서 교수가 대학에 발령받은 연도로 그룹화하여 교수 인원을 출력하라.

11-6. 경인지역에 거주하는 학생의 학번과 이름, 우편번호, 주소를 출력하라.

11-7. 납부한 등록금 총액이 1000,000원 미만인 학생의 학번과 등록금 총액을 출력하라.

11-8. 수강신청 과목이 2과목 이상인 학생의 학번, 이름, 수강신청 과목 수를 출력하라.

11-9. 장학금을 가장 많이 받은 학생의 학번, 이름, 장학금 총액을 출력하라.

11-10. 등록금 총액이 20191005번과 동일한 학생의 학번과 등록금을 출력하라.

11-11. 수강신청한 학생이 등록을 하였다면 학생이 납입한 학번과 등록금 총액을 출력하라.

11-12. 동아리 회장인 학생이 등록을 하였으면 학번, 이름, 등록년도, 등록학기, 등록처리일자를 출력하라.

Part 12

SELECT 명령문: ORDER BY절

Part 12 SELECT 명령문: ORDER BY절

SELECT 명령문의 결과에서 행의 순서는 어떻게 출력되는가? 만약 SELECT 명령문이 ORDER BY 절을 사용하지 않는다면 순서는 예측할 수 없다. SELECT 명령문의 마지막에 ORDER BY 절을 추가함으로써 지정된 방법으로 최종 결과의 행을 정렬할 것이다.

```
〈order by clause〉 ::=
    ORDER BY 〈sort specification〉 [ {, 〈sort specification〉 } ... ]
〈sort specification〉 ::=
    〈column specification〉 [ ASC | DESC ]|
    〈sequence number〉 [ ASC | DESC ]

〈column specification〉 ::=
    [ 〈table specification〉 . ] 〈column name〉
```

12.1 열의 그룹화

가장 단순한 정렬은 단일 열 정렬이다.

[예제12-1] 등록한 학생중 등록일자가 2019에 해당하는 학생의 학번과 등록일자를 출력하라. 이때 정렬순서는 학번으로 한다.

```
mysql> select stu_no, fee_year, fee_term, fee_date
    → from fee
    → where year(fee_date) = 2019
    → order by stu_no;
```

stu_no	fee_year	fee_term	fee_date
20141001	2019	1	2019-02-15
20141001	2019	2	2019-08-16
20161001	2019	1	2019-02-10

20161001	2019	2	2019-08-19
20191004	2019	1	2019-02-18
20191004	2019	2	2019-08-10
20191005	2019	1	2019-02-18
20191005	2019	2	2019-08-10
20191006	2019	1	2019-02-18
20191006	2019	2	2019-08-10
20191007	2019	1	2019-02-18
20191007	2019	2	2019-08-10
20191008	2019	1	2019-02-18
20191008	2019	2	2019-08-10

14 rows in set (0.00 sec)

14개의 행은 STU_NO 열에 있는 값을 기초로 하여 정렬된다. "ORDER BY STU_NO" 명령문은 STU_NO 다음에 정렬시키는 순서를 생략하면 기본 값으로 SQL은 오름차순(Ascending)으로 정렬한다. 이 때 오름차순 정렬의 순서는 적은 값이 먼저 나타나고 큰 값이 나중에 나타난다. 물론, 내림차순(Descending)인 경우는 반대이다.

12.2 순서 번호로 정렬

ORDER BY 절에서 순서 번호로 열 명세를 대치할 수 있다. 순서 번호(sequence number)는 SELECT 절에 있는 각 수식의 순서 번호로서 정렬될 수식의 번호이다. 다음 명령문은 [예제 12-1]과 동일한 예제이나 순서번호를 사용한 명령문이다.

```
mysql> select stu_no, fee_year, fee_term, fee_date
    → from fee
    → where year(fee_date) = 2019
    → order by 1;
```

순선 번호 1은 SELECT 절에 있는 1번째 수식(STU_NO)을 나타낸다. 위의 예제에서 순서 번호는 SELECT 절에 있는 열 명세의 위치에 따른 순서로서, 이는 수식이 함수, 리터럴, 수치 수식으로 구성되었을 때 순서 번호이다.

[예제12-2] 등록한 학생에 대하여 학번과 전체 등록금의 총액을 출력하라. 이때 출력순서는 등록금 총액이다.

```
mysql> select stu_no, sum(fee_total)          mysql> select stu_no, sum(fee_total)
    -> from fee                                   -> from fee
    -> group by stu_no                            -> group by stu_no
    -> order by 2;                                -> order by sum(fee_total);
```

stu_no	sum(fee_total)
20191008	6500000
20201002	6500000
20191004	6500000
20191005	6500000
20191006	6500000
20191007	6500000
20161001	12000000
20141001	23600000

8 rows in set (0.00 sec)

예제에서 총액에 대한 정렬은 MySQL에서는 ORDER BY절에 "SUM(FEE_TOTAL)"를 사용할 수 있지만, SQL제품에 따라 "SUM(FEE_TOTAL)"을 사용할 수 없는 제품이 있다. 이 경우에는 순서 번호가 사용되었을 때만 가능하다. 그 이유는 ORDER BY 절은 통계함수 "SUM(FEE_TOTAL)"를 사용할 수 없기 때문에 반드시 순서번호를 기입해야 한다. 위의 예제 좌우측의 결과는 동일하다.

12.3 오름차순과 내림차순 정렬

만약 열 명세나 순서 번호 다음에 아무 것도 지정하지 않는다면 SQL은 오름차순으로 정렬을 한다. 이는 열 명세 다음에 명확하게 ASC(ending)를 지정한 것과 동일한 결과이다. 그리고 만약 DESC(ending)를 지정한다면 결과의 행은 내림차순으로 정렬된다. 각 자료형에 대하여 오름차순 정렬을 어떻게 하는지 명확히 할 필요가 있다. 내림차순 정렬은 오름차순의 반대로 정렬되기 때문에 오름차순에 대해서만 고려해 보자.

수치 값에 대한 오름차순 정렬은 명확하다. 작은 값이 먼저 나타나고 큰 값이 나중에 나타난다. 영수치 값에 대한 오름차순 정렬은 단어의 영문자 ASCII코드 값의 크기순서와 동일하다. 먼저 단어는 문자 A로부터 시작하고 그 다음에 B의 순서로 진행된다. 그럼에도 불구하고 영수치 값의 정렬은 그리 간단하지만은 않다. 예를 들면, 소문자 a는 대문자 A 앞에 오고 수치 문자는 영문자 앞에 오는가? 이는 컴퓨터에서 사용하는 문자 집합에 따른다. 문자 집합(character set)

은 내부적으로 정의되어 있다. 문자 집합은 사용하는 운영 체제에 따르는데, 잘 알려진 문자 집합은 ASCII(American Standard Code for Information Interchange)와 EBCDIC(Extended Binary Coded Decimal Interchange Code)이다. 예를 들면, IBM 메인 프레임 컴퓨터에서는 EBCDIC 코드를 사용하지만 DOS는 ASCII 코드를 사용한다. 본 서에서는 ASCII 코드를 사용하고 있다. ASCII 코드는 가장 먼저 수치 문자가 오고, 그 다음에는 대문자 그리고 소문자 순서이다.

[예제12-3] 학적테이블의 영문이름의 첫 번째 문자가 'J'보다 큰 ASCII코드로 시작하는 학생의 학번과 이름, 영문이름을 출력하라.(단, 영문이름 내림차순으로 정렬하라)

```
mysql> select stu_no, stu_name, stu_ename
    -> from student
    -> where substring(stu_ename,1,1) > 'K'
    -> order by stu_ename desc;
```

stu_no	stu_name	stu_ename
20191009	유하나	Yoo Ha-Na
20191008	연개소문	Yean Gae-So-Moon
20191007	신안나	Shin An-Na
20161001	박정인	Park Jung-In
20141001	박도상	Park Do-Sang
20191004	이순신	Lee Sun-Shin
20181003	이상진	Lee Sang-Gin

7 rows in set (0.00 sec)

위의 예제 ORDER BY 절은 출력 순서를 영문이름 내림차순으로 정렬하였다. 이 때 내림차순은 "DESC"로 표현한다.

12.4 하나 이상의 행 정렬

ORDER BY 절에 여러 개의 열을 지정할 수 있다. 제 12 장의 첫 번째 예제에서는 STU_NO 열로 정렬하였다. 어떤 학생의 학번이 FEE 테이블에 한 번 이상 나타날지라도 동일한 학번을 가지는 행이 어떻게 정렬될 것인지 예측할 수 없다. 따라서 ORDER BY 절에 두 번째 열 명세를 추가함으로써 이러한 불분명한 문제를 해결할 수 있다.

[예제12-4] 2019년에 등록한 학생에 대하여 학번과 납입한 등록금총액을 출력하라. 이때 출력순서는 학번은 오름차순, 등록금총액은 내림차순이다.

```
mysql> select stu_no, fee_year, fee_term, fee_pay
    -> from fee
    -> where fee_year = 2019
    -> order by stu_no asc, fee_pay desc;
```

stu_no	fee_year	fee_term	fee_pay
20141001	2019	1	300000
20141001	2019	2	300000
20161001	2019	1	1000000
20161001	2019	2	500000
20191004	2019	1	3000000
20191004	2019	2	1000000
20191005	2019	1	3000000
20191005	2019	2	3000000
20191006	2019	1	3000000
20191006	2019	2	3000000
20191007	2019	1	3000000
20191007	2019	2	3000000
20191008	2019	1	3000000
20191008	2019	2	3000000

14 rows in set (0.01 sec)

위의 예제의 ORDER BY 절은 출력 순서를 학번은 오름차순으로 정렬하고, 납부 총액은 내림차순으로 정렬한다. 이 때 오름차순을 나타내는 "ASC"는 생략이 가능하다.

[예제 12-5] 교과목 테이블에서 생성년도가 2003년~2005년 사이 값으로 과목코드, 과목명, 생성년도를 출력하라.(단, 출력순서는 생성년도 내림차순으로 정렬한 뒤 같은 생성년도인 경우는 과목코드순으로 정렬)

```
mysql> select sub_code, sub_name, create_year
    -> from subject
    -> where create_year between 2003 and 2005
    -> order by create_year desc, sub_code;
```

sub_code	sub_name	create_year
4007	UML	2005
4004	웹프로그래밍	2004
4002	웹사이트 구축	2003
4003	소프트웨어공학	2003
4009	객체지향프로그래밍	2003

5 rows in set (0.00 sec)

[예제 12-6] 성적 테이블에서 2019년도 1학기 석차순 명부를 학번, 연도, 학기, 평점평균, 총점을 출력하라.(단, 출력순서는 평점평균 내림차순, 총점 내림차순, 동점인 경우에는 학번순서로 정렬한다)

```
mysql> select stu_no, sco_year, sco_term, exam_avg, exam_total
    → from score
    → where sco_year = '2019' and sco_term = 1
    → order by exam_avg desc, exam_total desc, stu_no;
```

stu_no	sco_year	sco_term	exam_avg	exam_total
20191002	2019	1	4.5	575
20191006	2019	1	4.4	579
20191005	2019	1	4.4	577
20191001	2019	1	4.2	572

4 rows in set (0.00 sec)

위의 예제에서는 20191002학생이 과목별 총점합계가 20191006학생보다 낮지만 평점평균이 높기 때문에 가장 먼저 출력되고, 20191006 학생과 20191005 학생의 평점평균이 4.4로 동일하기 때문에 백분율 총점이 높은 20191006번이 먼저 출력되고 20191005이 출력되고 다음으로 20191001번이 출력되었다.

다음과 같은 SELECT 명령문이 있다.

```
mysql> SELECT STU_NAME, CLASS
    → FROM STUDENT
    → ORDER BY
```

여기에서, 다음과 같은 ORDER BY 절을 구성할 수 있다.

```
ORDER BYSTU_NAME DESC
ORDER BYCLASS ASC, STU_NAME DESC
ORDER BYSTU_NAME, CLASS
ORDER BYSTUDENT.STU_NAME
ORDER BYSTUDENT.CLASS DESC, STU_NAME
```

12.5 수식과 함수의 정렬

지금까지 열의 값으로 정렬이 수행되는 예제만 살펴보았다. 몇 가지 SQL 제품은 수식을 정렬할 수 있는 기능을 제공한다. 이에 대하여 다음의 몇 가지 예제를 보자.

[예제 12-7] 교수 테이블에서 임용일자가 1997년 이전인 교수코드와, 교수이름, 임용일자를 교수임용일자 순으로 정렬하라.(DATE_FORMAT( ) 함수를 이용하라)

```
mysql> select prof_code, prof_name, create_date "임용일자"
    → from professor
    → where date_format(create_date, '%Y') < 1997
    → order by date_format(create_date, '%Y');
```

prof_code	prof_name	임용일자
4004	고진광	1988-03-01
5011	최종주	1992-03-05
4003	오승재	1993-09-01
4001	정진용	1995-09-01
4009	문창우	1995-03-01

5 rows in set (0.01 sec)

ORDER BY 절에서 순서 번호는 단일 리터럴만으로 구성된 수식으로 간주되지 않고, 예외의 경우로 DATE_FORMAT 함수에서 임용일자 중 년도만을 오름차순 정렬하였기 때문에 정진용 교수와 문창우 교수의 임용일자와 상관없이 같은 년도이기 때문에 바뀌어 출력되었다. 만약에 임용일자 순으로 출력하기를 원한다면 ORDER BY 절을 "order by create_date"로 변경해 주면 된다.

```
mysql> select prof_code, prof_name, create_date "임용일자"
    → from professor
    → where date_format(create_date, '%Y') < 1997
    → order by create_date;
```

prof_code	prof_name	임용일자
4004	고진광	1988-03-01
5011	최종주	1992-03-05
4003	오승재	1993-09-01
4009	문창우	1995-03-01
4001	정진용	1995-09-01

5 rows in set (0.00 sec)

12.6 NULL 값의 정렬

순서화하는데 있어서 NULL 값은 문제가 있으며, 다양한 SQL 제품에서 NULL 값의 순서화는 그 방법에 있어서 차이가 있다. 따라서 자세한 것은 SQL 매뉴얼을 참고하기 바라며, 다음과 같은 4가지 가능성이 있다.

- NULL 값은 오름차순 또는 내림차순으로 순서화하는 것과 관계없이 가장 먼저 나타난다.
- NULL 값은 오름차순 또는 내림차순으로 순서화하는 것과 관계없이 가장 나중에 나타난다.
- NULL 값을 가장 작은 값으로 취급한다.
- NULL 값을 가장 큰 값으로 취급한다.

MySQL에서는 NULL 값을 열에서 가장 작은 값으로 취급한다. 따라서 오름차순으로 정렬한다면 결과에서 가장 먼저 나타나고, 내림차순으로 정렬한다면 결과에서 가장 나중에 나타난다. 다음 명령문을 보자.

[예제 12-8] 등록테이블에서 2008년과 2019년에 등록한 학생의 학번과 장학금 총액, 등록일자를 출력하라. 단, 순서는 장학금 총액 오름차순이다.

```
mysql> select stu_no, jang_total, fee_date
    → from fee
    → where year(fee_date) = 2008 or year(fee_date) = 2019
    → order by jang_total;
```

stu_no	jang_total	fee_date
20081001	NULL	2008-02-18
20081002	NULL	2008-02-18
20191004	100000	2019-08-10
20191005	100000	2019-08-10
20191006	100000	2019-08-10
20191007	100000	2019-08-10
20191008	100000	2019-08-10
20191004	500000	2019-02-18
20191005	500000	2019-02-18
20191006	500000	2019-02-18
20191007	500000	2019-02-18
20191008	500000	2019-02-18
20161001	2000000	2019-02-10

20141001	2500000	2019-02-15
20141001	2500000	2019-08-16
20161001	2500000	2019-08-19

16 rows in set (0.00 sec)

[예제 12-8]을 내림차순으로 정렬한다면 결과는 다음과 같이 NULL이 가장 나중에 나타난다.

[예제 12-9] 등록테이블에서 2008년과 2019년에 등록한 학생의 학번과 장학금 총액, 등록일자를 출력하라. 단, 순서는 장학금 총액 내림차순이다.

```
mysql> select stu_no, jang_total, fee_date
    → from fee
    → where year(fee_date) = 2008 or year(fee_date) = 2019
    → order by jang_total desc;
```

stu_no	jang_total	fee_date
20141001	2500000	2019-02-15
20141001	2500000	2019-08-16
20161001	2500000	2019-08-19
20161001	2000000	2019-02-10
20191004	500000	2019-02-18
20191005	500000	2019-02-18
20191006	500000	2019-02-18
20191007	500000	2019-02-18
20191008	500000	2019-02-18
20191004	100000	2019-08-10
20191005	100000	2019-08-10
20191006	100000	2019-08-10
20191007	100000	2019-08-10
20191008	100000	2019-08-10
20081001	NULL	2008-02-18
20081002	NULL	2008-02-18

16 rows in set (0.00 sec)

연습문제

12-1. STUDENT 테이블에서 학번, 이름, 학과코드, 학년을 출력하라. 단 정렬의 순서는 학과별, 학년별, 학번순으로 정렬하라.

12-2. 다음 SELECT 명령문이 정확한지 말하라.

    (1) SELECT *
        FROM   STUDENT
        ORDER BY   2;

    (2) SELECT *
        FROM   STUDENT
        ORDER BY   20 DESC

    (3) SELECT   STU_NO, STU_NAME, CLASS
        FROM   STUDENT
        ORDER BY   2, CLASS DESC, 3 ASC;

    (4) SELECT *
        FROM   STUDENT
        ORDER BY   1, STU_NO DESC;

12-3. 등록테이블에서 납입금 총액은 등록금 총액에서 장학금 총액을 감산한 결과이다. 이 때 최종 결과는 감산을 수행한 값의 순서로 정렬한다.

Part 13

SELECT 명령문의 조합

Part 13 SELECT 명령문의 조합

제 13 장에서는 각각의 SELECT 명령문의 결과를 임의의 연산자로 어떻게 조합할 것인지 설명하고 있다. 이 때 조합하는 연산자를 집합 연산자(set operator)라 한다.

MySQL은 SELECT 명령문과 조합할 수 있는 집합 연산자로 다음과 같은 연산자를 제공하고 있다. 그러나 아쉽게도 INTERSECT, MINUS, EXCEPT 집합연산자를 제공하지 않고 있다.

- UNION
- UNION ALL

Oracle과 같은 다른 DBMS 제품에서 제공하고 있는 집합연산자는 INTERSECT, MINUS, EXCEPT, INTERSECT ALL, MINUS(EXCEPT) ALL등이 있다.

13.1 서론

집합 연산자는 SELECT 명령문의 기능을 확장한 것이다. 제 6 장에서 집합 연산자를 가지고 있지 않는 SELECT 명령문에 대한 정의를 보여 주었다. 다음에서는 이러한 연산자를 가지고 있는 완전한 정의를 보여주고 있다.

```
〈select statement〉 ::=
        〈query expression〉 [ 〈order by clause〉 ]
〈query expression〉 ::=
        〈select block〉 |
        〈query expression〉 〈set operator〉 〈query expression〉 |
        ( 〈query expression〉 )
〈select block〉 ::=
        〈select clause〉 〈from clause〉 [ 〈where clause〉 ]
        [ 〈group by clause〉 [ 〈having clause〉 ] ]
〈set operator〉 ::=
        UNION | INTERSECT | MINUS(EXCEPT) |
        UNION ALL | INTERSECT ALL | MINUS(EXCEPT) ALL
```

집합 연산자를 자세히 설명하기 전에 제 6 장에서 보여준 정의와 여기서 보여주는 정의와의 차이점을 알아야 한다. SELECT 명령문은 대부분 ORDER BY 절이 뒤따르는 질의 수식(query expression)으로 구성되어 있다. 질의 수식은 하나 이상의 선택 블록(select block) 또는 질의 명세(query specification)로 구성되고 괄호 내부에 포함시킬 수도 있다. 다음 2개의 명령문은 동일하다.

- SELECTSTU_NO
  FROMSTUDENT

- (SELECT STU_NO
  FROMSTUDENT)

여기서 주의할 점은 ORDER BY 절은 항상 괄호 외부에 지정되어야 한다는 것이다.

13.2 UNION의 조합

만약 2개의 선택 블록이 UNION 연산자로 조합된다면 최종 결과는 둘 또는 한 개의 선택 블록의 결과로 행이 구성된다. UNION은 집합은 합집합과 동일하다.

[예제13-1] 학년이 2,4학년인 학생의 학번과 이름을 출력하라.

```
mysql> select stu_no, stu_name, grade
    -> from student
    -> where grade = 2
    -> union
    -> select stu_no, stu_name, grade
    -> from student
    -> where grade = 4;
```

stu_no	stu_name	grade
20181001	장수인	2
20181002	정인정	2
20181003	이상진	2
20141001	박도상	4

4 rows in set (0.03 sec)

2개의 선택 블록은 각각 두 개의 열과 0개 이상의 행으로 된 테이블을 반환한다. UNION 연산자는 전체 명령문의 결과가 하나의 테이블을 가지도록 2개의 테이블을 하나로 조합한다.

위의 명령문은 OR 연산자를 사용하여 다음과 같이 구성할 수 있다.

```
mysql> select stu_no, stu_name, grade
    -> from student
    -> where grade = 2 or grade = 4;
```

그러나 UNION 연산자에 대하여 항상 OR 연산자로 대신할 수 있는 것은 아니다. 예를 들면, 다음과 같은 2개의 테이블을 가지고 있다고 하자. STUDENT1 테이블은 학생에 관한 데이터를 가지고 있고, STUDENT2 동아리에 가입한 학생의 데이터를 가지고 있다고 하자.

[STUDENT1 테이블]

stu_no	stu_name
7	장영호
39	이수영

[STUDENT2 테이블]

stu_no	stu_name
6	조윤기
44	김종택
83	김선아

[예제 13-2] 모든 학생의 학번과 이름을 출력하라.

```
select stu_no, stu_name
from  student1
union
select stu_no, stu_name
from  student2;
```

stu_no	stu_name
7	장영호
39	이수영
6	조윤기
44	김종택
83	김선아

이 명령문은 앞의 예제에서 보여준 것처럼 동일한 테이블로부터 행을 조합하지 않고 서로 다른 테이블에 있는 행을 조합하기 때문에 OR 연산자를 사용하여 구성할 수 없다.

UNION 연산자의 특별한 속성은 모든 중복된 행(동일한 행)이 최종 결과에서 자동적으로 제거된다. 10.4절에서는 SELECT 절에서 DISTINCT를 사용할 때 두 행의 동등성에 관하여 자세한 설명을 하였다. 물론 UNION 연산자에도 동일한 규칙이 적용된다.

[예제13-3] 적어도 한번 이상 수강신청을 했거나 등록을 한 학생의 학번을 출력하라.

```
mysql> select stu_no
    → from attend
    → union
    → select stu_no
    → from fee;
```

stu_no
20141001
20161001
20191004
20191005
20191006
20191007
20191008
20201002

8 rows in set (0.03 sec)

앞의 결과에서는 보는 것처럼 모든 중복된 행은 제거되었다. 하나의 SELECT 명령문에서 두개 이상의 선택 블록을 결합할 수 있다. 다음의 예제를 살펴보자.

[예제13-4] 적어도 한번 동아리에 가입했거나, 등록을 하고 그리고 수강신청을 한 학생 중에서 이상의 조건 중 둘 또는 세가지 조건을 만족하는 또는 두개의 조건에 모두 포함되는 각 학생의 학번을 출력하라.

```
mysql> select stu_no
    → from circle
    → union
    → select stu_no
    → from fee
    → union
    → select stu_no
    → from attend
    → where att_div='Y';
```

stu_no
20141001
20191009
20191001
20181001
20191004
20161001
20191002
20191005
20191006
20191007
20191008
20201002

12 rows in set (0.00 sec)

13.3 UNION을 사용하기 위한 규칙

다음은 UNION 연산자를 사용하기 위해서 지켜야 할 규칙이다.

- 관련된 모든 선택 블록의 SELECT 절은 수식의 수(열의 수)를 동일하게 가져야 한다.
- 최종 결과를 만들어 내는 수식은 서로 비교할 수 있는 자료형이어야 한다.
- ORDER BY 절은 마지막 선택 블록에서만 지정할 수 있다. 순서화는 모든 중간 결과가 결합된 후에 전체 최종 결과에서 수행된다.
- SELECT 절은 DISTINCT를 가질 수 없다. SQL은 UNION을 사용했을 때 중복된 행을 자동적으로 삭제한다.

다음에서 보여주는 SELECT 명령문은 이러한 규칙에 따라 작성된 명령문이 잘못된 예제이다.

- SELECT   *
  FROM   STUDENT
  UNION
  SELECT   *
  FROM   FEE;

학적 테이블의 열의 수와 등록테이블의 열의 수가 상이함.

- SELECT   STU_NO, CLASS
  FROM   STUDENT

```
UNION
SELECT    STU_NO, FEE_TOTAL
FROMFEE;
```

학적 테이블의 열의 데이터형과 등록테이블의 데이터형이 상이함.

- ```
  SELECTSTU_NO
  FROM       STUDENT
  WHERE      CLASS = 3
  ORDER BY   1
  UNION
  SELECT     STU_NO
  FROM       ATTEND
  ORDER BY   1;
  ```

ORDER BY 절을 두 번 사용하여 잘못됨.

- ```
  SELECT     DISTINCT STU_NO
  FROMFEE
  UNION
  SELECT     STU_NO
  FROM       STUDENT;
  ```

UNION 연산자는 DISTINCT를 사용하지 않아도 중복 행을 제거함.

13.4 UNION ALL의 조합

앞의 모든 예제는 집합 연산자 UNION이 사용되면 최종 결과로부터 중복된 행을 자동적으로 삭제한다는 것을 명확하게 보여 주었다. 중복된 행을 삭제하는 것을 이러한 연산자의 변형인 ALL을 사용함으로써 막을 수 있다. 이에 관하여 UNION ALL을 사용하여 설명해 보자.

만약 두 개의 선택 블록이 UNION ALL 연산으로 결합된다면 최종 결과는 두 개의 선택 블록에서 생성된 결과로부터 생성된다. UNION과 UNION ALL의 유일한 차이점은 UNION을 사용할 때는 중복된 행을 자동적으로 제거하지만 UNION ALL을 사용할 때는 중복된 행이 그대로 유지된다.

이를 확인하기 위해서 다음의 명령문을 보면 알 수 있는데, 최종 결과에서 중복된 행이 제거되지 않고 그대로 남아 있게 된다.

[예제 13-5] 적어도 한 번 이상 등록금 납부하고 동아리에 가입한 모든 학생을 출력하라(단, 중복된 행을 제거하지 않고 모두 출력한다).

```
mysql> select stu_no
    from fee
    -> union all
    -> select stu_no
    -> from circle;
```

stu_no
20141001
20141001
20141001
20141001
20141001
20141001
20141001
20141001
20161001
20161001
20161001
20161001
20191004
20191004
20191005
20191005
20191006
20191006
20191007
20191007
20191008
20191008
20201002
20201002
20141001
20191009
20191001
20181001
20191004
20161001
20191002

31 rows in set (0.00 sec)

13.5 집합 연산자와 NULL 값

SQL은 집합 연산자인 UNION, INTERSECT, MINUS가 사용되면 자동적으로 중복된 행을 제거한다. 다음 SELECT 명령문은 두 개의 각 선택 블록이 중간 결과로 하나의 행을 가지고 있을 지라도 최종 결과는 오직 하나의 행을 만든다.

[예제 13-6] 20161001 학생의 학번, 등록년도, 학기, 장학금액을 출력하라.

```
mysql> select stu_no, fee_year, fee_term, jang_total
    → from fee
    → where stu_no = '20161001';
```

stu_no	fee_year	fee_term	jang_total
20161001	2016	1	2500000
20161001	2016	2	2500000
20161001	2019	1	2000000
20161001	2019	2	2500000

4 rows in set (0.00 sec)

[예제 13-7] 20161001 학생과 20201002 학생이 받은 장학금액을 출력하라.

```
mysql> select stu_no, jang_total
    → from fee
    → where stu_no = '20161001'
    → union
    → select stu_no, jang_total
    → from fee
    → where stu_no = '20201002';
```

stu_no	jang_total
20161001	2500000
20161001	2000000
20201002	500000
20201002	2500000

4 rows in set (0.01 sec)

```
mysql> select stu_no, jang_total, fee_year, fee_term
    → from fee
    → where stu_no = '20161001'
    → union
    → select stu_no, jang_total, fee_year, fee_term
    → from fee
    → where stu_no = '20201002';
```

stu_no	jang_total	fee_yea	rfee_term
20161001	2500000	2016	1
20161001	2500000	2016	2
20161001	2000000	2019	1
20161001	2500000	2019	2
20201002	500000	2020	1
20201002	2500000	2020	2

[예제 13-6]에서 학번 20161001은 2016년 1학기, 2학기에 2,500,000원 장학금을 받았고, 2019년도 2학기에도 2,500,000원 장학금을 받았다. [예제 13-7] 예제의 출력결과와 같이 동일한 장학

금 두 개는 제거되고 한 개만 출력되었다. UNION연산자를 사용한 경우는 DISTINCT를 사용하지 않아도 중복된 행을 제거한다. 2019년 1학기에 2,000,000원 장학금을 받은 내용이 출력된 것은 20161001 학생은 학번이 동일하지만 장학금액이 서로 다른 값이므로 동일한 값으로 인식하지 않기 때문에 제거되지 않고 2개의 행을 출력하였다.

[예제 13-8] 20161001 학생과 20191008학생이 받은 장학금액을 출력하라.

```
mysql> select stu_no, jang_total
    → from fee
    → where stu_no = '20161001'
    → union
    → select stu_no, jang_total
    → from fee
    → where stu_no = '20191008';
```

stu_no	jang_total
20161001	2500000
20161001	2000000
20191008	500000
20191008	NULL

4 rows in set (0.02 sec)

NULL값을 가지고 있다면 어떻게 되는가? 20191008학생은 장학금액이 한번은 500,000원 장학금을 받았고, 다음에는 장학금을 받지 못했다. 20191008 학생은 학번이 동일하지만 장학금액이 500,000원 과 NULL값이 서로 다른 값이므로 동일한 값으로 인식하지 않기 때문에 중복 값이 아니므로 제거되지 않고 2개의 행을 출력하였다.

연습문제

13-1. 다음 명령문이 올바른지 말하고, 틀렸다면 그 이유를 설명하라.

(1) SELECT …
   FROM …
   GROUP BY …
   HAVING …
   UNION …
   SELECT …
   FROM …
   ORDER BY …

(2) SELECT   STU_NO, STU_NAME
   FROM   STUDENT
   UNION
   SELECT   STU_NO, ADDRESS
   FROM   STUDENT;

(3) SELECT   STU_NO
   FROM FEE
   UNION
   SELECT   STU_NO
   FROM   STUDENT
   ORDER BY   1;

(4) SELECT   DISTINCT STU_NO
   FROM   STUDENT
   UNION
   SELECT   STU_NO

```
                FROM            FEE
                ORDER BY1;


    (5) SELECT ...
        FROM ...
        GROUP BY ...
        ORDER BY ...
        UNION
        SELECT ...
        FROM ...
```

13-2. 다음 명령문을 실행했을 때 최종 결과에 생성되는 행의 수는 몇 개인가?

```
    (1) SELECT          CLASS
        FORM            STUDENT
        UNION
        SELECT          CLASS
        FROM            STUDENT;


    (2) SELECT          STU_NO
        FROM            FEE
        UNION
        SELECT          STU_NO
        FROM            STUDENT;


    (3) SELECT          GRADE
        FROM            STUDENT
        UNION
        SELECT          CLASS
        FROM            STUDENT;
```

Part 14

부속 질의어

Part 14 부속 질의어

다른 SQL 명령문에 대하여 설명을 계속하기 전에 제 14 장과 제 15 장에서는 SELECT 명령문의 특별한 형식인 부속 질의어와 결합에 대하여 설명하고자 한다.

14.1 부속 질의어 규칙

부속 질의어(subquery)는 SELECT 명령문의 조건에 있는 SELECT 명령문이다. 부속 질의어를 다르게 말하면 부속선택문(subselect) 또는 내부선택문(interselect)라 할 수 있다. 부속 질의어에 대한 SELECT 명령문의 정의는 정상적인 SELECT 명령문의 정의와 약간의 차이가 있는데, 이는 다음과 같다.

```
〈subquery〉 ::=
        SELECT { 〈expression〉 | * }
        〈from clause〉
        [ 〈where clause〉 ]
        [ 〈group by clause〉 ]
        [ 〈having clause〉 ] ]
```

부속 질의어의 정의와 SELECT 명령문에는 다음과 같이 3개의 차이점이 있다.

- 만약 부속 질의어가 EXISTS 연산자를 사용하지 않는다면 SELECT 절에는 오직 하나의 수식만 사용되어야 한다. 그렇지 않으면 부속 질의어는 다수의 열로 구성된 테이블을 반환하게 되고, 각 행은 여러 개의 값을 가지게 된다. 조건이 부속 질의어의 형식을 가진다면 SQL은 부속 질의어의 결과를 'Jim', 18, 380.14와 같은 단일 값과 비교한다. 이러한 값은 〈'Jim', 14〉, 〈'Pete', 25〉, 〈'Regina', 83〉와 같은 값의 집합과는 완전히 다르다. 특수 문자 *(asterisk)는 EXISTS가 사용될 때 사용된다.

- SELECT 절에 DISTINCT는 사용할 수 없다. 만약 중복된 값이 생략되거나 값이 서로 다르게 배열되었을 경우 값들의 집합적 의미를 변경할 수 없다는 것이다. 다음의 집합은 부속 질의어의 번역에 대해서는 동일하다.
    (1, 4, 8)
    (8, 1, 4)
    (4, 4, 1, 8)

(8, 1, 4, 8, 1, 4)
- ORDER BY 절은 사용할 수 없다(DISTINCT와 같은 이유).

부속 질의어의 가장 중요한 특성은 열의 범위이다. 이러한 개념을 효과적으로 설명하기 위해서는 선택 블록을 사용해야 한다. 그림 14-1에서는 5개의 선택 블록으로 구성된 SELECT 명령문을 보여주고 있다.

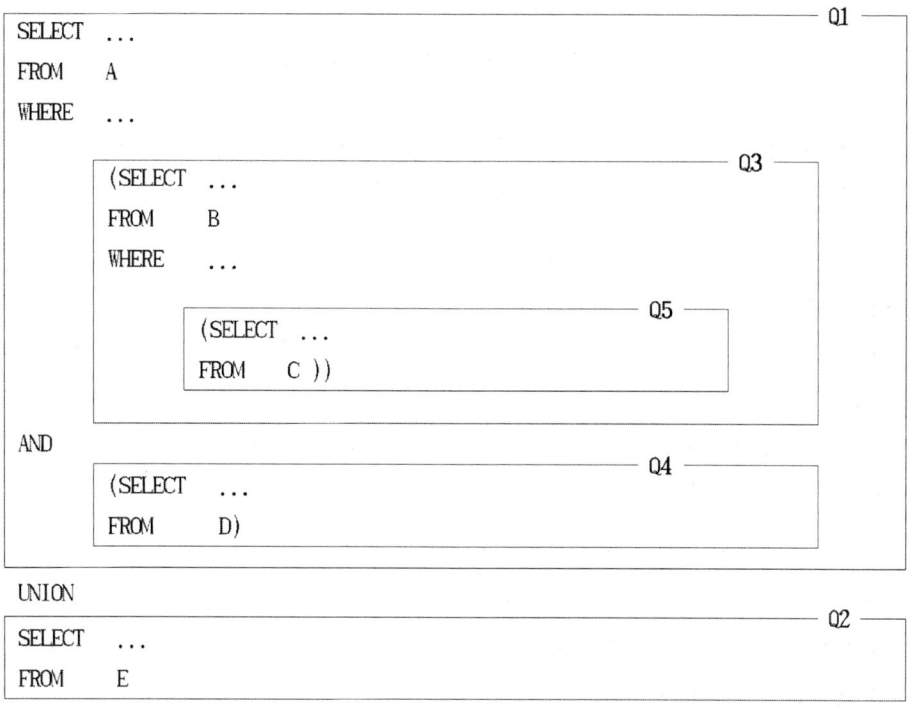

그림 14-1. 5개의 선택 블록으로 구성된 SELECT 명령문

SELECT 절은 선택 블록의 시작을 표시한다. 선택 블록에 포함된 부속 질의어는 부속 질의어의 명령문으로 구성되어 있다. 테이블의 열은 테이블을 지정하고 있는 선택 블록의 어느 위치에서든지 사용될 수 있다. 따라서 예제에서는 테이블 A의 열은 선택 블록 Q1, Q3, Q4와 Q5에서 사용할 수 있지만 Q2에서는 사용할 수 없다. 이 때 Q1, Q3, Q4와 Q5는 테이블 A의 열의 범위에 있다고 할 수 있다. 테이블 B의 열은 Q3과 Q5에서만 사용할 수 있으므로 Q3과 Q5는 테이블 B의 열의 범위이다.

[예제 14-1] 적어도 한 번 이상 등록한 학생의 학번과 이름을 출력하라(그림 14-2 참조).

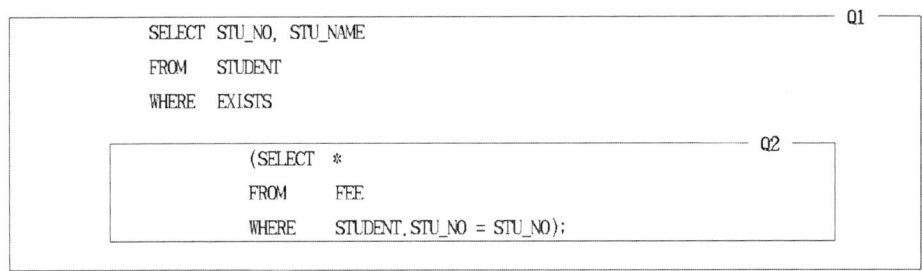

그림 14-2. 예제 14-1의 SELECT 명령문

STUDENT 테이블에 있는 열은 선택 블록 Q1, Q2에서 사용할 수 있지만 FEE 테이블에 있는 열은 선택 블록 Q2에서만 사용할 수 있다.

예제 14-1에서 STUDENT 테이블로부터 STU_NO열을 취하여 Q2에서 사용할 수 있다. STUDENT.STU_NO 대신에 STU_NO을 지정할 수 있는가? 이 경우에 SQL은 STU_NO은 FEE 테이블로부터 취한 열로 해석하고 다른 결과를 생성하게 되는데, STUDENT.STU_NO = STU_NO은 FEE 테이블에서 모든 행에 대하여 정당하기 때문에 각 학생에 대한 STU_NAME도 표현될 것이다. 선택 블록 Q2는 다른 선택 블록에서 지정된 테이블에 포함된 열을 가지고 있기 때문에 상호 관련 부속 질의어(correlated subquery)라 한다.

부속 질의어에서 열의 이름 앞에 테이블의 이름이 없다면 SQL은 먼저 열이 부속 질의어의 FROM 절에 있는 테이블 이름 중 하나에 포함되어 있는지 조사한다. 열의 이름이 테이블에 포함되어 있다면 SQL은 열이 그 테이블에 포함되어 있다고 가정한다. 열의 이름이 테이블에 포함되어 있지 않다면 SQL은 열이 부속 질의어를 한 부분으로 구성하고 있는 선택 블록의 FROM 절에 있는 테이블에 포함되어 있는가 조사한다. 사실, 이러한 상황에서 열의 이름 앞에 테이블의 이름을 명시적으로 지정함으로써 명확히 명령문을 작성할 수 있다.

SQL은 어떻게 예제 14-1의 명령문을 처리하는가? 이를 설명하기 위해서 다양한 절에서 생성되는 중간 결과를 사용하여 설명해 보자. 선택 블록 Q1에 있는 FROM 절의 중간 결과는 STUDENT 테이블의 복사본이다.

STU_NO	STU_NAME
20141001	박도상
20161001	박정인
20181001	장수인
20181002	정인정
20181003	이상진
20181004	김유미

20191001	김유신
20191002	홍길동
20191003	고혜진
20191004	이순신
20191005	김할리
20191006	최에스터
20191007	신안나
20191008	연개소문
20191009	유하나
20201001	김영호
20201002	강감찬

17 rows in set (0.00 sec)

WHERE 절을 수행하기 위해서 SQL은 중간 결과에 있는 각 행에 의존하여 실행된다. Q2에 대한 중간 결과는 fee테이블의 복사본이며 다음과 같다.

stu_no	fee_year	……	fee_term	fee_pay
20141001	2019	……	1	300000
20141001	2019	……	2	300000
20161001	2016	……	1	500000
20161001	2016	……	2	500000
20161001	2019	……	1	1000000
20161001	2019	……	2	500000
20191004	2019	……	1	3000000
20191004	2019	……	2	1000000
20191005	2019	……	1	3000000
20191005	2019	……	2	3000000
20191006	2019	……	1	3000000
20191006	2019	……	2	3000000
20191007	2019	……	1	3000000
20191007	2019	……	2	3000000
20191008	2019	……	1	3000000
20191008	2019	……	2	3000000
20201002	2020	……	1	3000000
20201002	2020	……	2	500000

24 rows in set (0.00 sec)

선택 블록 Q1에 있는 두 번째 행에 대한 부속 질의어의 중간 결과는 17개의 행으로 구성된다. 서브쿼리는 중복된 값을 나타내지 않기 때문에 이와 같은 과정을 계속 수행하면, 명령문의 최종 결과는 다음과 같다.

STU_NO	STU_NAME
20141001	박도상
20161001	박정인
20191004	이순신
20191005	김할리
20191006	최에스터
20191007	신안나
20191008	연개소문
20201002	강감찬

8 rows in set (0.02 sec)

상호 관련 부속 질의어를 처리하는데 있어서, SQL은 외부 선택 블록 또는 내부 선택 블록의 열을 부속 질의어에 대한 리터럴로 생각한다.

제 6 장에서 설명했던 것처럼 실제적으로 SQL은 가장 효율적인 처리 방법을 찾는다. 처리 방법에 관계없이 결과는 항상 동일하다.

다음에서는 위의 예제에 대한 변형된 방법을 보여주고 있다.

```
mysql> select stu_no, stu_name
    -> from student
    -> where exists
    -> (select *
    -> from fee
    -> where student.stu_no = student.stu_no);
```

stu_no	stu_name
20141001	박도상
20161001	박정인
20181001	장수인
20181002	정인정
20181003	이상진
20181004	김유미
20191001	김유신
20191002	홍길동
20191003	고혜진
20191004	이순신
20191005	김할리
20191006	최에스터
20191007	신안나
20191008	연개소문
20191009	유하나
20201001	김영호
20201002	강감찬

17 rows in set (0.00 sec)

부속 질의어는 각 학생에 대하여 개별적으로 실행된다. 부속 질의어에 있는 WHERE 절은 항상 참인 조건을 가지고 있다. 그래서 부속 질의어는 항상 하나의 행을 반환한다. 결론적으로 이 명령문은 STUDENT 테이블과 FEE 테이블의 학번이 동일한 모든 학생의 학번과 이름을 반환한다.

학적에 있는 데이터 중에서 STUDENT 테이블에 있는 STU_NO가 NULL 값을 가지고 있다면 다르게 될 것이다.

다음의 명령문은 14.2절에서 보여준 예제 14-1과 동일한 효과를 가진다.

```
mysql> select stu_no, stu_name
    -> from student s
    -> where exists
    -> (select *
    -> from fee f
    -> where s.stu_no = f.stu_no);
```

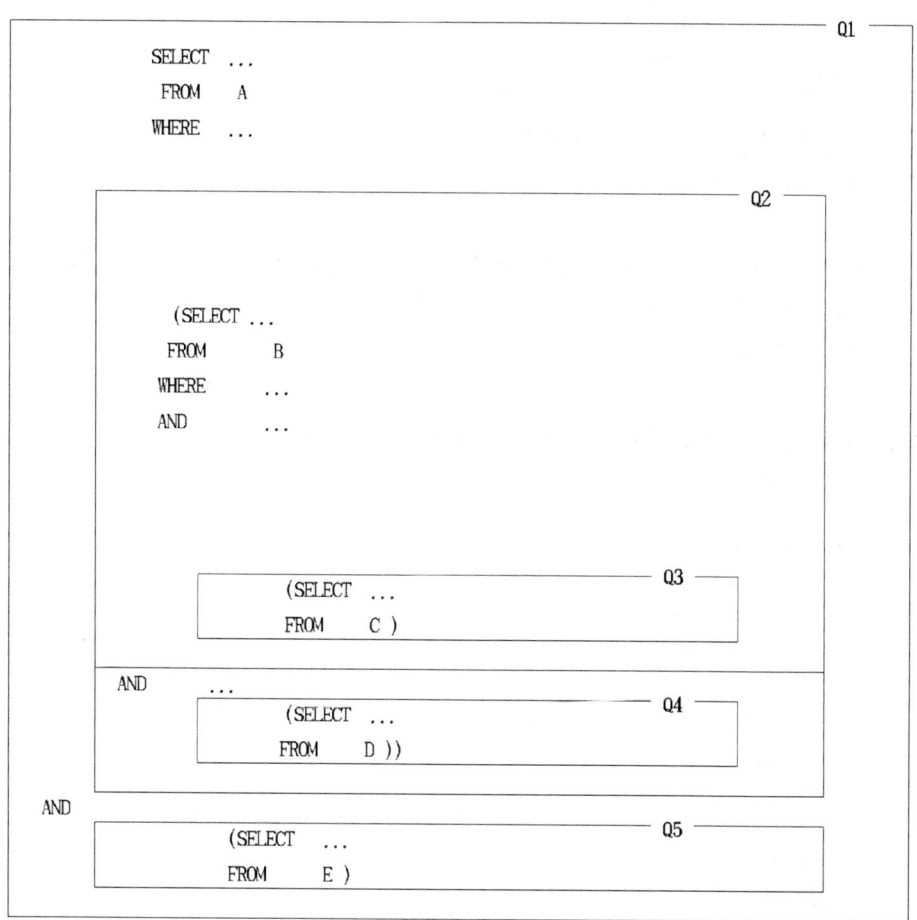

그림 14-3. 예제 14-2에 대한 SELECT 명령

14.2 상호 관련 부속 질의어의 예제

상호 관련 부속 질의어(correlated subquery)는 다른 선택 블록에서 지정된 테이블에 포함된 열을 사용하는 부속 질의어로서 정의된다. 실제적으로 이러한 부속 질의어는 문제를 발생할 수 있는 요인이 많기 때문에 상호 관련 부속 질의어에 대하여 다양한 예제를 설명하고 있다.

[예제 14-2] 학생중에 동아리의 등급이 일반 회원인 학생의 학번과 이름, 생년월일을 출력하라.

```
mysql> select stu_no, stu_name, birthday
    -> from student
    -> where stu_no in
    -> (select stu_no
    -> from circle
    -> where president = 2);
```

stu_no	stu_name	birthday
20191001	김유신	20001007
20181001	장수인	19990209

2 rows in set (0.01 sec)

동아리 테이블에서 회원번호가 0이면 회장, 1이면 부회장, 2이면 일반회원이라면, 회원번호가 2인 회원을 먼저 찾아내고 학적 테이블의 학번과 비교하여 동일하면 학번과 이름, 생년월일을 출력한 것이다.

[예제 14-3] 두 번 이상 장학금을 지급 받은 학생중 장학금액이 학기별로 서로 다른 경우의 학생의 학번을 출력하라.

```
mysql> select distinct stu_no
    -> from fee f
    -> where stu_no in
    -> (select stu_no
    -> from fee
    -> where jang_total <> f.jang_total);
```

stu_no
20141001
20161001
20191004
20201002

4 rows in set (0.00 sec)

FEE 테이블에 있는 각 행에 대하여 SQL은 이 테이블에서 동일한 학번을 갖지만 서로 다른 장학금액을 갖는 또 다른 행이 있는지 조사한다.

[예제 14-4] 학적 테이블에서 동아리 "Java길라잡이"에 가입하지 않은 학생의 학번과 이름, 주야구분을 출력하라.

```
mysql> select stu_no, stu_name, juya
    → from student
    → where 'Java길라잡이' <> all
    → (select cir_name
    → from circle
    → where stu_no = student.stu_no);
```

stu_no	stu_name	juya
20141001	박도상	주
20181002	정인정	주
20181003	이상진	주
20181004	김유미	주
20191001	김유신	야
20191002	홍길동	야
20191003	고혜진	주
20191005	김할리	주
20191006	최에스터	주
20191007	신안나	주
20191008	연개소문	야
20191009	유하나	주
20201001	김영호	야
20201002	강감찬	야

14 rows in set (0.00 sec)

부속 질의어는 동아리에 가입한 모든 회원의 학번 목록을 생성한다. 주 질의어는 학생신상테이블의 전체 학생 17명중에서 동아리 "Java길라잡이"에 가입한 장수인, 이순신, 박정인 학생을 제외한 모든 학생(14명)의 학번, 이름, 주야구분을 출력한다.

다음은 학번이 가장 큰 값을 찾는 것은 다음과 같은 SELECT 명령문을 사용하므로 아주 간단하다.

```
mysql> select max(stu_no)
    → from student;
```

max(stu_no)
20201002

1 row in set (0.02 sec)

그러나 학번 중 가장 큰 3개의 값을 구하기 위해서는 MAX 함수를 사용할 수 없고 다음과 같은 [예제 14-5]를 사용해야 한다.

[예제 14-5] 학적 테이블에서 학번이 가장 큰 3명의 학번을 내림차순으로 출력하라.

```
mysql> select stu_no
    -> from student s1
    -> where 3 >
    -> (select count(*)
    -> from student s2
    -> where (s1.stu_no < s2.stu_no))
    -> order by stu_no desc;
```

stu_no
20201002
20201001
20191009

3 rows in set (0.01 sec)

가장 큰 학번보다 더 큰 학번은 없다. 두 번째 큰 학번보다 더 큰 학번은 하나이며, 세 번째 큰 학번보다 더 큰 학번은 두개다. 부속 질의어에서는 각 학번에 대해 더 큰 학번의 수를 계산하는데, 이 것이 세 개의 학번보다 더 적다면 관련된 학번이 최종 결과에 나타난다.

[예제 14-6] 학적 테이블에서 학번이 가장 작은 학번을 가진 3명의 학생을 오름차순으로 출력하라.

```
mysql> select stu_no
    -> from student s1
    -> where 3 >
    -> (select count(*)
    -> from student s2
    -> where (s1.stu_no > s2.stu_no))
    -> order by stu_no;
```

stu_no
20141001
20161001
20181001

3 rows in set (0.00 sec)

이상의 2개의 예제는 중복된 값을 가지고 있지 않는 열과 NULL값을 가지지 않은 열에만 적용된다. 이상의 명령문을 사용시 NULL값이 존재하면 사용자가 원하는 결과가 나오지 않고, NULL이 MySQL에서는 가장 작은 값으로 인식하므로 알 수 없는 값인 NULL을 포함해서 가장 큰 값을 나타내주고, 만약, 중복된 값이 존재하는 열에서는 예기치 못한 결과 값이 나오므로 3개의 가장 큰(가장 작은) 값을 결정하는 것에는 적절하지 못하다. 다음은 NULL값을 포함한 장학금 총액 중 가장 큰 3개 값을 구해보자.

[예제 14-7] 등록테이블에서 장학금을 지급 받은 학생 중 가장 작은 장학금액을 지급 받은 학생 8명의 학번, 등록년도, 등록학기, 장학금 총액을 출력하라.

```
mysql> select distinct stu_no, fee_year, fee_term, jang_total
    -> from fee f1
    -> where 8 >
    -> (select count(*)
    -> from fee f2
    -> where f1.jang_total > f2.jang_total)
    -> order by  f1.jang_total desc;
```

stu_no	fee_year	fee_term	jang_total
20141001	2015	2	800000
20141001	2014	1	500000
20191004	2019	1	500000
20191005	2019	1	500000
20191006	2019	1	500000
20191007	2019	1	500000
20191008	2019	1	500000
20201002	2020	1	500000
20191005	2019	2	NULL
20191006	2019	2	NULL
20191007	2019	2	NULL
20191008	2019	2	NULL

12 rows in set (0.00 sec)

위의 예제에서 보는 바와 같이 장학금액 작은 크기순으로 8명, 장학금액이 NULL인 경우가 4명이 있다. NULL값은 비교할 수 없는 값이므로 4명을 포함하여 합계 12명이 출력된다.

[예제 14-8] 등록테이블에서 등록한 학생 중에서 납부 총액이 가장 큰 학생을 포함한 3명의 학번, 납부 총액을 출력하라.

```
mysql> select stu_no, fee_pay
    → from fee f1
    → where 3 >
    → (select count(*)
    → from fee f2
    → where f1.fee_pay < f2.fee_pay)
    → order by f1.fee_pay desc;
```

stu_no	fee_pay
20141001	3000000
20191004	3000000
20191005	3000000
20191005	3000000
20191006	3000000
20191006	3000000
20191007	3000000
20191007	3000000
20191008	3000000
20191008	3000000
20201002	3000000

11 rows in set (0.00 sec)

위의 예제의 결과와 같이 납부 총액이 가장 큰 학생 3명만 출력해야 되지만 동일한 납부총액(3,000,000)을 가진 학생이 여러 명인 경우에는 예기치 못한 결과가 출력된다.

[예제 14-9] "20161001" 학생이 가입한 동아리에 소속된 모든 학생의 학번과 이름을 출력하라.

```
mysql> select stu_no, stu_name
    → from student s
    → where not exists
    → (select * from circle c
    → where c.stu_no = '20161001'
```

→ and not exists
→ (select * from circle c2
→ where c.cir_name = c2.cir_name
→ and s.stu_no = c2.stu_no));

stu_no	stu_name
20161001	박정인
20181001	장수인
20191004	이순신

3 rows in set (0.00 sec)

위의 예제는 두 번째 부속질의어에서는 동아리테이블에 "20161001" 학생의 존재여부를 확인하고, 동시에 세 번째 부속질의어에서는 "20161001" 학생이 가입한 동아리("Java길라잡이")와 동아리 이름이 같지 않은 학생을 추출하고, 첫 번째 부속 질의어에서는 동아리에 가입하지 않은 학생과 "20161001"학생이 가입한 동아리를 2중 부정(부정에 대한 부정)으로 만들어 "20161001" 학생이 소속된 동아리("Java길라잡이")의 모든 회원의 학번과 이름을 출력하는 예제이다. 현재 Java길라잡이에 가입자는 3명뿐이다.

[예제 14-10] 적어도 한 번 장학금을 받은 학생에 대하여 학번, 등록년도, 학기, 장학금액 중 가장 큰 장학금액, 등록일자를 출력하라.

mysql> select stu_no, fee_year, fee_term, jang_total, fee_date
→ from fee f1
→ where jang_total =
→ (select max(jang_total)
→ from fee f2
→ where f1.stu_no = f2.stu_no);

stu_no	fee_year	fee_term	jang_total	fee_date
20141001	2014	2	2500000	2014-08-20
20141001	2018	2	2500000	2018-08-10
20141001	2019	1	2500000	2019-02-15
20141001	2019	2	2500000	2019-08-16
20161001	2016	1	2500000	2016-02-14
20161001	2016	2	2500000	2016-08-18
20161001	2019	2	2500000	2019-08-19
20191004	2019	2	2000000	2019-08-10

20191005	2019	1	500000	2019-02-18
20191006	2019	1	500000	2019-02-18
20191007	2019	1	500000	2019-02-18
20191008	2019	1	500000	2019-02-18
20201002	2020	2	2500000	2020-08-10

13 rows in set (0.00 sec)

[예제 14-11] 적어도 한 번 이상 수강신청을 하고 등록한 학생에 대하여 학번, 이름, 생년월일을 출력하라.

```
mysql> select stu_no, stu_name, birthday
    -> from student s
    -> where not exists
    -> (select stu_no
    -> from fee f
    -> where fee_div = 'Y'
    -> and not exists
    -> (select * from
    -> attend a
    -> where s.stu_no = a.stu_no
    -> and a.att_div = 'Y'));
```

stu_no	stu_name	birthday
20141001	박도상	19960116
20161001	박정인	19970403

2 rows in set (0.01 sec)

14.3 복합키의 사용

테이블에서 하나 이상의 열을 사용하여 기본 키를 구성하였을 때 SELECT 명령문의 구성은 매우 어려질 수 있다. 다음 예제에서는 이러한 내용을 보다 자세히 설명하고 있다. 먼저 예제를 위해서 지금까지 사용했던 STUDENT과 FEE 테이블의 내용과 구조를 약간 변경하여 STUDENT1과 FEE1로 명명하여 사용하겠다. 그리고 STUDENT1 테이블에서 사용하는 기본 키는 STU_NAME의 "강성희"가 동명이인이기 때문에 STU_NAME과 STU_ENAME을 조합하여 구성하며, FEE1 테이블의 기본 키는STU_NO으로 변경하여 사용한다.

⟨ STUDENT1 테이블의 구조 ⟩

STU_NAME	STU_ENAME	TOWN
강성희	G	순천
강성희	K	순천
강국원	K	여수

⟨ FEE1 테이블의 구조 ⟩

STU_NO	STU_NAME	STU_ENAME	JANG_TOTAL
1	강성희	G	1000000
2	강국원	K	2000000

[예제 14-12] 장학금을 지급 받은 학생의 이름과 영문이름을 출력하라. 다음 SELECT 명령문은 14-12의 질문에 대한 올바른 결과를 출력하지 않는다.

```
SELECT   STU_NAME,  STU_ENAME,  TOWN
FROM     STUDENT1
WHERE    STU_NAME   IN
                    (SELECT   STU_NAME
         FROM       FEE1)
AND      STU_ENAME  IN
                    (SELECT   STU_ENAME
                    FROM      FEE1);
```

STU_NAME	STU_ENAME	TOWN
강성희	G	순천
강국원	K	여수
강성희	K	순천

위의 출력 결과는 예제 14-12에서 질의한 결과가 아니다. FEE1 테이블에서 보는 것처럼 선수 "강성희 K"는 장학금을 받지 못한 학생이다. 따라서 예제 14-12에 대한 정확한 명령문은 다음과 같이 작성해야 한다.

```
SELECT   S.STU_NAME, S.STU_ENAME, TOWN
FROM     STUDENT1 S,  FEE1 F
WHERE    S.STU_NAME = F.STU_NAME
AND      S.STU_ENAME = F.STU_ENAME;
```

STU_NAME	STU_ENAME	TOWN
강성희	G	순천
강국원	K	여수

이 예제에 대한 또 다른 명령문은 다음과 같이 IN 연산자를 사용하여 작성할 수 있다.

```
SELECT   STU_NAME,   STU_ENAME,   TOWN
FROM STUDENT1 S
WHERE STU_NAME IN
    (SELECT  STU_NAME
     FROM    FEE1 F
     WHERE   S.STU_ENAME = F.STU_ENAME);
```

주 질의어의 STUDENT1 테이블의 각 행에 대하여 부속 질의어를 사용하는데, SQL은 FEE1 테이블에서 동일한 영문이름을 찾는다. 그리고 나서 SQL은 학생의 STU_NAME이 이들의 행(WHERE STU_NAME IN …)에 나타나는지 확인한다.

[예제 14-13] 장학금을 지급 받지 못한 학생의 이름, 영문이름, 도시를 출력하라.

```
SELECT   S.STU_NAME,    S.STU_ENAME,   TOWN
FROM     STUDENT1 S, FEE1 F
WHERE    S.STU_NAME <> F.STU_NAME
AND      S.STU_ENAME <> F.STU_ENAME;
```

STU_NAME	STU_ENAME	TOWN
강성희	G	순천
강국원	K	여수

위의 예제를 처리하기 위해서 예제 14-12의 명령문에서 = 대신에 <>을 사용함으로써 해결할 수는 없다. 위의 조인(JOIN)은 요구하는 결과를 반환하지 않는다. 따라서 다음의 NOT EXISTS 연산자를 사용하여 올바른 출력을 얻을 수 있다.

```
SELECT    DISTINCT  S.STU_NAME, S.STU_ENAME, TOWN
FROM      STUDENT1 S, FEE1 F
WHERE     NOT EXISTS
              (SELECT  *
               FROM  FEE1
               WHERE  S.STU_NAME = F.STU_NAME
               AND    S.STU_ENAME = F.STU_ENAME);
```

만약 STUDENT1 테이블에 있는 학생처럼 STU_NAME과 STU_ENAME의 동일한 조합을 가지는 행이 FEE1 테이블에 없다면 STUDENT1 테이블에 있는 선수들에 관한 자세한 내용이 최종 결과에 포함된다. 따라서 최종 결과는 다음과 같다.

STU_NAME	STU_ENAME	TOWN
강성희	K	순천

기본 키가 하나 이상의 열로 구성되어 있는 2개의 테이블을 조인할 때는 아주 조심스럽게 연산자를 사용해야 한다.

[예제 14-14] 2016년 1학기에 등록한 학생이 같은 연도, 학기에 수강 신청한 학생의 학번과 등록년도, 등록학기, 수강신청년도, 학기를 출력하라. (중복된 출력자료를 제거하기 위해서 DISTINCT를 사용)

```
mysql> select distinct f.stu_no, fee_year, fee_term,
    -> att_year, att_term
    -> from fee f, attend a
    -> where f.stu_no = a.stu_no
    -> and fee_year = '2016'
    -> and fee_term = '1'
    -> and fee_year = att_year
    -> and fee_term = att_term;
```

stu_no	fee_year	fee_term	att_year	att_term
20161001	2016	1	2016	1

1 row in set (0.00 sec)

연습문제

14-1. 다음의 SELECT 명령문이 정확한지 부정확한지 설명하라.

```
(1) SELECT       ...
    FROM         ...
    WHERE        ... IN
                    (SELECT    ...
                     FROM      ...
                     GROUP BY  ...
                     HAVING    ... 〉
                                (SELECT    ...
                                 FROM      ...))
    ORDER BY ...

(2) SELECT       ...
    FROM         ...
                WHERE.   .. IN
                    (SELECT    ...
                     FROM      ...
                     UNION
                     SELECT...
                     FROM      ...);
```

14-2. 다음의 각 열에 대하여 그림 14-3에서 각 열이 사용되는 SELECT 명령문의 선택 블록을 설명하라.

    (1) A.C1

(2) B.C1

(3) C.C1

(4) D.C1

(5) E.C1

14-3. 적어도 한 번 이상 장학금을 받은 학생의 번호와 이름을 출력하라(상호 관련 부속 질의어를 사용할 것).

14-4. 적어도 한 번 이상 수강 신청한 학생의 학번과 이름을 출력하라.

14-5. 재학생 중에서 미등록이면서 미수강자의 학번, 이름을 출력하라.

Part 15

SELECT 명령문: 조인(JOIN)

Part 15 SELECT 명령문: 조인(JOIN)

15.1 조인

본서의 많은 예제를 통하여 조인이 사용되는 것을 이미 살펴보았다. 테이블의 조인에서 테이블에 있는 행은 조합되어 결과 테이블을 생성한다. SELECT 명령문의 FROM 절에 적어도 두 개의 테이블 명세가 있고, WHERE 절에는 서로 다른 테이블의 열을 비교하는 조건이 적어도 하나가 있다면 이를 조인(join)이라 한다.

MySQL은 SELECT문과 다중 테이블 DELETE 그리고 UPDATE문의 table_reference 부분을 위해 다음과 같이 JOIN을 지원한다.

```
table_references:
    table_reference [, table_reference] ...

table_reference:
    table_factor
  | join_table

table_factor:
    tbl_name [[AS] alias]
        [{USE | IGNORE | FORCE} INDEX (key_list)]
  | ( table_references )
  | { OJ table_reference LEFT OUTER JOIN table_reference
      ON conditional_expr }

join_table:
    table_reference [INNER | CROSS] JOIN table_factor [join_condition]
  | table_reference STRAIGHT_JOIN table_factor
  | table_reference STRAIGHT_JOIN table_factor ON condition
  | table_reference LEFT [OUTER] JOIN table_reference join_condition
  | table_reference NATURAL [LEFT [OUTER]] JOIN table_factor
  | table_reference RIGHT [OUTER] JOIN table_reference join_condition
  | table_reference NATURAL [RIGHT [OUTER]] JOIN table_factor
```

```
join_condition:
    ON conditional_expr
  | USING (column_list)
```

하나의 테이블 참조는 하나의 JOIN 표현으로 알려져 있다.

15.2 조인에서 사용되는 용어

조인으로 정의된 SELECT 명령문에 있는 열을 조인 열(join column)이라 한다. 다음의 SELECT 명령문에는 STUDENT.STU_NO과 FEE.STU_NO이라는 조인 열이 있다.

```
SELECT STUDENT.STU_NO, STUDENT.GRADE
FROM STUDENT, FEE
WHERE STUDENT.STU_NO = FEE.STU_NO;
```

조인 열 간에는 어떤 관계성의 형식이 있다. 만약 C1과 C2가 2개의 열이라면 C1과 C2간에는 다음과 같은 4개의 관계 형식이 가능하다.

(1) C1과 C2의 모집단은 동일하다.
(2) C1의 모집단은 C2의 부분 집합이다(또는 C2는 C1의 부분 집합이다).
(3) C1과 C2의 모집단은 상호 결합된다(공통되는 값을 가지고 있다).
(4) C1과 C2의 모집단은 상호 분리된다(공통되는 값을 값이 없다).

만약 C1과 C2가 값이 있는 집합이라면, 위의 4개의 관계성은 다음과 같은 집합 이론의 용어로 정의할 수 있다.

(1) $C_1 = C_2$

(2) $C_1 \subset C_2$ (또는 $C_2 \subset C_1$)

(3) $C_1 - C_2 \neq \emptyset$ AND $C_2 - C_1 \neq \emptyset$

(4) $C_1 - C_2 = C_1$ AND $C_2 - C_2 = C_1$

15.1절에서는 조인 열 간의 관계성이 조인이 나타난 SELECT 명령문의 결과에 어떻게 영향을

주는지 아주 자세히 설명하고자 한다.

"기본 키", "행", "조인" 등은 관계 모델의 용어이다. 관계 모델은 조인의 형식과는 차이가 있다. 따라서 15.2절에서는 다음과 같은 조인 종류와 그 특징에 대하여 설명하겠다.

- Cross join
- Equi join
- Outer join
- Left outer join
- Self join
- Union join
- Alias를 이용한 join

일반적인 조인(general join) 또는 Cross join은 SQL에서 다음과 같은 형식을 취한다.

```
SELECT *
FROM    STUDENT, FEE
WHERE   STUDENT.STU_NO ? FEE.STU_NO;
```

위의 조인에서 물음표(?)는 임의의 관계 연산자(<, >, <>, =)를 나타내고, STUDENT.stu_no과 FEE.stu_no은 조인 열이다. 관계 연산자가 같다(=)이면 Equijoin이라 한다. 예를 들면 다음과 같으며, 본서에서는 간단히 조인이라고 하면 Equijoin을 말한다.

```
SELECT *
FROM    STUDENT, FEE
WHERE   STUDENT.stu_no = FEE.stu_no;
```

기본적인 join은 Equi join과 유사하다. 차이점은 SELECT 절에 있는 조인 열 중 하나만 최종 결과에 주어진다. 위의 예제에서는 *를 사용함으로써 두 개의 조인 열이 표현되었다. 기본적인 join은 SELECT 절에서 필요한 모든 열을 명확히 지정함으로써 얻을 수 있다. 다음을 보자.

```
SELECT   STUDENT.*, FEE.REG_YEAR, FEE.FEE_TERM
FROM     STUDENT, FEE
WHERE    STUDENT.stu_no = FEE.stu_no;
```

SELECT 절에 조인 열 STUDENT.stu_no이 사용되었을지라도 또 다른 조인 열인 FEE.stu_no은 포함되지 않았다. 기본적인 join은 다음과 같은 방법으로도 구성될 수 있다.

```
SELECT    FEE.*, STUDENT.STU_NAME, STUDENT.STU_ENAME, ... ,
          STUDENT.BIRTHDAY
FROM      STUDENT, FEE
WHERE     STUDENT.stu_no = FEE.stu_no;
```

[예제15-1] 학적 테이블에 존재하는 학생들 중에서 아직 등록을 하지 못한 학생이 있다. 각학생에대하여학번,이름,등록년도, 학기, 학생이등록한납입금총액을출력하라.

```
mysql> select student.stu_no, stu_name, fee_year, fee_term, fee_pay
    → from student, fee
    → where student.stu_no = fee.stu_no;
```

stu_no	stu_name	fee_year	fee_term	fee_pay
20141001	박도상	2014	1	3000000
20141001	박도상	2014	2	500000
20141001	박도상	2015	1	1000000
20141001	박도상	2015	2	2200000
20141001	박도상	2018	1	2000000
20141001	박도상	2018	2	0
20141001	박도상	2019	1	300000
20141001	박도상	2019	2	300000
20161001	박정인	2016	1	500000
20161001	박정인	2016	2	500000
20161001	박정인	2019	1	1000000
20161001	박정인	2019	2	500000
20191004	이순신	2019	1	3000000
20191004	이순신	2019	2	1000000
20191005	김할리	2019	1	3000000
20191005	김할리	2019	2	3000000
20191006	최에스터	2019	1	3000000
20191006	최에스터	2019	2	3000000
20191007	신안나	2019	1	3000000
20191007	신안나	2019	2	3000000
20191008	연개소문	2019	1	3000000
20191008	연개소문	2019	2	3000000
20201002	강감찬	2020	1	3000000
20201002	강감찬	2020	2	500000

24 rows in set (0.00 sec)

사실 출력결과는 위의 SELECT 명령문의 결과이지만 실제로 사용자가 원하는 결과는 아니다. SELECT 명령문은 최소한 한 번 등록한 학생의 학번과 이름을 출력하고 있다. SQL은 FEE 테이블에 있는 데이터만 출력하기 때문인데, 이러한 형식의 조인을 inner equi join이라 한다.

15.3 조인 열 간의 관계성

inner equi join과 outer equi join의 결과에 영향을 주는 관계성 형식은 조인 열 간의 관계성의 형식을 사용하여 설명할 수 있다. 이를 위해서, 지금까지 사용된 STUDENT과 FEE 테이블을 변경하고, STU_NO과 FEE.STU_NO을 조인 열이라고 하자.

15.3.1. CROSS JOIN

크로스 조인은 가장 간단하고 조인의 기본이다. 조인된 테이블의 통합된 모든 행을 출력하고 중복되는 행은 제거된다. 모든 행을 다 가져오기 때문에 크로스 조인은 정규화된 데이터베이스에는 거의 사용되지 않는다. 크로스 조인을 사용할 때 MySQL 서버는 첫 번째 테이블의 행수를 두 번째 테이블의 행수로 곱한 것만큼의 행을 반환한다.

예를 들어, 첫 번째 테이블에 17개의 행이 있고, 두 번째 테이블에 9개의 행이 있으면 MySQL 서버는 총 133개의 행을 반환한다.

크로스 조인 Table의 행수 = 첫 번째 Table의 row 개수 × 두 번째 Table의 row 개수

[예제15-2] 학적 테이블과 성적테이블을 cross join하여 학번,이름,성적년도, 학기를 출력하라.

```
mysql> select s.stu_no, stu_name, sco_year, sco_term
    -> from student s, score sc;
```

stu_no	stu_name	sco_year	sco_term
20141001	박도상	2014	1
20141001	박도상	2014	2
20141001	박도상	2019	1
......			
20201002	강감찬	2019	2
20201002	강감찬	2019	1
20201002	강감찬	2019	1
20201002	강감찬	2019	1

153 rows in set (0.01 sec)

크로스 조인이기 때문에 학적테이블(17행) X 성적테이블(9행) = 153행이 출력된다.

[예제15-3] 학적 테이블과 성적테이블을 cross join하여 학번,이름,성적년도, 학기를 출력하라. (단, 학적 테이블에 존재하는 "20161001" 학생만을 출력하라.)

```
mysql> select s.stu_no, stu_name, sco_year, sco_term
    -> from student s, score sc
    -> where s.stu_no = '20161001';
```

stu_no	stu_name	sco_year	sco_term
20161001	박정인	2014	1
20161001	박정인	2014	2
20161001	박정인	2019	1
20161001	박정인	2019	2
20161001	박정인	2019	1
20161001	박정인	2019	2
20161001	박정인	2019	1
20161001	박정인	2019	1
20161001	박정인	2019	2

9 rows in set (0.00 sec)

학번 20061011에 대한 cross join이므로 성적테이블의 수(9행) 만큼 카티션 곱을 해서 뽑아낸 것이다.

15.3.2. INNER EQUI JOIN

WHERE절에 조건연산자가 "="인 경우가 EQUI JOIN이라고 한다. 다음은 INNER EQUI JOIN 을 사용한 예제이다.

[예제15-4] 학적테이블에 존재하는 학생들 중에서 등록한 학생의 학번, 이름, 반, 등록년도, 학기, 등록 금 총액을 출력하라.

```
mysql> select s.stu_no, stu_name, class, fee_year,
    -> fee_term, fee_pay
    -> from student s, fee f
    -> where s.stu_no = f.stu_no
    -> order by s.stu_no, fee_year, fee_term;
```

stu_no	stu_name	class	fee_year	fee_term	fee_pay
20141001	박도상	1	2014	1	3000000
20141001	박도상	1	2014	2	500000
20141001	박도상	1	2015	1	1000000
20141001	박도상	1	2015	2	2200000
20141001	박도상	1	2018	1	2000000
20141001	박도상	1	2018	2	0
20141001	박도상	1	2019	1	300000
20141001	박도상	1	2019	2	300000
20161001	박정인	1	2016	1	500000
20161001	박정인	1	2016	2	500000
20161001	박정인	1	2019	1	1000000
20161001	박정인	1	2019	2	500000
20191004	이순신	3	2019	1	3000000
20191004	이순신	3	2019	2	1000000
20191005	김할리	2	2019	1	3000000
20191005	김할리	2	2019	2	3000000
20191006	최에스터	2	2019	1	3000000
20191006	최에스터	2	2019	2	3000000
20191007	신안나	2	2019	1	3000000
20191007	신안나	2	2019	2	3000000
20191008	연개소문	3	2019	1	3000000
20191008	연개소문	3	2019	2	3000000
20201002	강감찬	3	2020	1	3000000
20201002	강감찬	3	2020	2	500000

24 rows in set (0.00 sec)

WHERE절의 조건 연산자가 "="인 경우에 FROM 절에 나오는 좌측에 있는 STUDENT 테이블의 모집단이 우측의 FEE 테이블의 모집단을 전부 포함하고 있다면 Inner Equi join이라고 한다.

등록테이블의 행의 수(24)만큼 출력되었다.

만약, 우측의 모집단이 좌측의 모집단을 포함하고 있다면 Outer Equi join이라고 한다.

등록 테이블은 학적 테이블에 존재하는 학번을 전체적으로 가지고 있지 않기 때문에 Outer Equi join은 동일한 결과를 반환한다. 다음의 위의 예제를 Outer Equi join으로 나타낸 것이다.

```
mysql> select s.stu_no, stu_name, class, fee_year,
    -> fee_term, fee_pay
    -> from student s, fee f
    -> where s.stu_no = f.stu_no
    -> order by s.stu_no, fee_year, fee_term;
```

집합으로 표현하면 다음과 같다.

FEE ⊆ STUDENT

[예제15-5] 수강테이블에 존재하는 학생의 수강신청년도, 학기, 과목코드, 과목명을 출력하라.

```
mysql> select stu_no, att_year, att_term, a.sub_code, sub_name
    -> from attend a, subject s
    -> where a.sub_code = s.sub_code;
```

stu_no	att_year	att_term	sub_code	sub_name
20141001	2014	1	4001	데이터베이스 응용
20141001	2014	1	4002	웹사이트 구축
20141001	2014	1	4003	소프트웨어공학
20141001	2014	1	4004	웹프로그래밍
20141001	2014	1	4005	컴퓨터구조
20141001	2014	1	4006	정보처리실무
20141001	2014	2	4007	UML
20141001	2014	2	4008	운영체제
20141001	2014	2	4009	객체지향프로그래밍
20141001	2014	2	4010	윈도우즈 프로그래밍
20141001	2014	2	4011	자바프로그래밍
20141001	2014	2	4012	파이썬 프로그래밍
20161001	2016	1	4001	데이터베이스 응용
20161001	2016	1	4002	웹사이트 구축
20161001	2016	1	4003	소프트웨어공학
20161001	2016	1	4004	웹프로그래밍
20161001	2016	1	4005	컴퓨터구조
20161001	2016	1	4006	정보처리실무

18 rows in set (0.01 sec)

[예제15-6] 재학생이면서 수강신청테이블에 존재하는 학생의 학번, 이름, 수강신청년도, 학기, 과목코드, 과목명, 교수코드, 교수명을 출력하라.(단, 출력순서는 학번, 수강년도, 수강학기, 수강코드순이고, 과목명과 교수명을 표제어로 사용하라.)

```
mysql> select s.stu_no, stu_name, att_year, att_term, a.sub_code,
    -> sub_name "과목명", p.prof_code, prof_name "교수명"
    -> from student s, attend a, subject b, professor p
    -> where s.stu_no = a.stu_no and a.sub_code = b.sub_code
    -> and a.prof_code = p.prof_code
    -> order by s.stu_no, att_year, att_term, a.sub_code;
```

stu_no	stu_name	att_year	att_term	sub_code	과목명	prof_code	교수명
20141001	박도상	2014	1	4001	데이터베이스 응용	4002	나인섭
20141001	박도상	2014	1	4002	웹사이트 구축	4003	오승재
20141001	박도상	2014	1	4003	소프트웨어공학	4004	고진광
20141001	박도상	2014	1	4004	웹프로그래밍	4001	정진용
20141001	박도상	2014	1	4005	컴퓨터구조	4007	김영식
20141001	박도상	2014	1	4006	정보처리실무	4008	최우철
20141001	박도상	2014	2	4007	UML	4009	문창우
20141001	박도상	2014	2	4008	운영체제	4005	정병열
20141001	박도상	2014	2	4009	객체지향프로그래밍	4006	박심심
20141001	박도상	2014	2	4010	윈도우즈 프로그래밍	4001	정진용
20141001	박도상	2014	2	4011	자바프로그래밍	4002	나인섭
20141001	박도상	2014	2	4012	파이썬 프로그래밍	4003	오승재
20161001	박정인	2016	1	4001	데이터베이스 응용	4002	나인섭
20161001	박정인	2016	1	4002	웹사이트 구축	4003	오승재
20161001	박정인	2016	1	4003	소프트웨어공학	4004	고진광
20161001	박정인	2016	1	4004	웹프로그래밍	4001	정진용
20161001	박정인	2016	1	4005	컴퓨터구조	4007	김영식
20161001	박정인	2016	1	4006	정보처리실무	4008	최우철

18 rows in set (0.01 sec)

15.3.3. OUTER EQUI-JOIN

[예제 15-1]은 두 테이블에 동시에 존재하는 학생들만 결과에 포함된다(따라서 두 모집단의 교집합이 된다). 학번 20181001(장수인), 20181002(정인정), 20181003(이상진), 20181004(김유미), 20191001(김유신), 20191002(홍길동), 20191003(고혜진), 20191009(유하나), 20201001(김영호) 학생들은 학생신상테이블(student)에는 존재하고, 등록테이블(fee)에는 존재하지 않으므

로 교집합에 나타나지 않기 때문에 결과에 포함되지 않는다.

outer equijoin의 형식은 가끔 left outer equijoin이라고도 하고 짧게 left outer join이라고 한다. left라는 것을 FROM 절에서 지정된 왼쪽 또는 첫 번째 테이블을 참조한다는 것이다. 즉, 왼쪽 테이블(STUDENT)에 있는 모든 행은 결과에 포함되어야 한다는 것을 의미한다. FEE 테이블에 있는 몇 개의 행이 남아 있다(위의 예제에서는 불가능하지만)고 해도 이는 문제가 되지 않는다.

[예제15-7] 학적 테이블에 존재하는 모든 학생이 출력될 수 있도록 left out equi join으로 출력하라. (단, 미등록자는 등록년도를 "미납", 학기는 0, 납입금총액도 0으로 출력하라.)

```
mysql> select student.stu_no, stu_name,
    -> fee_year, fee_term, fee_pay
    -> from student, fee
    -> where student.stu_no = fee.stu_no
    -> union
    -> select stu_no, stu_name, '미납', 0, 0
    -> from student
    -> where stu_no not in
    -> (select stu_no from fee);
```

stu_no	stu_name	fee_year	fee_term	fee_pay
20141001	박도상	2014	1	3000000
20141001	박도상	2014	2	500000
20141001	박도상	2015	1	1000000
20141001	박도상	2015	2	2200000
20141001	박도상	2018	1	2000000
20141001	박도상	2018	2	0
20141001	박도상	2019	1	300000
20141001	박도상	2019	2	300000
20161001	박정인	2016	1	500000
20161001	박정인	2016	2	500000
20161001	박정인	2019	1	1000000
20161001	박정인	2019	2	500000
20191004	이순신	2019	1	3000000
20191004	이순신	2019	2	1000000
20191005	김할리	2019	1	3000000
20191005	김할리	2019	2	3000000
20191006	최에스터	2019	1	3000000
20191006	최에스터	2019	2	3000000

20191007	신안나	2019	1	3000000
20191007	신안나	2019	2	3000000
20191008	연개소문	2019	1	3000000
20191008	연개소문	2019	2	3000000
20201002	강감찬	2020	1	3000000
20201002	강감찬	2020	2	500000
20181001	장수인	미납	0	0
20181002	정인정	미납	0	0
20181003	이상진	미납	0	0
20181004	김유미	미납	0	0
20191001	김유신	미납	0	0
20191002	홍길동	미납	0	0
20191003	고혜진	미납	0	0
20191009	유하나	미납	0	0
20201001	김영호	미납	0	0

33 rows in set (0.00 sec)

이와 같은 형식의 조인을 outer join이라 하며, fee(등록테이블)에 있는 모든 행을 출력하고, student(학생신상테이블)에서 미등록자(즉, 등록테이블에 존재하지 않음)는 위의 예제의 결과와 같이 장수인부터 김영호까지는 미등록자이므로 등록년도에는 "미납", 학기에는 0을 납부 총액은 0을 출력하도록 하였다.

부분집합 관계성이 두 개의 조인 열의 모집단간에 존재하고, FEE.STU_NO은 STUDENT. STU_NO의 부분집합이 된다.

[예제 15-7]의 명령문을 right outer join으로 간단히 변환할 수 있다. 이를 위해서는 FROM 절에 있는 두 테이블의 순서만 변경하면 된다. 학적 테이블에 없는 학생은 학생의 이름을 출력하지 못하기 때문에 이름 대신에 무명을 출력할 수 있도록 등록 테이블에 새로운 데이터 2개 행을 다음과 같이 입력하여 right outer join으로 출력해 보자.

```
INSERT INTO FEE VALUES
('20081001', '2008', 1, NULL, 3500000, 3500000, NULL, NULL, 3500000, 'Y', '2008-02-18');
INSERT INTO FEE VALUES
('20081002', '2008', 1, NULL, 3500000, 3500000, NULL, NULL, 3500000, 'Y', '2008-02-18');
```

다음의 [예제15-8]은 등록테이블에 새로 INSERT 해준 20081001, 20081002 학생은 학생신상테이블(student)에 존재하지 않으므로 이름이 없어서 "무명"으로 출력하도록 하였다.

[예제15-8] 등록 테이블에 존재하는 모든 학생이 출력될 수 있도록 학생의 학번, 이름, 등록년도, 학기, 등록금총액을 출력하고, 단 성명이 없는 학생은 이름을 "무명"으로 출력하라.(right out equi join으로 출력하라.)

```
mysql> select student.stu_no, stu_name, fee_year, fee_term, fee_pay
    -> from fee, student
    -> where student.stu_no = fee.stu_no
    -> union
    -> select stu_no, "무명", fee_year, fee_term, fee_pay
    -> from fee
    -> where stu_no not in
    -> (select stu_no from student);
```

stu_no	stu_name	fee_year	fee_term	fee_pay
20141001	박도상	2014	1	3000000
20141001	박도상	2014	2	500000
20141001	박도상	2015	1	1000000
20141001	박도상	2015	2	2200000
20141001	박도상	2018	1	2000000
20141001	박도상	2018	2	0
20141001	박도상	2019	1	300000
20141001	박도상	2019	2	300000
20161001	박정인	2016	1	500000
20161001	박정인	2016	2	500000
20161001	박정인	2019	1	1000000
20161001	박정인	2019	2	500000
20191004	이순신	2019	1	3000000
20191004	이순신	2019	2	1000000
20191005	김할리	2019	1	3000000
20191005	김할리	2019	2	3000000
20191006	최에스터	2019	1	3000000
20191006	최에스터	2019	2	3000000
20191007	신안나	2019	1	3000000
20191007	신안나	2019	2	3000000
20191008	연개소문	2019	1	3000000
20191008	연개소문	2019	2	3000000
20201002	강감찬	2020	1	3000000
20201002	강감찬	2020	2	500000
20081001	무명	2008	1	3500000
20081002	무명	2008	1	3500000

26 rows in set (0.00 sec)

right out equi join을 사용한 경우 첫 번째 테이블이 두 번째 테이블에 전부 포함관계(fee ∈ student)이면 inner equi join과 같은 결과로 출력된다.

15.3.4. FULL OUTER JOIN

FULL OUTER JOIN을 설명하기 위해서 먼저 FEE 테이블에 학번 "20081001", "20081002" 두 명의 학생이 포함되어 있다고 가정하자. 실제적으로 [예제15-8]실행하기 직전에 입력되었다.

학번과 반, 등록금 총액을 나타내는 Inner Equijoin은 다음과 같다.

```
mysql> select s.stu_no, class, fee_pay
    -> from student s, fee f
    -> where s.stu_no = f.stu_no;
```

stu_no	class	fee_pay
20141001	1	3000000
20141001	1	500000
20141001	1	1000000
20141001	1	2200000
20141001	1	2000000
20141001	1	0
20141001	1	300000
20141001	1	300000
20161001	1	500000
20161001	1	500000
20161001	1	1000000
20161001	1	500000
20191004	3	3000000
20191004	3	1000000
20191005	2	3000000
20191005	2	3000000
20191006	2	3000000
20191006	2	3000000
20191007	2	3000000
20191007	2	3000000
20191008	3	3000000
20191008	3	3000000
20201002	3	3000000
20201002	3	500000

24 rows in set (0.00 sec)

결과에는 두 테이블에 모두 존재하는 학생만 출력된다. Outer Equi join을 구성하기 위해서는 SELECT 명령문은 두 부속 질의어를 사용하여 확장해야 하는데, 이는 다음 [예제 15-9]와 같다.

[예제15-9] 학적테이블에 존재하는 학생들 중에서 등록한 학생의 학번, 이름, 반, 등록년도, 학기, 등록금 총액을 출력하라. (FULL OUTER JOIN을 출력하라) 단, 학적테이블에 존재하나 등록테이블에 존재하지 않은 학생의 등록년도는 "미납", 학기와 등록금 총액은 0으로 표현하고, 등록테이블에 존재하는 학생이 학적테이블에 존재하지 않은 경우 학번은 등록에 포함된 학번, 이름은 '무명'으로 반은 0으로 표현한다.

```
mysql> select s.stu_no, stu_name, class, fee_year, fee_term, fee_total
    → from student s, fee f
    → where s.stu_no = f.stu_no
    → union
    → select stu_no, stu_name, class, '미납', 0, 0
    → from student
    → where stu_no not in
    → (select stu_no from fee)
    → union
    → select stu_no, '무명', 0, fee_year, fee_term, fee_total
    → from fee
    → where stu_no not in
    → (select stu_no from student);
```

stu_no	stu_name	class	fee_year	fee_term	fee_total
20141001	박도상	1	2014	1	3500000
20141001	박도상	1	2014	2	3000000
20141001	박도상	1	2015	1	3000000
20141001	박도상	1	2015	2	3000000
20141001	박도상	1	2018	1	3000000
20141001	박도상	1	2018	2	2500000
20141001	박도상	1	2019	1	2800000
20141001	박도상	1	2019	2	2800000
20161001	박정인	1	2016	1	3000000
20161001	박정인	1	2016	2	3000000
20161001	박정인	1	2019	1	3000000
20161001	박정인	1	2019	2	3000000
20191004	이순신	3	2019	1	3500000
20191004	이순신	3	2019	2	3000000

20191005	김할리	2	2019	1	3500000
20191005	김할리	2	2019	2	3000000
20191006	최에스터	2	2019	1	3500000
20191006	최에스터	2	2019	2	3000000
20191007	신안나	2	2019	1	3500000
20191007	신안나	2	2019	2	3000000
20191008	연개소문	3	2019	1	3500000
20191008	연개소문	3	2019	2	3000000
20201002	강감찬	3	2020	1	3500000
20201002	강감찬	3	2020	2	3000000
20181001	장수인	1	미납	0	0
20181002	정인정	2	미납	0	0
20181003	이상진	1	미납	0	0
20181004	김유미	2	미납	0	0
20191001	김유신	3	미납	0	0
20191002	홍길동	3	미납	0	0
20191003	고혜진	1	미납	0	0
20191009	유하나	1	미납	0	0
20201001	김영호	3	미납	0	0
20081001	무명	0	2008	1	3500000
20081002	무명	0	2008	1	3500000

35 rows in set (0.00 sec)

위의 OUTER JOIN을 FULL OUTER JOIN이라 한다. FROM 절에서 지정된 두 테이블로부터 모든 행에 대하여 처리가 되어야 한다. FULL OUTER JOIN의 결과는 LEFT OUTER JOIN과 RIGHT OUTER JOIN의 UNION(합집합)과 동일하다.

[예제15-10] 학적테이블의 학생에 대하여 학번, 이름, 연도, 학기, 취득학점, 평점 평균을 출력하라.

```
mysql> select s.stu_no, stu_name, sco_year, sco_term,take_point, exam_avg
    -> from student s, score sc
    -> where s.stu_no = sc.stu_no
    -> union
    -> select stu_no, stu_name, '미정', 0, 0, 0.0
    -> from student
    -> where stu_no not in
    -> (select stu_no from score);
```

stu_no	stu_name	sco_year	sco_term	take_point	exam_avg
20141001	박도상	2014	1	18	4.5
20141001	박도상	2014	2	18	4.0
20191001	김유신	2019	1	18	4.2
20191001	김유신	2019	2	18	0.0
20191002	홍길동	2019	1	18	4.5
20191002	홍길동	2019	2	18	0.0
20191005	김할리	2019	1	18	4.4
20191006	최에스터	2019	1	18	4.4
20191007	신안나	2019	2	18	0.0
20161001	박정인	미정	0	0	0.0
20181001	장수인	미정	0	0	0.0
20181002	정인정	미정	0	0	0.0
20181003	이상진	미정	0	0	0.0
20181004	김유미	미정	0	0	0.0
20191003	고혜진	미정	0	0	0.0
20191004	이순신	미정	0	0	0.0
20191008	연개소문	미정	0	0	0.0
20191009	유하나	미정	0	0	0.0
20201001	김영호	미정	0	0	0.0
20201002	강감찬	미정	0	0	0.0

20 rows in set (0.01 sec)

15.3.5. Self Join

셀프 조인은 같은 테이블 내에서 다른 행과 공통되는 값을 가진 행을 찾고 싶을 때 사용하고 한 테이블 내에서 일치하는 데이터를 찾는데 유용하다. self-join은 테이블의 자료를 검증하는 방법으로도 사용된다.

Self-join은 관리자가 하나의 테이블에 관련된 여러 개의 데이터를 공통으로 관리하기 위해 사용되며, equi join과 유사하고 다른 점은 하나의 테이블에서 조인이 일어나므로 자신의 테이블을 마치 2개의 테이블이 존재하는 것과 같이 가정하여 작업하고, 가명(Alias name)을 사용해 주어야 한다. 참조해야 할 칼럼이 자신의 테이블에 있는 다른 칼럼인 경우에 사용하는 join이며 중복값은 제외된다.

개념의 이해를 위해 예를 들어 설명하겠다. 동아리 테이블(표 3.17)에 한 개의 칼럼을 추가하여 다음과 같이 동아리 회장을 관리자 번호("MANAGER_NUM")로 갖는 열을 확장하여 만들어

보자. 동아리의 회장은 관리자가 없으므로 NULL 값을 입력하고 회원들은 관리자 번호를 회장의 동아리 가입번호("cir_num")로 입력해 준다.

[표 3.17] CIRCLE 테이블의 예제 데이터

CIR_NUM	CIR_NAME	STU_NO	STU_NAME	PRESIDENT	MANAGER_NUM
1	컴맹탈출	20140001	박도상	0	NULL
2	컴맹탈출	20191009	유하나	1	1
3	컴맹탈출	20191001	김유신	2	1
4	Java길라잡이	20181001	장수인	2	6
5	Java길라잡이	20191004	이순신	1	6
6	Java길라잡이	20161001	박정인	0	NULL
7	PHP길라잡이	20191002	홍길동	0	NULL

[실습 따라하기]

1) 동아리 테이블에 관리자 번호("MANAGER_NUM") 열 추가 (int 4)

mysql〉 alter table circle add manager_num int(4);

2) 관리자 번호("MANAGER_NUM")에 데이터 값 변경

mysql〉 update circle set manager_num = 1 where cir_num = 2;
mysql〉 update circle set manager_num = 1 where cir_num = 3;
mysql〉 update circle set manager_num = 6 where cir_num = 4;
mysql〉 update circle set manager_num = 6 where cir_num = 5;

3) 데이터를 확인해보자.

mysql〉 select * from circle;

cir_num	cir_name	stu_no	stu_name	president	manager_num
1	컴맹탈출	20141001	박도상	0	NULL
2	컴맹탈출	20191009	유하나	1	1
3	컴맹탈출	20191001	김유신	2	1
4	Java길라잡이	20181001	장수인	2	6
5	Java길라잡이	20191004	이순신	1	6
6	Java길라잡이	20161001	박정인	0	NULL
7	PHP길라잡이	20191002	홍길동	0	NULL

7 rows in set (0.00 sec)

4) 동아리 이름이 "Java길라잡이"인 동아리 회원의 동아리번호, 동아리명, 학번, 이름, 관리자 번호를 출력하라.

```
mysql> select a.cir_num, a.cir_name, a.stu_no, a.stu_name, a.manager_num
    -> from circle a, circle b
    -> where a.manager_num = b.cir_num and b.cir_name = "Java길라잡이";
```

cir_num	cir_name	stu_no	stu_name	manager_num
4	Java길라잡이	20181001	장수인	6
5	Java길라잡이	20191004	이순신	6

2 rows in set (0.00 sec)

위의 결과와 같이 "Java길라잡이"의 회장 cir_num(6번)과 동일한 관리자 번호("MANAGER_NUM")를 가진 장수인 학생과 이순신 학생만 출력되는 것을 확인할 수 있다.

[예제15-11] 동아리에 가입한 학생 중 회장을 제외한 동아리 회원의 동아리번호, 동아리명, 학번, 이름을 self-join으로 출력하라.

```
mysql> select a.cir_num, a.cir_name, a.stu_no, a.stu_name, a.manager_num
    -> from circle a, circle b
    -> where a.manager_num = b.cir_num;
```

cir_num	cir_name	stu_no	stu_name	manager_num
2	컴맹탈출	20191009	유하나	1
3	컴맹탈출	20191001	김유신	1
4	Java길라잡이	20181001	장수인	6
5	Java길라잡이	20191004	이순신	6

4 rows in set (0.00 sec)

[예제15-12] 동아리 이름이 "Java길라잡이"인 동아리 회원의 동아리번호, 동아리명, 학번, 이름을 출력하라. (self join대신에 부속질의어(subquery)를 이용하여 출력하라.)

```
mysql> select cir_num, cir_name, stu_no, stu_name, manager_num
    -> from circle
    -> where manager_num in
    -> (select manager_num from circle where cir_name = "Java길라잡이");
```

cir_num	cir_name	stu_no	stu_name	manager_num
4	Java길라잡이	20181001	장수인	6
5	Java길라잡이	20191004	이순신	6

2 rows in set (0.00 sec)

15.3.6. 조인 열 모집단의 분해

두 테이블이 다음과 같은 내용을 가지고 있다고 가정해 보자.

〈 STUDENT2 테이블 〉

STU_NO	CLASS
1	A
2	B
3	C

〈 FEE2 테이블 〉

STU_NO	PAY_FEE
5	2500000
6	2400000
7	2300000

inner equijoin은 두 조인 열(학번)이 공통으로 가지는 값이 없기 때문에 아무런 행도 반환하지 않는다. 실제적으로 분리된 모집단인 두 열의 outer equijoin은 거의 발생하지 않는다. 이러한 데이터를 하나의 결과로 조합하고자 한다면 조인은 적절하지 못하며, 최적의 방법은 다음과 같이 UNION을 사용하는 것이다.

[예제15-13] 학적테이블에 존재하는 학생들 중에서 등록한 학생의 학번, 반, 등록금 총액을 출력하라.
(FULL OUTER JOIN을 출력하라)

```
SELECT  STU_NO, CLASS, 0
FROM    STUDENT2
UNION
SELECT  STU_NO, 'X', PAY_FEE
FROM    FEE2;
```

stu_no	class	fee_pay
1	A	0
2	B	0
3	C	0
5	X	2500000
6	X	2400000
7	X	2300000

조인을 구성할 때 조인 열이 가지고 있는 관계성의 종류를 정확하게 알고 있어야 한다. 주어진 어떤 상황에서 조인 열의 모집단에 관한 임의의 가정을 만들지 않아야 한다. 왜냐하면 두 개의 모집단이 결합될 때 두 모집단은 동일하다는 잘못된 생각을 가질 수 있기 때문이다. 따라서 먼저 관계성을 결정하라. 그러면 잘못을 피할 수 있을 것이다.

15.4 조인 조건이 없는 조인

제 15 장을 시작할 때 FROM 절이 적어도 2개의 테이블을 가지고 있고, WHERE 절이 서로 다른 테이블의 열을 비교하는 조건을 가지고 있는 SELECT 명령문으로 조인의 기본 개념을 정의하였다. 15.5절에서는 첫 번째 조건은 만족하지만 두 번째 조건은 만족하지 않는 SELECT 명령문의 예제를 설명한다.

[예제15-14] 등록테이블에서 각장학금에대하여모든장학금의액수를누적시킨 총액을출력하라. (단, 출력은 학번, 연도, 학기, 등록일, 장학금액, 누적합계를 정렬순서는 누적합계, 장학금액, 학번, 등록년도, 학기 순으로 출력하라)

```
mysql> select f.stu_no, f.fee_year, f.fee_term, f.jang_total, sum(f2.jang_total)
    -> from fee f, fee f2
    -> where f.jang_total >= f2.jang_total
    -> group by f.stu_no, f.jang_total, f.fee_year, f.fee_term
    -> order by sum(f2.jang_total), f.jang_total, f.stu_no, f.fee_year, f.fee_term;
```

stu_no	fee_year	fee_term	jang_total	sum(f2.jang_total)
20141001	2014	1	500000	3500000
20191004	2019	1	500000	3500000
20191005	2019	1	500000	3500000
20191006	2019	1	500000	3500000
20191007	2019	1	500000	3500000
20191008	2019	1	500000	3500000
20201002	2020	1	500000	3500000
20141001	2015	2	800000	4300000
20141001	2018	1	1000000	5300000
20141001	2015	1	2000000	11300000
20161001	2019	1	2000000	11300000
20191004	2019	2	2000000	11300000
20141001	2014	2	2500000	31300000

20141001	2018	2	2500000	31300000
20141001	2019	1	2500000	31300000
20141001	2019	2	2500000	31300000
20161001	2016	1	2500000	31300000
20161001	2016	2	2500000	31300000
20161001	2019	2	2500000	31300000
20201002	2020	2	2500000	31300000

20 rows in set (0.01 sec)

15.5 통계 함수와 조인

단일 SELECT 명령문에서 통계 함수와 조인을 사용할 때 상당히 주의해야 한다. 15.5절에서는 예상했던 결과를 얻지 못하는 예제에 대하여 설명하겠다.

[예제15-15] 등록한 학생에 대하여 학번, 이름, 납입한 등록금의 총액, 수강신청 여부를 출력하라.

```
mysql> select s.stu_no, stu_name, sum(fee_pay), att_div
    -> from student s, fee f, attend a
    -> where s.stu_no = f.stu_no
    -> and s.stu_no = a.stu_no
    -> group by s.stu_no, stu_name, att_div;
```

stu_no	stu_name	sum(fee_pay)	att_div
20141001	박도상	111600000	Y
20161001	박정인	15000000	Y

2 rows in set (0.00 sec)

위의 결과는 잘못 계산된 결과로 등록만 하고 수강신청을 하지 않았거나, 수강신청만 하고 등록을 하지 않은 모든 학생은 출력되지 않는다. 등록을 하지 않고 수강신청을 하지 않은 모든 학생은 출력되지 않았다. 그리고 출력된 "박정인" 학생은 2016년 1학기 500,000원, 2학기 500,000원, 2019년 1학기 1,000,000원, 2학기 500,000원을 납입하여 납입금 총액은 2,500,000원인데 15,000,000원으로 잘못 계산된 결과가 출력되었다. 이유는 FROM절에서 3개의 테이블을 가져오고, WHERE 조건에 맞는 박정인 학생의 수강신청 과목이 6과목이기 때문에 박정인 학생은 2,50,000원 * 6가 되어 15,000,000원이 출력된 것이다.

[예제 15-16] 수강신청을 한 학생에 대하여 학번과 등록한 수를 출력하라.

```
mysql> select a.stu_no, count(*)
    → from attend a, fee f
    → where a.stu_no = f.stu_no
    → group by a.stu_no;
```

stu_no	count(*)
20141001	96
20161001	24

2 rows in set (0.00 sec)

학번 20161001 박정인 학생이 등록한 학기 수는 총 4회이고, 수강신청한 과목수는 6과목이므로 즉 4회(등록 학기 횟수) * 6과목(수강신청과목 수) = 24회가 출력된다.

만약 FEE테이블의 정보가 20161001학생이 3번 등록을 했다면 결과는 18이 나왔을 것이다. 실질적으로 4회이지만 위의 정보에 따르면 24회가 된다. 이렇게 정확하지 않은 결과가 나오게 된다.

결론적으로, SELECT 명령문에서 통계 함수와 조인을 사용할 때 아주 조심해야 한다는 것이다. 어떤 상황에서는 원하는 결과를 얻을 수 없게 된다.

연습문제

15-1. 각 학생에 대하여 학번과, 이름, 우편번호, 주소를 출력하라.

15-2. 각 학생에 대하여 학번, 이름, 등록금 총액의 합을 구하여라.(단, 등록금을 납부하지 못한 학생은 0으로 출력하라.

15-3. 각 학생에 대하여 학번, 이름, 동아리 명을 출력하라.(단, 재학생이면서 동아리에 가입하지 않은 학생들은 "미가입"을 출력하라. left outer join으로 출력)

15-4. 다음과 같이 주어진 테이블 T1, T2, T3에서 SELECT 명령문의 결과를 결정하라. 각 테이블은 하나의 열만을 가지고 있다.

```
T1    C    T2    C    T3    C
-------    -------    -------
1         2              NULL
2         3              2
3         4              NULL
```

(1) SELECT   T1.C, T2.C
  FROM   T1, T2
  WHERE   T1.C = T2.C

(2) SELECT   T1.C, T2.C
    FROM   [T1], T2
    WHERE   T1.C = T2.C

(3) SELECT   T1.C, T2.C
    FROM   T1, [T2]
    WHERE   T1.C = T2.C

(4) SELECT   T1.C, T2.C
    FROM   T1, [T2]
    WHERE   T1.C > T2.C

(5) SELECT   T1.C, T3.C
    FROM   T1, [T3]
    WHERE   T1.C = T3.C

(6) SELECT   T1.C, T3.C
    FROM   [T1], T3
    WHERE   T1.C = T3.C

Part 16

테이블의 변경

Part 16 테이블의 변경

SQL은 테이블의 내용(행)을 갱신하기 위한 다양한 명령문을 가지고 있다. 이러한 명령으로는 새로운 행의 삽입, 열의 값 변경, 행의 삭제 등이 있다.

만약 MySQL에서 제 17 장에서 설명될 명령문을 실행한다면 테이블의 내용이 변경될 것이다.

16.1 새로운 행 삽입

SQL의 INSERT 명령문은 테이블에 새로운 행을 삽입하기 위해서 사용된다. 이 명령문은 서로 다른 두 가지 형식으로 사용될 수 있다. 첫 번째 형식은 오직 새로운 행만 삽입할 수 있도록 하지만, 두 번째 형식은 다른 테이블로부터 필요한 행을 가져와 테이블에 삽입하는 것이다.

```
〈insert statement〉 ::=
        INSERT INTO 〈table specification〉
                [ 〈column list〉 ]
        VALUES ( 〈expression〉 [ {, 〈expression〉 } ... ] )

〈column list〉 ::=
        ( 〈column name〉 [ {, 〈column name〉 } ... ] )
```

한 행을 삽입할 때 만약, 꼭 필요한 데이터(NOT NULL로 지정된 값 포함) 만을 선택하여 입력하고 싶다면 다음과 같이 INSERT 명령문에 해당 COLUMN를 기입한 후 VALUES값을 입력해 주면 된다.

[예제 16-1] 교수코드 "6001"과 교수이름 "대조영"을 추가하라. (단, 데이터는 교수코드와 교수명만 입력한다.)

```
mysql〉 insert into professor(prof_code, prof_name)
    → values('6001', '대조영');
Query OK, 1 row affected (0.06 sec)
```

위의 예제는 INSERT 명령문에서 지정하지 않는 모든 열(PROF_ENAME, CREATE_DATE)은 NULL 값이 삽입된다. 만약 NULL이 리터럴로 지정되었다면 그 행에서 지정된 열은 NULL 값으로 채워진다.

이미 제 4 장에서 설명한 바와 같이 INSERT 명령어를 사용할 때에는 테이블을 정의한 형식과 동일한 데이터를 입력해야 하므로 다음과 같이 입력한다면 정상석인 데이터 값으로 입력된다.

[예제 16-2] 새로운 과목(JSP Programming)을 추가하라. 단, 데이터는 다음과 같다.

'5001', 'JSP프로그래밍', 'JSP Programming', '2006';

```
mysql> insert into subject values
    -> ('5001', 'JSP프로그래밍', 'JSP Programming', 2006);
Query OK, 1 row affected (0.00 sec)
```

위의 예제는 SUB_CODE, SUB_NAME 열은 반드시 데이터를 입력해야 된다. 그 이유는 2개의 열은 NOT NULL로 지정되어 있기 때문이다.

위의 NULL 대신에 문자열의 NULL을 나타내는 ' '와 같이 입력하여도 무관하다. [예제 16-2]와 같이 INSERT 명령문 사용시 이미 예약된 열의 순서를 기입하지 않고 데이터를 입력할 때에는 예약된 열의 순서에 따라 데이터 값이 입력된다.

INSERT 명령문 사용시 예약된 열의 순서로 열을 지정하지 않아도 된다. 다음 명령문은 앞의 명령문과 동일하다. [예제 16-2]를 열의 순서와 상관없이 다음과 같이 입력하여도 동일하게 1행이 삽입된다.

```
mysql> INSERT INTO SUBJECT
    → ( CREATE_YEAR, SUB_CODE, SUB_NAME, SUB_ENAME)
    → VALUES ('2006', '5001', 'JSP프로그래밍', 'JSP Programming');
```

만약 이 명령문에서 열의 이름을 지정하지 않았다면 결과는 완전히 다르다. SQL은 값 '2006'을 교과목코드로 간주할 것이고, 값 '5001'를 교과목명으로 간주할 것이다.

16.2 테이블에서 테이블로 행을 복사

16.1절에서 하나의 행을 테이블에 삽입하는 INSERT 명령문의 첫 번째 형식을 보았다. 두 번째 형식은 새로운 행을 삽입하는 것이 아니라 각 행은 한 테이블에서 다른 테이블로 이동시키는 명

령문이다. 따라서 한 테이블에서 다른 테이블로 복사한다고 말할 수 있다. 이에 관한 정의는 다음과 같다.

⟨insert statement⟩ ::=
  INSERT INTO ⟨table specification⟩
  [⟨column list⟩]
  ⟨select statement⟩

⟨column list⟩ ::=
  (⟨column name⟩ [{ , ⟨column name⟩ } ...])

[예제 16-3] 새로운 호남(광주, 전라남도, 전라북도, 제주도) 향우회 테이블을 생성시켜 보자. 향우회테이블은 학생의 학번, 이름, 우편번호, 현주소, 휴대폰번호로 구성되어 있다.

(1) 먼저 새로운 테이블을 생성한다.

mysql⟩ create table hang(
  → stu_no char(10) Not null,
  → stu_name char(10) Not null,
  → hyun_post_no varchar(6) Not null,
  → hyun_add varchar(100) Not null,
  → hyun_mobile varchar(14),
  → primary key (stu_no)
  →) engine = innoDB;

(2) 다음 INSERT 명령문은 STUDENT 테이블에 등록되어 있는 호남지역(현주소 우편번호 첫 번째 1자리가 광주, 제주는 6이고, 전남, 전북은 5로 시작하는)의 학생에 관한 정보를 HANG 테이블로 복사한다.

mysql⟩ insert into hang
  → (stu_no, stu_name, hyun_post_no, hyun_add, hyun_tel)
  → select stu_no, stu_name, post_no, address, mobile
  → from student
  → where substring(post_no, 1, 1) = 5 or substring(post_no, 1, 1) = 6;
Query OK, 4 rows affected (0.01 sec)
Records: 4 Duplicates: 0 Warnings: 0

(3) 다음은 호남지역에 사는 학생들의 내용을 확인하여 보자.

mysql〉 select * from hang;

stu_no	stu_name	hyun_post_no	hyun_add	hyun_tel
20181001	장수인	57991	전라남도 순천시 구암3길 22 송보아파트 108동 1101호	NULL
20191002	홍길동	59635	전라남도 여수시 시청로 금호아파트 104동 605호	010-6425-9245
20191009	유하나	61053	광주광역시 북구 우치로311번길 청암아파트 204동 512호	010-0651-0707
20201001	김영호	61689	광주광역시 남구 봉선중앙로 라인광장아파트 107동 510호	010-4605-5598

4 rows in set (0.00 sec)

INSERT 명령문의 두 번째 형식으로 입력 값을 일일이 입력하여 행으로 구성하는 것이 아니라 SELECT 명령문을 사용하였다. SELECT 명령문의 결과는 값을 가지고 있는 많은 행으로 구성된다. 그러나 이러한 행은 명령문의 실행 결과로서 화면에는 출력되지 않고 바로 HANG 테이블에 저장된다.

INSERT 명령문의 첫 번째 형식에 적용된 규칙이 여기서도 적용된다. 다음 두 명령문은 예제 16-3에서 보여준 INSERT 명령문과 동일한 결과를 가진다.

```
INSERT INTO HANG
SELECTSTU_NO, STU_NAME, POST_NO, ADDRESS, MOBILE
FROM STUDENT
WHERESUBSTRING(POST_NO, 1, 1) = 5 or SUBSTRING(POST_NO, 1, 1) = 6;

INSERT INTO HANG
(HYUN_ADD, HYUN_POST_NO, HYUN_TEL, STU_NAME, STU_NO)
SELECTADDRESS, POST_NO, MOBILE, STU_NAME, STU_NO
FROMSTUDENT
WHERESUBSTRING(POST_NO, 1, 3) = 5 or SUBSTRING(POST_NO, 1, 1) = 6;
```

이밖에도 다음과 같은 규칙이 있다.

- SELECT 명령문은 새로운 행이 복사될 테이블을 참조하지 않는다(이러한 제한이 모든 SQL 제품에서 적용되는 것은 아니다).
- 여기서 사용되는 SELECT 명령문은 완전히 동일한 SELECT 명령문이다. 따라서 부속 질의어, JOIN, GROUP BY등의 기능을 그대로 사용할 수 있다.
- INSERT INTO 절에 있는 열의 수는 SELECT 절에 있는 수식의 수와 동일해야 한다.
- INSERT INTO 절에 있는 열의 자료형은 SELECT 절에 있는 수식의 자료형과 일치해야 한다.

첫 번째 규칙에 따르면, 다음 두 SELECT 명령문은 잘못된 것이다. 아래의 첫 번째 SELECT 명령문은 문제에서 원하는 전라남도 순천시 지역 향우회가 되지 않고, 학적 테이블에 있는 모든 행을 복사하므로 잘못이고, 두 번째 SELECT 명령문은 참조할 테이블(STUDENT)의 열의 수와 실제로 복사할 테이블(HANG)의 열의 수가 서로 다르기 때문에 오류이다.

```
INSERT  INTO STUDENT
SELECT   *
FROM  STUDENT;
```

그리고

```
INSERT  INTO HANG
SELECT   *
FROM  STUDENT
WHERE  SUBSTRING(POST_NO, 1, 3) = 5 or SUBSTRING(POST_NO, 1, 1) = 6;
```

INSERT 명령문은 많은 목적을 위해서 사용될 수 있다. 일반적으로 특별한 SQL 제품은 자료형을 변경하고, 열을 삭제하거나 테이블과 열의 이름을 변경하는 것과 같은 다른 명령문을 가지고 있지 않다. 이러한 모든 처리는 다음에서 설명하는 방법으로 수행할 수 있다.

[예제 16-4] 교수(PROFESSOR) 테이블에서 PROF_ENAME 열을 삭제하라.

(1) PROFESSOR 테이블과 동일한 열을 가지는 테이블을 생성하는데, 이 때 PROF_ENAME 열을 제외하고 새로운 "DUMMY" 테이블을 생성한다.

```
mysql> create table dummy
    -> (prof_code char(4) not null,
    -> prof_name char(10) not null,
    -> create_date date,
    -> primary key (prof_code)) engine = innoDB;
Query OK, 0 rows affected, 1 warning (0.13 sec)
```

(2) PROFESSOR 테이블에서 DUMMY 테이블로 모든 행을 복사한다.

```
mysql> insert into dummy
    -> (prof_code, prof_name, create_date)
    -> select prof_code, prof_name, create_date
```

→ from professor;
Query OK, 12 rows affected (0.02 sec)
Records: 12 Duplicates: 0 Warnings: 0

(3) PROFESSOR 테이블을 삭제하라.

mysql〉 drop table professor;
Query OK, 0 rows affected (0.06 sec)

(4) DUMMY 테이블의 구조와 동일한 PROFESSOR 테이블을 생성하라.

mysql〉 create table professor as select * from dummy;
Query OK, 12 rows affected (0.08 sec)
Records: 12 Duplicates: 0 Warnings: 0

이미 제 5 장에서 배운 바와 같이 DUMMY테이블을 복사할 때 테이블의 모든 데이터(행), 뷰, 인덱스 등을 전부 복사해 준다.

(5) DUMMY 테이블을 삭제하라.

mysql〉 drop table dummy;
Query OK, 0 rows affected (0.02 sec)

(6) PROFESSOR 테이블을 질의하라.

mysql〉 select * from professor;

prof_code	prof_name	create_date
4001	정진용	1995-09-01
4002	나인섭	2006-02-02
4003	오승재	1993-09-01
4004	고진광	1988-03-01
4005	정병열	1998-03-01
4006	박심심	2000-01-15
4007	김영식	2013-03-01
4008	최우철	1997-03-01
4009	문창우	1995-03-01
5010	정종선	1997-03-01
5011	최종주	1992-03-05
6001	대조영	NULL

12 rows in set (0.00 sec)

16.3 행 값의 변경

UPDATE 명령문은 테이블에 있는 값을 변경하기 위해서 사용된다. 이 명령문의 정의는 다음과 같다.

```
〈update statement〉 ::=
UPDATE 〈table specification〉
SET    〈update〉 [ {, 〈update〉 } ... ]
[ WHERE 〈condition〉 ]

〈table specification〉 ::= 〈table name〉

〈update〉 ::=
〈column name〉 = 〈expression〉
```

[예제 16-5] 자바프로그래밍의 생성년도를 2010년으로 갱신하라.

```
mysql> update subject
    -> set create_year = '2010'
    -> where sub_name = '자바프로그래밍';
Query OK, 1 row affected (0.05 sec)
Rows matched: 1  Changed: 1  Warnings: 0
```

SUBJECT 테이블에서 과목명이 자바프로그래밍인 행에 대하여 CREATE_YEAR를 변경전의 값 '2006'을 '2010'으로 변경한다.

UPDATE 명령문은 항상 하나의 테이블을 참조한다. WHERE 절은 갱신될 열의 조건을 지정해 주고, SET 절은 하나 이상의 열에 대하여 새로운 값으로 갱신한다.

[예제 16-6] 모든 등록금총액을 5% 증가시켜라.

```
mysql> update fee
    -> set fee_total = fee_total * 1.05;
Query OK, 26 rows affected (0.08 sec)
Rows matched: 26  Changed: 26  Warnings: 0
```

WHERE 절이 생략되었기 때문에 갱신은 테이블에서 관련된 모든 행에 대하여 수행된다. 이 예제에서 FEE 테이블에 있는 각 행의 FEE_TOTAL은 5% 증가된다. 변경된 데이터를 확인하기 위해서 다음과 같은 SELECT문을 사용한다.

```
mysql> select stu_no, fee_year, fee_term, fee_total
    -> from fee;
```

stu_no	fee_year	fee_term	fee_total
20081001	2008	1	3675000
20081002	2008	1	3675000
20141001	2014	1	3675000
20141001	2014	2	3150000
20141001	2015	1	3150000
20141001	2015	2	3150000
20141001	2018	1	3150000
20141001	2018	2	2625000
20141001	2019	1	2940000
20141001	2019	2	2940000
20161001	2016	1	3150000
20161001	2016	2	3150000
20161001	2019	1	3150000
20161001	2019	2	3150000
20191004	2019	1	3675000
20191004	2019	2	3150000
20191005	2019	1	3675000
20191005	2019	2	3150000
20191006	2019	1	3675000
20191006	2019	2	3150000
20191007	2019	1	3675000
20191007	2019	2	3150000
20191008	2019	1	3675000
20191008	2019	2	3150000
20201002	2020	1	3675000
20201002	2020	2	3150000

26 rows in set (0.00 sec)

[예제16-7] 이순신학생이 서울특별시 노원구 석계로 현대아파트 2동 1004호에서 서울특별시 영등포구 영등포로79가길 10 모던하우스 403호로 이사하였다. 우편번호는 07318이다. 데이터를 변경하라.

```
mysql> update student
    -> set address = '서울특별시 영등포구 영등포로79가길 10 모던하우스 403호',
```

→ post_no = '07318'
→ where stu_name = '이순신';
Query OK, 1 row affected (0.02 sec)
Rows matched: 1 Changed: 1 Warnings: 0

하나의 UPDATE 명령문으로 행에 있는 다수의 열을 갱신할 필요가 있는 경우에는 SET 절의 각 항목 간에는 콤마를 사용하여 다수의 열을 변경할 수 있다. 위의 예제에서 ADDRESS, POST_NO, 두 개의 열을 동시에 변경하기 위하여 콤마를 사용하였다.

SQL은 UPDATE 명령문을 어떻게 수행하는가? 각 행에 대하여 SQL은 WHERE 절에 있는 조건이 참인지 조사한다. 만약 참이면 관련된 행의 복사가 이루어진다. 변경될 각 행에 대하여 수식이 처리된다. 이러한 계산 또는 처리는 복사본의 열에서 수행되며, 수식의 결과는 원래의 행에 기록되어 실제적인 변경이 이루어진다. 그래서 행이 처리된 후에 복사본은 자동적으로 삭제된다.

몇몇 SQL 제품은 SET 절에 스칼라 부속 질의어를 사용할 수 있도록 한다. 이를 설명하기 위해서 다음의 예제를 보자.

[예제 16-8] 동아리에 가입한 학생들을 대상으로 동아리 회비를 5000원을 등록금에 추가하여 납부하도록 하고, 등록테이블의 FEE_TOTAL과 FEE_PAY도 변경하여라.

mysql〉 update fee
→ set fee_price = fee_price + 5000,
→ fee_total = fee_total + 5000,
→ fee_pay = fee_pay + 5000
→ where stu_no in
→ (select stu_no
→ from circle);
Query OK, 14 rows affected (0.08 sec)
Rows matched: 14 Changed: 14 Warnings: 0

WHERE 절에는 실제로 동아리에 가입한 학생들에 대해서만 갱신하도록 부속질의어를 추가하였다. 이제 등록 테이블의 FEE_PRICE, FEE_TOTAL, FEE_PAY가 변경되었는지 질의해 보자.

mysql〉 select stu_no, fee_year, fee_term,
→ fee_price, fee_total, fee_pay
→ from fee
→ where stu_no in
→ (select stu_no
→ from circle);

stu_no	fee_year	fee_term	fee_price	fee_total	fee_pay
20141001	2014	1	3005000	3505000	3005000
20141001	2014	2	3005000	3005000	505000
20141001	2015	1	3005000	3005000	1005000
20141001	2015	2	3005000	3005000	2205000
20141001	2018	1	2505000	3005000	2005000
20141001	2018	2	2505000	2505000	5000
20141001	2019	1	2805000	2805000	305000
20141001	2019	2	2805000	2805000	305000
20191004	2019	1	3005000	3505000	3005000
20191004	2019	2	3005000	3005000	1005000
20161001	2016	1	3005000	3005000	505000
20161001	2016	2	3005000	3005000	505000
20161001	2019	1	3005000	3005000	1005000
20161001	2019	2	3005000	3005000	505000

14 rows in set (0.00 sec)

16.4 테이블에서 행의 삭제

DELETE 명령문은 테이블에서 행을 삭제하기 위해서 사용된다. DELETE 명령문의 정의는 다음과 같다.

⟨delete statement⟩ ::=
　　DELETE
　　FROM　　⟨table specification⟩
　　[WHERE ⟨condition⟩]

[예제 16-9] "운영체제" 과목을 삭제하라.

```
mysql> delete from subject
    -> where sub_name = '운영체제';
Query OK, 1 row affected (0.03 sec)
```

만약 WHERE 절이 생략되면 지정된 테이블에 있는 모든 행이 삭제될 것이다. 이는 DROP 명령문을 사용하여 테이블을 삭제하는 것과는 다르다. DELETE 명령문은 명령문이 수행 후에 테이블에 관한 정보 테이블의 정의, 칼럼 내용(칼럼이름, 데이터 형, 크기, NOT NULL 유무, PRIMARY

KEY), 뷰, 인덱스 등은 그대로 남아 있고 테이블에 있는 내용만 삭제된다. DROP 명령문은 테이블의 내용을 삭제할 뿐만 아니라 카탈로그 테이블에 있는 테이블의 정의, 뷰, 인덱스도 삭제한다.

DELETE 명령문에서 WHERE 절에 있는 부속 질의어는 행이 삭제될 테이블을 참조하지 않아야 한다. 따라서 다음 명령문은 잘못된 것이다.

```
DELETE  FROM STUDENT
WHERE STU_NO IN
           (SELECTSTU_NO
            FROMSTUDENT
            WHERECLASS = 2);
```

연습문제

16-1. 현재 학년이 3학년이면 2019학년 1학기에 등록테이블의 수업료(FEE_PRICE)에 100,000원, 등록금총액(FEE_TOTAL), 납부총액(FEE_PAY)에 각각 100,000원을 가산하여 데이터 값을 변경하라.

16-2. 등록테이블에서 입학금(FEE_ENTER), 수업료(FEE_PRICE)를 5% 증가시키고 등록금총액(FEE_TOTAL), 납부총액(FEE_PAY)도 증가시켜 변경하라.

16-3. 학번 20161001번이 '2016'년도에 수강 신청한 모든 데이터를 삭제하라.

16-4. 동아리에 가입한 학생의 수강신청 데이터를 삭제하라.

16-5. "유하나" 학생과 같은 도시에 살고 있는 모든 학생을 삭제하라. 그러나 "유하나" 학생은 제외시킨다.

Part 17

인덱스의 사용

Part 17 인덱스의 사용

어떤 SQL 명령문은 예측할 수 있는 일정한 실행 시간을 갖는다. 이러한 명령문으로는 CREATE TABLE과 GRANT 명령문으로써 사용자는 이들 명령문의 실행 시간에 아무런 영향을 줄 수 없다. 즉, 실행 시간을 감소시킬 수 있는 방법이 없다. 그러나 모든 명령문이 다 그런 것은 아니다. SELECT, UPDATE, DELETE 명령문을 처리하기 위해서 요구된 시간은 차이가 있다. SELECT 명령문은 2초안에 처리되지만 다른 명령문은 몇 분에 처리될 수도 있다. 즉, 사용자는 이러한 명령문을 실행하기 위해서 SQL이 요구하는 시간에 영향을 줄 수 있다.

SELECT, UPDATE, DELETE 명령문의 실행 시간을 감소시키기 위한 많은 기법들이 있다. 이러한 기법으로는 명령문을 재구성하는 것에서부터 더 빠른 컴퓨터를 구입하는 것까지 다양하게 분류된다. 제 17 장에서는 인덱스에 대하여 설명하고 인덱스가 존재할 때와 존재하지 않을 때 실행 시간에 어떻게 영향을 주는지 설명한다. 실행 시간을 향상시킨다는 것을 최적화라고도 한다.

제 17 장을 설명하기 전에 미리 알려둘 것은 제 17 장에서는 SQL 명령문에 대하여 설명하는 것이 아니라 어떻게 SQL이 인덱스를 사용하는가에 대해서는 설명하는 것이다. 따라서 17 장에서는 인덱스 구성에 대해서만 설명한다.

17.1 인덱스 작업

SQL은 테이블에 있는 행을 접근하는 방법으로 2가지 방법을 가지고 있는데, 그 하나는 순차적 접근(sequential access) 방법이고 다른 하나는 직접 접근(direct access) 방법이다.

순차적 접근 방법은 행 단위로 테이블을 순서적으로 보여준다고 설명할 수 있다. SQL은 테이블에서 각 행을 읽는다. 테이블이 많은 행을 가지고 있을 때 오직 하나의 행만 찾는다면 많은 시간을 소비하고 비효율적이다. 이는 전화번호부에서 페이지 단위로 원하는 사람을 찾는 것과 유사하다. 만약 이름이 L로 시작되는 사람을 찾는다면 문자 A에서부터 순서적으로 찾으려 하지 않을 것이다.

SQL이 직접 접근 방법을 사용한다면 요구하는 특성을 나타내는 행만 읽는다. 이렇게 하기 위해서는 인덱스(index)가 필요하다. 인덱스는 테이블을 접근하기 위한 또 다른 형식이며, 이는 책의 인덱스와 유사하다.

SQL에서 인덱스는 많은 노드(node)를 가지고 있는 트리(tree)처럼 구성된다. 그림 17.1에서는 학적테이블(STUDENT)의 인덱스를 그림으로 표현한 것이다.

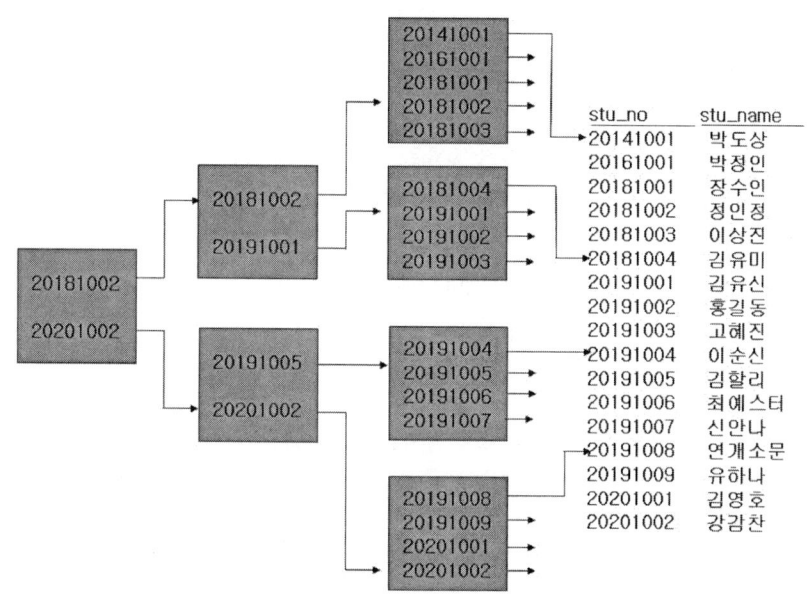

그림 17.1 인덱스 트리의 표현

그림의 왼쪽은 인덱스 구조이고 오른쪽은 STUDENT 테이블에 있는 두개의 열을 나타내고 있다. 인덱스의 노드는 사각형으로 표현되는데, 가장 왼쪽에 있는 노드는 인덱스의 시작 지점으로써 루트(root)라고 한다. 각 노드는 STU_NO 열에 대한 순서화된 4~5개의 값을 가지고 있다. 노드의 각 값은 다른 노드를 가리키거나 또는 STUDENT 테이블에 있는 행을 가리키고, 테이블에 있는 각 행은 적어도 하나의 노드를 거쳐서 참조된다. 행을 가리키고 있는 노드를 잎 페이지(leaf page)라 한다. 노드에 있는 값은 순서화되어 있다. 루트를 제외한 각 노드의 값은 항상 그 노드를 가리키고 있는 값보다 작거나 같다. 잎 페이지는 서로 연결되어 있는데, 잎 페이지는 다음 값의 집합을 가지고 있는 페이지를 위한 포인터를 가지고 있다. 그림 17.1에서 이러한 포인터는 화살표가 있는 수직선으로 표시하였다.

일반적으로, SQL은 두 가지 알고리즘을 가지고 인덱스를 사용한다. 알고리즘 중 하나는 특별한 값을 가지고 있는 행을 탐색하는 것이고, 다른 하나는 순서화된 열을 사용하여 전체 테이블 또는 테이블의 일부분을 보여주는 것이다. 이러한 두 가지 알고리즘은 예제를 사용하여 설명하게 될 것이다. 먼저, SQL이 특별한 행을 선택하기 위해 어떻게 인덱스를 사용하는가 보자.

[실습 따라하기]

1. 학번 20191001번을 가지고 있는 모든 행을 찾아라.

① 인덱스의 루트를 탐색한다. 이 루트는 활성화된 노드가 된다.

② 활성화된 노드가 잎 페이지인가? 그렇다면 ④를 계속한다. 그렇지 않으면 ③을 계속한다.

③ 활성화된 노드가 20091001 값을 가지고 있는가? 그렇다면 이 노드가 가리키고 있는 노드가 활성화된 노드가 되고 ②로 되돌아간다. 그렇지 않다면 활성화 노드에서 20091001 보다 더 큰 번호 중에서 가장 작은 값을 선택하고 ②로 되돌아간다.

④ 활성화된 노드에서 20091001 값을 탐색한다. 이 값은 STUDENT 테이블에서 stu_no 열의 값이 20091001인 모든 행을 가리키게 된다.

⑤ 다음 처리를 위해서 데이터베이스로부터 모든 노드를 검색한다.

SQL은 모든 노드를 보여주지 않고 원하는 행을 찾을 수 있다. SQL이 인덱스를 사용한다면 대부분의 경우에 행을 탐색하기 위해서 소비되는 시간이 상당히 감소하게 된다.

다음은 테이블에서 순서화된 행을 검색하기 위해서 SQL은 인덱스를 사용한다.

2. 학번으로 순서화된 모든 학생을 출력하라.
① 최소 값을 가지는 잎 페이지를 탐색한다. 이 잎 페이지가 활성화된 노드가 된다.

② 다음 처리를 위해서 활성화된 노드가 가리키는 모든 행을 검색한다.

③ 만약 잎 페이지가 계속 있다면, 이 노드를 활성화된 노드로 만들고 ②를 계속한다.

행에서 값을 갱신하거나 추가하거나 삭제하는 것은 SQL이 자동적으로 인덱스를 변경한다는 것을 의미한다. 따라서 인덱스 트리는 항상 테이블의 내용과 일관성을 유지하게 된다.

STU_NAME 열과 같이 유일한 값을 가지고 있지 않는 열에 대해서도 인덱스를 정의할 수 있는데, 이러한 인덱스는 잎 페이지에 있는 하나의 값이 여러 개의 행을 가리키게 된다. 즉, 각 값이 일치하는 행에 대하여 하나의 포인터가 있다.

인덱스는 값을 조합하여 정의할 수 있는데, 노드에 있는 각 값은 각각의 값을 연결한 것이고 잎 페이지는 그 값을 연결한 것이 나타난 행을 가리킨다. 여기서, 인덱스의 사용에 대하여 두 가지 중요한 내용이 있는데, 이는 다음과 같다.

- 테이블에 있는 행처럼 인덱스의 노드들은 화일에 저장된다. 따라서 인덱스는 물리적인 기억 공간을 차지하게 된다.
- 테이블을 갱신하면 인덱스도 갱신된다. 인덱스가 갱신되어야 할 때 갱신이 발생한 곳에서 SQL은 가능한 빠르게 처리를 완료하기 위해서 노드에 있는 공백에 채워 넣는다. 그러나 새로운 노드를 추가하게 되면 인덱스는 만원이 될 수 있고 이는 인덱스를 전체적으로 다시 구성해야 할 필요가 있으며, 인덱스 재구성은 많은 시간을 소비하게 된다.

17.1절에서는 인덱스 작업에 관한 매우 간단한 내용을 설명하였다. 실제적으로 인덱스 트리에 있는 노드는 4~5개의 값이 아닌 더 많은 값을 수용할 수 있다. 인덱스에 관한 자세한 내용을 다른 서적을 참고하기 바란다.

17.2 SELECT 명령문의 단계적 처리

제 6 장에서 SELECT 명령문의 SELECT 절에 대하여 설명하였고 어떻게 순서적으로 수행되는지 설명하였다. 이러한 절들은 SQL이 명령문을 처리하는 기본 기법(basic strategy)의 구성에 관한 구조를 제공한다. 기본 기법이 데이터를 순차적으로 접근한다고 가정할 때 인덱스의 사용이 어떻게 기본 기법에서 최적화 기법(optimized strategy)으로 변경할 수 있는지 17.2절에서 설명한다.

SQL은 각 명령문을 처리하기 위해서 가장 효율적인 기법을 선택한다. 이러한 분석은 최적화기(optimizer)라는 SQL 모듈에 의해서 수행된다(명령문의 분석을 질의어 최적화(query optimizer)라고도 한다). 최적화기는 각 명령문에 대하여 여러 가지 기법을 정의하고, 예상되는 실행 시간, 행의 수와 인덱스의 존재(인덱스가 없는 것이 기본 기법) 등의 요소를 기초로 하여 가장 효율적인 기법을 찾아낸다. SQL은 선택된 기법에 따라 명령문을 실행한다.

여기서 최적화 처리 기법에 대하여 간단히 설명해 보자.

[예제17-1] 학번 20191001번에 관한 모든 정보를 출력하라(STU_NO열에 대하여 인덱스가 정의되어 있다고 가정한다).

```
mysql> select *
    -> from student
    -> where stu_no = '20191001';
```

FROM 절에서, 일반적으로 SQL은 STUDENT 테이블에 있는 모든 행을 검색하게 된다. 인덱스를 사용하여 처리 속도를 증가시킨다는 것은 stu_no 열의 값이 20061011인 행만 가져온다는 것이다. 따라서 중간 결과는 다음과 같다.

[중간 결과]

stu_no	stu_name	stu_ename	......
20191001	김유신	Kim Yoo-Shin	......

예제의 WHERE 절에서는 FROM 절의 결과 (17행)중에서 20191001인 행만 가져오고, SELECT 절에서는 모든 열이 출력된다. 기본 기법과 이와 같은 최적화 기법간의 차이점은 다른 방법으로 표현할 수 있다.

[기본 기법]

RESULT := [ ];
FOR EACH H IN STUDENT DO
    IF H.STU_NO = '20191001' THEN
      RESULT :+ H;
END FOR;

[최적화 기법]

RESULT := [ ];
FOR EACH H IN STUDENT WHERE STU_NO = '20191001' DO
    RESULT :+ H;
END FOR

첫 번째에서 기본 기법은 FOR EACH 명령문에 의해서 모든 행을 가져온다. 두 번째 기법인 최적화 기법은 아주 선택적으로 수행할 수 있는데, 인덱스가 사용되면 학번이 20191001인 행만 검색된다.

[예제17-2] 학번이 20191001 보다 작고, 성별이 남자인 각 학생의 학번 및 이름을 출력하라. 결과는 학번 순으로 정렬한다.

```
mysql> select stu_no, stu_name
    -> from student
    -> where stu_no < '20191001'
    -> and gender in (1, 3, 5)
    -> order by stu_no;
```

stu_no	stu_name
20141001	박도상
20181001	장수인
20181003	이상진

3 rows in set (0.00 sec)

여기서 위의 예제 17-2에 대한 기본 기법과 최적화 기법을 나타낼 수 있는데, 이는 다음과 같다.

[기본 기법]

RESULT := [ ];
FOR EACH H IN stu_no DO
    IF (H.STU_NO < 20191001) AND (H.gender in (1, 3, 5)) THEN
        RESULT :+ H;
END FOR;

[최적화 기법]

RESULT := [ ];
FOR EACH H IN STUDENT WHERE STU_NO < 20191001 DO
IF H.gender in (1, 3, 5) THEN
    RESULT :+ H;
END FOR;

[예제 17-3] 학번 20181001번과 동일한 입학년도를 가지고 있는 각 학생의 학번과 이름, 학년, 반을 출력하라

```
mysql> select stu_no, stu_name, grade, class
    -> from student
    -> where substring(stu_no, 1,4) =
    -> (select substring(stu_no, 1,4)
    -> from student
    -> where stu_no = '20181001');
```

stu_no	stu_name	grade	class
20181001	장수인	2	1
20181002	정인정	2	2
20181003	이상진	2	1
20181004	김유미	3	2

4 rows in set (0.00 sec)

여기에는 두 가지 기법이 있는데, 먼저 기본 기법은 다음과 같다.

[기본 기법]
```
RESULT := [ ];
FOR EACH H IN STUDENT DO
    HELP := FALSE;
    FOR EACH H20181001 IN STUDENT DO
        IF(H20181001.SUBSTRING(STU_NO, 1, 4) = H.SUBSTRING(STU_NO, 1, 4))
        AND (H20181001.STU_NO = '20181001') THEN
            HELP := TRUE;
    END FOR;
    IF HELP = TRUE THEN
        RESULT :+ H;
END FOR;
```

최적화 기법은 다음과 같다.

[최적화 기법]
```
RESULT := [ ];
FIND H20181001 IN STUDENT WHERE STUDENT = '20181001';
FOR EACH H IN STUDENT WHERE SUBSTRING(STU_NO, 1, 4) =
            H20181001.SUBSTRING(STU_NO, 1, 4) DO
    RESULT :+ H;
END FOR;
```

이는 상대적으로 간단한 예제이다. 명령문이 더욱 복잡해짐에 따라 최적화 기법을 결정하는 것은 더욱 어려워지며, 또한 처리 시간이 증가된다. SQL 제품들의 최적화 방법에는 상당한 차이가 있다. 즉, 상당히 지능적인 최적화를 수행하는 SQL 제품도 있지만 최적화를 거의 하지 않고 기본적 기법만을 사용하는 SQL 제품도 있다.

17.3 인덱스의 생성과 삭제

CREATE INDEX 명령문의 정의는 다음과 같다.

```
⟨create index statement⟩ ::=
    CREATE [ UNIQUE ] INDEX ⟨index name⟩
    ON       ⟨table specification⟩
```

(〈column in index〉 [{, 〈column in index〉 } ...])
〈column in index〉
　　〈column name〉 [ASC | DESC]

유일한 인덱스가 아닌 두개의 예제는 다음과 같다.

```
mysql> create index sut_idx1
    → on student(birthday asc);
```

그리고

```
mysql> create index att_idx1
    → on attend(att_year, att_term);
```

제 5 장에서 유일한 인덱스를 정의하는 예제를 보여주었다. 여기서 다시 유일한 인덱스를 생성하는 예제를 살펴보자.

```
mysql> create unique index stu_idx2
    → on student(stu_name, class);
```

일단 이 명령문이 입력되면 SQL은 STUDENT 테이블에 입력되는 이름과 반의 글자의 조합하므로 동일한 두개의 조합이 존재할 수 없다.

어떤 SQL 제품에서는 유일한 인덱스가 정의된 열은 오직 하나의 NULL 값만 가질 수 있으며, 반면에 유일한 인덱스가 아닌 열은 여러 개의 NULL 값을 가질 수 있다.

ASC(오름차순) 또는 DESC(내림차순)를 포함하면 인덱스는 오름차순 또는 내림차순으로 정렬된다. 그러나 이를 지정하지 않으면 예약된 값은 ASC가 된다. 만약 SELECT 명령문의 최종 결과를 내림차순으로 정렬할 때 관련된 열에 대한 내림차순의 인덱스가 정의되어 있다면 처리 속도는 더 빨라진다.

인덱스는 필요하면 언제든지 생성할 수 있다. CREATE TABLE 명령문 다음에 테이블에 대한 모든 인덱스를 생성하지 않아도 된다. 데이터를 가지고 있는 테이블에 대해서도 인덱스를 생성할 수 있다. 그러나 중복된 값을 가지고 있는 열에 대하여 유일한 인덱스를 생성하는 것은 문제점이 발생할 수 있다. 이 때 SQL은 이러한 중복된 값이 존재한다는 것을 알고 인덱스를 생성하지 않을 것이다. 따라서 중복된 값은 인덱스를 생성하기 전에 제거되어야 한다.

다음의 SELECT 명령문은 중복된 C 값(C는 인덱스가 정의된 열)이 위치하는지 확인하는 것이다.

```
SELECT    C
FROM      T
GROUP BY  C
HAVINGCOUNT(*) > 1;
```

DROP INDEX 명령문은 인덱스를 제거할 때 사용되며, 이는 다음과 같다.

⟨drop index statement⟩ ::=
    DROP INDEX ⟨index name⟩

인덱스를 제거하는 예제는 다음과 같다.

mysql> drop index stu_idx1;

그리고

mysql> drop index att_idx1;

그리고 유일한 인덱스를 삭제할 때 UNIQUE라는 단어를 사용할 필요가 없다.

17.4 MySQL과 인덱스

MySQL에서 CREATE INDEX 명령문만이 인덱스를 생성하는 유일한 방법은 아니다. 만약 기본 키 또는 대체 키가 CREATE TABLE 명령문에 포함된다면 MySQL는 유일한 인덱스를 자동적으로 생성한다.

[실습 따라하기]

1. 테이블 생성 후 인덱스 자동 생성

```
CREA    TETABLE T1
        (COL1    NUMBER    NOT NULL,
```

```
     COL2      DATENOT     NULL UNIQUE,
     COL3      NUMBER      NOT NULL UNIQUE,
     COL4      NUMBER
     PRIMARY KEY (COL1, COL4) );
```

다음에 있는 명령문과 동일하다.

2. 테이블 생성 후 유일한 인덱스 생성하기

```
CREATETABLE T1
     (COL1     NUMBER      NOT NULL,
     COL2      DATE        NOT NULL UNIQUE,
     COL3      NUMBER      NOT NULL UNIQUE,
     COL4      NUMBER );

CREATE UNIQUE INDEX T1_IDX
ON     T1(COL1, COL4);

CREATE UNIQUE INDEX T2_IDX
ON     T1(COL2);

CREATE UNIQUE INDEX T3_IDX
ON     T1(COL3);
```

17.5 인덱스를 위한 열의 선택

SELECT 명령문의 비효율적인 처리가 인덱스의 부재 때문이 아니라는 것을 확실히 하기 위해서 모든 열과 열의 조합에 대하여 인덱스를 생성할 수 있다. 그리고 만약 데이터에 의존해서 SELECT 명령문을 입력하고자 한다면 이는 좋은 방법이다. 그러나 이러한 해결책은 많은 문제점을 발생시키고 인덱스 저장 공간의 비용이 많이 든다. 또 다른 중요한 결점은 각 데이터의 갱신(INSERT, UPDATE, DELETE 명령문)은 대응되는 인덱스 갱신이 요구된다. 만약 많은 인덱스가 갱신될 필요가 있다면 갱신은 상당히 긴 시간이 필요하다. 그래서 선택이 필요하다. 여기서 이러한 선택에 대하여 몇 가지 제안을 하겠다.

17.5.1. 후보 키에 대한 유일한 인덱스

CREATE TABLE 명령문에서 기본 키와 대체 키를 지정할 수 있다. 결과는 관련된 열이 결코 중복된 값을 가질 수 없다는 것이다. MySQL은 새로운 값의 비유일성을 빠르게 조사하기 위해서 각 후보 키에 대한 유일한 인덱스를 자동적으로 생성한다. 이러한 인덱스의 이름은 테이블의 이름과 동일하다. 또한 키의 일부분으로 포함된 모든 열은 NOT NULL로 지정되어야 한다.

17.5.2. 외래 키에 대한 인덱스

조인 열에 인덱스를 정의하지 않았다면 조인을 실행하기 위해서 긴 시간이 필요할 수 있다. 대부분 조인에서 조인 열은 테이블에 관련된 키다. 이와 같이 테이블에 관련된 키는 기본 키와 대체 키라고 할 수 있지만 외래 키도 사용된다. 첫 번째 규칙에 따라 기본 키와 대체 키 열에 대한 인덱스를 정의해야 한다. 여기서 나머지 해야 할 것은 외래 키에 대한 인덱스를 정의하는 것이다. 다음과 같이 CIRCLE과 ATTEND 테이블에 관한 외래 키 인덱스를 정의해야 할 것이다.

```
CREATE      INDEXCIR_BUN
ON          CIRCLE (STU_NO);

CREATE      INDEX ATT_PROF
ON          PROFESSOR (PROF_CODE);

CREATE      INDEX ATT_SUB
ON          SUBJECT (SUB_CODE);
```

17.5.3. 선택 표준에 포함된 열에 대한 인덱스

만약 WHERE 절에서 사용된 열에 대한 인덱스가 정의되어 있다면 SELECT, UPDATE, DELETE 명령문은 빠르게 실행된다. 예를 들면,

```
SELECT   *
FROM     CIRCLE
WHERE    STU_NO = '20191001' ;
```

SQL은 동아리테이블의 STU_NO 열에 있는 값을 기초로 하여 행들을 선택하는데, 이 열에 대한 인덱스가 있다면 명령문의 처리는 매우 효율적이다. 이는 17.5 절에서 이미 설명한 바 있다.

그럼에도 불구하고 서로 다른 값을 많이 가지고 있는 열에 대하여 하나의 인덱스만 지정해야 하고, 서로 다른 오직 2개의 값인 "Y", "N"를 가지고 있는 ATTEND테이블의 ATT_DIV과 같은 열은 인덱스를 지정할 필요가 없다. SELECT 명령문을 사용하여 수강구분이 "Y"를 가지는 모든

학생을 찾는다면 아마도 각 행은 "Y"와 "N"으로 구성되어 있다는 것을 알 수 있을 것이다. 이러한 경우에 SQL이 인덱스를 사용한다면 행을 순서적으로 읽을 때에는 처리 시간은 더 길어질 것이다.

WHERE 절에서 = 연산자를 사용할 때 뿐만 아니라 〈, 〈=, 〉, 〉= 연산자를 사용할 때 인덱스의 사용하면 처리 속도가 좋아진다(〈〉 연산자는 사용되지 않음). 그러나 이러한 연산자는 선택된 행의 수가 선택되지 않는 행의 수보다 더 적을 때만 유용하다.

만약 WHERE 절이 AND 연산자를 포함하고 있다면 인덱스는 더욱 효율적으로 수행되기 위해서 2개의 열로 정의되어야 한다. 예를 들면 다음과 같다.

```
SELECT*
FROMSTUDENT
WHERESTU_NAME = '홍길동'
ANDCLASS = 3;

[관련된 인덱스]
CREATEUNIQUE INDEX STU_IDX2
ONSTUDENT (STU_NAME, CLASS);
```

어떤 경우에는 이러한 SELECT 명령문을 실행할 때 하나의 열에 대한 인덱스를 가지고 이를 만족시킬 수 있다. STU_NAME 열에 중복된 값이 없고, STU_NAME 열이 유일한 인덱스 열이라고 가정할 때, SQL은 이 인덱스를 사용하여 STU_NAME = '홍길동' 조건을 만족하는 모든 행을 찾을 수 있을 것이다. 이 경우에 열을 조합한 인덱스는 필요 이상으로 더 많은 기억 공간을 차지하게 되고 SELECT 명령문의 처리를 상당히 감소시킨다. 또 열의 조합으로 인덱스를 정의하면 열의 조합 중 첫 번째 열로 지정된 것만 행을 선택하는데 사용된다.

따라서 STU_IDX2 인덱스는 STU_NAME = '홍길동' 조건을 처리하기 위해서 SQL에 의해서 사용되지만, CLASS = 3 에는 사용되지 않는다. 다시 말하면 CLASS 열이 STU_IDX2 인덱스에서 첫 번째 열이 아니기 때문이다.

17.5.4. 정렬에 사용된 열에 대한 인덱스

만약 SQL이 인덱스로 정의되지 않는 열을 사용하여 SELECT 명령문의 결과를 정렬할 필요가 있다면 별도의 정렬 과정이 수행되어야 한다. 이와 같은 별도의 정렬은 관련된 열에 대한 인덱스를 정의한다면 피할 수 있다. SQL이 데이터베이스로부터(FROM 절) 행을 가져올 때 이러한 인덱스가 사용된다. FROM 절에 대한 중간 결과는 정확한 열에 의해서 이미 정렬되어 있다. 그 후로는 더 이상 불필요한 정렬이 필요 없다. 이러한 규칙은 열이 많은 NULL 값을 가지고 있지 않을 경우(NULL 값은 인덱스를 사용하여 정렬되지 않음)와 SELECT 명령문이 최적화하는 조건을 가지고 있는 WHERE 절을 사용하지 않을 경우에만 적용된다.

17.5.5. 그룹화에 사용된 열에 대한 인덱스

열들이 그룹화될 때(GROUP BY 절의 사용) SQL은 모든 행을 먼저 순서화해야 한다. 앞의 규칙이 다시 한번 적용되는데, SQL은 행이 이미 정렬되어 있을 때 더욱 빠르게 GROUP BY 절을 처리할 수 있을 것이다.

17.5.6. DISTINCT에 대한 인덱스

만약 SELECT 절에 DISTINCT을 사용한다면 행이 동일한지 결정하기 위해 먼저 모든 행은 자동적으로 정렬되어야 한다. 따라서 정렬 규칙이 다시 한번 적용될 수 있는데, SQL의 행이 이미 정렬되어 있다면 더욱 빠르게 DISTINCT 처리를 할 수 있다.

17.5.7. 인덱스를 정의하지 않을 때

인덱스를 정의하지 않을 때 사용자가 지켜야 할 지침에 대하여 설명한다.

- 서로 다른 값이 아주 적을 때 인덱스를 생성하지 말라. 예를 들면, 등록테이블의 등록구분과 같은 열에 대하여 인덱스를 정의하지 않는다.
- 아주 적은 테이블에는 인덱스를 생성하지 말라.

연습문제

17-1. 2개의 명령문에 대하여 기본 기법과 최적화 기법을 작성하라. 이 때 질의어에서 사용된 각 열에 대하여 하나의 인덱스가 정의되어 있다고 가정한다.

 (1) SELECT   *
   FROM   SCORE
   WHERE   TAKE_POINT > 3
   AND   REQ_POINT > 5;

 (2) SELEC   TH.STU_NO
   FROM   STUDENT H, FEE F
   WHERE   H.STU_NO = F.STU_NO
   AND   SUBSTRING(BIRTHDAY, 1, 4) > 1999;

17-2. 학적 테이블(student)에서 생년월일을 유일하지 않은 인덱스를 생성하라.

17-3. 학적 테이블(student)에서 이름과 생년월일을 조합하여 유일한 인덱스를 생성하라.

17-4. 17-2와 17-3에서 생성한 인덱스를 삭제하라.

Part 18

뷰(View)

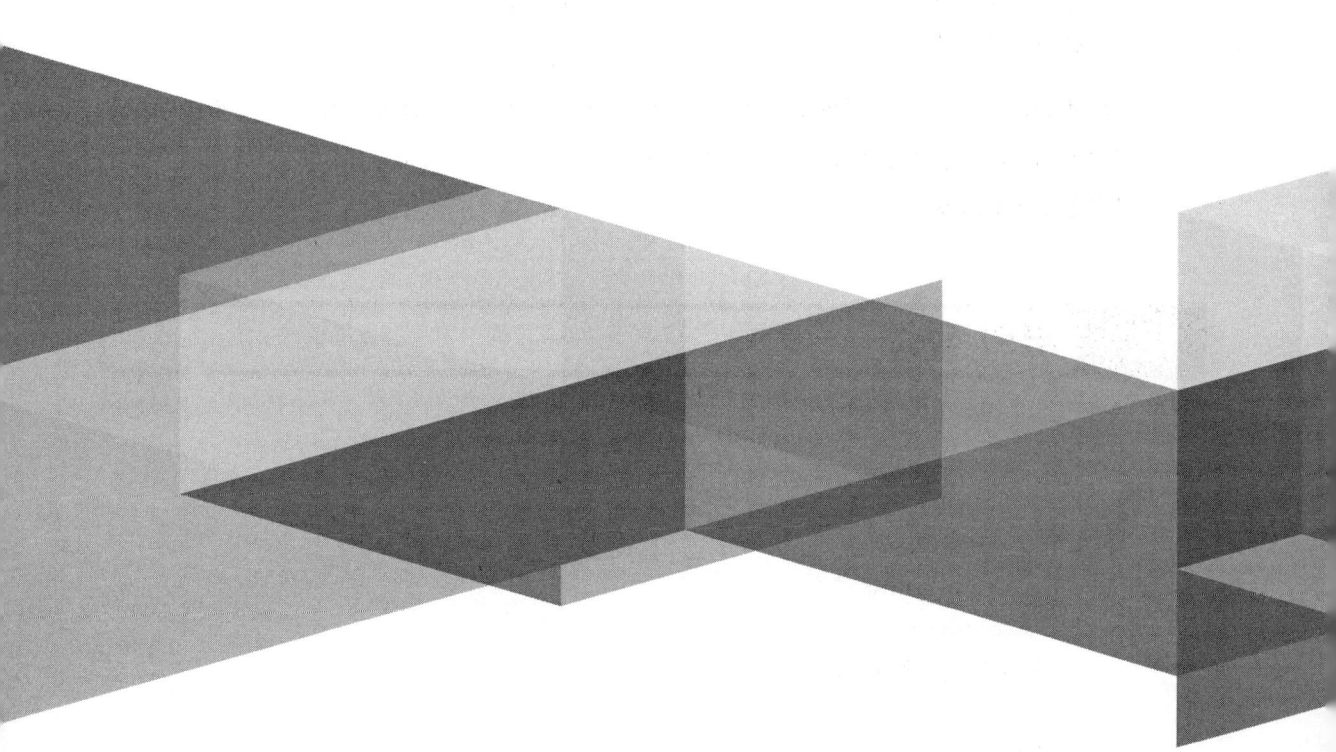

Part 18 뷰(View)

SQL은 두 가지 형식의 테이블을 제공하는데, 하나는 일반적으로 기본 테이블(base table)로 알려져 있는 실제 테이블이고, 다른 하나는 뷰(view)라고 하는 유도된 테이블이다. 기본 테이블은 CREATE TABLE 명령문을 사용하여 생성되고 데이터를 저장할 수 있는 유일한 테이블이다. 이러한 테이블로는 STUDENT와 ATTEND테이블 같은 것이다.

유도된 테이블 또는 뷰는 그 자체에는 행을 가지고 있지 않고 기본 테이블로부터 조합한 데이터에 대한 처리로 가상 테이블을 만들어서 사용자에게 보여준다. 가상이란 단어가 사용된 것은 SQL 명령문에서 뷰의 이름이 사용될 때만 뷰의 내용이 존재하기 때문이다. SQL은 뷰 형식을 구성하는 뷰 처리서(view formula)를 가지고 그 순간에 뷰를 실행하고 실제 테이블에서 보여주는 것처럼 사용자에게 나타낸다.

이미 4.3.4절에서 한번 알아보았지만, 제 18 장에서는 어떻게 뷰를 생성하고, 사용하는지 설명하고 있다. 유용한 응용 프로그램을 작성하기 위하여 명령문을 단순화시킬 수 있도록 테이블의 재구성을 필요로 한다.

18.1 뷰의 생성

뷰는 다음과 같은 CREATE VIEW 명령문으로 생성된다.

⟨create view statement⟩ ::=
    CREATE VIEW ⟨view name⟩
    [⟨column list⟩] AS
    ⟨select statement⟩
    [WITH CHECK OPTION]

⟨column list⟩ ::=
    (⟨column name⟩ [{, ⟨column name⟩ } ...])

[예제 18-1] STUDENT 테이블로부터 모든 학생의 학번과 학년, 반을 가지고 있는 뷰 테이블(V_CLASS)을 생성하라.

```
mysql> create view v_class as
    -> select  distinct stu_no, grade, class
    -> from student;
Query OK, 0 rows affected (0.05 sec)
```

뷰 테이블을 확인하기 위해 아래와 같이 SELECT 명령문을 사용하였다. 뷰 테이블("V_CLASS")은 학년과 반이 중복되는 경우를 제외하고 모두 생성된 것을 알 수 있다.

mysql> select * from v_class;

stu_no	grade	class
20141001	4	1
20161001	3	1
20181001	2	1
20181002	2	2
20181003	2	1
20181004	3	2
20191001	1	3
20191002	1	3
20191003	1	1
20191004	1	3
20191005	1	2
20191006	1	2
20191007	1	2
20191008	1	3
20191009	1	1
20201001	1	3
20201002	1	3

17 rows in set (0.00 sec)

[예제 18-2] 등록한 학생의 학번과 등록년도에 대한 뷰 테이블을 생성하라.

```
mysql> create view v_feeyear as
    -> select stu_no, fee_year
    -> from fee
    -> where fee_year is not null;
Query OK, 0 rows affected (0.19 sec)
```

위의 CREATE VIEW 명령문은 V_CLASS과 V_FEEYEAR이라는 두개의 뷰를 생성하였다. 뷰의 내용은 SELECT 명령문에 의해서 정의된다. 이러한 SELECT 명령문은 뷰 처리서를 구성한다. 이와 같은 두개의 뷰는 기본 테이블을 사용하는 것처럼 질의어를 사용할 수 있고, 뷰 테이블을 변경시킬 수 있으나 변경되는 데이터는 기본 테이블의 데이터가 변경된다..(이에 관한 내용은 18.6절에서 설명하고 있다.)

[예제 18-3] 재학생의 학번과 이름, 성별, 입학년도, 생년, 월, 일, 나이에 대한 뷰 테이블(V_AGES)을 생성하라.

```
mysql> create view V_AGES as
    → select stu_no, stu_name, gender,
    → substring(stu_no, 1, 4) 'IBHAK_YEAR',
    → substring(birthday,1,4) 'B_YEAR',
    → substring(birthday,5,2) 'B_MONTH',
    → substring(birthday,7,2) 'B_DATE',
    → year(now()) - substring(birthday,1,4) + 1 'AGE'
    → from student;
Query OK, 0 rows affected (0.01 sec)
```

위의 예제에서 생성된 V_AGES를 확인해 보자.

mysql> select * from V_AGES;

stu_no	stu_name	gender	IBHAK_YEAR	B_YEAR	B_MONTH	B_DATE	AGE
20141001	박도상	1	2014	1996	01	16	24
20161001	박정인	2	2016	1997	04	03	23
20181001	장수인	1	2018	1999	02	09	21
20181002	정인정	2	2018	1999	03	15	21
20181003	이상진	1	2018	1999	08	19	21
20181004	김유미	2	2018	1999	02	07	21
20191001	김유신	3	2019	2000	10	07	20
20191002	홍길동	3	2019	2000	04	02	20
20191003	고혜진	4	2019	2000	03	07	20
20191004	이순신	3	2019	2000	02	22	20
20191005	김할리	5	2019	2001	04	18	19
20191006	최에스터	6	2019	2002	10	03	18
20191007	신안나	6	2019	2001	12	14	19
20191008	연개소문	3	2019	2000	06	15	20
20191009	유하나	4	2019	2000	09	21	20
20201001	김영호	3	2020	2001	08	11	19
20201002	강감찬	3	2020	2001	03	12	19

17 rows in set (0.00 sec)

[예제 18-4] 재학생 중 20세 이상인 여학생의 학번, 이름, 성별, 출생년도, 나이를 출력하라.

```
mysql> select stu_no, stu_name, gender, b_year, age
    -> from V_AGES
    -> where age > 19 and gender in (2, 4, 6);
```

stu_no	stu_name	gender	B_YEAR	AGE
20161001	박정인	2	1997	23
20181002	정인정	2	1999	21
20181004	김유미	2	1999	21
20191003	고혜진	4	2000	20
20191009	유하나	4	2000	20

5 rows in set (0.00 sec)

[예제 18-5] 재학생 중 21세에 해당하는 학생의 성년식 행사를 위한 명단을 출력하라. 단, 출력형식은 학과, 학년, 학번, 이름, 생년, 월, 일, 나이를 출력하라.

```
mysql> select dept_code "학과코드", grade "학년", s.stu_no "학번", s.stu_name "이름",
    -> b_year "년", b_month "월", b_date "일", age "나이"
    -> from student s, V_AGES v
    -> where s.stu_no = v.stu_no and age = 21
    -> order by 1, 2, 3;
```

학과코드	학년	학번	이름	년	월	일	나이
40	2	20181001	장수인	1999	02	09	21
40	2	20181002	정인정	1999	03	15	21
40	2	20181003	이상진	1999	08	19	21
40	3	20181004	김유미	1999	02	07	21

4 rows in set (0.00 sec)

V_AGES 뷰 테이블이 없다면 동일한 정보를 얻기 위해서 다음과 같이 더 긴 SELECT 명령문을 사용해야 한다.

```
mysql> select dept_code "학과코드", grade "학년", stu_no "학번", stu_name "이름",
    -> substring(birthday,1,4) "년",
    -> substring(birthday,5,2) "월",
    -> substring(birthday,7,2) "일",
    -> year(now()) -substring(birthday,1,4) + 1 "나이"
    -> from student
```

→ where year(now()) - substring(birthday,1,4) + 1 = 21

→ order by 1, 2, 3;

학과코드	학년	학번	이름	년	월	일	나이
40	2	20181001	장수인	1999	02	09	21
40	2	20181002	정인정	1999	03	15	21
40	2	20181003	이상진	1999	08	19	21
40	3	20181004	김유미	1999	02	07	21

4 rows in set (0.00 sec)

[예제 18-6] 뷰 테이블(V_AGES)에서 재학생 중 21세 이상이고, 2018년~2020년에 입학한 학생을 구하여라.

mysql> select * from V_AGES

→ where age > 20

→ and ibhak_year between '2018' and '2020';

stu_no	stu_name	gender	IBHAK_YEAR	B_YEAR	B_MONTH	B_DATE	AGE
20181001	장수인	1	2018	1999	02	09	21
20181002	정인정	2	2018	1999	03	15	21
20181003	이상진	1	2018	1999	08	19	21
20181004	김유미	2	2018	1999	02	07	21

4 rows in set (0.00 sec)

기본 테이블에서 데이터를 변경하는 경우는 모든 관련 뷰에서 즉시 볼 수 있다. 사용자는 기본 테이블의 무결성이 유지된다면 뷰 내용의 무결성을 결코 걱정할 필요가 없다. 뷰 처리서는 또 다른 뷰를 지정할 수도 있다.

DROP VIEW 명령문은 뷰를 삭제할 때 사용된다. 삭제될 뷰를 참조하는 다른 모든 종속된 뷰도 뷰 처리서에서 자동적으로 삭제된다. 또한 기본 테이블이 삭제될 때는 기본 테이블에서 직접 또는 간접적으로 정의된 모든 뷰도 함께 삭제된다.

[예제 18-7] 뷰 테이블(V_AGES)를 삭제하라.

mysql> drop view V_AGES;
Query OK, 0 rows affected (0.00 sec)

18.2 뷰의 열 이름

뷰에서 열의 이름은 뷰 생성자가 따로 지정하지 않으면 SELECT 절에서 열의 이름과 동일하다. V_AGES 테이블의 세 열의 이름은 STU_NO과 STU_NAME, SEX는 기본 테이블의 열의 이름과 동일하고, 나머지 열의 이름(IPHAK_YEAR, B_YEAR, … AGE)은 뷰 테이블 생성자가 임의로 정의한 것이다. 따라서 뷰는 열의 이름을 기본 테이블로부터 상속받는다.

[예제 18-8] 집주소가 서울특별시인 학생의 학번, 이름, 우편번호, 현주소로 구성된 뷰 테이블(V_ADDRESS)를 생성하라.

```
mysql> create view v_address(hak, irum, hpost, haddress) as
    -> select stu_no, stu_name, post_no, address
    -> from student
    -> where substring(post_no, 1, 1) = '0';
Query OK, 0 rows affected (0.01 sec)
```

위의 뷰를 만들고 나서 확인을 해보자

mysql> select * from v_address;

hak	irum	hpost	haddress
20141001	박도상	01066	서울특별시 강북구 덕릉로41길 다우빌라2차 101동 203호
20161001	박정인	04957	서울특별시 광진구 영화사로16길 구의동 아차산 한라아파트 102동 306호
20181002	정인정	05270	서울특별시 강동구 동남로71길 한양아파트 6동 1203호
20191001	김유신	06034	서울특별시 강남구 압구정로2길 강남상가아파트 109동 1203호
20191004	이순신	07318	서울특별시 영등포구 영등포로79가길 10 모던하우스 403호
20191005	김할리	02463	서울특별시 동대문구 제기로 한신아파트 561동 102호
20191006	최에스터	03975	서울특별시 마포구 연남로9길 휴먼아파트 101동 540호
20191007	신안나	06305	서울특별시 강남구 언주로 개포2차현대아파트 208동 402호

8 rows in set (0.00 sec)

위의 예제와 같은 새로운 열의 이름을 갖게 된다. 따라서 V_ADDRESS 뷰에서는 더 이상 STU_NO, STU_NAME과 같은 열의 이름을 참조할 수 없다.

만약 뷰 처리서의 SELECT 절에 있는 수식이 열의 명세로 구성되지 않고 함수이거나 계산 부분이라면 뷰의 열의 이름을 사용하는 것이 필수적이다. 예를 들면 뷰 테이블의 HPOST와 같이 사용한다. 다음 예제의 뷰 테이블 V_FEETOTAL에서는 FEE_TOTAL과 ROW_TOTAL의 열 이름을 생략할 수 없다.

[예제 18-9] 등록금 총액별로 학생 인원 수 현황을 생성하는 뷰 테이블 V_FEETOTAL를 생성하라.

```
mysql> create view v_feetotal(fee_total, row_total) as
    -> select fee_pay, count(*)
    -> from fee
 group by fee_pay;
Query OK, 0 rows affected (0.08 sec)
```

위의 예제에서 생성된 V_FEETOTAL 뷰 테이블은 등록금 총액별로 인원을 파악할 수 있도록 만든 테이블이다.

[예제 18-10] 등록금 총액별로 학생 인원 수 현황을 생성한 뷰 테이블 V_FEETOTAL의 내용을 출력하라.

```
mysql> select fee_total , row_total, '명'
    -> from v_feetotal;
```

fee_total	row_total	명
3005000	2	명
505000	4	명
1005000	3	명
2205000	1	명
2005000	1	명
5000	1	명
305000	2	명
3000000	9	명
500000	1	명

9 rows in set (0.00 sec)

18.3 뷰의 변경 : WITH CHECK OPTION

지금까지 뷰가 생성되는 많은 예제를 살펴보았다. 그러나 뷰 테이블의 변경할 행은 기본 테이블에 기초를 두고 변경된다. 그럼에도 불구하고 뷰의 변경은 예상치 않은 결과를 가져올 수 있다. 이를 설명하기 위해서 몇 개의 예제를 살펴보자.

[예제 18-11] 학적테이블에서 2000년 이전에 출생한 모든 학생에 대한 뷰 테이블(V_OLD)를 생성하라.

```
mysql> create view v_old as
    -> select * from student
    -> where substring(birthday,1,4) < 2000;
Query OK, 0 rows affected (0.01 sec)
```

위의 예제에서 뷰 테이블(V_OLD)의 실행결과를 확인해 보자.

[예제 18-12] 뷰 테이블(V_OLD)에서 학번과 이름, 출생년도를 출력하라.

```
mysql> select stu_no, stu_name, birthday
    -> from v_old;
```

stu_no	stu_name	birthday
20141001	박도상	19960116
20161001	박정인	19970403
20181001	장수인	19990209
20181002	정인정	19990315
20181003	이상진	19990819
20181004	김유미	19990207

6 rows in set (0.00 sec)

여기서 학번 20181004인 김유미학생의 생년월일을 "20001207"로 변경하고자 한다면 다음과 같은 UPDATE 명령문을 사용해야 한다.

[예제 18-13] V_OLD 테이블에서 학번이 20181004인 생년월일을 "20001207"로 변경하라.

```
mysql> update v_old
    -> set birthday = '20001207'
    -> where stu_no = '20181004';
Query OK, 1 row affected (0.06 sec)
Rows matched: 1  Changed: 1  Warnings: 0
```

[예제 18-14] 뷰 테이블(V_OLD)의 실행결과를 확인하라.

```
mysql> select stu_no, stu_name, birthday
    -> from v_old;
```

stu_no	stu_name	birthday
20141001	박도상	19960116
20161001	박정인	19970403
20181001	장수인	19990209
20181002	정인정	19990315
20181003	이상진	19990819

5 rows in set (0.00 sec)

이러한 변경은 예상하지 못한 결과로 효과는 SELECT 명령문을 사용하여 뷰 테이블 V_OLD를 살펴보면 20181004 학번이 더 이상 나타나지 않는다는 것이다. 이와 같은 이유는 변경이 수행되었을 때, 학번 20181004 학생의 BIRTHDAY가 20001207으로 변경되어, 이 학생은 뷰 처리시에서 지정한 조건(where substring(birthday,1,4) < 2000)을 만족하지 못하기 때문에 뷰 테이블 V_OLD에서 제거되었다.

[예제 18-15] STUDENT테이블에서 학번이 20181004인 학생의 학번과 이름, 출생년도를 출력하라.

```
mysql> select stu_no, stu_name, birthday
    -> from student
    -> where stu_no = '20181004';
```

stu_no	stu_name	birthday
20181004	김유미	20001207

1 row in set (0.00 sec)

V_OLD 테이블에서 학번이 20181004인 생년월일을 "20001207"로 변경하면 STUDENT테이블도 함께 변경됨을 확인할 수 있다.

[예제 18-14]와 같은 문제점을 해결하기 위해서 WITH CHECK OPTION을 사용하여 뷰 정의를 확장하면 SQL은 예상치 못한 효과가 발생하였는지 확인하게 된다. 따라서 뷰 정의에 다음과 같이 WITH CHECK OPTION을 사용한다.

[실습 따라하기]

STUDENT 테이블에서 20181004번 학생의 생년월일을 "20001207"로 변경되어 있으므로 우선적으로 "19990207"으로 다시 변경해 준다.

```
mysql> update v_old
    -> set birthday = '19990207'
    -> where stu_no = '20181004';
Query OK, 0 rows affected (0.00 sec)
Rows matched: 0  Changed: 0  Warnings: 0
```

[예제 18-16] 학생신상테이블에서 2000년 이전에 출생한 학생에 대한 뷰 테이블(V_OLD1)를 생성하라.

```
mysql> create view v_old1 as
    -> select * from student
    -> where substring(birthday,1,4) < 2000
    -> with check option;
Query OK, 0 rows affected (0.01 sec)
```

새롭게 생성된 V_OLD1 뷰 테이블을 확인해 보자.

```
mysql> select stu_no, stu_name, birthday
    -> from v_old1;
```

stu_no	stu_name	birthday
20141001	박도상	19960116
20161001	박정인	19970403
20181001	장수인	19990209
20181002	정인정	19990315
20181003	이상진	19990819

[예제 18-17] V_OLD1 테이블에서 학번이 20181001인 학생의 생년월일을 "20001001"로 변경하라.

```
mysql> update v_old1
    -> set birthday = '20001001'
    -> where stu_no = '20181001';
ERROR 1369 (HY000): CHECK OPTION failed 'haksa.v_old1'
```

V_OLD1 뷰 테이블에서 20181001번의 BIRTHDAY를 "20001001"으로 변경해 보면 오류 메시지를 출력하면서 변경작업을 할 수 없게 된다.

뷰가 WITH CHECK OPTION 절을 가지고 있다면 UPDATE와 INSERT 명령문과 같은 모든 변경은 유효성이 검사된다.

- 만약 변경된 행이 변경을 수행한 후에 뷰의 내용(가상 내용)에 아직 속해 있다면 UPDATE 명령문은 정확하게 처리된다.
- 만약 새로운 행이 뷰의 내용(가상)에 포함된다면 INSERT 명령문은 정확하게 처리된다.

WITH CHECK OPTION 절은 18.6절에서 설명한 규칙에 따라 갱신할 수 있는 뷰와 관련되어서만 사용할 수 있다.

18.4 뷰 테이블의 정보

뷰에 관한 정보는 다양한 테이블에 기록된다. 새롭게 생성된 뷰 테이블 V_ADDRESS의 구조를 조회하고 질의해 보자.

mysql> desc v_address;

Field	Type	Null	Key	Default	Extra
hak	char(10)	NO		NULL	
irum	char(10)	NO		NULL	
hpost	varchar(5)	YES		NULL	
haddress	varchar(100)	YES		NULL	

4 rows in set (0.02 sec)

위의 DESC 명령문은 V_ADDRESS 뷰 테이블의 Field(COLUMN)명과 NULL값, 데이터형을 나타내준다.

뷰 테이블의 정보를 알아보기 위해 먼저 테이블과 칼럼의 정보를 모아 둔 데이터베이스로 변경해 주어야 한다. 데이터베이스를 information_schema로 변경해 보자.

mysql> use information_schema;
Database changed

뷰 테이블(views)의 칼럼(field)과 데이터 형(type) 정보를 알아보자.

mysql> desc views;

Field	Type	Null	Key	Default	Extra
TABLE_CATALOG	varchar(64)	YES		NULL	
TABLE_SCHEMA	varchar(64)	YES		NULL	

TABLE_NAME	varchar(64)	YES	NULL
VIEW_DEFINITION	longtext	YES	NULL
CHECK_OPTION	enum('NONE', 'LOCAL', 'CASCADED')	YES	NULL
IS_UPDATABLE	enum('NO', 'YES')	YES	NULL
DEFINER	varchar(93)	YES	NULL
SECURITY_TYPE	varchar(7)	YES	NULL
CHARACTER_SET_CLIENT	varchar(64)	NO	NULL
COLLATION_CONNECTION	varchar(64)	NO	NULL

10 rows in set (0.00 sec)

[예제 18-18] VIEWS 테이블에서 뷰 테이블(V_OLD1)의 정보를 출력하라.

```
mysql> select table_name, table_catalog
    -> from views
    -> where table_name = 'v_old1';
```

TABLE_NAME	TABLE_CATALOG
v_old1	def

1 row in set (0.00 sec)

뷰의 열은 뷰 처리서의 SELECT 절로부터 열 수식의 자료형을 상속받는다.

18.5 뷰 테이블 통계함수 사용

SELECT, INSERT, UPDATE, DELETE 명령문을 뷰에서 실행할 때 통계함수를 사용하는 경우의 예제를 알아본다. view테이블을 사용하기 위해 학사 데이터베이스(haksa)로 변경해 보자.

mysql> use haksa;
Database changed

18.5.1. WHERE 절에 통계함수 사용

뷰에 있는 열이 뷰 처리서의 SELECT 절에 있는 통계 함수를 기초로 할 때, 이 열은 다음의 예제처럼 뷰를 질의하는 SELECT 명령문에 SELECT, WHERE, GROUP BY 절에서 사용하는 경우를 살펴본다.

[예제 18-19] 등록 테이블로부터 학번과 학생별 등록금 납입총액의 합계로 구성하는 뷰 테이블 (TOTALS)을 생성하라.

```
mysql> create view totals
    -> (stu_no, fee_total) as
    -> select stu_no, sum(fee_pay)
    -> from fee
    -> group by stu_no;
Query OK, 0 rows affected (0.09 sec)
```

TOTALS 뷰 테이블을 내용을 SELECT 명령문을 이용하여 확인해 보자.

mysql> select * from totals;

stu_no	fee_total
20081001	3500000
20081002	3500000
20141001	9300000
20161001	2500000
20191004	4000000
20191005	6000000
20191006	6000000
20191007	6000000
20191008	6000000
20201002	3500000

18.5.2. SELECT 절에 통계함수 사용

만약 뷰의 열이 뷰 처리서에 있는 통계 함수를 기초로 하고 있다면 사용하는 SELECT 명령문의 SELECT 절에서 통계 함수를 사용할 수 있다.

TOTALS 뷰를 SELECT 절에서 통계함수 "MAX( )"를 사용할 경우 명령문이 허용된다.

[예제 18-20] 뷰 테이블 (TOTALS)로부터 학생별 등록금 납입총액의 최대값을 구하여라.

```
mysql> select max(fee_total)
    -> from totals;
```

max(fee_total)
9300000

1 row in set (0.01 sec)

18.5.3. GROUP BY절을 이용한 VIEW 테이블과 다른 테이블과 JOIN

18.5.3 GROUP BY절을 이용한 VIEW 테이블과 다른 테이블과 JOIN

뷰 테이블 생성시 GROUP BY 절을 가지고 있다면 뷰는 또 다른 뷰나 테이블과 조인할 수 있다. 앞에서처럼 다시 TOTALS 뷰를 사용해 보자. 이 뷰는 GROUP BY 절을 가지고 있고 다음은 다른 테이블인 학적 테이블과 조인을 수행한 경우이다.

[예제 18-21] 뷰 테이블 (TOTALS)과 학적테이블을 이용하여 학번, 이름, 납입 총액을 출력하라.

```
mysql> select s.stu_no, stu_name, fee_total
    -> from student s, totals t
    -> where s.stu_no = t.stu_no;
```

stu_no	stu_name	fee_total
20141001	박도상	9300000
20161001	박정인	2500000
20191004	이순신	4000000
20191005	김할리	6000000
20191006	최에스터	6000000
20191007	신안나	6000000
20191008	연개소문	6000000
20201002	강감찬	3500000

8 rows in set (0.00 sec)

18.5.4. WHERE 절에 다른 테이블을 부속질의어로 사용하는 경우

뷰 테이블을 질의할 때 다른 테이블을 부속질의어로 사용할 수 있다.

[예제 18-22] 수강 신청한 학생 중에 뷰 테이블 (TOTALS)에 존재하는 학생의 학번, 납입총액을 출력하라.

```
mysql> select * from totals
    -> where stu_no in
    -> (select stu_no from attend);
```

stu_no	fee_total
20141001	9300000
20161001	2500000

2 rows in set (0.01 sec)

18.5.5. ORDER BY절을 사용하는 경우

뷰 테이블 질의할 때 ORDER BY절을 사용할 수 있다.

[예제 18-23] 뷰 테이블 (TOTALS)에 존재하는 학생의 학번, 납입총액을 출력하라. 단, 출력 순서는 납입총액 내림차순으로 정렬한다.

```
mysql> select * from totals
    -> order by fee_total desc;
```

stu_no	fee_total
20141001	9300000
20191006	6000000
20191007	6000000
20191008	6000000
20191005	6000000
20191004	4000000
20081001	3500000
20081002	3500000
20201002	3500000
20161001	2500000

10 rows in set (0.00 sec)

18.5.6. 집합 연산자를 사용하는 경우

뷰 테이블 질의할 때 집합 연산자를 사용할 수 있다.

[예제 18-24] 뷰 테이블 (TOTALS)에 존재하는 학생의 학번과 동아리 테이블에 존재하는 학생의 학번을 학번 오름차순으로 정렬하여 출력하라.

```
mysql> select stu_no from totals
    -> union
```

→ select stu_no from circle
→ order by stu_no;

stu_no
20001015
20001021
20041007
20061011
20071001
20071010
20071022
20071300
20071307
20071405
20081001
20081002

12 rows in set (0.03 sec)

18.5.7. HAVING절을 사용하는 경우

뷰 테이블 생성할 때 HAVING 연산자를 사용할 수 있다.

[예제 18-25] 수강신청 테이블에서 학생별, 수강년도별, 학기별로 그룹을 만들고 이 그룹의 수강신청 학점이 5학점 이상인 학생의 학번, 연도, 학기, 수강학점 계를 뷰 테이블 "V_SUGA"를 생성하라.

```
mysql> create view v_suga(bunho, v_yy, v_hakgi, v_hakjum) as
    → select stu_no, att_year, att_term, sum(att_point)
    → from attend
    → group by stu_no, att_year, att_term
    → having sum(att_point) >= 5;
Query OK, 0 rows affected (0.00 sec)
```

뷰 테이블 V_SUGA를 확인해 보자.

mysql> select * from v_suga;

bunho	v_yy	v_hakgi	v_hakjum
20141001	2014	1	18
20141001	2014	2	18
20161001	2016	1	18

3 rows in set (0.00 sec)

18.6 뷰 테이블의 제약 사항

뷰 테이블의 가상 열은 갱신을 할 수 없다. 뷰 테이블을 변경할 때 UPDATE 명령문의 일반 칼럼은 변경이 가능하나 가상 열은 임의적으로 갱신할 수 없다.

[예제 18-26] 뷰테이블 "V_SUGA"에서 2016년도의 해당학기를 4학기로 변경하여라.

```
mysql> update v_suga
    → set v_hakgi = 4
    → where v_yy = '2016';
ERROR 1288 (HY000): The target table v_suga of the UPDATE is not updatable
```

위의 예제와 같이 VIEW테이블처럼 가상테이블은 그 값을 변경할 수 없다.

18.7 뷰 명령문의 처리

어떻게 SQL이 뷰를 접근하는 명령문을 처리하는가? 처리 단계(제 7 장 참조)는 기본 테이블에 적용된 것처럼 단계적으로 실행할 수 없다. SQL은 FROM 절에 도달하여 데이터베이스로부터 행을 가져오려고 시도하는데, 뷰는 저장된 행을 가지고 있지 않기 때문에 난해한 문제다. 그리고 명령문이 뷰를 참조할 때 어느 행이 데이터베이스로부터 검색되어야 하는가? SQL은 뷰를 취급하는 방법을 알고 있다. 따라서 처리 가능하도록 하기 위해서 SQL은 여분의 처리 단계를 수행하고, 이 단계에서 뷰 처리서가 명령문으로 포함된다.

[예제18-27] 적어도한번 이상 등록한 학생들을 학적테이블과 동일한 가상 테이블 "expensv"를 생성하라.

```
mysql> create view expensv as
    → select * from student
    → where stu_no in
```

→ (select stu_no
→ from fee);
Query OK, 0 rows affected (0.00 sec)
```

[예제18-28] 적어도 한 번은 등록하고 남자인 학생의 학번과 이름을 출력하라.

```
mysql> select stu_no, stu_name
    → from expensv
    → where gender in (1, 3, 5);
```

stu_no	stu_name
20141001	박도상
20191004	이순신
20191005	김할리
20191008	연개소문
20201002	강감찬

5 rows in set (0.00 sec)

첫 번째 처리 단계는 뷰 처리서를 SELECT 명령문으로 병합하여 포함시킨다. 이 단계는 다음과 같은 명령문을 생성한다.

```
mysql> select stu_no, stu_name
    → from student
    → where gender in (1, 3, 5)
    → and stu_no in
    → (select stu_no
    → from fee);
```

stu_no	stu_name
20141001	박도상
20191004	이순신
20191005	김할리
20191008	연개소문
20201002	강감찬

5 rows in set (0.00 sec)

이제 이 명령문은 단계별로 이동해 가면서 수행할 수 있게 된다. 간단히 말하면, 다른 단계 이전에 수행되는 부가적인 단계가 나타난다. 최종 결과는 다음과 같이 동일하다.
```

18.8 뷰의 응용 분야

뷰는 많은 응용 분야에서 사용되는데, 18.8에서는 이러한 사용 방법을 설명하고 있다.

다음과 같은 두 개의 명령문을 자주 입력한다고 하자.

① 학급 3반에서 등록한 학생의 학번과 반을 출력하라.

```
mysql> select stu_no, class
    -> from student
    -> where stu_no in
    -> (select stu_no
    -> from fee)
    -> and  class = 3;
```

stu_no	class
20191004	3
20191008	3
20201002	3

3 rows in set (0.00 sec)

② 학급별로 등록한 학생의 학급 통계를 출력하라.

```
mysql> select class, count(*)
    -> from student
    -> where stu_no in
    -> (select stu_no
    -> from fee)
    -> group by class;
```

class	count(*)
1	2
3	3
2	3

3 rows in set (0.00 sec)

앞의 명령문 ① ②번은 적어도 한 번 등록한 학생과 관계가 있으므로 다음과 같이 뷰로 정의해 보자.

[예제 18-29] 등록한 학생의 학번과 반으로 구성되는 뷰 테이블 "student_cnt"를 생성하라.

```
mysql> create view student_cnt as
    -> select stu_no, class
    -> from student
    -> where stu_no in
    -> (select stu_no
    -> from fee);
Query OK, 0 rows affected (0.00 sec)
```

위의 ① ② 번의 SELECT 명령문은 STUDENT_CNT 뷰를 사용하여 아주 간단하게 할 수 있다.

```
mysql> select *
    -> from student_cnt
    -> where class = 3;
```

stu_no	class
20191004	3
20191008	3
20201002	3

3 rows in set (0.00 sec)

그리고

```
mysql> select class, count(*)
    -> from student_cnt
    -> group by class;
```

class	count(*)
1	2
3	3
2	3

3 rows in set (0.00 sec)

STUDENT 테이블이 FEE 테이블과 종종 조인된다고 가정하자.

```
SELECT ...
FROM    STUDENT, FEE
WHERE   STUDENT.STU_NO = FEE.STU_NO
AND ...
```

이 경우에 SELECT 명령문은 조인이 다음과 같이 정의된다면 아주 간단하게 된다.

```
CREATE   VIEW HAK_DUN AS
SELECT…
FROM     STUDENT, FEE
WHERE    STUDENT.STU_NO = FEE.STU_NO
```

여기서 조인은 다음과 같이 간단히 구성된다.

```
SELECT…
FROM     HAK_DUN
WHERE…
```

데이터베이스의 구조는 특별한 상황을 기초로 하여 설계되고 구현된다. 이러한 상황은 시간이 지남에 따라 변경할 수 있는데, 이는 구조가 변경될 수 있다는 것을 의미한다.

예를 들면, 새로운 열이 테이블에 추가될 수도 있고, 두 개의 테이블이 하나의 테이블로 합쳐질 수도 있다. 대부분 경우에 데이터베이스 구조의 재구성은 이미 개발되고 작동되는 명령문의 변경을 요구한다. 이러한 변경은 시간이 필요할 뿐만 아니라 비용이 많이 든다. 뷰의 적절한 사용은 시간과 비용을 최소화할 수 있도록 한다. 이를 어떻게 하는지 보자.

[예제 18-30] 재학생 중 수강신청 연도, 학기와 등록년도, 학기가 동일한 학생의 학번과 이름, 수강년도, 수강학기를 출력하라.

```
mysql> select distinct s.stu_no, stu_name, att_year, att_term
    → from student s, fee f, attend a
    → where s.stu_no = f.stu_no
    → and f.stu_no = a.stu_no
    → and f.fee_year = a.att_year
    → and f.fee_term = a.att_term;
```

stu_no	stu_name	att_year	att_term
20141001	박도상	2014	1
20141001	박도상	2014	2
20161001	박정인	2016	1

3 rows in set (0.00 sec)

[예제 18-31] 재학생 중 2016년에 수강 신청을 했으며 2016년에 등록한 학생의 평균 등록금보다 더 많은 등록금을 납부해야하고, 성별이 남자인 학생의 학번과 이름을 출력하라.

> 위의 예제는 아주 긴 SELECT 명령문을 작성해야 하므로 단계적으로 질의어를 구성한다. 먼저 2016년에 등록한 학생의 평균 등록금 보다 많고, 적어도 한 번 등록을 한 학생에 대한 뷰를 생성해야 한다.

```
mysql> create view greater as
    -> select distinct stu_no
    -> from fee
    -> where fee_total >
    -> (select avg(fee_total)
    -> from fee
    -> where fee_year = '2016');
Query OK, 0 rows affected (0.03 sec)
```

그리고 나서, 2006년에 수강신청을 한 모든 학생에 대한 뷰를 생성한다.

```
mysql> create view first as
    -> select distinct stu_no
    -> from attend
    -> where stu_no in
    -> (select stu_no
    -> from attend
    -> where att_year = '2016');
Query OK, 0 rows affected (0.00 sec)
```

이와 같은 두 개의 뷰를 사용하면 원래의 질문에 대한 응답은 상당히 단순화 된다.

```
select stu_no, stu_name
    -> from student
    -> where gender in (1, 3, 5)
    -> and stu_no in
    -> (select stu_no
    -> from greater)
    -> and stu_no in
    -> (select stu_no
    -> from first);
Empty set (0.00 sec)
```

다시 말하면 문제를 작은 크기의 문제로 나누고 단계적으로 실행한다는 것이다. 이 방법에서, 원한다면 하나의 긴 명령문으로 구성할 수도 있다.

연습문제

18-1. 재학생의 학번과 등록을 한 학생의 등록 횟수를 나타내는 V_DUNGCNT라는 뷰 테이블을 생성하라.

18-2. 적어도 한 번 입학장학금을 받고 한번 이상 등록한 각 학생의 학번과 이름을 가지는 V_JANG이라는 뷰 테이블을 생성하라.

18-3. 적어도 한 번 1,000,000원 이상 장학금을 받은 각 학생의 학번과 등록년도, 학기, 장학금의 총액을 기록할 V_TOTALS라는 뷰 테이블을 생성하라.

18-4. 제 18 장은 뷰에 대한 많은 예제를 보여주었다. 다음의 각각의 뷰에 대하여 UPDATE, INSERT, DELETE 명령문이 허용되는지 설명하라.

    (1) AGES

    (2) TOTALS

    (3) V_CLASS

    (4) V_FEETOTAL

    (5) V_FEEYEAR

    (6) V_OLD

    (7) V_ADDRESS

    (8) V_SUGA

    (9) V_JANG

    (10) V_TOTALS

Part 19

트랜잭션(Transaction)과 락(LOCK)

Part 19 트랜잭션(Transaction)과 락(LOCK)

19.1 트랜잭션이란?

은행 거래를 예로 들어 설명하는 트랜잭션(Transaction)은 작업 처리 전체를 하나의 단위로 묶어서 처리할 수 있게 해주는 것을 말한다. 은행 거래 도중 시스템적인 문제가 발생할 때 그 거래 자체를 없던 것으로 되돌릴 때 사용 된다. SQL에서 트랜잭션의 사용은 쿼리 시작 전 상단부에 트랜잭션 사용을 선언하고 쿼리를 수행한다. 모든 쿼리가 정상적으로 종료되면 커밋(COMMIT)으로 데이터베이스에 데이터를 완결 짓지만, 실패할 경우 롤백(ROLLBACK)하여 트랜잭션 사용 선언부 이하 쿼리를 모두 취소하게 된다. 트랜잭션을 사용하려면 InnoDB와 BDB로 테이블 타입을 정의해야한다. HEAP, ISAM, MERGE 그리고 MyISAM은 트랜잭션을 지원하지 않는다. 트랜잭션을 지원하는 테이블을 사용할 것인가, 그렇지 않을 것인가는 상황에 맞게 선택하면 된다.

트랜잭션을 사용할 때 장점
- 서버가 깨지거나 하드웨어적인 문제가 발생하더라도 자동 복구 기능이나 백업된 트랜잭션 로그를 이용하여 데이터를 살릴 수 있다.
- COMMIT 명령을 이용하여 여러 개의 SQL문을 하나로 합쳐서 실행시킬 수 있다.

트랜잭션을 사용하지 않았을 때의 단점
- 속도가 빠르다.
- 디스크 용량과 메모리를 적게 차지한다.
- 옵션을 주어 트랜잭션 기능을 이용할 수 있다.

1) 트랜잭션의 성격 4가지 ACID 성질

원자성(atomicity)	트랜잭션은 전체의 실행만이 있지 일부 실행으로 트랜잭션의 기능을 가질 수는 없다.
일관성(consistency)	트랜잭션이 그 실행을 성공적으로 완료하면 언제나 일관된 데이터베이스 상태로 된다. 즉, 이 트랜잭션의 실행으로 일관성이 깨지지 않는다.
격리성(isolation)	연산의 중간결과에 다른 트랜잭션이나 작업이 접근할 수 없다.
영속성(durability)	트랜잭션이 일단 그 실행을 성공적으로 끝내면 그 결과는 어떠한 경우에라도 보장받는다.

19.2 MySQL에서의 트랜잭션

우리는 이미 4장에서 테이블을 정의할 때 트랜잭션을 사용할 수 있도록 InnoDB 타입으로 정의 하였다. 우선 현재 MySQL이 InnoDB 테이블이 지원되는지 확인해 보자.

mysql> show variables like 'have_%';

Variable_name	Value
have_archive	YES
have_bdb	NO
have_blackhole_engine	NO
have_compress	YES
have_crypt	NO
have_csv	NO
have_example_engine	NO
have_federated_engine	NO
have_geometry	YES
have_innodb	YES
have_isam	NO
have_ndbcluster	NO
have_openssl	DISABLED
have_query_cache	YES
have_raid	NO
have_rtree_keys	YES
have_symlink	YES

현재 have_innodb 의 값이 YES이므로 사용할 수 있으며, 값이 NO로 되어있다면 InnoDB 테이블 타입이 활성화 되지 않는 상태이다. 하지만 MySQL 4.0부터는 기본적으로 InnoDB를 지원하기 때문에 값이 항상 YES로 되어 있을 것이다.

그리고 트랜잭션을 사용하기 위해 자동으로 COMMIT되는 것을 막아 주어야하는데, 트랜잭션 작업이 실패했을 경우 자동으로 COMMIT이 된다면 데이터베이스에 실패한 정보가 저장될 것이다. 그래서 하나의 작업이 모두 끝났을 때 COMMIT를 해주어야 하기 때문에 AUTOCOMMIT 모드를 실행하지 않기 위해 SET 명령으로 AUTOCOMMIT를 설정한다.

```
mysql> SET AUTOCOMMIT = 0;
Query OK, 0 rows affected (0.08 sec)
```

AUTOCOMMIT가 0이되면 자동 커밋이 되지 않는다. 다시 AUTOCOMMIT를 사용하려면 값을 1로 주면 자동커밋 상태가 적용된다.

트랜잭션을 사용하기 위해서 BEGIN WORK 명령을 실행하면 이전에 실행되던 모든 SQL문을 COMMIT하게 된다. 따라서 그전 SQL 문장에 의심이 있다면 반드시 ROLLBACK을 실행한다.

19.2.1. 트랜잭션의 사용

BEGIN WORK 명령어를 실행하여 하나의 트랜잭션을 시작한다.

```
mysql> BEGIN WORK;
Query OK, 0 rows affected (0.31 sec)
```

이번 예제는 트랜잭션을 중간에 실패한 내용을 실습할 것이다.

[예제 19-1] 학번 20181004의 학생이름(STU_NAME)과 반(CLASS)을 출력하라

```
mysql> SELECT STU_NAME, CLASS
    → FROM STUDENT
    → WHERE STU_NO = '20181004';
```

STU_NAME	CLASS
김유미	2

1 row in set (0.03 sec)

위의 결과를 보고 김유미 학생의 반을 1반으로 변경하여라.

```
mysql> UPDATE STUDENT
    → SET CLASS = 1
    → WHERE STU_NAME = '김유미';
Query OK, 1 row affected (0.02 sec)
Rows matched: 1  Changed: 1  Warnings: 0
```

변경한 결과를 확인하자.

```
mysql> SELECT STU_NAME, CLASS
    → FROM STUDENT
    → WHERE STU_NO = '20181004';
```

STU_NAME	CLASS
김유미	1

1 row in set (0.00 sec)

지금은 변경된 데이터가 아직 데이터베이스에 반영되지 않은 상태이다. 단지 사용자가 데이터를 변경중이다. 만약 AUTOCOMMIT의 값이 0이 아니라면 자동으로 COMMIT가 되었을 것이다. 이제 트랜잭션을 종료하기 위해 ROLLBACK을 실행하면 변경된 작업이 취소된다.

```
mysql> ROLLBACK;
Query OK, 0 rows affected (0.05 sec)
```

김유미 학생의 반(CLASS)를 확인해보자.

```
mysql> SELECT STU_NAME, CLASS
    -> FROM STUDENT
    -> WHERE STU_NO = '20181004';
```

STU_NAME	CLASS
김유미	2

1 row in set (0.00 sec)

반(CLASS)이 변경되지 않은 것을 볼 수 있다.

그럼 이번에는 COMMIT과 함께 트랜잭션을 완료하는 과정을 보도록 하자. 먼저 BEGIN WORK를 실행하여 트랜잭션의 시작을 알린다.

```
mysql> BEGIN WORK;
Query OK, 0 rows affected (0.00 sec)
```

김유미 학생의 반을 3반으로 변경한다.

```
mysql> UPDATE STUDENT
    -> SET CLASS = 3
    -> WHERE STU_NAME = '김유미';
Query OK, 1 row affected (0.02 sec)
Rows matched: 1  Changed: 1  Warnings: 0
```

트랜잭션이 성공하여 COMMIT를 이용해 데이터베이스에 정보의 변경 내용을 저장한다.

```
mysql> COMMIT;
Query OK, 0 rows affected (0.00 sec)
```

이제 변경된 내용을 확인해보자.

```
mysql> SELECT STU_NAME, CLASS
    -> FROM STUDENT
    -> WHERE STU_NO = '20181004';
```

STU_NAME	CLASS
김유미	3

1 row in set (0.00 sec)

트랜잭션이 중간에 실패되지 않고 성공했기 때문에 변경된 내용이 데이터베이스에 저장되었다.

19.3 락(LOCK)

데이터베이스를 백업하거나 테이블의 스키마 구조를 변경하거나 기타 중요한 작업을 진행할 때 다른 사람이 해당 테이블에 작업을 하지 못하도록 막기 위해 locking을 한다. 트랜잭션이 지원되지 않는 테이블 타입인 MyISAM에는 트랜잭션과 비슷한 LOCK를 사용한다. 즉, 굳이 InnoDB 타입으로 트랜잭션을 사용하는 것보다 MyISAM 테이블 타입을 사용하되 LOCK TABLES로 트랜잭션 기능을 구현하는 것이 더 효율적일 수 있다.

mysql의 모든 락은 deadlock-free 이다. 언제나 질의를 시작할 때 한번에 모든 필요한 락을 요청하고 언제나 같은 순서대로 테이블에 락을 걸어 관리한다.

형식
LOCK TABLES 〈테이블명〉 [READ | WRITE]

LOCK의 종류에는 READ · WRITE LOCK가 있다. READ LOCK을 사용하면 다른 사용자가 해당 테이블을 읽기만 가능하고 쓰기를 할 때에는 LOCK이 걸린다. 실질적으로 SELECT문은 실행할 수 있지만 INSERT, UPDATE, DELETE를 실행할 수 없다. WRITE LOCK을 사용하면 다른 사용자가 해당테이블에 대해 읽기와 쓰기를 할 때 모두 LOCK이 걸린다. 즉 READ LOCK를 포함한

SELECT문을 실행할 때 LOCK이 걸린다. LOCK TABLES라는 명령어에 반해 UNLOCK TABLES은 LOCK를 해제할 때 사용한다.

학적(STUDENT)테이블과 교수(PROFESSOR)테이블 2개의 테이블을 가지고 실습해보자.

```
mysql> lock tables student read,
    -> professor write;
Query OK, 0 rows affected (0.00 sec)
```

또 다른 사용자가 LOCK이 걸린 테이블의 내용을 보려면 다음과 같은 select문을 사용한다.

```
mysql> select stu_name
    -> from student
    -> where class = 2;
```

stu_name
정인정
김할리
최에스터
신안나

4 rows in set (0.00 sec)

다른 사용자가 학적테이블에 READ LOCK을 걸었기 때문에 테이블의 정보를 SELECT 할 수는 있어도 INSERT, UPDATE, DELETE를 할 수 없고, 교수테이블은 SELECT도 허용하지 않는다. 또한 데이터베이스를 지우려고 할 때 LOCK 또는 트랜잭션이 걸려있으면 삭제되지 않는다.

LOCK를 해제하는 방법은

```
mysql> unlock tables;
Query OK, 0 rows affected (0.00 sec)
```

UNLOCK TABLES를 실행하면 LOCK이 걸려있던 테이블의 LOCK가 해제된다.

Part 20

SQL 명령문의 최적화

Part 20 SQL 명령문의 최적화

제 17 장에서 인덱스를 사용하여 특별한 명령문의 실행 시간을 향상시킬 수 있다는 것을 보여주었다. 최적화기가 모든 명령문에 대하여 최적 처리 기법을 전개하는지에 대한 의문은 남아 있다. 불행하게도 그 대답은 "아니오"이다. 어떤 명령문은 최적화기가 가장 빠른 처리 기법을 전개할 수 없는 형식으로 작성된다. 이러한 상황은 WHERE 절이 아주 복잡하거나 최적화기가 잘못된 상태로 들어갈 때 주로 발생한다. 게다가 인덱스를 사용할 수 있을지라도 최적화기는 이러한 명령문에 대하여 순차적인 처리 기법을 선택한다.

많은 SQL 명령문의 일반적인 형식은 쉽게 최적화 되지 않고 긴 처리 시간을 가지게 된다는 것을 보여주었다. 이러한 명령문을 재구성함으로써 최적화기가 최적 처리 기법을 전개하도록 기회를 줄 수 있다. 따라서 제 20 장에서는 더 빠르게 실행할 수 있도록 명령문을 구성하는 방법을 소개하고자 한다. 모든 최적화기는 동일하지 않다. 최적화기의 특성은 다양한 제품에 따라 커다란 차이점이 있다. 어떤 최적화기는 다른 최적화기에 비하여 많은 명령문에 대하여 좋은 처리 기법을 만들어 낸다. 따라서 여기서 소개하는 방법이 모든 SQL 명령문과 모든 상황에 적용되는 것은 아니다.

20.1 OR 연산자의 사용을 피하라.

대부분의 경우에 WHERE 절의 조건에 OR 연산자를 가지고 있다면 SQL은 인덱스를 사용하지 않는다. 이러한 명령문은 두 가지 방법으로 다시 작성할 수 있는데, 어떤 환경에서는 IN 연산자를 가지고 있는 조건으로 대치하거나 UNION으로 연결된 두개의 SELECT 명령문을 사용하여 전체 명령문을 대치할 수 있다.

[예제20-1] 20181001, 20191006, 20201002번의 이름, 생년월일, 학번을 출력하라.

```
mysql> select stu_name, birthday, stu_no
    → from student
    → where stu_no = '20181001'
```

→ or stu_no = '20191006'
→ or stu_no = '20201002';

stu_name	birthday	stu_no
장수인	20001001	20181001
최에스터	20021003	20191006
강감찬	20010312	20201002

3 rows in set (0.00 sec)

SQL은 STU_NO 이라는 열이 인덱스로 정의되어 있다고 가정할 지라도 STU_NO 열에 대한 인덱스를 사용하지 않을 것이다. 그러나 SELECT 명령문에 있는 조건을 IN 연산자로 대치하여 사용한 경우에 SQL은 인덱스를 사용할 것이다.

```
mysql> select stu_name, birthday, stu_no
    → from student
    → where stu_no in (20181001, 20191006, 20201002);
```

UPDATE나 DELETE 명령문에 대해서도 동일하게 적용된다.

[예제 20-2] 1999년에 출생하거나 2반인 학생의 학번과 이름, 반, 출생년도를 학번 오름차순으로 출력하라.

```
mysql> select stu_no, stu_name, class, birthday
    → from student
    → where substring(birthday, 1, 4) = '1999'
    → or class = 2
    → order by stu_no;
```

stu_no	stu_name	class	birthday
20181002	정인정	2	19990315
20181003	이상진	1	19990819
20191005	김할리	2	20010418
20191006	최에스터	2	20021003
20191007	신안나	2	20011214

5 rows in set (0.00 sec)

이러한 상황에서 SQL은 CLASS과 BIRTHDAY 열에 대한 인덱스의 존재에 관계없이 순차적 처리 기법으로 전개될 것이다. 그러나 이 예제에서는 앞의 예제처럼 OR 연산자를 IN연산자로 대체할 수는 없지만, UNION으로 결합된 두개의 SELECT 명령문으로 대체할 수 있다.

```
mysql> select stu_no, stu_name, class, birthday
    -> from student
    -> where substring(birthday, 1, 4) = '1999'
    -> union
    -> select stu_no, stu_name, class, birthday
    -> from student
    -> where class = 2
    -> order by stu_no;
```

stu_no	stu_name	class	birthday
20181002	정인정	2	19990315
20181003	이상진	1	19990819
20191005	김할리	2	20010418
20191006	최에스터	2	20021003
20191007	신안나	2	20011214

5 rows in set (0.00 sec)

OR 연산자가 UNION으로 대체될 때는 주의해야 하는데, SQL은 자동적으로 중복된 모든 행을 삭제한다. 그러나 원래의 SELECT 명령문은 SELECT 절이 STUDENT 테이블의 기본 키를 포함하고 있기 때문에 중복된 행을 반환하지 않는다. 만약 원래의 SELECT 명령문이 다음의 명령문과 같다면(SELECT 절의 기본 키에 대한 열이 없음) UNION을 사용하여 다른 형식으로 변환했을 때 이 형식은 정확히 동일한 결과가 되지 않을 것이다. 그 이유는 다음의 명령문은 중복된 행을 생성하지만, 반면에 UNION 연산자를 가지고 있는 최적화 버전은 결과에서 중복된 행을 삭제한다. 두 가지 형식은 서로 다른 결과를 나타낸다. 만약 다음의 명령문에서 SELECT 절에 DISTINCT를 가지고 있다면 중복된 행은 제거된다.

```
mysql> select distinct stu_no, fee_year
    -> from fee
    -> where fee_year = '2019';
```

stu_no	fee_year
20141001	2019
20161001	2019
20191004	2019

20191005	2019
20191006	2019
20191007	2019
20191008	2019

7 rows in set (0.00 sec)

OR 연산자를 가지고 있는 UPDATE와 DELETE 명령문은 UNION 연산자로 대체할 수 없다. 이러한 경우에 두 개의 서로 다른 명령문이 필요하다.

[예제 20-3] 장학금이 200,000원이하이거나 2019년08월10일에 등록한 학생의 장학금을100,000원으로 갱신하라.(OR연산자 사용)

```
mysql> update fee
    -> set jang_total = 100000
    -> where jang_total <= 200000
    -> or fee_date = '2019-08-10';
Query OK, 5 rows affected (0.01 sec)
Rows matched: 5  Changed: 5  Warnings: 0
```

위의 예제의 결과를 확인하기 위해서 다음과 같은 SELECT명령문을 사용한다.

```
mysql> select stu_no, fee_year, fee_term, jang_total, fee_date
    -> from fee;
```

stu_no	fee_year	fee_term	jang_total	fee_date
20081001	2008	1	NULL	2008-02-18
20081002	2008	1	NULL	2008-02-18
20141001	2014	1	500000	2014-02-18
20141001	2014	2	2500000	2014-08-20
20141001	2015	1	2000000	2015-02-18
20141001	2015	2	800000	2015-08-10
20141001	2018	1	1000000	2018-02-01
20141001	2018	2	2500000	2018-08-10
20141001	2019	1	2500000	2019-02-15
20141001	2019	2	2500000	2019-08-16
20161001	2016	1	2500000	2016-02-14
20161001	2016	2	2500000	2016-08-18
20161001	2019	1	2000000	2019-02-10

20161001	2019	2	2500000	2019-08-19
20191004	2019	1	500000	2019-02-18
20191004	2019	2	100000	2019-08-10
20191005	2019	1	500000	2019-02-18
20191005	2019	2	100000	2019-08-10
20191006	2019	1	500000	2019-02-18
20191006	2019	2	100000	2019-08-10
20191007	2019	1	500000	2019-02-18
20191007	2019	2	100000	2019-08-10
20191008	2019	1	500000	2019-02-18
20191008	2019	2	100000	2019-08-10
20201002	2020	1	500000	2020-02-18
20201002	2020	2	2500000	2020-08-10

26 rows in set (0.00 sec)

다른 형식은 다음과 같다.

[예제 20-4] 장학금이 200,000원이하인 학생이거나 2019년08월10일에 등록한 학생의 입학 장학금을 200,000원으로갱신하라. (UNION 연산자 사용)

```
mysql> update fee
    -> set enter_fee = 200000
    -> where jang_total >= 200000
    -> union
    -> update fee
    -> set enter_fee = 200000
    -> where fee_date = '2019-08-10';
ERROR 1064 (42000): You have an error in your SQL syntax; check the manual that corresponds to your MySQL server version for the right syntax to use near 'union
update fee
set enter_fee = 200000
where fee_date = '2019-08-10' at line 4
```

위의 예제처럼 UPDATE 명령문을 사용할 때 UNION연산자를 사용한 경우 오류가 발생된다. 그러므로 OR연산자를 예제 20-3처럼 OR연산자를 사용하든지 각각 따로 UPDATE명령문을 사용해야 된다.

```
UPDATE FEE
SET ENTER_FEE = 200,000
WHERE jang_TOTAL >= 200,000;

UPDATE FEE
SET  ENTER_FEE = 200,000
WHERE REG_DATE = '2019-08-10';
```

20.2 불필요한 UNION 연산자의 사용을 피하라.

20.1절에서 SELECT 명령문 사용시 UNION 연산자를 사용할 것을 추천하였다. 그러나 UNION의 관련성과 관계없이 사용해야 함을 의미하는 것은 아니다. UNION 연산자는 주의해서 사용되어야 한다.

[예제20-5] 각 학생에 대하여 학번, 등록금과 장학금의 차를 출력하라.

```
mysql> select stu_no, fee_price - jang_total
    -> from fee
    -> where fee_total >= jang_total
    -> union
    -> select stu_no, fee_price - jang_total
    -> from fee
    -> where fee_total < jang_total;
```

stu_no	fee_price - jang_total
20141001	2500000
20141001	500000
20141001	1000000
20141001	2200000
20141001	1500000
20141001	0
20141001	300000
20161001	500000
20161001	1000000
20191004	2500000
20191004	2900000

20191005	2500000
20191005	2900000
20191006	2500000
20191006	2900000
20191007	2500000
20191007	2900000
20191008	2500000
20191008	2900000
20201002	2500000
20201002	500000

21 rows in set (0.00 sec)

문제점은 이 명령문을 처리하는 동안 SQL은 전체 FEE 테이블을 두 번 검색해야 한다는 것이다. 제 14 장에서 집합 연산자인 UNION에서 사용되는 ALL 옵션을 설명하였다. 이러한 연산자에 ALL 옵션을 추가함으로써 중복된 행을 삭제하지 않도록 하는 효과를 얻을 수 있다.

[예제20-6] 등록년도가 '2018', '2020'에 등록한 학생의 학번과 등록년도를 모두 출력하라. (union all 사용)

```
mysql> select stu_no, fee_year
    → from fee
    → where fee_year = '2018'
    → union all
    → select stu_no, fee_year
    → from fee
    → where fee_year = '2020';
```

stu_no	fee_year
20141001	2018
20141001	2018
20201002	2020
20201002	2020

4 rows in set (0.00 sec)

20.3 NOT 연산자를 피하라.

만약 WHERE 절에 있는 조건에 NOT 연산자를 가지고 있다면 일반적으로 SQL은 인덱스를 사용하지 않을 것이다. 따라서 가능하다면 NOT 연산자를 관계 연산자로 대체하는 것이 좋다.

[예제 20-7] 1998년 이전에 태어난 학생의 학번과 이름, 출생년도를 출력하라.

```
mysql> select stu_no, stu_name, birthday
    -> from student
    -> where not  substring(birthday, 1, 4) > 1998;
```

stu_no	stu_name	birthday
20141001	박도상	19960116
20161001	박정인	19970403

2 rows in set (0.00 sec)

WHERE 절은 다음과 같이 대체할 수 있다.

WHERE SUBSTRING(BIRTHDAY, 1, 4) <= 1998

만약에 열에 대하여 허용된 값의 집합을 알고 있다면 다른 해결책이 다음의 예제처럼 가능하다.

[예제 20-8] 남자가 아닌 학생의 학번과 이름, 성별을 출력하라.

```
mysql> select stu_no, stu_name, gender
    -> from student
    -> where not (gender in (1, 3, 5));
```

stu_no	stu_name	gender
20161001	박정인	2
20181002	정인정	2
20181004	김유미	2
20191003	고혜진	4
20191006	최에스터	6
20191007	신안나	6
20191009	유하나	4

7 rows in set (0.00 sec)

성별은 오직 1, 3, 5('남')과 2, 4, 6('여')만의 값을 가질 수 있다는 것을 알고 있다. 따라서 명령문을 다음과 같이 작성할 수 있다.

```
mysql> select stu_no, stu_name, gender
    -> from student
    -> where gender in (2, 4, 6);
```

stu_no	stu_name	gender
20161001	박정인	2
20181002	정인정	2
20181004	김유미	2
20191003	고혜진	4
20191006	최에스터	6
20191007	신안나	6
20191009	유하나	4

7 rows in set (0.00 sec)

20.4 조건에 열을 분리하라.

수치계산이나 스칼라 함수에서 사용된 열에 인덱스가 정의되었을 때 그 인덱스는 사용되지 않는다.

[예제 20-9] 2000년 보다 3년 전에 태어난 학생의 학번, 이름, 출생년도를 출력하라.

```
mysql> select stu_no, stu_name, birthday
    -> from student
    -> where substring(birthday, 1, 4) + 3 = 2000;
```

stu_no	stu_name	birthday
20161001	박정인	19970403

1 row in set (0.01 sec)

'=' 관계 연산자의 왼쪽에서는 열의 이름과 리터럴을 가지고 있는 수식을 볼 수 있을 것이며, 또 '=' 연산자 오른쪽에는 다른 리터럴이 있다. BIRTHDAY 열에 대한 인덱스는 사용되지 않을 것이다. BIRTHDAY 열에 대한 인덱스사용은 다음과 같은 형식에서만 기대할 수 있다.

```
mysql> SELECT STU_NO, STU_NAME, BIRTHDAY
    -> FROM STUDENT
    -> WHERE SUBSTRING(BIRTHDAY, 1, 4) = 1987;
```

여기서 관계 연산자 왼쪽에 있는 수식은 오직 하나의 열의 이름만 가지고 있다. 다시 말하면 열이 분리되어 있다.

20.5 BETWEEN 연산자를 사용하라.

특별한 범위에 포함된 값을 찾기 위해서 WHERE 절의 조건식에 AND 연산자를 사용하여 탐색을 한다면 일반적으로 SQL은 인덱스를 사용하지 않을 것이다. 이러한 조건을 BETWEEN 연산자를 가지는 조건으로 대체할 수 있다.

[예제 20-10] 1996년부터 1999년까지 태어난 학생의 학번, 이름, 출생년도를 출력하라.

```
mysql> select stu_no, stu_name, substring(birthday, 1, 4) '출생년도'
    -> from student
    -> where substring(birthday, 1, 4) >= 1996
    -> and substring(birthday, 1, 4) <= 1999;
```

stu_no	stu_name	출생년도
20141001	박도상	1996
20161001	박정인	1997
20181002	정인정	1999
20181003	이상진	1999

4 rows in set (0.00 sec)

BIRTH_YEAR 열에 대한 인덱스는 사용되지 않을 것이다. 만약 조건을 다음과 같이 변경하면 인덱스가 사용될 것이다.

```
mysql> SELECT STU_NO, STU_NAME, SUBSTRING(BIRTHDAY, 1, 4) '출생년도'
    -> FROM STUDENT
    -> WHERE SUBSTRING(BIRTHDAY, 1, 4) BETWEEN 1996 AND 1999;
```

20.6 LIKE 연산자의 특별한 형식을 피하라.

WHERE 절의 조건에서 LIKE 연산자와 함께 사용된 열에 대한 인덱스가 정의되었을 때 인덱스는 고려되지 않을 것이다. 만약 LIKE 연산자에 있는 마스크가 퍼센트 기호 또는 밑줄 기호와 함께 사용된다면 인덱스는 사용할 수 없다.

[예제 20-11] 영문이름의 끝이 문자 'g'인 학생의 학번, 영문이름을 출력하라.

```
mysql> select stu_no, stu_ename
    -> from student
    -> where stu_ename like '%g';
```

stu_no	stu_ename
20141001	Park Do-Sang
20181002	Jung In-Jung
20191002	Hong Gil-Dong

3 rows in set (0.00 sec)

인덱스는 사용되지 않을 것이며, 불행히도 이 예제를 대체할 만한 해결책이 없다.

20.7 조인에 여분의 조건을 추가하라.

때로는 WHERE 절에 최종 결과를 변경시키지 않는 여분의 조건을 추가함으로써 조인을 빠르게 할 수 있다.

[예제 20-12] 학번 20201002번에 부과된 모든 등록금에 대한 학번, 이름, 등록년도, 등록학기, 등록일자를 출력하라.

```
mysql> select f.stu_no, stu_name, fee_year, fee_term, fee_date
    -> from fee f, student s
    -> where f.stu_no = s.stu_no
    -> and f.stu_no = '20201002';
```

stu_no	stu_name	fee_year	fee_term	fee_date
20201002	강감찬	2020	1	2020-02-18
20201002	강감찬	2020	1	2020-08-10

2 rows in set (0.00 sec)

어떤 상황에서는 조건을 아래에서 보여주는 것처럼 여분의 조건을 가지도록 확장함으로써 SQL은 더욱 효율적인 처리 기법을 전개할 수 있다. 당연히 명령문의 결과는 변경되지 않는다.

```
mysql> SELECT S.STU_NO, STU_NAME, FEE_YEAR, FEE_TERM, FEE_DATE
    -> FROM FEE F, STUDENT S
    -> WHERE F.STU_NO = S.STU_NO
    -> AND F.STU_NO = '20201002'
    -> AND S.STU_NO = '20201002';
```

20.8 HAVING 절을 피하라.

SELECT 명령문에서는 두 절에서 조건을 지정할 수 있는데, 이 두 개의 절은 WHERE 절과 HAVING 절이다. 이 때 WHERE 절에는 가능하다면 많은 조건을 지정하려고 할 것이며 HAVING 절에는 가능하다면 적은 조건을 지정하려고 할 것이다. 이러한 이유는 HAVING 절에서 지정된 조건에 대해서는 인덱스를 사용할 수 없기 때문이다.

[예제 20-13] 학번이 20191008 번 보다 큰 각 학생에 대하여 학번과 등록금을 납입한 횟수를 출력하라

```
mysql> select stu_no, count(*)
  from fee
    -> group by stu_no
    -> having stu_no > '20191008';
```

stu_no	count(*)
20201002	2

1 row in set (0.01 sec)

HAVING 절에서 나타낸 조건은 WHERE 절에서도 지정할 수 있다. 이는 HAVING 절이 불필요하다는 것을 의미한다.

```
mysql> SELECT STU_NO, COUNT(*)
    -> FROM FEE
    -> WHERE STU_NO > '20191008'
    -> GROUP BY STU_NO;
```

20.9 가능한 작은 SELECT 절을 만들어야 한다.

부속질의어 사용시 주 질의어의 SELECT 절은 출력될 데이터를 구성하기 위해서 사용된다. 따라서 불필요한 열을 사용한 것을 피해야 하는데, 이는 처리 속도를 저하시키는 원인이 되기 때문이다.

만약 부속 질의어가 EXISTS 연산자를 사용하여 주 질의어에 결합되어 있다면 부속 질의어의 SELECT 절에서 여러 개의 수식을 지정할 수 있다. 그러나 SELECT 절의 결과는 지정된 수식에 영향을 받지 않는다. 따라서 SELECT 절에는 하나의 리터럴로 구성된 단일 수식만으로 구성하는 것이 좋다.

[예제 20-14] 적어도 한 번 등록을 한 학생의 학번과 이름을 출력하라.

```
mysql> select stu_no, stu_name
    -> ffrom student s
    -> fwhere exists
    -> f(select '1'
    -> ffrom fee f
    -> fwhere f.stu_no = s.stu_no);
```

stu_no	stu_name
20141001	박도상
20161001	박정인
20191004	이순신
20191005	김할리
20191006	최에스터
20191007	신안나
20191008	연개소문
20201002	강감찬

8 rows in set (0.00 sec)

위의 예제에서 EXISTS 연산자를 사용할 때는 부속질의어의 SELECT 명령문에서 '1'은 아무런 의미가 없이 존재유무만을 나타내므로 되도록 간단하게 표현한 것이다.

20.10 DISTINCT 사용을 피하라.

SELECT 절에서 DISTINCT를 지정하는 것은 결과에서 중복된 행을 제거하기 위해서이다. 이는 처리 시간에는 비효율적이다. 따라서 DISTINCT가 요구되지 않거나 불필요할 때는 DISTINCT 사용을 피해야 한다. 10.3절에서 DISTINCT의 남용에 대하여 설명하였다. DISTINCT는 부속 질의어에서 필요하지 않다.

[예제 20-15] 2020년에 등록금을 납부한 학생의 학번, 이름, 등록년도, 등록학기, 등록일자를 출력하라.

```
mmysql> select distinct f.stu_no, stu_name, fee_year,
    → fee_term, fee_date
    → from fee f, student s
    → where f.stu_no = s.stu_no
    → and fee_year = 2020;
```

stu_no	stu_name	fee_year	fee_term	fee_date
20201002	강감찬	2020	1	2020-02-18
20201002	강감찬	2020	1	2020-08-10

2 rows in set (0.00 sec)

SELECT 절은 STUDENT 테이블의 기본 키에 대한 조건과 마찬가지로 FEE 테이블의 기본 키를 가지고 있기 때문에 여기서 DISTINCT는 불필요하다.

20.11 자료형의 변환을 피해야 한다.

SQL은 자동적으로 자료형을 변환한다. 예를 들면, 수치형 GRADE 열이 문자열 리터럴과 비교할 수 있다면 다음 조건은 정확하다.

WHEREGRADE = '3'

자료형을 변환하는 것은 처리 속도에 역효과를 낸다. 만약 이러한 변환형이 실제로 요구되지 않는다면 피하는 것이 좋다.

20.12 가장 큰 테이블을 마지막에 위치하라.

Join을 구성할 때 FROM 절에서 테이블의 순서는 처리 속도에 영향을 줄 수 있다. 이 때 테이블의 순서를 결정하는 규칙은 FROM 절에서 가장 큰 테이블을 마지막에 두는 것이다. 다음의 FORM 절을 보자.

```
FROM STUDENT, SUBJECT
```

위의 경우보다 다음과 같이 바꾸는 것이 좋다. 그 이유는 STUDENT 테이블이 SUBJECT 테이블보다 더 크기 때문이다.

```
FROM SUBJECT, STUDENT
```

20.13 ANY와 ALL 연산자의 사용을 피하라.

많은 최적화기는 ALL 연산자를 가지고 있는 조건을 처리할 때 인덱스를 사용하지 않을 것이다. 가능하다면 ALL 연산자를 통계 함수 MIN 이나 MAX로 대체하는 것이 좋다.

[예제 20-16] 가장 나이가 많은 학생의 학번, 이름, 출생 년도를 출력하라.

```
mysql> select stu_no, stu_name,substring(birthday, 1, 4)
    -> from student
    -> where substring(birthday, 1, 4) <= all
    -> (select substring(birthday, 1, 4)
    -> from student);
```

stu_no	stu_name	substring(birthday, 1, 4)
20141001	박도상	1996

1 row in set (0.01 sec)

여기서 ALL 연산자를 MIN 함수로 대치할 수 있다.

```
mysql> select stu_no, stu_name, substring(birthday, 1, 4)
    -> from student
    -> where substring(birthday, 1, 4) =
    -> (select min(substring(birthday, 1, 4))
    -> from student);
```

stu_no	stu_name	substring(birthday, 1, 4)
20141001	박도상	1996

1 row in set (0.00 sec)

동일한 이유가 ANY 연산자에도 적용된다.

[예제 20-17] 가장 나이가 많은 학생을 제외한 학생의 학번, 이름, 생년을 출력하라.

```
mysql> select stu_no, stu_name, substring(birthday, 1, 4)
    -> from student
    -> where substring(birthday, 1, 4) > any
    -> (select substring(birthday, 1, 4)
    -> from student);
```

stu_no	stu_name	substring(birthday, 1, 4)
20161001	박정인	1997
20181001	장수인	2000
20181002	정인정	1999
20181003	이상진	1999
20181004	김유미	2000
20191001	김유신	2000
20191002	홍길동	2000
20191003	고혜진	2000
20191004	이순신	2000
20191005	김할리	2001
20191006	최에스터	2002
20191007	신안나	2001
20191008	연개소문	2000
20191009	유하나	2000
20201001	김영호	2001
20201002	강감찬	2001

16 rows in set (0.00 sec)

이 예제에서 ANY 연산자를 MIN 함수로 대체할 수 있다.

```
mysql> select stu_no, stu_name, substring(birthday, 1, 4)
    -> from student
    -> where substring(birthday, 1, 4) >
    -> (SELECT MIN(substring(birthday, 1, 4))
    -> FROM STUDENT);
```

20.14 미래의 최적화기

제 20 장에서는 최적화기가 아직은 최적이 아니라는 것을 명확히 보여준다. 어떤 경우에 최적화기는 가장 효율적인 처리 기법을 결정하지 못하기 때문에 이는 처리 시간을 길게 할 수 있다. 이는 데이터베이스 언어로서 SQL을 데이터베이스에 적용하지 못할 뿐만 아니라 처리 기법 그 자체를 결정하지 못하는 경우가 발생한다.

많은 연구를 통하여 향상된 최적화기를 만들고 있기 때문에 최근에 발표된 SQL 제품은 그 이전의 것 보다 많이 향상되었다. 이러한 경향은 계속될 것이고 최근의 최적화하기에서는 더 좋은 최적화 기법을 볼 수 있을 것이다.

20.15 디스크 최적화

시스템, 프로그램, 임시 파일들을 위한 전용 디스크를 갖추어 저장한다. 내용이 자주 변경되는 경우라면 갱신 기록과 트랜잭션 기록 파일을 별도의 디스크에 배치한다.

데이터베이스 디스크에 있어서는 빠른 탐색 시간(seek time)이 결정적인 요인이다. 큰 테이블에서 하나의 레코드를 찾기 위해 소요되는 탐색 횟수는 다음과 같이 추정해 볼 수 있다.

$$\log(\text{row\_count}) / \log(\text{index\_block\_length}/3*2/(\text{key\_length} + \text{data\_ptr\_length}))+1$$

예를 들어, 500,000개의 레코드를 가지고 있고 medium int 형 필드로 인덱싱하고 있는 테이블의 경우라면 log(500000) / log(1024/3*2/(3+4))+1 = 4 번의 탐색이 필요하다. 여기서 인덱스는 500,000 * 7 * 3/2 = 5.2M 정도의 크기가 될 것이다. 실제로는 대부분의 블록들이 버퍼에 저장되므로 아마도 1~2번 정도의 탐색이 필요하게 된다.

쓰기의 경우 새로운 키를 넣을 위치를 찾기 위해 위에서처럼 4번의 탐색이 필요하지만, 통상적으로 인덱스를 갱신하기 위해 2번의 탐색이 더 필요하다.

매우 큰 데이터베이스에 경우, 디스크 탐색 속도에 의해 성능이 좌우되는데, 탐색 수는 더 많은 데이터를 얻을 때마다 N log N 씩 증가한다.

데이터베이스들과 테이블들을 다른 디스크들에 분할해 넣어라. MySQL에서는 이를 위해 심볼릭 링크를 사용할 수 있다.

Striping disks(RAID 0와 같은)는 읽기와 쓰기 양면에서 처리능력을 증가시킨다.

미러링을 동반하는 Striping disk(RAID 0+1)는 읽기/쓰기 성능을 향상시키고 안전성을 제공한다. 쓰기는 약간 느리다.

임시파일 또는 쉽게 갱신될 수도 있는 데이터에 대해서 미러링이나 RAID(RAID 0는 예외)를 사용하지 않는다.

Linux를 사용한다면 부팅할 때 hdparm -m16 -d1 명령을 디스크에 적용하여 다중 섹터 읽기/쓰기와 DMA 사용이 가능하도록 한다. 이는 반응 시간을 5~50%까지 증가시킨다.

Linux를 사용한다면 디스크를 마운트할 때 async(기본값이다)와 noatime 옵션을 부여하여 마운트한다.

일부 특정 응용프로그램의 경우 아주 특수한 테이블을 램디스크에 저장하는 것도 한 방법이 된다. 그러나 보통은 필요 없다.

20.16 운영체제 최적화

스왑을 제거한다. 메모리 문제가 있다면 시스템이 적은 메모리를 사용하도록 설정하기 보다는 메모리를 증설하는 것이 좋다.

데이터에 대해서 NFS 디스크를 사용하지 않는다. (NFS locking 문제에 봉착할 수 있다.)

시스템과 SQL 서버를 위해 open file 한계 수치를 증가시킨다. (safe_mysql 스크립트에 ulimit -n #을 추가한다) 프로세스와 쓰레드의 제한 개수를 늘려준다. 상대적으로 큰 테이블을 사용할 일이 드물다면, 파일시스템이 파일을 여러 실린더에 분산시켜 저장하지 않도록 설정한다. 솔라리스는 큰 파일을 지원하는 파일시스템을 사용한다. 솔라리스는 어떤 파일시스템을 사용하는 것이 좋을지 선택해야 한다. 리눅스의 Reiserfs 는 파일 열기, 읽기, 쓰기에 있어서 (ext2보다) 빠르다. 파일 검사도 단지 수 초 밖에 안 걸린다.

연습문제

20-1. 다음 명령문을 다른 형식을 작성하라.

(1) SELECT   *
    FROM   STUDENT
    WHERE   GENDER = 1
     AND   CLASS = 3)
     OR   (NOT (SUBSTRING(BIRTHDAY, 1, 4) 〉 = 1997));

(2) SELECT   DISTINCT *
    FROM   STUDENT;

(3) SELECT   DISTINCT STU_NO
    FROM   FEE
    WHERE   STU_NO IN
    (SELECT   STU_NO
    FROM   ATTEND
    WHERE   NOT (FEE_TERM 〈〉 1));

(4) SELECT   DISTINCT H.STU_NO
    FROM   STUDENT H, FEE D
    WHERE   H.STU_NO〈〉 D.STU_NO;

(5) SELECT   STU_NO, '남자'
    FROM   STUDENT
    WHERE   SUBSTRING(ID_NUM, 8, 1) = '1'
    UNION
    SELECT   STU_NO, '여자'
    FROM   STUDENT
    WHERE   SUBSTRING(ID_NUM, 8, 1) = '2';

Part 21

데이터베이스 설계 지침

Part 21 데이터베이스 설계 지침

제 5 장에서 테이블을 생성하기 위해서 필요한 명령문을 설명하였다. 제 21 장에서는 데이터베이스 설계 과정을 더욱 확실하게 살펴보자. 데이터베이스를 생성하기 전에 데이터베이스에 관한 구조를 먼저 설계해야 한다. 이 설계 과정 동안에 정의될 테이블과 각 테이블에 포함된 열을 결정해야 한다. 그 다음에 데이터베이스 설계 과정을 구조 작업과 비교하여 데이터베이스를 설계한다.

주어진 어떤 프로젝트에 대하여 일반적으로 여러 가지 데이터베이스 설계 과정을 선택할 수 있다. 이러한 선택은 다음과 같은 서로 다른 요소를 주제로 할 수 있다.

- 사용할 수 있는 기억 공간
- 갱신을 위해 최대 수용할 수 있는 시간
- SELECT 명령문을 위해 최대 수용할 수 있는 시간
- 보안성

실제적인 설계를 시작하기 전일지라도 설계는 상황에 가장 관련 있는 요소를 결정해야 한다. 즉, 가능하다면 기억 공간을 절약할 수 있는가? SELECT 명령문이 거의 3초의 처리 시간을 가질 수 있는가? 반대로 몇 개의 서로 다른 요소를 고려하는 요구가 있는가? 등을 결정해야 한다.

여러 가지 요소의 조합을 고려하는 것은 항상 상충 문제를 가져온다. 예를 들면, 기억 공간을 절약한 것은 SELECT 명령문의 처리 시간을 더 길게 한다. 다른 관점에서 본다면 만약 모든 SELECT 명령문이 빠르게 처리되어야 한다면 데이터는 여러 번 저장되어야 할 것이고 이는 많은 기억 공간을 요구한다. 그러나 데이터의 중복은 갱신 처리가 늦어진다. 이러한 이유는 각 논리적인 갱신은 한번 이상의 테이블 갱신을 요구하기 때문이다.

데이터베이스를 설계하기 위해서는 서로 다른 많은 기법이 있다. 여기서 이러한 기법에 관해서는 본서의 범위 밖이므로 더 이상 설명하지 않겠다. 그러나 21.1 절에서는 데이터베이스를 설계에 대한 8개의 기본 지침을 설명한다. 각 지침에 대하여 앞에서 설명한 3개의 기본 요소에 어떻게 영향을 주는지 나타내겠다.

21.1 테이블과 열에 대한 지침

데이터베이스 설계에서 테이블과 열을 결정하는 것은 설계 과정에서 가장 중요한 관점이다. 이 주제에 대하여 앞에서 충분히 설명하였다. 여기서는 가장 중요한 지침에 대해서만 집중적으로 설명하겠다.

지침 1 : 각 테이블에 대한 기본 키를 정의하라.

만약 여러 개의 후보 키를 가지고 있다면 기본 키를 선택해야 한다. 기본 키의 선택은 항상 열의 번호가 가장 적은 것으로 구성된 후보 키이다. 이는 특히 SELECT 명령문을 사용하여 테이블의 조인 과정을 간단하게 한다.

만약 이러한 표준이 어떤 이유 때문에 훌륭한 해결책을 가져오지 못한다면 기억 공간의 양을 가장 적게 사용하는 것이 좋다. 예를 들면 VARCHAR(30)보다는 CHAR(5) 열을 선택하는 것이 더 좋다.

지침 2 : 테이블에서 각 결정 요소는 그 테이블의 후보 키이어야 한다.

처음으로 결정요소(determinant)라는 용어를 사용하기 때문에 먼저 이 용어를 설명해 보자. 만약 A라는 열에 있는 각각의 서로 다른 값에 대하여 B라는 열에 관련된 값과 적어도 하나가 다르다면 A라는 열은 B라는 열의 결정요소라 한다. 즉, B는 A에 함수적으로 의존한다는 것이다. 예를 들면, STUDENT 테이블에 있는 STU_NO 열은 테이블에서 모든 다른 열에 대하여 결정요소이다.

결정요소는 하나 이상의 열로 구성될 수 있다. FEE 테이블에서 FEE_YEAR와 FEE_DATE열의 결정요소는 FEE_TERM와 조합으로 구성되어 있다. 테이블 T에서 DETER 열이 C라는 열의 결정요소라 한다면, 다음의 SELECT 명령문 결과를 반환하지 않을 것이다.

```
SELECT   DETER
FROM   T
GROUP BY DETER
HAVINGCOUNT(DISTINCT C) > 1;
```

다음에 있는 테이블은 두번째 지침을 따르지 않는 테이블 설계에 대한 예제이다.

```
mysql> select stu_no, stu_name, grade, class
    -> from student;
```

stu_no	stu_name	grade	class
20141001	박도상	4	1
20161001	박정인	3	1
20181001	장수인	2	1
20181002	정인정	2	2
20181003	이상진	2	1
20181004	김유미	3	3
20191001	김유신	1	3
20191002	홍길동	1	3
20191003	고혜진	1	1
20191004	이순신	1	3
20191005	김할리	1	2
20191006	최에스터	1	2
20191007	신안나	1	2
20191008	연개소문	1	3
20191009	유하나	1	1
20201001	김영호	1	3
20201002	강감찬	1	3

17 rows in set (0.00 sec)

STU_NO 열이 기본 키이다. 그래서 테이블은 첫 번째 지침을 따른다. STU_NAME 열의 결정요소는 STU_NO이다. 모든 STU_NO은 하나의 학년(GRADE)과 하나의 반(CLASS)에 포함되어 있기 때문에 GRADE와 CLASS에도 적용된다. 그러나 GRADE는 또한 CLASS의 결정요소이다. 그 이유는 모든 GRADE가 CLASS에 관련된 것을 적어도 하나 가지고 있기 때문이다. 그래서 GRADE는 결정요소이지만 후보 키는 아니다. 결론적으로 테이블은 두 번째 지침을 따르지 않는다. 두 번째 지침을 따르지 않은 테이블의 가장 중요한 단점은 어떤 사실이 여러 번 기록된다는 것이다.

지침 3 : 열을 조합하지 않아야 한다.

STUDENT 테이블은 15개의 열로 구성되어 있는데, 이들 중 일부는 하나의 열로 결합될 수 있다. 예를 들면 우편번호(POST), 주소(ADDRESS) 열은 ADDRESS라는 하나의 열로 합쳐질 수 있다. 이는 어떤 SELECT 명령문의 사용을 좀 더 쉽게 한다.

[예제 21-1] 만약 [예제 6-21]를 수행하지 않았을 때 학번 20141001번의 학번 이름, 주소를 출력하라.

```
mysql> select stu_no, stu_name, address
    -> from student
    -> where stu_no = '20141001';
```

stu_no	stu_name	address
20141001	박도상	101동 203호

1 row in set (0.00 sec)

[예제 21-2] 학생신상테이블(Student) 테이블에서 학번이 "20141001" 학생의 학번과 이름, 우편번호, 주소로 구성된 뷰 테이블("ADDRESS")을 생성하라.

```
mysql> create view address(bunho, irum, post, address) as
    -> select s.stu_no, stu_name, s.post_no, concat(rtrim(p.sido_name),' ', rtrim(p.sigun_name),' ',
       p.road_name,' ', p.town_building,' ', rtrim(s.address))
    -> from student s, post p
    -> where s.post_no = p.post_no
    -> and road_name = '덕릉로41길'
    -> and p.town_building = '다우빌라2차'
    -> and s.stu_no = '20141001';
Query OK, 0 rows affected (0.01 sec)
```

[예제 21-3] 가상테이블 ADDRESS에서 20141001학번의 학번, 이름, 주소를 출력하라.

```
mysql> select bunho, irum, address
    -> from address
    -> where bunho = '20141001';
```

bunho	irum	address
20141001	박도상	서울특별시 강북구 덕릉로41길 다우빌라2차 101동 203호

1 row in set (0.01 sec)

여러 개의 열을 하나의 열로 조합하는데 있어서 아주 어려운 문제가 발생한다. 예를 들면 [예제 21-2]에서와 같이 다음과 같은 문제가 있다.

- 학생이 거주하는 도시를 검색하기 위해서는 스칼라 함수를 조합한 아주 복잡한 수식을 사용해야 한다. 만약 도시의 이름 앞에 콤마와 공백이 있다면 다음과 같은 스칼라 함수를 사용해야 한다.

> RTRIM(ADDRESS)

모든 SQL 제품이 이러한 함수를 제공하는 것은 아니다. 이와 같은 함수가 제공되지 않는다면 하나의 SELECT 명령문만을 사용하여 열의 값의 일부를 검색할 수 없다.
- 주소의 이름에 기초를 두고 행을 선택했을 때 위의 수식이 사용되어야 한다. 그리고 이러한 수식을 처리하는데는 긴 시간이 소요될 것이다.
- 주소의 이름에 기초를 두고 행을 선택하는 것은 LIKE 연산자를 사용해야 한다.

이러한 단점은 이 예제에서 지정되었지만 일반화를 위한 명확한 근거가 제공되어야 한다.

21.2 중복 데이터의 포함

21.1 절에서 주어진 지침을 만족하는 설계는 SELECT와 UPDATE 명령문의 구성을 간단하게 만든다. 변경 명령문의 처리는 각 요소가 오직 한번만 기록되어 있기 때문에 아주 빠르다. SELECT 명령문의 처리는 이와는 다른 이야기가 되는데, 만약 어떤 속성(열)이 한 테이블에만 오직 한번만 기록되어 있다면 많은 조인이 수행되어야 한다. 조인 처리와 다른 SELECT 명령문은 많은 시간이 소요된다. 이러한 문제를 해결하는 한 방법은 테이블에 중복된 데이터를 포함시키는 것이다. 여기서는 조인과 다른 SELECT 명령문의 예제를 보여주고 있는데, 중복된 데이터가 추가되었을 때 아주 빠르게 수행될 수 있다.

지침 4 : SELECT 명령문의 실행 시간이 만족스럽지 않을 때에는 중복 데이터를 추가하라.

[예제 21-4] 동아리에 가입한 학생의 이름과 동아리명을 출력하라.(단, student 테이블에서 이름을 circle 테이블에서는 동아리명을 출력하라.)

```
mysql> select s.stu_name, c.cir_name
    -> from student s, circle c
    -> where c.stu_no = s.stu_no;
```

stu_name	cir_name
박도상	컴맹탈출
유하나	컴맹탈출
김유신	컴맹탈출
장수인	Java길라잡이

이순신	Java길라잡이
박정인	Java길라잡이
홍길동	PHP길라잡이

7 rows in set (0.01 sec)

SQL은 이 명령문을 처리하기 위해서 조인을 수행해야 한다. 조인은 CIRCLE 테이블에 중복되는 데이터로 STU_NAME 열을 저장함으로써 피할 수 있다.

CIRCLE 테이블의 데이터는 다음과 같으므로 select 명령문을 수정하여 출력해 보자.

mysql> select * from circle;

cir_num	cir_name	stu_no	stu_name	president	manager_num
1	컴맹탈출	20141001	박도상	0	NULL
2	컴맹탈출	20191009	유하나	1	1
3	컴맹탈출	20191001	김유신	2	1
4	Java길라잡이	20181001	장수인	2	6
5	Java길라잡이	20191004	이순신	1	6
6	Java길라잡이	20161001	박정인	0	NULL
7	PHP길라잡이	20191002	홍길동	0	NULL

7 rows in set (0.01 sec)

[예제 21-5] 동아리에 가입한 학생의 이름과 동아리명을 출력하라.

mysql> select stu_name, cir_name
    → from circle;

stu_name	cir_name
박정인	컴맹탈출
유하나	컴맹탈출
김문영	컴맹탈출
장수인	Java길라잡이
정인정	Java길라잡이
박도준	Java길라잡이
이상길	PHP길라잡이

7 rows in set (0.03 sec)

위의 SELECT 명령문은 예제 21-3의 SELECT 명령문 보다 확실히 빠르게 실행될 것이다.

이와 같이 중복된 데이터를 추가하는 것을 비정규화(denormalization)라 한다. 비정규화의 단점은 어떤 요소를 한 번 이상 저장시키는 것이 필요하다. 예를 들면, 학생의 이름이 STUDENT과 CIRCLE 테이블에 기록되어 있으므로, 학생의 이름을 갱신하는 것은 두개의 서로 다른 명령문이 필요하다.

비정규화의 또 다른 단점은 두 개 이상의 위치에 동일한 요소를 기록하므로 기억 공간을 두 배 이상 사용한다는 것이다. 비정규화를 사용할 때는 갱신의 실행 시간이 더 느리고 필요한 기억 공간에 더 요구되지만 반대로 SELECT 명령문의 실행 시간은 상당히 빠르므로 이들 간에 상대적 중요성을 고려해야 한다.

[예제 21-6] 각 학생에 대하여 학생이 받은 장학금의 총액을 출력하라.

```
mysql> select s.stu_no, sum(jang_total)
    -> from student s, fee f
    -> where s.stu_no = f.stu_no
    -> group by s.stu_no
    -> union
    -> select stu_no, 0
    -> from student
    -> where stu_no not in
    -> (select stu_no
    -> from fee)
    -> order by 1;
```

stu_no	sum(jang_total)
20141001	14300000
20161001	9500000
20181001	0
20181002	0
20181003	0
20181004	0
20191001	0
20191002	0
20191003	0
20191004	600000
20191005	600000

20191006	600000
20191007	600000
20191008	600000
20191009	0
20201001	0
20201002	3000000

17 rows in set (0.01 sec)

만약 장학금의 총액이 STUDENT 테이블에 기록되어 있다면 이 명령문은 아주 간단하게 할 수 있을 것이다. 이 때 명령문은 다음과 같이 된다.

```
SELECT STU_NO, JANG_TOTAL
FROM STUDENT
```

이 방법에서 처리 시간은 많이 감소하게 될 것이다. 그러나 여기는 비정규화와 같은 단점이 있다. 즉, 더 많은 갱신과 데이터의 중복이 발생한다.

위의 두 예제에서 중첩성은 한 개의 여분의 열을 추가하는 형식을 취하게 된다. 전체적으로 새로운 중복 테이블을 생성하는 것은 가끔 흥미로운 선택이 될 수 있다. 이러한 내용으로부터 유도될 수 있는 지침은 다음 21.3절과 같다.

21.3 열에 대한 자료형의 선택

데이터베이스의 설계는 각 열에 대한 자료형을 선택하는 작업도 포함된다. 이러한 선택에는 다양한 지침이 있다. SELECT, UPDATE, DELETE 명령문에서 열은 다른 열과 비교된다.

지침 5 : 다른 열과 비교될 열의 자료형은 동일한 자료형을 사용해야 한다.

[예제 21-7] 성적 테이블의 신청학점(REQ_POINT)과 취득학점(TAKE_POINT)이 같은 경우의 학번, 년도, 학기, 신청학점, 취득학점을 출력하라.

```
mysql> select stu_no, sco_year, sco_term, req_point, take_point
    -> from score
    -> where req_point = take_point;
```

stu_no	sco_year	sco_term	req_point	take_point
20141001	2014	1	18	18
20141001	2014	2	18	18
20191001	2019	1	18	18
20191001	2019	2	18	18
20191002	2019	1	18	18
20191002	2019	2	18	18
20191005	2019	1	18	18
20191006	2019	1	18	18
20191007	2019	2	18	18

9 rows in set (0.01 sec)

이 예제와는 반대로 다음 명령문은 서로 다른 테이블에 있는 두 개의 열을 서로 비교한다.

```
mysql> SELECT STU_NAME
    -> FROM STUDENT, FEE
    -> WHERE STUDENT.STU_NO = FEE.STU_NO;
```

만약 자료형과 정의된 길이가 같다면 두 개의 자료형은 동일하다. 어떤 SQL 제품은 서로 다른 자료형을 가지고 있는 열을 비교하는 명령문은 아주 느리게 처리한다.

지침 6 : 계산에 사용되는 열은 수치 자료형으로 지정하라.

만약 열에 있는 값을 계산해야 한다면 열은 수치 자료형으로 정의되어야 한다. 그렇지 않으면 계산이 불가능하게 된다. 전체적으로 수치로 구성된 특별한 코드를 기록하기 위해서는 수치 자료형을 열에 부여한다(예를 들면, 학년 같은 것). 수치 열의 장점은 작은 크기의 기억 공간을 요구한다는 것이다. 반면에 코드 체계는 아주 빈번하게 변하게 된다. 아마도 설계 과정에서 모든 코드는 수치로 사용하겠지만 항상 그런 것은 아닐 것이다. 수치를 영수치 값으로 변환하는 것은 간단하지 않다. 따라서 수치 그 자체로 필요하다면 수치로서만 열을 정의한다.

지침 7 : 모든 영수치 열에 대하여 VARCHAR 자료형을 사용하지 않아야 한다.

MySQL은 CHAR, VARCHAR이라는 영수치 자료형을 제공한다. 이에 관해서는 5.2절을 참조하라.

VARCHAR 자료형은 기억 공간을 절약하기 위해서 설계되었다. 따라서 아주 유용하게 사용되지만 사용에 있어서는 주의해야 하는 경우가 있다. 즉, VARCHAR은 두 가지 단점이 있다. 첫 번째는, VARCHAR 열에 있는 각 값에 대하여 SQL은 내부적으로 값의 길이를 기록하고 있다. 이는 불필요한 기억 공간이 필요하게 된다. 두 번째 단점은 SELECT와 UPDATE 명령문에서 VARCHAR 열은 CHAR 열보다 아주 느리게 처리된다. 따라서 열을 CHAR로 정의했을 때 사용하지 않는 공간이 적어도 15개 이상이 될 때는 VARCHAR로 사용하는 것이 좋다.

21.4 언제 NOT NULL을 사용해야 하는가?

CREATE TABLE 명령문에서 열 다음에 NOT NULL을 지정해야 할 때는 언제인가?

지침 8 : 열이 모든 행에 대하여 값을 가지고 있어야 할 때 NOT NULL을 사용하라.

인위적인 방법으로 NULL 값을 사용하지 않아야 한다. 알 수 없는 값이 아닌 다른 값을 표현하기 위해서 NULL 값을 사용하지 않아야 한다. 통계 함수를 사용하는 계산에서 NULL 값이 사용되면 아주 이상해진다. DB2와 SQL/DS와 같은 제품에서는 NOT NULL로 정의되지 않는 열에 있는 각 값에 대하여 SQL은 보이지 않는 특별한 기호를 저장해야 한다. 다시 말하면 NOT NULL 열은 NOT NULL이 아닌 동일한 자료형보다는 기억 공간이 절약된다.

데이터베이스 설계에 영향을 주는 요소와 지침으로 지금까지 언급된 것 보다 더 많은 것이 있지만 이러한 지침 중에서 본서에서 설명된 지침이 가장 중요하다.

연습문제

21-1. STUDENT 테이블에서 어떤 열이 세 번째 지침을 따르지 않는가?

21-2. 두 번째와 네 번째 지침을 따르도록 STUDENT 테이블에 대하여 다른 설계를 생성하라.

Part 22

MySQL 유틸리티

Part 22 MySQL 유틸리티

MySQL 유틸리티 관련 파일은 대부분 UNIX & Linux OS의 shell Prompt 상태에서 실행된다. 경우에 따라서 MS-DOS Prompt 상태에서 실행되는 유틸리티도 존재하나 PATH가 설정되지 않았다면 다음과 같은 DOS 명령문으로 폴더 변경을 한 후 "cd C:\ProgramData\MySQL\MySQL Server 8.0\Data\데이터베이스명("haksa")" 사용한다.

22.1 myisamchk

MySQL 서버를 사용하다 예기치 못한 문제가 발생하여 데이터가 손상되었을 때 테이블 타입이 InnoDB 라면 트랜잭션이 적용되기 때문에 그러한 경우 자동으로 데이터를 복구 가능하지만 테이블 타입이 MyISAM(데이터 및 인덱스를 저장하기 위해 .MYD 및 .MYI 파일을 가지고 있는 테이블)이라면 데이터가 손상될 확률이 좀 더 높다. 이런 경우 myisamchk 유틸리티를 사용하면 손상된 데이터를 수동으로나마 복구할 수 있다. MyISAM 테이블로 생성된 테이블은 기본적으로 3개의 파일이 생성된다.

파일	설 명
〈테이블명〉.MYI	인덱스 파일
〈테이블명〉.frm	테이블의 구조를 정의하는 파일
〈테이블명〉.MYD	데이터 파일

myisamchk 유틸리티는 데이터베이스 테이블의 상태를 검사하여 손상된 테이블을 복구하고 최적화를 위한 정보를 가져오는 유틸리티이다. 테이블을 안전하게 유지, 보수하고 싶다면 주기적으로 myisamchk 를 실행하여 상태를 검사해보는 것이 좋을 것이다.

myisamchk는 아래와 같이 호출한다.

① UNIX & Linux OS : shell〉 myisamchk [options] tbl_name ...
② MS-DOS OS : c:\〉 myisamchk [options] tbl_name ...

options은 myisamchk을 구동 시키고자 하는 사항을 나타낸다.

이 옵션들에 대해서는 다음 섹션에서 설명하기로 한다. myisamchk --help을 호출해서 사용 가능한 옵션을 볼 수 있다.

---

① UNIX & Linux OS : shell〉 myisamchk --help
② MS-DOS OS : C:\〉 myisamchk --help

---

myisamchk Ver 8.0.14 for Win64 on x86_64 (MySQL Community Server - GPL)
Copyright (c) 2000, 2019, Oracle and/or its affiliates. All rights reserved.

Oracle is a registered trademark of Oracle Corporation and/or its
affiliates. Other names may be trademarks of their respective
owners.

Description, check and repair of MyISAM tables.
Used without options all tables on the command will be checked for errors
Usage: myisamchk [OPTIONS] tables[.MYI]

Global options:
  - H, --HELP   Display this help and exit.
  - ?, --help   Display this help and exit.
  - t, --tmpdir=path   Path for temporary files. Multiple paths can be
                         specified, separated by semicolon (;), they will be used
                         in a round-robin fashion.
  - s, --silent   Only print errors. One can use two -s to make
                         myisamchk very silent.
  - v, --verbose   Print more information. This can be used with
                         --description and --check. Use many -v for more verbosity.
  - V, --version   Print version and exit.
  - w, --wait   Wait if table is locked.

Check options (check is the default action for myisamchk):
  - c, --check   Check table for errors.
  - e, --extend-check Check the table VERY throughly. Only use this in
                         extreme cases as myisamchk should normally be able to
                         find out if the table is ok even without this switch.
  - F, --fast   Check only tables that haven't been closed properly.
  - C, --check-only-changed
                         Check only tables that have changed since last check.
  - f, --force   Restart with '-r' if there are any errors in the table.

	States will be updated as with '--update-state'.
- i, --information	Print statistics information about table that is checked.
- m, --medium-check	Faster than extend-check, but only finds 99.99% of all errors. Should be good enough for most cases.
- U --update-state	Mark tables as crashed if you find any errors.
- T, --read-only	Don't mark table as checked.

아무런 옵션을 사용하지 않으면, myisamchk은 디폴트 연산 형태로 테이블 검사만을 실행한다. tbl_name은 검사 또는 복구하고자 원하는 데이터베이스 테이블이다. 만일 데이터베이스 디렉토리가 아닌 다른 곳에서 myisamchk를 구동 시킨다면, 반드시 데이터베이스 디렉토리 경로를 지정해 주어야 한다, 왜냐하면 myisamchk는 데이터베이스가 어디에 있는지를 알지 못하기 때문이다. 사실, myisamchk는 작업을 하고 있는 파일이 데이터베이스 디렉토리에 있는지에 대해서는 관여를 하지 않는다. 데이터베이스 테이블과 상응하는 파일을 복사해서 다른 위치에 저장할 수 있으며 그곳에서 복구 연산을 실행할 수 있다.

사용자가 원하기만 한다면 myisamchk 명령어 라인에서 테이블 이름을 지정할 수가 있다. 또한 테이블의 인덱스 파일(.MYI 접미사를 갖고 있는 파일)을 명명함으로써 하나의 테이블을 지정할 수가 있고, 사용자가 *.MYI를 사용해서 디렉토리에 있는 모든 파일을 지정할 수 있게 된다. 예를 들면, 만일 사용자가 데이터베이스 디렉토리에 있다면, 사용자는 아래와 같이 그 디렉토리에 있는 모든 MyISAM 테이블을 검사할 수 있게 된다.

```
① UNIX & Linux : shell> myisamchk *.MYI
② MS-DOS : C:\Program Files\MySQL\MySQL Server 5.0\data\haksa> myisamchk insa.MYI
Checking MyISAM file: insa.MYI
Data records:      4   Deleted blocks:       0
- check file-size
- check record delete-chain
- check key delete-chain
- check index reference
- check data record references index: 1
C:\Program Files\MySQL\MySQL Server 5.0\data\haksa>
```

myisamchk 유틸리티에서 사용할 수 있는 옵션은 크게 Global 옵션, 체크 옵션, 복구 옵션, 그 밖의 옵션으로 나눌 수 있다. Global 옵션은 유틸리티에서 전반적으로 사용되는 일반적인 옵션이고, 체크 옵션은 테이블의 상태를 체크하는데 사용하는 옵션이며, 복구 옵션은 테이블을 복구할 때 사용하는 옵션이다. 먼저 Global 옵션은 다음과 같다.

Global 옵션	설 명
-#, ─debug=...	Debug 로그를 출력한다.
-?, ─help	도움말을 출력한다.
-t, ─tmpdir=〈경로〉	임시 파일의 경로를 설정한다.
-s, ─silent	침묵 모드로 작동한다. 검사도중 에러가 발생했을 때만 출력한다.
-v, ─verbose	상세 정보를 출력한다.
-V, ─version	버전을 출력한다.
-w, ─wait	테이블에 Lock 이 걸려있으면 기다린다.

다음은 -d 와 -v 옵션을 이용하여 테이블의 정보를 상세하게 출력한 모습이다.

C:\Program Files\MySQL\MySQL Server 5.0\data\haksa〉myisamchk -d -v insa.MYI

MyISAM file: insa.MYI
Record format: Fixed length
Character set: latin1_swedish_ci (8)
File-version: 1
Creation time: 2007-10-01 9:59:03
Status: changed
Auto increment key: 1 Last value: 4
Data records: 4 Deleted blocks: 0
Datafile parts: 4 Deleted data: 0
Datafile pointer (bytes): 6 Keyfile pointer (bytes): 5
Datafile length: 92 Keyfile length: 2048
Max datafile length: 6473924464345086 Max keyfile length: 1125899906841599
Recordlength: 23

table description:
Key Start Len Index Type   Rec/key   Root Blocksize
1   2   4   unique long   1   1024 1024

C:\Program Files\MySQL\MySQL Server 5.0\data\haksa〉

체크 옵션은 다음과 같다.

체크 옵션	설 명
-c, --check	테이블에 오류가 없는지 체크한다.
-e, --extend-check	테이블에 오류가 없는지 좀 더 세밀하게 검사한다. 오류를 수정했음에도 불구하고 계속해서 오류가 발생할 때 이 옵션을 부여한다. 대신 체크 속도는 느리다.
-F, --fast	테이블이 제대로 닫혀있는지 체크한다.
-C, --check-only-changed	마지막으로 체크한 이후로 변경된 테이블만 체크한다.
-f, --force	체크중 에러가 발견되면 에러 테이블을 표시해놓고 바로 복구를 시작
-i, --information	체크된 테이블의 정보를 출력한다.
-m, --medium-check	--extend-check 체크보다 빠르게 체크한다. 일반적으로 많이 사용
-U, --update-state	에러가 발견된 테이블을 표시해둔다.
-T, --read-only	에러가 발견되어도 테이블에 표시해두지 않는다.

다음은 -eis 옵션을 주고 테이블을 체크한 모습이다.

```
C:\Program Files\MySQL\MySQL Server 5.0\data\haksa>myisamchk -eis -v insa.MYI
Checking MyISAM file: insa.MYI
No recordlinks
block_size 1024:
Key:  1:  Keyblocks used:   4%  Packed:    0%  Max levels:  1
Total:    Keyblocks used:   4%  Packed:    0%
Records:               4   M.recordlength:       23  Packed:          0%
Recordspace used:    100%   Empty space:          0%  Blocks/Record:   1.00
Record blocks:         4   Delete blocks:         0
Record data:          92   Deleted data:          0
Lost space:            0   Linkdata:              0

C:\Program Files\MySQL\MySQL Server 5.0\data\haksa>
```

복구 옵션은 다음과 같다.

복구 옵션	설 명
-B, --backup	MYD 파일의 백업 파일을 '〈파일명〉-〈생성시간〉.BAK' 라는 이름으로 만든다
--correct-checksum	테이블의 checksum 정보를 바로 잡는다.
-D, --data-file-length=〈크기〉	복구후 다시 생성할 데이터 파일의 최대 크기를 지정한다.
-e, --extend-check	로우 단위로 세밀하게 복구한다. 따라서 많은 쓰레기 값들이 생길 수 있다. 파일이 완전히 손상된 경우에만 이 옵션을 사용하도록 한다.
-f, --force	기존의 임시 파일을 덮어쓴다.
-r, --recover	거의 모든 것을 복구한다.
-n, --sort-recover	임시 파일이 매우 크더라도 강제적으로 정렬해서 복구한다.

-o, --safe-recover	예전 버전의 복구 방법을 사용하여 복구한다. -r 보다는 느리지만 -r 옵션에서 복구할 수 없는 몇가지 것들을 복구할 수 있다.
--character-sets-dir=...	문자셋 디렉토리를 지정한다.
--set-characater-set=〈문자셋〉	문자셋을 지정한다.
-q, --quick	데이터 파일(.MYD)를 제외하고 빠르게 복구한다.

그 밖의 옵션은 다음과 같다.

그 밖의 옵션	설 명
-a, --analyze	키의 분포를 분석한다. 몇몇 JOIN 을 빠르게 할 것이다.
-d, --description	테이블의 정보를 출력한다.
-S, --sort-index	인덱스 블록을 정렬하고 읽기(read-next) 속도를 향상시킨다.
-R, --sort-records =〈인덱스 번호〉	인덱스에 따라 행(row)을 정렬한다. SELECT 와 순서화(ORDER BY) 속도를 향상 시킬 수 있다. 〈인덱스 번호〉는 SHOW INDEX FROM 〈테이블명〉으로 알 수 있다.

모든 MyISAM 테이블을 검사하고 깨져 있는(corrupted) 테이블을 복구하고자 한다면, 테이블의 복구 과정은 다음과 같이 진행된다.

- 1 단계 : 테이블 체크

먼저 myisamchk *.MYI 를 실행하거나 시간이 더 있다면 myisamchk -e *.MYI 를 실행하여 어떤 테이블에 오류가 있는지 체크한다. 테이블의 오류가 체크되면 2 단계로 넘어가고, 체크가 되지 않거나 체크 도중 에러가 발생하면 3 단계로 넘어간다.

- 2 단계 : 쉽고 안전한 복구

오류가 있는 테이블을 발견하였다면 myisamchk -r -q 〈테이블명〉을 실행하여 빠른 복구를 실행한다. q 옵션을 부여하였기 때문에 데이터 파일(.MYD) 은 재외하고 인덱스 파일을 복구할 것이다. 이런 식으로 계속해서 다음 테이블을 복구한다. 그래도 복구가 되지 않으면 다음과 같이 시도한다.

① 데이터 파일을 백업해둔다.

② myisamchk -r 〈테이블명〉을 실행하여 복구 모드로 복구를 실행한다. 오류가 있는 행(row)을 삭제하면서 새로운 인덱스 파일을 생성할 것이다.

③ 그래도 복구가 되지 않으면 myisamchk --safe-recover 〈테이블명〉을 실행한다. 예전 버전의 복구 방법이지만 이 옵션으로 복구될 수도 있다. 복구 도중 에러가 발생하면 3 단계로 넘어간다.

- 3 단계 : 어려운 복구

이 단계는 인덱스 파일의 처음 16K 가 손상되거나 잘못된 정보를 가지고 있을 때 혹은 인덱스 파일이 없을 때 실시하게 된다. 이러한 경우 필요에 따라 다음과 같이 인덱스 파일을 생성하도록 한다.

① 데이터 파일(.MYD) 을 다른 장소로 이동한다. 복사가 아니라 이동이다.

② mysql〉에 접속하여 해당 테이블을 삭제한다. TRUNCATE TABLE 문장을 사용할 것을 권장한다.

③ 앞서 이동시켜둔 데이터 파일을 원래 위치로 복사하자. 이 때는 이동이 아니라 복사를 시켜서 만약의 사태를 대비한다.

④ myisamchk -r -q 〈테이블명〉을 실행하여 복구한다. .frm 파일과 .MYD 파일을 이용하여 인덱스 파일(.MYI) 이 복구될 것이다.

- 4 단계 : 매우 어려운 복구

이 단계는 .frm 파일마저 심하게 손상되었을 때 실행한다. 사실 최초 테이블을 생성한 이후 .frm 파일은 변경될 일이 없기 때문에 .frm 파일이 손상되는 일은 거의 발생하지 않는다.

이러한 경우 다음과 같은 방법으로 복구를 실시한다.

① 백업해둔 파일이 있다면 백업해둔 .frm 파일을 원래 자리로 복사시키고 3 단계를 실시한다. 그리고 백업해둔 .MYI 파일을 원래 자리로 복사시키고 2 단계를 실시한다. 그리고 나서 마지막으로 myisamchk -r 을 실행한다.

② 백업해둔 파일은 없지만 테이블의 구조를 알고 있다면 .frm 파일과 .MYI 파일은 복구할 수 있다. 먼저 다른 곳에서 새로 테이블을 생성하여 .frm 과 .MYI 파일을 만들 수 있다. 물론 .MYD 파일은 새로 만들 수는 없을 것이다. 2 단계로 가서 기존의 .MYD 파일을 이용하여 .MYI 파일을 재구성한다.

myisamchk를 구동시키는 동안에는 다른 어떤 프로그램도 동일 테이블을 사용하지 않도록 해야 한다. 그렇지 않으면, myisamchk를 구동시킬 때, 아래와 같은 에러 메시지가 출력 된다:

warning: clients are using or haven't closed the table properly

이것은 다른 프로그램(mysqld 서버와 같은)이 업데이트를 아직 끝마치지 않았거나 또는 올바르게 닫히지가 않은 테이블을 검사하고자 시도한다는 것을 의미하는 것이다.

만일 mysqld이 구동 중이라면, 사용자가 FLUSH TABLES를 사용해서 메모리에 아직 남아 있는 테이블 수정 내용을 우선 플러시 하도록 만들어야 한다. 그런 후에, myisamchk를 사용하는 동안에는 다른 어떤 프로그램도 그 테이블을 사용하지 못하도록 해야 한다. 이런 문제를 해소하기 위한 가장 쉬운 방법은 myisamchk를 사용해서 테이블을 검사하는 대신에 CHECK TABLE를 사용하는 것이다.

22.2 myisamlog

MyISAM 로그 파일의 컨텐츠를 처리하는 유틸리티이다.

아래와 같이 myisamlog를 호출한다.

디폴트 연산은 업데이트다 (-u). 만일 복구(recovery)를 실행하면 (-r), 모든 쓰기(all write)와 가능한 업데이트(possibly update) 그리고 삭제가 실행되고 에러는 카운트만 된다. 아무런 log_file 인수도 주어지지 않을 경우라면 디폴트 로그 파일 이름은 myisam.log가 된다. 만일 테이블 이름을 명령어 라인에서 주게 되면, 그 테이블만이 업데이트가 된다.

22.3 myisampack

myisampack 유틸리티는 MyISAM 테이블을 압축한다. myisampack은 테이블에 있는 칼럼을 개별적으로 압축한다. 일반적으로, myisampack는 데이터 파일을 40%~70% 정도 압축을 한다.

나중에 테이블이 사용될 때에는, 서버가 압축을 해제하고자 하는 칼럼의 정보를 메모리에서 읽어 온다. 이렇게 처리하면 각각의 열에 접속할 때 보다 성능이 좋아 지는데, 그 이유는 사용자가 정확히 하나의 열만을 압축 해제할 수 있기 때문이다.

MySQL은 압축된 테이블에 메모리 매핑을 실행할 때 mmap()를 사용한다. 만일 mmap()이 동작을 하지 않는다면, MySQL은 일반적인 읽기/쓰기 동작을 실행한다.

아래의 사항에 대해서는 주의하기 바란다:

만일 mysqld 서버가 외부 잠금이 되지 않은 상태로 호출되어 서버가 그 테이블을 업데이트 한다면, myisampack를 호출하여 패킹 프로세스가 진행하는 것은 좋은 방법이 아니다. 서버를 종료 시킨 후에 테이블을 압축하는 것이 가장 안전하다. 테이블이 압축된 후에는 읽기 전용이 된다. myisampack은 BLOB 또는 TEXT 칼럼을 압축할 수 있다. (ISAM 테이블에 대한 이전의 pack_isam 프로그램은 이러한 기능이 없었다.)

myisampack를 아래와 같이 호출한다:

```
C:\Program Files\MySQL\MySQL Server 5.0\data\haksa> myisampack insa.MYI
```

각각의 파일 이름 인수는 인덱스 (.MYI) 파일 이름 형태이어야 한다. 만일 데이터베이스 디렉토리에 있지 않으면, 그 파일에 대한 경로 이름을 지정해 주어야 한다. .MYI 확장자는 생략 가능하다.

myisampack를 사용해서 테이블을 압축한 후에는, 이 테이블의 인덱스를 재 구축하기 위해서 myisamchk ·rq를 사용해야 한다.

22.4 mysql

대화식으로 SQL명령문을 입력하거나 또는 배치 모드(batch mode)의 파일에서 이 명령문들을 실행시키기 위한 명령어 라인 툴이다.

mysql은 간단한 SQL 쉘이다 (GNU readline 기능을 가지고 있음). mysql은 대화식 및 단 방향 적인(non-interactive) 사용을 지원해 준다. 대화식으로 사용을 할 경우에는, 쿼리의 결과 값은 ASCII-테이블 포맷 형태로 표현된다. 단 방향적으로 사용되는 경우 (예를 들면, 필터로서 사용되는 경우), 그 결과는 탭으로 구분되는 포맷을 갖게 된다. 결과 포맷은 명령어 옵션을 사용해서 변경 시킬 수 있다.

만일 메모리가 부족해서 대형 결과 셋을 처리하는데 문제를 가지게 된다면, --quick 옵션을 사용하도록 한다. 이것은 mysql로 하여금 서버에서 결과를 한 번에 하나씩 추출하도록 만들고, mysql_store_result()를 사용하는 것이 아니라 클라이언트/서버 라이브러리의 mysql_use_ result() C API 함수를 사용해서 결과 셋을 리턴해 준다.

mysql를 사용하는 것은 매우 쉽다. 명령어 프롬프트에서 아래와 같이 호출한다:

```
shell> mysql db_name < script.sql > output.tab
```

또는

```
shell> mysql --user=user_name --password=your_password db_name
```

그 다음에 SQL 명령문을 입력하고, 끝에 ' ; ', \g, 또는 \G를 입력한 후에 엔터키(Enter Key)를 누른다. 사용자가 아래와 같이 스크립트 파일(배치 파일) 안에서 SQL명령문을 실행할 수도 있다.

22.5 mysqlaccess

호스트 이름, 사용자 이름, 그리고 데이터베이스 조합(combination)을 위한 접속 권한을 검사하는 스크립트이다.

Mysqlaccess은 user, db, 그리고 host 테이블만을 사용해서 접속을 검사한다는 점을 알아두자. 이것은 테이블의 tables_priv, columns_priv, 또는 procs_priv가 지정된 테이블, 칼럼, 또는 루틴 권한 등은 검사를 하지 않는다.

Mysqlaccess을 아래와 같이 호출한다:

```
shell> mysqlaccess [host_name [user_name [db_name]]] [options]
```

22.6 mysqladmin

데이터베이스 생성 또는 삭제, 승인 테이블 다시 읽기, 테이블을 디스크로 플러시하기, 그리고 로그 파일 다시 열기 등과 같은 관리자용 유틸리티이다. 클라이언트. Mysqladmin은 서버로부터 버전, 프로세스, 그리고 상태 정보를 추출할 때에도 사용한다. mysqladmin은 관리 연산을 수행하는 클라이언트로 서버의 구성 및 현재의 상태를 검사할 수 있고, 데이터베이스를 생성 및 제거할 수 있다.

mysqladmin은 아래와 같이 호출한다:

```
shell> mysqladmin [options] command [command-arg] [command [command-arg]]
shell> mysqladmin proc stat
```

22.7 mysqlbinlog

바이너리 로그에서 명령문을 읽어 오기 위한 유틸리티이며 바이너리 로그 파일에 저장되어 있는 실행된 명령문의 로그는 서버가 크래시(crash)된 것을 복구하기 위해서 사용될 수 있다.

서버가 만드는 바이너리 로그 파일은 바이너리 포맷으로 작성된다. 이 파일을 텍스트 포맷으로 검사를 하기 위해서는, mysqlbinlog 유틸리티를 사용하면 된다. 반복 셋업에서 슬레이브 서버가 작성한 릴레이 로그 파일을 읽기 위해서도 mysqlbinlog를 사용할 수가 있다. 릴레이 로그는 바이너리 로그 파일과 같은 포맷을 가지고 있다.

Mysqlbinlog은 아래와 같이 호출한다.

```
shell> mysqlbinlog [options] log_file ...
```

예를 들면, binlog.000003라는 이름의 바이너리 로그 파일의 내용물을 보여 주기 위해서는, 아래의 명령어를 사용한다:

```
shell> mysqlbinlog binlog.0000003
```

이 명령어를 실행하면 binlog.000003에 포함되어 있는 모든 이벤트가 나오게 된다. 이벤트 정보는 실행된 명령문, 명령문 실행 시간, 명령문을 입력한 클라이언트의 쓰레드 ID, 실행된 타임 스탬프 등등의 정보가 포함되어 있다.

Mysqlbinlog를 통해 얻게 되는 결과는 로그에 있는 명령문을 재 적용하기 위해 다시 실행 시킬 수가 있다 (예를 들면, Mysqlbinlog를 mysql의 입력 값으로 사용할 수 있다). 이 값은 서버가 크래시(crash)가 난 후에 복구를 할 때 유용하게 사용할 수가 있다.

보통의 경우, 사용자가 바이너리 로그 파일을 직접 읽고 로컬 MySQL 서버에 적용하기 위해

mysqlbinlog를 사용하게 된다. 또한, mysqlbinlog를 --read-from-remote-server 옵션과 함께 사용해서 원격 서버로부터 바이어리 로그를 읽는 것도 가능하다. 원격 바이너리 로그를 읽을 경우, 접속 파라미터 옵션을 지정해서 서버와의 접속 방법을 지시할 수도 있다. 이렇게 할 수 있는 옵션으로는 --host, --password, --port, --protocol, --socket, 그리고 ·user가 있다; 이 옵션들은 --read-from-remote-server 옵션을 함께 지정해야만 기능을 발휘한다.

22.8 mysqlcheck

테이블 검사, 복구, 분석, 그리고 최적화를 수행하는 테이블 관리 클라이언트이다. mysqlcheck는 myisamchk과 유사한 기능을 구현하지만, 전혀 다른 방식으로 동작을 한다. 가장 주된 차이점은, mysqlcheck는 mysqld 서버가 구동될 때만 사용될 수 있는데 비해서, myisamchk는 서버가 구동되지 않은 경우에도 사용될 수 있다는 점이다. mysqlcheck를 사용할 때 얻을 수 있는 장점으로는 테이블을 검사하기 위해서 서버를 종료할 필요가 없다는 것이다.

mysqlcheck은 SQL 명령문인 CHECK TABLE, REPAIR TABLE, ANALYZE TABLE, 그리고 OPTIMIZE TABLE을 사용자 입장에서 편리하게 사용한다. 이것은 여러분이 원하는 연산을 위해서 어떤 명령문을 사용할 것인지를 판단하고, 서버에게 이 명령문을 전달해서 실행을 하도록 만든다.

22.9 mysqldump

MySQL 데이터베이스를 SQL 명령문 또는 탭으로 분리된 텍스트 파일 형태로 덤프하는 유틸리티이다. 데이터베이스를 덤프하거나 또는 백업 또는 데이터를 다른 SQL 서버(MySQL서버가 아닌)에 전달하기 위해서 데이터베이스를 모을 때 사용하는 프로그램이다. 덤프에는 테이블을 생성하거나 또는 안주(populate)시키기 위한 SQL명령문이 포함되어 있다.

만일 서버에서 백업을 진행하고 있고, 또한 사용하는 테이블이 MyISAM 테이블이라면, mysqlhotcopy를 대신 사용하는 것이 좋은데, 그 이유는 보다 빠른 백업과 복원을 실행하기 때문이다.

① 백업시
  shell〉 mysqldump [--opt] -u아이디 -p비밀번호 [--default-character-set=euckr] 디비명 〉 파일명.sql

② 복원시
  shell〉 mysql -u아이디 -p비밀번호 [--default-character-set=euckr] 디비명 〈 파일명.sql

예제:

① 백업 : mysqldump -uroot -p --databases haksa > test1.dump
② 복원 : mysql -u root -p test_haksa < test1.dump

복원전에 create database test_haksa을 해주어야 함.

mysqldump를 하면 한글 값이 깨지는 경우가 발생한다. 이런 경우 디비를 복구 시켜도 문제가 발생되므로 이때는 mysqldump할 때 한글CHARSET을 지정(--default-character-set=euckr)해 한글이 깨지는 걸 방지해야 한다.

22.10 mysqlhotcopy

Mysqlhotcopy는 Perl 스크립트로서 Tim Bunce가 작성한 프로그램이다. 이것은 데이터베이스 백업을 빠르게 실행하기 위해 LOCK TABLES, FLUSH TABLES, 그리고 cp 또는 scp를 사용한다. 데이터베이스 또는 단일 테이블을 백업하는데 가장 빠른 방법이기는 하지만, 데이터베이스 디렉토리가 설치되어 있는 동일 머신에서만 구동한다. Mysqlhotcopy는 MyISAM 및 ARCHIVE 테이블 백업만을 할 수 있고, 유닉스와 NetWare에서 구동이 된다.

shell> mysqlhotcopy db_name [/path/to/new_directory]

mysqlimport 클라이언트 프로그램은 LOAD DATA INFILE SQL 명령문에 대해서 명령어 라인 인터페이스를 제공한다. mysqlimport에 대한 대부분의 옵션은 LOAD DATA INFILE 구문과 직접적으로 상관이 있다.

mysqlimport는 다음과 같이 호출한다:

shell> mysqlimport [options] db_name textfile1 [textfile2 ...]

명령어 라인에서 지정한 각각의 텍스트 파일의 경우, mysqlimport는 파일 이름에서 확장자를 떼어 낸 다음에 그 값을 파일의 내용물을 임포트 할 테이블 이름으로 판단한다. 예를 들면, patient.txt, patient.text, 그리고 patient는 모두 patient라는 이름의 테이블에 임포트된다.

22.11 mysqlshow

mysqlshow 클라이언트는 어떤 데이터베이스가 있고, 어떤 테이블, 어떤 테이블 칼럼 또는 인덱스가 있는지를 쉽게 보여주는 프로그램이다. mysqlshow는 몇몇 SQL SHOW 명령문에 대해서 명령어 라인 인터페이스를 제공한다.

이와 같은 명령어를 직접 사용해서 동일한 정보를 얻을 수가 있다. 예를 들면, mysql 클라이언트 프로그램에서 mysqlshow를 입력할 수가 있다.

mysqlshow는 아래와 같이 호출한다:

shell> mysqlshow [options] [db_name [tbl_name [col_name]]]

- 만일 아무런 데이터베이스도 주어지지 않으면, 데이터베이스 이름 리스트가 나오게 된다.
- 만일 아무런 테이블도 주어지지 않으면, 데이터베이스 있는 모든 매칭 테이블이 나오게 된다.
- 만일 아무런 칼럼도 주어지지 않으면, 매칭되는 모든 칼럼과 칼럼 타입이 나오게 된다.

22.12 mysql_zap

mysql_zap은 패턴과 일치하는 프로세스를 죽이는 프로그램으로 ps 명령어 및 유닉스 신호를 사용하기 때문에, 유닉스와 유닉스와 유사한 시스템에서 구동된다.

mysql_zap은 아래와 같이 호출한다:

shell> mysql_zap [-signal] [-?Ift] pattern

ps 명령어로부터 나오는 결과 값이 패턴을 가지고 있다면 프로세스는 매치가 된다. 기본적으로 mysql_zap은 각 프로세스에 대해서 확답을 묻는다. y로 답을 하면 그 프로세스를 죽이라는 것이며, 또는 q 는 mysql_zap를 종료하라는 것이다. 이외의 다른 응답에 대해서 mysql_zap은 프로세스를 죽이지 않는다.

만일 -signal 옵션을 주게 되면, 이것은 각 프로세스에 전달하기 위한 신호의 이름 또는 번호를 지정하는 것이다. 이 옵션을 주지 않게 되면, mysql_zap은 우선 TERM (signal 15)를 시도하고 그 다음에 KILL (signal 9)를 시도한다.

22.13 perror

시스템이 전원이 나가서 MySQL 서버가 비정상적으로 종료된 경우나 하드웨어의 결함 등으로 테이블의 데이터 파일은 손상될 수 있다. 테이블이 손상된 경우에는 다음과 같은 에러가 출력될 수 있다.

```
〈테이블명〉.frm' is locked against change
Can't find file 〈테이블명〉.MYI' (Errcode: 〈에러코드〉)
Unexpected end of file
Record file is crashed
```

대부분의 시스템 에러의 경우, MySQL은 내부 텍스트 메시지와 더불어, 아래의 스타일 중의 한 형태로 시스템 에러 코드를 출력한다.

```
message ... (errno: #)
message ... (Errcode: #)
```

사용자가 시스템 설명서 또는 perror 유틸리티를 사용해서 각 에러 코드가 의미하는 내용을 알아 볼 수가 있다. perror는 시스템 에러 코드 또는 스토리지 엔진(테이블 핸들러) 에러 코드에 대한 설명을 출력한다.

perror는 아래와 같이 호출한다:

① UNIX & Linux 운영체제
  shell〉 perror [options] errorcode ...
② Windows 운영체제
  c:\〉 perror [options] errorcode ...

예제:

① shell〉 perror 13 64
OS error code 13: Permission denied
OS error code 64: Machine is not on the network
② C:\〉 perror 126 127 132
MySQL error code 126: Index file is crashed

MySQL error code 127: Record-file is crashed
MySQL error code 132: Old database file

MySQL 클러스터 에러 코드에 대한 에러 메시지를 얻기 위해서는, perror를 --ndb 옵션과 함께 사용한다:

shell> perror --ndb errorcode

시스템 에러 메시지의 의미는 여러분이 사용하는 OS에 관련이 되어 있다는 점을 알기 바란다. 주어진 에러 코드는 OS별로 틀리게 나올 수도 있다.

22.14 replace

아래의 방법 중에 하나를 사용해서 replace를 호출한다:

shell> replace from to [from to] ... -- file [file] ...
shell> replace from to [from to] ... < file

from 은 변경할 스트링을 의미하며 to 는 대체할 스트링을 의미한다. 하나 또는 여러 쌍의 스트링이 존재할 수 있다.

-- 옵션을 사용해서 스트링 변경은 어디에서 끝이 나고 파일 이름이 어디에서 시작이 되는지를 가리킬 수가 있다. 이와 같은 경우, 명령어 라인에서 지정된 파일은 그 자리에서 수정이 되며, 따라서 사용자가 변환을 하기 전에 원본을 복사하는 것이 좋다. replace는 실제로 수정이 되는 입력 파일에 대한 내용을 출력한다. 만일 -- 옵션이 주어지지 않으면, replace는 표준 입력 값을 읽게 되고 표준 결과 값을 작성하게 된다. replace는 유한 상태 머신(finite state machine)을 사용해서 보다 긴 스트링을 우선 매치한다. 이것은 스트링을 스왑(swap)하기 위해서도 사용될 수 있다. 예를 들면, 아래의 명령어는 주어진 파일 file1 과 file2에 있는 a 와 b를 스왑한다.

shell> replace a b b a -- file1 file2 ...

replace 프로그램은 msql2mysql에 의해서 사용될 수 있다.

Part 23

Trigger

Part 23 Trigger

트리거는 MySQL 5.0.2버전에서부터 지원한다. 트리거란 이름이 있는 데이터베이스 오브젝트(named database object)로서 데이터베이스가 미리 정해 놓은 조건을 만족하거나 어떤 동작이 수행되면 자동적으로 수행되는 저장 프로시저이다. 또한, 테이블과 연관되어 있으며, 특정 이벤트가 테이블에 대해 발생하면 동작을 하게 된다. 예를 들면, 아래의 명령문은 하나의 테이블과 하나의 INSERT 트리거를 생성한다. 트리거는 테이블의 칼럼에 삽입된 값들을 더하게 한다.

```
mysql> CREATE TABLE account (acct_num INT, amount DECIMAL(10,2));
Query OK, 0 rows affected (0.03 sec)

mysql> CREATE TRIGGER ins_sum BEFORE INSERT ON account
    -> FOR EACH ROW SET @sum = @sum + NEW.amount;
Query OK, 0 rows affected (0.02 sec)
```

이 장에서는 트리거를 생성하고 없애는 구문을 설명할 것이며, 트리거를 어떻게 사용하는지에 대한 예문을 보여주기로 한다.

23.1 CREATE TRIGGER 구문

```
CREATE
    [DEFINER = { user | CURRENT_USER }]
    TRIGGER trigger_name trigger_time trigger_event
    ON tbl_name FOR EACH ROW trigger_stmt
```

이 명령문은 새로운 트리거를 생성한다. 트리거는 특정 이벤트가 테이블에 대해 발생할 경우 동작을 하게 된다. CREATE TRIGGER 는 MySQL 5.0.2에 추가된 기능이다. 현재까지는, 트리거를 사용하기 위해서는 SUPER 권한이 필요하다.

트리거는 tbl_name으로 명기된 테이블과 연결되어 있는데, 이것은 영구(Permanent)테이블을 참조하여야 한다. 트리거를 TEMPORARY테이블 또는 하나의 뷰(view)에 연결할 수는 없다.

트리거가 활성화되면, DEFINER 구문은 이 섹션의 후반부에 설명하는 적용 가능한 권한을 판단하게 된다.

- trigger_time : 트리거의 동작 시간으로 트리거를 명령문 실행 전에 활성화 시킬지 또는 실행 후에 활성화 시킬지를 나타내는 BEFORE 또는 AFTER 가 될 수 있다.
- trigger_event : 트리거를 활성화 시키는 명령문의 종류를 나타낸다. 트리거를 활성화 시킬 때 테이블 동작의 형태를 표현하는 것과 같이 SQL명령문의 문자 타입을 표현하지 않는다. 예를 들면, INSERT 트리거는 INSERT 명령문 뿐만 아니라 LOAD DATA명령문에 의해서도 활성화 된다. 이것은 두 가지 명령문이 모두 테이블에 행(row)을 삽입하기 때문이다. trigger_event 는 아래의 명령문중 하나가 될 수 있다:
- INSERT : 트리거는 새로운 행(row)이 테이블 속으로 삽입될 때마다 활성화 된다. 예를 들면, INSERT, LOAD DATA, 및 REPLACE 명령문을 사용하여 활성화된다.
- UPDATE : 트리거는 하나의 행이 수정될 때마다 활성화된다. 예를 들면, UPDATE 명령문을 사용하여 활성화된다.
- DELETE : 트리거는 하나의 행이 테이블에서 삭제될 때마다 활성화 된다. 예를 들면, DELETE 및 REPLACE 명령문을 사용하여 활성화된다.
- INSERT INTO ... ON DUPLICATE KEY UPDATE ... : 혼란스러움을 줄 수 있는 예문이다. BEFORE INSERT 트리거는 모든 행(row)에 대해 활성화가 되는데, AFTER INSERT 또는 BEFORE UPDATE와 AFTER UPDATE가 모두 따라오게 되는데, 행이 이중화 되어 있는지에 따라 쓸 수 있다.
- 동일한 트리거 동작 시간 및 이벤트를 갖는 테이블에 대해서는 두 개의 트리거를 가질 수 없다. 예를 들면, 한 테이블에 대해 두 개의 BEFORE UPDATE 트리거를 가질 수 없다. 하지만, 한 개의 BEFORE UPDATE 와 한 개의 BEFORE INSERT 트리거는 가질 수 있거나, 또는 한 개의 BEFORE UPDATE 와 한 개의 AFTER UPDATE 트리거는 가질 수 있다.
- trigger_stmt : 트리거가 활성화될 때 실행할 수 있는 명령문이다. 만일, 다중 명령문을 실행하고자 한다면, BEGIN ... END 복합 명령문을 구성하여 사용하면 된다. 이것은 스토어드 루틴내에서 사용 가능한 동일한 명령문에서도 적용할 수 있다.
- Note : 현재의 버전에서는, 연속적인 외래 키 동작(cascaded foreign key actions)으로 트리거를 활성화 시킬 수는 없다. 이 제약 사항은 가능한 한 빠른 시간 내에 수정될 예정이다.
- Note : MySQL 5.0.10 이전에는, 이름을 가지고 직접 테이블을 참조할 수는 없었다. MySQL 5.0.10이후에는, 이 예문에서 보듯이, testref 로 명기된 것과 같은 트리거를 사용할 수 있게 된다.

```
CREATE TABLE test1(a1 INT);
CREATE TABLE test2(a2 INT);
CREATE TABLE test3(a3 INT NOT NULL AUTO_INCREMENT PRIMARY KEY);
CREATE TABLE test4(
    a4 INT NOT NULL AUTO_INCREMENT PRIMARY KEY,
    b4 INT DEFAULT 0
);
```

```
DELIMITER |

CREATE TRIGGER testref BEFORE INSERT ON test1
  FOR EACH ROW BEGIN
     INSERT INTO test2 SET a2 = NEW.a1;
     DELETE FROM test3 WHERE a3 = NEW.a1;
     UPDATE test4 SET b4 = b4 + 1 WHERE a4 = NEW.a1;
  END;
:

DELIMITER ;

INSERT INTO test3 (a3) VALUES
    (NULL), (NULL), (NULL), (NULL),
    (NULL), (NULL), (NULL), (NULL);

INSERT INTO test4 (a4) VALUES
    (0), (0), (0), (0), (0), (0), (0), (0);
```

아래의 값을 테이블 test1에 아래와 같이 삽입을 한다고 가정하자:

mysql> INSERT INTO test1 VALUES
    → (1), (3), (1), (7), (1), (8), (4), (4);
Query OK, 8 rows affected (0.01 sec)
Records: 8 Duplicates: 0 Warnings: 0

결과적으로는, 아래와 같이 네 개의 테이블에 데이터가 존재한다.

mysql> SELECT * FROM test1;

a1
1
3
1
7
1
8
4
4

8 rows in set (0.00 sec)

mysql> SELECT * FROM test2;

a2
1
3
1
7
1
8
4
4

8 rows in set (0.00 sec)

mysql> select * from test3;

a3
2
5
6
9
10

5 rows in set (0.00 sec)

mysql> select * from test4;

a4	b4
1	3
2	0
3	1
4	2
5	0
6	0
7	1
8	1
9	0
10	0

10 rows in set (0.00 sec)

23.2 DROP TRIGGER 구문

DROP TRIGGER [schema_name.] trigger_name

이 명령문은 트리거를 드롭(drop) 시킨다. 스키마(데이터베이스)이름은 옵션 사항이다. 만일 스키마가 생략되면, 트리거는 디폴트 스키마로부터 드롭 된다. DROP TRIGGER은 MySQL 5.0.2 에서 추가되었다. DROP TRIGGER를 사용하기 위해서는 SUPER 권한이 요구된다.

> **Note**
>
> MySQL 5.0.10 이전에서는, 스키마 이름(table_name.trigger_name) 대신에 테이블 이름이 필요하였다. MySQL 5의 이전 버전에서 MySQL 5.0.10 또는 그 이상의 버전으로 업그레이드할 때에는, you must drop all triggers 업그레이드를 하기 전에 반드시 모든 트리거를 드롭 시키고 나중에 다시 재 생성시켜야 하며, 그렇게 하지 않으면 DROP TRIGGER 는 업그레이드 후에 동작을 하지 않게 된다.

23.3 트리거 사용하기

MySQL 5.0.10 이전에서는, 스키마 이름(table_name.trigger_name) 대신에 테이블 이름이 필요하였다. MySQL 5의 이전 버전에서 MySQL 5.0.10 또는 그 이상의 버전으로 업그레이드할 때에는, you must drop all triggers 업그레이드를 하기 전에 반드시 모든 트리거를 드롭 시키고 나중에 다시 재 생성시켜야 하며, 그렇게 하지 않으면 DROP TRIGGER 는 업그레이드 후에 동작을 하지 않게 된다.

트리거에 대한 지원은 MySQL 5.0.2에서부터 포함된다. 이 섹션에서는 트리거를 어떻게 사용하는지 그리고 트리거를 사용하는데 있어서 어떤 제약 사항이 있는지에 대해 설명하기로 한다.

트리거는 데이터베이스 오브젝트이고, 테이블과 연관된 이름으로, 테이블에 대해 특정 이벤트가 발생하면 활성화된다. 어떤 트리거는 테이블 안으로 삽입하고자 하는 값을 검사하는 기능을 수행하거나 또는 업데이트에서 호출한 값을 계산하는 기능을 수행한다.

트리거는 테이블과 관련이 있고, 테이블에 대한 INSERT, DELETE 또는 UPDATE 명령문이 실행될 때에 활성화된다. 트리거는 이를 실행하는 명령문의 앞에서 또는 뒤에서 활성화 되도록 설정할 수 있다. 예를 들면, 트리거가 테이블에서 삭제되는 각 줄(row)전에 활성화 되도록 할 수도 있고, 각 줄이 업데이트된 후에 활성화 되도록 할 수도 있다.

트리거를 생성 또는 드롭 시키기 위해서는, CREATE TRIGGER 또는 DROP TRIGGER 명령문을 사용한다.

INSERT명령문에 대한 테이블을 갖는 트리거와 관련된 간단한 예문을 보여주기로 한다. 이 예제의 트리거는 테이블의 칼럼 중 한 개에 삽입된 값을 더하는 연산자의 역할을 한다.

아래의 명령문은 테이블을 생성하고 이에 해당하는 트리거를 만들게 된다:

```
mysql> CREATE TABLE account1 (acct_num INT, amount DECIMAL(10,2));
mysql> CREATE TRIGGER ins_sum1 BEFORE INSERT ON account
    → FOR EACH ROW SET @sum = @sum + NEW.amount;
```

CREATE TRIGGER 명령문은 ins_sum1이라는 이름의 트리거를 생성하며, account라는 테이블과 연관성이 있다. 이것은 또한 트리거의 동작 시간, 트리거가 행하는 이벤트, 그리고 트리거를 활성화 하면서 해야 할 일을 지정 한다:

키워드 BEFORE는 트리거 실행 시간을 나타내며, 이 경우 트리거는 각 줄이 테이블에 삽입되기 전에 실행되어야 한다. 다른 사용 가능한 키워드는 AFTER이다.

키워드 INSERT는 트리거를 실행시키는 이벤트를 가리킨다. 예를 들면, INSERT 명령문은 트리거 실행을 일으킨다. 그리고 DELETE 와 UPDATE 명령문을 위한 트리거도 생성할 수가 있다.

FOR EACH ROW에 따라오는 명령문은 트리거를 활성화시키기 위한 명령문을 정의하는데, 트리거는 명령문에 의해 영향을 받는 각 줄에 한 번씩 발생하게 된다. 예문에서 보면, 트리거가 된 명령문은 amount 칼럼 안으로 삽입되는 값을 합하는 단순한 SET이 된다. 그 명령문은 "새로운 줄 속으로 삽입되어지는 amount 칼럼의 값"을 의미하는 NEW.amount 의 형태로 칼럼을 참조하고 있다. 트리거를 사용하기 위해서는, 누산기 변수를 0으로 설정하고, INSERT 명령문을 실행하고, 그 다음에는 변수의 값이 어떻게 나오는지 보자.

```
mysql> SET @sum = 0;
mysql> INSERT INTO account VALUES(137,14.98),(141,1937.50),(97,-100.00);
mysql> SELECT @sum AS '삽입된 amount의 총합';
```

삽입된 amount의 총합
1852.48

1 row in set (0.00 sec)

이와 같은 경우, INSERT명령문이 실행된 다음에 나오는 @sum 의 값은 14.98 + 1937.50 - 100 = 1852.48이 된다.

트리거를 없애기 위해서는, DROP TRIGGER 명령문을 사용한다. 만일 트리거가 디폴트 스키마에 있지 않으면, 스키마의 이름을 정확히 지정해야 한다. (현재 "haksa" 데이터베이스 내에 있다고 가정하면)

```
mysql> DROP TRIGGER haksa.ins_sum;
```

트리거의 이름은 스키마(데이터베이스) 이름 란에 존재해야 하고, 이것은 하나의 스키마에 있는 트리거들은 서로 다른 이름을 가져야 함을 의미한다. 서로 다른 스키마에 있는 트리거들은 같은 이름을 가져도 된다.

트리거가 하나의 스키마에 대해 중복되지 않는 이름을 가져야 한다는 조건 이외에도, 트리거를 생성하는데 있어서 몇 가지 다른 제약 사항도 있다. 특히, 하나의 테이블에는 동일한 활성화 시간 및 이벤트를 갖는 두 개의 트리거를 가질 수 없다. 예를 들면, 하나의 테이블에 대해 두 개의 BEFORE INSERT 트리거 또는 두 개의 AFTER UPDATE 트리거를 가질 수 없다. 이것은 그다지 중요하지 않은 제약 사항인데, 그 이유는 FOR EACH ROW 다음에 BEGIN ... END 복합 명령문 구성을 사용해서 다중 명령문을 실행하는 트리거를 정의할 수 있기 때문이다. (하나의 예문이 이 섹션 후반부에 있다.)

OLD와 NEW 키워드를 사용해서 트리거에 의해 영향을 받는 행에 있는 칼럼을 활성화 시킬 수 있다. (OLD 와 NEW 는 대소문자 구분을 하지 않음.) INSERT 트리거는 NEW.col_name만을 사용할 수 있고 이전에 삽입된 행(old row)은 없다. DELETE 트리거는 OLD.col_name만을 사용할 수 있고, 새로운 행(new row)은 없다. UPDATE 트리거는 행(row)이 업데이트되기 전에 그 행에 있는 칼럼을 참조하도록 OLD.col_name을 사용할 수 있으며, 행이 업데이트된 후에 그 행에 있는 칼럼을 참조하도록 NEW.col_name을 사용할 수 있다.

OLD로 표시된 칼럼은 읽기 전용(read-only)이다. 만일 SELECT권한이 있다면 참조할 수는 있으나, 수정할 수는 없다. NEW로 표시된 칼럼은 SELECT권한이 있다면 참조될 수 있고, BEFORE 트리거에 있어서는 테이블에 대한 UPDATE권한이 있는 경우에는 SET NEW.col_name = value을 가지고 그 값을 변경할 수 있다. 이것은 트리거를 사용해서 새로운 행에 삽입될 값을 수정할 수 있거나 또는 행을 업데이트할 수 있다는 것을 의미한다.

BEFORE 트리거에 있어서 AUTO_INCREMENT 칼럼에 대한 NEW의 값은 0이 되며, 이 값은 실제로 새로운 데이터가 삽입될 때 나오게 되는 자동 생성 시퀀스 숫자는 아니다.

OLD와 NEW는 트리거에 대한 MySQL의 확장 기능이다.

BEGIN ... END 명령문 구성을 사용해서 다중 명령문을 실행하는 트리거를 정의할 수 있다. BEGIN 블록 안에서는 조건문과 루프와 같은 스토어드 루틴 안에서 사용 가능한 다른 신텍스를 사용할 수도 있다. 하지만, 스토어드 루틴에 대한 것과 마찬가지로 MySQL 프로그램을 사용해서 다중 명령문을 실행하는 트리거를 정의하고자 한다면, 트리거 정의에서 명령문 구획 문자를 사용하기 위해서는 MySQL명령문 구획 문자(delimiter)를 재 정의하는 것이 필요하다. 다음의 예문은 이런 점을 표현한 것이다. 여기에서 UPDATE 트리거는 각 행의 업데이트에 사용되는 새로운 값을 검사하도록 정의되며, 그 값이 0에서부터 100의 범위 내에 있도록 수정한다. BEFORE 트리거를 사용하는 이유는 값이 행을 업데이트하기 전에 검사되어야 하기 때문이다.

```
mysql> delimiter //
mysql> CREATE TRIGGER upd_check BEFORE UPDATE ON account
    -> FOR EACH ROW
    -> BEGIN
    -> IF NEW.amount < 0 THEN
    -> SET NEW.amount = 0;
    -> ELSEIF NEW.amount > 100 THEN
    -> SET NEW.amount = 100;
    -> END IF;
    -> END;//
mysql> delimiter ;
```

이렇게 하면 스토어드 프로시저를 개별적으로 정의하고, 간단한 CALL명령문을 사용하여 트리거를 호출하는 것은 더 쉽게 할 수 있다. 이것은 또한 몇몇 트리거 내에서 동일한 루틴을 호출하고자 할 경우에 장점을 가지게 된다.

트리거가 활성화 될 때 실행하는 명령문에는 몇 가지 제약 사항이 존재한다.

트리거는 데이터를 클라이언트에 돌려주는 스토어드 프로시저 또는 동적(dynamic)SQL을 사용하는 스토어드 프로시저를 호출하는 CALL명령문은 사용할 수 없다. (스토어드 프로시저가 OUT 또는 INOUT파라미터를 통해서 데이터를 트리거에 돌려주는 것은 허용된다.)

트리거는 START TRANSACTION, COMMIT, 또는 ROLLBACK과 같은 확정적(explicitly)으로 또는 암시적(implicitly)으로 트랜잭션을 시작 또는 종료하는 명령문은 사용할 수 없다.

- MySQL 5.0.10 이전 버전에서는, 트리거는 이름을 가지고 테이블 직접 참조를 할 수 없었다.
- MySQL은 트리거 실행 동안에 발생하는 에러를 아래와 같이 처리한다.

- BEFORE 트리거가 실패(fails)할 경우, 이에 대응하는 행에 대한 동작은 수행되지 않는다.
- AFTER 트리거는 BEFORE 트리거가 존재하는 경우와 행에 대한 동작 모두 성공적으로 실행될 경우에만 실행된다.
- BEFORE 또는 AFTER 트리거의 실행 동안 발생되는 에러는 트리거 호출을 일으키는 전체 명령문의 실패를 일으킨다.

트랜잭션 테이블에 대해서는, 트리거의 실패(이에 따른 전체 명령문 실패)는 명령문에 의해 진행된 변경된 모든 데이터는 롤백을 일으키게 된다. 비 트랜잭션 테이블(non-transactional tables)에 대해서는, 이러한 롤백은 일어날 수 없으며, 따라서 비록 명령문이 실패한다 하더라도, 에러가 발생한 시점 이전에 진행된 어떠한 데이터 변경도 그대로 유지된다.

부록

부록

1. BNF

본서의 여러 곳에서 모든 SQL 명령문과 공통 요소의 구문을 설명하기 위해서 형식적 표현 방법을 사용하였다. 이러한 표현법을 Backus Naur Form(BNF)라 한다. 사용되는 메타기호(metasymbol)의 의미는 SQL 표준에 있는 메타기호에 근거를 두고 있다. BNF는 일련의 기호로 구성된 치환 규칙(substitution rule) 또는 생성 규칙(production rule)의 언어를 사용하고 있다. 하나의 기호(symbol)는 각 생성 규칙으로 정의된다. 예를 들면, SQL 명령문에서 기호는 테이블 또는 콜론(:)이라 할 수 있다. 단말 기호(terminal symbol)는 기호의 특별한 종류이다. 단말 기호를 제외한 모든 기호는 생성 규칙에서 다른 기호의 항목으로 정의된다. 단말 기호의 예는 단어 CLOSE와 세미콜론이다.

생성 규칙은 다른 곳에서 정의된 원소를 사용하여 다시 정의된 원소의 정의라 할 수 있다. 이러한 경우에 원소는 기호와 동일하다.

다음의 메타기호는 SQL 언어의 일부를 구성하지는 않지만 SQL을 표현 방법으로 사용된다.

- 〈 〉
- ::=
- |
- [ ]
- ...
- { }
- "

위의 기호에 대하여 살펴보자.

- **〈 와 〉 기호**

비단말 기호는 〈 〉으로 표현된다. 생성 규칙은 모든 비단말 기호를 갖고 있다. 이러한 비단말 기호 명칭은 소문자로 나타낸다. 비단말 기호의 예는 〈select statement〉 와 〈table name〉이다.

- **::= 기호**

::= 기호는 생성 규칙에서 정의(::= 기호의 오른쪽)로부터 정의된(::= 기호의 왼쪽) 비단말 기호를 분리하기 위해서 사용된다. ::= 기호를 읽을 때는 "으로 정의 된다"라고 한다. 다음의 CLOSE 명령문에 관한 생성 규칙의 예제를 보아라.

〈close statement〉 ::= CLOSE 〈cursor name〉

설명 : CLOSE 명령문은 단말 기호 CLOSE와 그 다음에 있는 비단말 기호인 cursor name 이름으로 구성되어 있다. 여기에는 〈cursor name〉에 대한 생성 규칙이 있다.

- **| 기호**

선택은 | 기호로 표현된다. 다음에는 원소 〈character〉에 대한 생성 규칙의 예를 보여주고 있다.

〈character〉 ::= 〈digit〉 | 〈letter〉 | 〈special sysmbol〉

- **[와] 기호**

대괄호 내부에는 무엇인가 위치하면 사용할 수도 있다는 것이다. 다시 말하면 필요 없다면 생략할 수 있다는 것이다. 여기에는 ROLLBACK 명령문에 관한 생성 규칙을 보여주고 있다.

〈rollback statement〉 ::= ROLLBACK [WORK]

설명 : ROLLBACK 명령문은 항상 ROLLBACK이라는 단어로 구성되고 선택으로 WORK라는 단어를 사용할 수 있다.

- **... 기호**

생략 기호는 무엇인가 한 번 이상 반복된다는 것을 나타낸다. 여기서 보여주는 예제는 정수에 대한 생성 규칙이다.

〈integer〉 ::= 〈digit〉 ...

설명 : 정수는 일련의 숫자(최소한 하나 이상)로 구성된다.

- **{ 와 } 기호**

중괄호로 감싼 모든 기호는 그룹을 구성한다. 예를 들면, | 기호함께 사용된 중괄호는 선택 대상이 무엇인지 명확하게 보여준다. 다음 예제는 FROM 절에 대한 생성 규칙이다.

⟨from clause⟩ ::= FROM ⟨table name⟩ [{, ⟨table reference⟩ } ...]

설명 : FROM 절은 단말 기호 FROM으로 시작되고 그 다음에 적어도 하나의 테이블 참조가 뒤따른다. 이 테이블 참조와 함께 원소 목록이 따라오는데, 각 원소 목록은 콤마로 분리되어 있다. 그리고 이때 콤마는 SQL의 일부이며 BNF 표현 방법이 아니다.

설명 : FROM 절은 단말 기호 FROM으로 시작되고 그 다음에 적어도 하나의 테이블 참조가 뒤따른다. 이 테이블 참조와 함께 원소 목록이 따라오는데, 각 원소 목록은 콤마로 분리되어 있다. 그리고 이때 콤마는 SQL의 일부이며 BNF 표현 방법이 아니다.

- **" 기호**

" 기호와 같은 일부 메타 기호는 SQL 명령문 자체의 특별한 부분이다. 잘못 이해하는 것을 피하기 위해서 이 기호는 이중 인용 부호로 감싼다. 특히, 이는 SQL에서 사용된 " 기호의 의미는 생성 규칙에서 """으로 표현된다.

- **그밖의 내용**

(1) 대문자로 표현된 것은 표현 방법의 일부가 아니므로 변경할 수 없다.

(2) 생성 규칙의 우측 부분에 있는 기호의 순서는 고정되어 있다.

(3) 생성 규칙에 있는 공백은 중요하지 않다. 일반적으로, 생성 규칙을 이해하기 쉽게 할 수 있도록 할 뿐이다. 따라서 다음의 생성 규칙을 동일하다.

⟨alphanumeric literal⟩ ::= ' [⟨character⟩ ...] '

그리고

⟨alphanumeric literal⟩ ::= '[⟨character⟩ ...]'

2. SQL 예약어와 ASCII 문자 집합

각 프로그래밍 언어와 데이터베이스 언어(SQL)는 예약어 또는 키워드(keyword)를 제공한다. 예를 들면, SQL은 SELECT와 CREATE를 알고 있다. 대부분 SQL 제품에서 이러한 예약어는 테이블, 열, 뷰, 사용자 등의 데이터베이스 객체로는 사용할 수 없다. 각 제품은 고유의 예약어 집합을 가지고 있다. 목록은 ISO SQL1 표준에서 정의된 목록이다.

따라서 사용자는 다음과 같은 규칙에 따라 데이터베이스의 객체 이름을 사용해야 한다.

- 예약어 리스트에 나타난 이름이 아닐지라도 하나의 문자로 구성된 단어를 사용하지 않는 것이 좋다.
- 예약어 목록에 있는 이름의 생략형 이름을 사용하는 것을 피하라. 예를 들면, DATA와 같은 이름은 DATABASE에 나타나 있기 때문이다.
- 예약어 목록에 있는 단어를 변경하여 사용하는 것을 피하라.

2.1 SQL1 표준예약어

ADD	ALL	ALTER	ANALYZE
AND	AS	ASC	ASENSITIVE
BEFORE	BETWEEN	BIGINT	BINARY
BLOB	BOTH	BY	CALL
CASCADE	CASE	CHANGE	CHAR
CHARACTER	CHECK	COLLATE	COLUMN
CONDITION	CONNECTION	CONSTRAINT	CONTINUE
CONVERT	CREATE	CROSS	CURRENT_DATE
CURRENT_TIME	CURRENT_TIMESTAMP	CURRENT_USER	CURSOR
DATABASE	DATABASES	DAY_HOUR	DAY_MICROSECOND
DAY_MINUTE	DAY_SECOND	DEC	DECIMAL
DECLARE	DEFAULT	DELAYED	DELETE
DESC	DESCRIBE	DETERMINISTIC	DISTINCT
DISTINCTROW	DIV	DOUBLE	DROP
DUAL	EACH	ELSE	ELSEIF
ENCLOSED	ESCAPED	EXISTS	EXIT
EXPLAIN	FALSE	FETCH	FLOAT
FLOAT4	FLOAT8	FOR	FORCE
FOREIGN	FROM	FULLTEXT	GOTO
GRANT	GROUP	HAVING	HIGH_PRIORITY
HOUR_MICROSECOND	HOUR_MINUTE	HOUR_SECOND	IF
IGNORE	IN	INDEX	INFILE

INNER	INOUT	INSENSITIVE	INSERT
INT	INT1	INT2	INT3
INT4	INT8	INTEGER	INTERVAL
INTO	IS	ITERATE	JOIN
KEY	KEYS	KILL	LABEL
LEADING	LEAVE	LEFT	LIKE
LIMIT	LINES	LOAD	LOCALTIME
LOCALTIMESTAMP	LOCK	LONG	LONGBLOB
LONGTEX	LOOP	LOW_PRIORITY	MATCH
MEDIUMBLOB	MEDIUMINT	MEDIUMTEXT	MIDDLEINT
MINUTE_MICROSECOND	MINUTE_SECOND	MOD	MODIFIES
NATURAL	NOT	NO_WRITE_TO_BINLOG	NULL
NUMERIC	ON	OPTIMIZE	OPTION
OPTIONALLYOR	ORDER	OUT	OUTER
OUTFILE	PRECISION	PRIMARY	PROCEDURE
PURGE	RAID0	READ	READS
REAL	REFERENCES	REGEXP	RELEASE
RENAME	REPEAT	REPLACE	REQUIRE
RESTRICT	RETURN	REVOKE	RIGHT
RLIKE	SCHEMA	SCHEMAS	SECOND_MICROSECOND
SELECT	SENSITIVE	SEPARATOR	SET
SHOW	SMALLINT	SONAME	SPATIAL
SPECIFIC	SQL	SQLEXCEPTION	SQLSTATE
SQLWARNING	SQL_BIG_RESULT	SQL_CALC_FOUND_ROWS	SQL_SMALL_RESULT
SSL	STARTING	STRAIGHT_JOIN	TABLE
TERMINATED	THEN	TINYBLOB	TINYINT
TINYTEXT	TO	TRAILING	TRIGGER
TRUE	UNDO	UNION	UNIQUE
UNLOCK	UNSIGNED	UPDATE	USAGE
USE	USING	UTC_DATE	UTC_TIME
UTC_TIMESTAMP	VALUES	VARBINARY	VARCHAR
VARCHARACTER	VARYING	WHEN	WHERE
WHILE	WITH	WRITE	X509
XOR	YEAR_MONTH	ZEROFILL	

2.2 SQL 명령문의 구문 정의

MySQL에서 지원되는 모든 SQL 명령문의 정의를 보여주고 있다. 이는 자료형과 같은 어떤 정의는 앞 장에서 설명했던 것과 약간의 차이가 있다. 수식과 조건과 같은 어떤 공통 원소는 여러 명령문에서 사용된다. 만약 한 원소가 오직 한 명령문에만 포함된다면 이는 명령문과 함께 이 절에 포함된다.

   4.2.1절에서 SQL 명령문의 집합을 설명하였다. 이러한 집합은 3개의 단위로 나누어질 수 있는데, 이는 DDL, DML, DCL 명령문이다. 그리고 제 20 장에서 실행가능한 명령문과 실행 불가능한 명령문 간의 차이점을 설명하였다. 이 절에서는 각 단위에 포함된 명령문을 설명한다.

SQL statement
⟨sql statement⟩ ::=
    ⟨executable statement⟩　　　|
    ⟨non-executable statement⟩

Executable statement
⟨executable statement⟩ ::=
    ⟨ddl statement⟩　　　|
    ⟨dml statement⟩　　　|
    ⟨dcl statement⟩

DDL statement
⟨ddl statement⟩ ::=
    ⟨alter table statement⟩　　　|
    ⟨comment statement⟩　　　|
    ⟨create index statement⟩　　　|
    ⟨create schema statment⟩　　　|
    ⟨create synonym statement⟩　　　|
    ⟨create table statement⟩　　　|
    ⟨create view statement⟩　　　|
    ⟨drop index statement⟩　　　|
    ⟨drop schema statement⟩　　　|
    ⟨drop synonym statement⟩　　　|
    ⟨drop table statement⟩　　　|
    ⟨drop view statement⟩　　　|
    ⟨rename statement⟩

DML statement
⟨dml statement⟩ ::=
    ⟨close statement⟩　　　|
    ⟨commit statement⟩　　　|
    ⟨delete statement⟩　　　|

⟨execute immediate statement⟩ |
⟨fetch statement⟩ |
⟨insert statement⟩ |
⟨lock table statement⟩ |
⟨open statement⟩ |
⟨rollback statement⟩ |
⟨savepoint statement⟩ |
⟨select statement⟩ |
⟨select into statement⟩ |
⟨update statement⟩

DCL statement
⟨dcl statement⟩ ::=
    ⟨connect schema statement⟩ |
    ⟨disconnect schema statement⟩ |
    ⟨grant statement⟩ |
    ⟨revoke statement⟩

Non-executable statement
⟨non-executable statement⟩ ::=
    ⟨begin declare statement⟩ |
    ⟨declare statement⟩ |
    ⟨end declare statement⟩ |
    ⟨include statement⟩ |
    ⟨whenever statement⟩

2.3 Definitions of SQL statement

이 절은 MySQL에서 지원되는 모든 SQL 명령문의 정의를 보여주고 있다.

Alter table statement
⟨alter table statement⟩ ::=
    ALTER TABLE ⟨table specification⟩
    ADD ⟨column name⟩ ⟨data type⟩

Close statement
⟨close statement⟩ ::= CLOSE ⟨cursor name⟩

Comment statement

〈comment statement〉 ::=
    COMMENT ON 〈documentation object〉
    IS 〈alphanumeric literal〉

〈documentation object〉 ::=
    TABLE 〈table specification〉 |
    COLUMN 〈column specification〉

Commit statement

〈commit statement〉 ::= COMMIT [WORK]

Create index statement

〈create index statement〉 ::=
    CREATE [UNIQUE] INDEX 〈index name〉
    ON 〈table specification〉
    (〈column in index〉 [{, 〈column in index〉 } ...])

〈column in index〉 ::= 〈column name〉 [ASC | DESC]

Create synonym statement

〈create synonym statement〉 ::=
    CREATE SYNONYM 〈table name〉 FOR 〈table specification〉

Create table statement

〈create table statement〉 ::=
    CREATE TABLE 〈table name〉 〈table schema〉

〈table schema〉 ::=
    (〈column definition〉 [{,〈column definition〉}...]
    [〈primary key〉]
    [〈foreign key〉...])

〈column definition〉 ::=
    〈column name〉 〈data type〉
    [NOT NULL [〈alternate key〉]]

〈alternate key〉 ::= UNIQUE

〈primary key〉 ::= PRIMARY KEY 〈column list〉

⟨foreign key⟩ ::=
    FOREIGN KEY ⟨column list⟩ ⟨referential specification⟩

⟨referential specification⟩ ::=
    REFERENCES ⟨table specification⟩ [⟨column list⟩]
    [⟨referential action⟩]

⟨referential action⟩ ::=
    ON { UPDATE | DELETE } {CASCADE | RESTRICT | SET NULL}

Create view statement
⟨create view statement⟩ ::=
    CREATE VIEW ⟨viewname⟩
    [⟨column list⟩] AS
    ⟨query expression⟩
    [WITH CHECK OPTION]

⟨for update clause⟩ ::=
    FOR UPDATE OF ⟨column name⟩ [{,⟨column name⟩}…]

Delete statement
⟨delete statement⟩ ::=
    DELETE
    FROM ⟨table specification⟩
    [WHERE {⟨condition⟩ | CURRENT OF ⟨cursor name⟩}]

Drop index statement
⟨drop index statement⟩ ::=
    DROP INDEX ⟨index name⟩

Drop synonym statement
⟨drop synonym statement⟩ ::=
    DROP SYNONYM ⟨table specification⟩

Drop table statement
⟨drop table statement⟩ ::=
    DROP TABLE ⟨table specification⟩

Drop view statement

⟨drop view statement⟩ ::=
    DROP VIEW ⟨table specification⟩

Execute immediate statement

⟨execute immediate statement⟩ ::=
    EXECUTE IMMEDIATE ⟨variable⟩

Fetch statement

⟨fetch statement⟩ ::=
    FETCH ⟨cursor name⟩
    INTO ⟨variable list⟩

Grant statement

⟨grant statement⟩ ::=
    GRANT ⟨table privileges⟩
    ON [TABLE] ⟨table specification⟩
    TO ⟨grantees⟩
    [WITH GRANT OPTION]

Include statement

⟨include statement⟩ ::= INCLUDE ⟨file⟩

Insert statement

⟨insert statement⟩ ::=
    INSERT INTO ⟨table specification⟩ [⟨column list⟩]
    {VALUES(⟨expression⟩ [{,⟨expression⟩}...]) | ⟨query expression⟩}

Lock statement

⟨lock table statement⟩ ::=
    LOCK TABLE ⟨table specification⟩
    IN ⟨lock type⟩ MODE

⟨lock type⟩ ::= SHARE | EXCLUSIVE

Open statement

⟨open statement⟩ ::= OPEN ⟨cursor name⟩

Rename statement

⟨rename statement⟩ ::=

RENAME 〈table specification〉 TO 〈table name〉

Revoke statement
〈revoke statement〉 ::=
　　　REVOKE 〈table privileges〉
　　　ON [TABLE] 〈table specification〉
　　　FROM 〈grantees〉

Rollback statement
〈rollback statement〉 ::=
　　　ROLLBACK [WORK] [TO [SAVEPOINT] 〈savepoint name〉]

Savepoint statement
〈savepoint statement〉 ::= SAVEPOINT 〈savepoint name〉

Select statement
〈select statement〉 ::=
　　　〈query expression〉
　　　[〈order by clause〉 | 〈save to clause〉]
〈save to clause〉 ::= SAVE TO 〈file〉

Select into statement
〈select into statement〉 ::=
　　　〈Select clause〉
　　　〈into clause〉
　　　〈from clause〉
　　　[〈where clause〉]
　　　[〈group by clause〉
　　　[〈having clause〉]]

Update statement
〈update statement〉 ::=
　　　UPDATE 〈table specification〉
　　　SET 〈update〉 [, 〈update〉] ...]
　　　[WHERE {〈condition〉 | CURRENT OF 〈cursor name〉 }] |

〈update〉 ::= 〈column name〉 = 〈expression〉

2.4 Common elements

다양한 SQL 명령문에서 사용되는 일반적인 공통 원소를 보여주고 있다.

⟨alphanumeric data type⟩ ::=
      CHAR [(⟨length⟩)] |
  VARCHAR2 [(⟨length⟩)] |
      CHARACTER [(⟨length⟩)] |
      MEMO

⟨alphanumeric expression⟩ ::=
      ⟨alphanumeric literal⟩ |
      ⟨column specification⟩ |
      ⟨system variable⟩ |
      ⟨variable⟩ |
      ⟨scalar function⟩ |
      ⟨statistical function⟩ |
      ⟨numeric expression⟩ |
      NULL |
      ⟨alphanumeric expression⟩ + ⟨alphanumeric expression⟩

⟨alphanumeric⟩ ::= ' [⟨character⟩ ...] '

⟨any all operator⟩ ::= ⟨comparison operator⟩ {ANY | ALL}

⟨character⟩ ::= ⟨digit⟩ | ⟨letter⟩ | ⟨special symbol⟩ | "

⟨column heading⟩ ::= "⟨⟨" ⟨name⟩ "⟩⟩"

⟨column list⟩ ::= (⟨column name⟩ [{,⟨column name⟩} ...]

⟨column specification⟩ ::= [⟨table specification⟩ .] ⟨column name⟩

⟨comparison operator⟩ ::= = | ⟨ | ⟩ | ⟨= | ⟩= | ⟨⟩

⟨condition⟩ ::=
    ⟨predicate⟩ |
    ⟨predicate⟩ OR ⟨predicate⟩ |
    ⟨predicate⟩ AND ⟨predicate⟩ |
    (⟨condition⟩) |
    NOT ⟨condition⟩

⟨data type⟩ ::=
    ⟨numeric data type⟩ |
    ⟨alphanumeric data type⟩ |
    ⟨data data type⟩ |
    ⟨logical data type⟩

⟨data data type⟩ ::= DATE

⟨date expression⟩ ::=
    ⟨data literal⟩ |
    ⟨column specification⟩ |
    ⟨system variable⟩ |
    ⟨variable⟩ |
    ⟨scalar function⟩ |
    ⟨statistical function⟩ |
    (⟨date expression⟩) |
    ⟨date expression⟩ { + | - } ⟨numeric expression⟩ |
    ⟨numeric expression⟩ + ⟨date expression⟩ |
    NULL

⟨data literal⟩ ::= '⟨month⟩ / ⟨day⟩ / ⟨year⟩ '

⟨day⟩ ::= ⟨digit⟩ [⟨digit⟩]

⟨decimal literal⟩ ::=
    [+ | -] ⟨integer⟩ [. ⟨integer⟩] |

```
           [ + | - ] 〈integer〉.  |
           [ + | - ] . 〈integer〉
```

〈directory path〉 ::= \ 〈file〉 [{\〈file〉} ...]
〈exponent〉 ::= 〈integer literal〉

〈expression〉 ::=
    〈numeric expression〉 |
    〈alphanumeric expression〉 |
    〈date expression〉 |
    〈logical expression〉

〈expression list〉 ::= (〈expression〉 [{,〈expression〉}...])

〈file〉 ::= 〈file name〉 [. 〈file type〉]

〈floating point literal〉 ::= 〈mantissa〉 { E | e } 〈exponent〉

〈from clause〉 ::= FROM 〈table reference〉 [{,〈table reference〉}...]

〈grantees〉 ::= PUBLIC | 〈user〉 [{,〈user〉}...]

〈group by clause〉 ::=
    GROUP BY 〈column specification〉 [{,〈table specification〉}...]

〈having clause〉 ::= HAVING 〈condition〉

〈integer〉 ::= 〈digit〉 ...

〈integer literal〉 ::= { + | -] 〈integer〉

〈into clause〉 ::= INTO 〈variable list〉

⟨length⟩ ::= ⟨integer⟩

⟨literal⟩ ::=
    ⟨numeric literal⟩ |
    ⟨alphanumeric literal⟩ |
    ⟨date literal⟩ |
    ⟨logical literal⟩

⟨logical data type⟩ ::= LOGICAL

⟨logical expression⟩ ::=
    ⟨logical literal⟩ |
    ⟨column specification⟩ |
    ⟨scalar function⟩ |
    ⟨statistical function⟩ |
    ⟨condition⟩ |
    ⟨variable⟩

⟨logical literal⟩ ::= .T. | .t. | .F. | .f.

⟨mantissa⟩ ::= ⟨decimal literal⟩

⟨mathematical operator⟩ ::= * | / | + | -

⟨month⟩ ::= ⟨digit⟩ [⟨digit⟩]

⟨null indicator⟩ ::= ⟨variable⟩

⟨numeric data type⟩ ::=
    SMALLINT |
    INT |
    INTEGER |
    DEC [(⟨precision⟩ [,⟨scale⟩)] |

```
        DECIMAL [ ( ⟨precision⟩ [ ,⟨scale⟩ ) ] |
        NUMERIC [ ( ⟨precision⟩ [ ,⟨scale⟩ ) ]
```

⟨numeric expression⟩ ::=
    ⟨numeric literal⟩ |
    ⟨column specification⟩ |
    ⟨system variable⟩ |
    ⟨variable⟩ |
    ⟨scalar function⟩ |
    ⟨statistical function⟩ |
    [+ | -] ⟨numeric expression⟩ |
    (⟨numeric expression⟩) |
⟨numeric expression⟩ ⟨mathematical operator⟩ ⟨numeric expression⟩ |
    ⟨date expression⟩ - ⟨date expression⟩ |
    ⟨alphanumeric expression⟩ |
    NULL

⟨numeric literal⟩ ::=
    ⟨integer literal⟩ |
    ⟨decimal literal⟩ |
    ⟨floating point literal⟩

⟨order by clause⟩ ::=
    ORDER BY ⟨sort specification⟩ [{,⟨sort specification⟩} ...]

⟨parameter⟩ ::= ⟨expression⟩
    ⟨precision⟩ ::= ⟨integer⟩

⟨predicate⟩ ::=
    ⟨expression⟩ ⟨any all operator⟩ ⟨subquery⟩ |
    ⟨expression⟩ [NOT] BETWEEN ⟨expression⟩ AND ⟨expression⟩ |
    EXISTS ⟨subquery⟩ |
    ⟨expression⟩ [NOT] IN ⟨expression list⟩ |

⟨expression⟩ [NOT] IN ⟨subquery⟩ |
⟨expression⟩ [NOT] LIKE ⟨expression⟩ |
⟨expression⟩ IS [NOT] NULL |
⟨expression⟩ ⟨comparison operator⟩ ⟨expression⟩ |
⟨expression⟩ ⟨comparison operator⟩ ⟨subquery⟩ |
⟨logical expression⟩

⟨query expression⟩ ::=
    ⟨select block⟩ |
    ⟨query expression⟩ ⟨set operator⟩ ⟨query expression⟩ |
    (⟨query expression⟩)

⟨scalar function⟩ ::=
    ⟨function name⟩ ([⟨parameter⟩ [{,⟨parameter⟩}...]])

⟨scale⟩ ::= ⟨integer⟩

⟨select block⟩ ::=
    ⟨select clause⟩
    ⟨from clause⟩
    [⟨where clause⟩]
    [⟨group clause⟩
    [⟨having clause⟩]]

⟨select clause⟩ ::=
SELECT [DISTINCT | ALL] ⟨select element list⟩

⟨select element⟩ ::=
    ⟨expression⟩ [⟨column heading⟩] |
    ⟨table specification⟩.* |
    ⟨correlation name⟩.*

⟨select element list⟩ ::=
    ⟨select element⟩ [{,⟨select element⟩}...] | *

⟨set operator⟩ ::= UNION

⟨sort specification⟩ ::=
{ ⟨column specification⟩ | ⟨sequence number⟩ } [ASC | DESC]

⟨statistical function⟩ ::=
    COUNT ([DISTINCT | ALL] { * | ⟨expression⟩ }) |
    MIN ([DISTINCT | ALL] ⟨expression⟩) |
    MAX ([DISTINCT | ALL] ⟨expression⟩) |
    SUM ([DISTINCT | ALL] ⟨expression⟩) |
    AVG ([DISTINCT | ALL] ⟨expression⟩)

⟨subquery⟩ ::= (⟨query expression⟩)

⟨system variable⟩ ::= USER

⟨table privilege⟩ ::=
ALTER | DELETE | INDEX | INSERT | SELECT | UPDATE [⟨column list⟩]

⟨table privileges⟩ ::=
    ALL [PRIVILEGES] |
    ⟨table privilege⟩ [{,⟨table privilege⟩}...]

⟨table reference⟩ ::= ⟨table specification⟩ [⟨pseudonym⟩]

⟨table specification⟩ ::= ⟨table name⟩

⟨variable⟩ ::= ":" ⟨variable name⟩
⟨variable element⟩ ::= ⟨variable⟩ [⟨null indicator⟩]

⟨variable list⟩ ::= ⟨variable element⟩ [{,⟨variable element⟩}...]

⟨where clause⟩ ::= WHERE ⟨condition⟩

⟨year⟩ ::= ⟨digit⟩ [⟨digit⟩]

2.5 ASCII 문자 집합

10진수	16진수	2진수	ASCII	문자
0	00	0000 0000	NUL	Ctrl + 1
1	01	0000 0001	SOH	Ctrl + A
2	02	0000 0010	STX	Ctrl + B
3	03	0000 0011	ETX	Ctrl + C
4	04	0000 0100	EOT	Ctrl + D
5	05	0000 0101	ENQ	Ctrl + E
6	06	0000 0110	ACK	Ctrl + F
7	07	0000 0111	BEL	Ctrl + G
8	08	0000 1000	BS	Ctrl + H, BackSpace
9	09	0000 1001	HT	Ctrl + I, Tab
10	0A	0000 1010	LF	Ctrl + J, Line Feed
11	0B	0000 1011	VT	Ctrl + K
12	0C	0000 1100	FF	Ctrl + L
13	0D	0000 1101	CR	Ctrl + M, Return
14	0E	0000 1110	SO	Ctrl + N
15	0F	0000 1111	SI	Ctrl + O
16	10	0001 0000	DLE	Ctrl + P
17	11	0001 0001	DC1	Ctrl + Q
18	12	0001 0010	DC2	Ctrl + R
19	13	0001 0011	DC3	Ctrl + S
20	14	0001 0100	DC4	Ctrl + T
21	15	0001 0101	NAK	Ctrl + U
22	16	0001 0110	SYN	Ctrl + V
23	17	0001 0111	ETB	Ctrl + W
24	18	0001 1000	CAN	Ctrl + X
25	19	0001 1001	EM	Ctrl + Y
26	1A	0001 1010	SUB	Ctrl + Z, EOF
27	1B	0001 1011	ESC	ESC, Escape
28	1C	0001 1100	FS	Ctrl + ₩
29	1D	0001 1101	GS	Ctrl +]
30	1E	0001 1110	RS	Ctrl + =
31	1F	0001 1111	US	Ctrl + -
32	20	0010 0000	SP	SPACE
33	21	0010 0001	!	!
34	22	0010 0010	"	"
35	23	0010 0011	#	#
36	24	0010 0100	$	$
37	25	0010 0101	%	%
38	26	0010 0110	&	&
39	27	0010 0111	'	'

10진수	16진수	2진수	ASCII	문자
40	28	0010 1000	(	(
41	29	0010 1001	)	)
42	2A	0010 1010	*	*
43	2B	0010 1011	+	+
44	2C	0010 1100	,	,
45	2D	0010 1101	−	−
46	2E	0010 1110	.	.
47	2F	0010 1111	/	/
48	30	0011 0000	0	0
49	31	0011 0001	1	1
50	32	0011 0010	2	2
51	33	0011 0011	3	3
52	34	0011 0100	4	4
53	35	0011 0101	5	5
54	36	0011 0110	6	6
55	37	0011 0111	7	7
56	38	0011 1000	8	8
57	39	0011 1001	9	9
58	3A	0011 1010	:	:
59	3B	0011 1011	;	;
60	3C	0011 1100	<	<
61	3D	0011 1101	=	=
62	3E	0011 1110	>	>
63	3F	0011 1111	?	?
64	40	0100 0000	@	@
65	41	0100 0001	A	A
66	42	0100 0010	B	B
67	43	0100 0011	C	C
68	44	0100 0100	D	D
69	45	0100 0101	E	E
70	46	0100 0110	F	F
71	47	0100 0111	G	G
72	48	0100 1000	H	H
73	49	0100 1001	I	I
74	4A	0100 1010	J	J
75	4B	0100 1011	K	K
76	4C	0100 1100	L	L
77	4D	0100 1101	M	M
78	4E	0100 1110	N	N
79	4F	0100 1111	O	O
80	50	0101 0000	P	P
81	51	0101 0001	Q	Q
82	52	0101 0010	R	R

10진수	16진수	2진수	ASCII	문자
83	53	0101 0011	S	S
84	54	0101 0100	T	T
85	55	0101 0101	U	U
86	56	0101 0110	V	V
87	57	0101 0111	W	W
88	58	0101 1000	X	X
89	59	0101 1001	Y	Y
90	5A	0101 1010	Z	Z
91	5B	0101 1011	[	[
92	5C	0101 1100	₩	₩
93	5D	0101 1101	]	]
94	5E	0101 1110	^	^
95	5F	0101 1111	_	_
96	60	0110 0000	`	`
97	61	0110 0001	a	a
98	62	0110 0010	b	b
99	63	0110 0011	c	c
100	64	0110 0100	d	d
101	65	0110 0101	e	e
102	66	0110 0110	f	f
103	67	0110 0111	g	g
104	68	0110 1000	h	h
105	69	0110 1001	i	i
106	6A	0110 1010	j	j
107	6B	0110 1011	k	k
108	6C	0110 1100	l	l
109	6D	0110 1101	m	m
110	6E	0110 1110	n	n
111	6F	0110 1111	o	o
112	70	0111 0000	p	p
113	71	0111 0001	q	q
114	72	0111 0010	r	r
115	73	0111 0011	s	s
116	74	0111 0100	t	t
117	75	0111 0101	u	u
118	76	0111 0110	v	v
119	77	0111 0111	w	w
120	78	0111 1000	x	x
121	79	0111 1001	y	y
122	7A	0111 1010	z	z
123	7B	0111 1011	{	{
124	7C	0111 1100	|	|
125	7D	0111 1101	}	}

10진수	16진수	2진수	ASCII	문자
126	7E	0111 1110	~	~
127	7F	0111 1111	Del	Del
128	80	1000 0000	Ç	Ç
129	81	1000 0001	ü	ü
130	82	1000 0010	é	é
131	83	1000 0011	â	â
132	84	1000 0100	ä	ä
133	85	1000 0101	à	à
134	86	1000 0110	å	å
135	87	1000 0111	ç	ç
136	88	1000 1000	ê	ê
137	89	1000 1001	ë	ë
138	8A	1000 1010	è	è
139	8B	1000 1011	ï	ï
140	8C	1000 1100	î	î
141	8D	1000 1101	ì	ì
142	8E	1000 1110	Ä	Ä
143	8F	1000 1111	Å	Å
144	90	1001 0000	É	É
145	91	1001 0001	æ	æ
146	92	1001 0010	Æ	Æ
147	93	1001 0011	ô	ô
148	94	1001 0100	ö	ö
149	95	1001 0101	ò	ò
150	96	1001 0110	û	û
151	97	1001 0111	ù	ù
152	98	1001 1000	ÿ	ÿ
153	99	1001 1001	Ö	Ö
154	9A	1001 1010	Ü	Ü
155	9B	1001 1011	¢	¢
156	9C	1001 1100	£	£
157	9D	1001 1101	¥	¥
158	9E	1001 1110	Pt	Pt
159	9F	1001 1111	ƒ	ƒ
160	A0	1010 0000	á	á
161	A1	1010 0001	í	í
162	A2	1010 0010	ó	ó
163	A3	1010 0011	ú	ú
164	A4	1010 0100	ñ	ñ
165	A5	1010 0101	Ñ	Ñ
166	A6	1010 0110	ª	ª
167	A7	1010 0111	º	º
168	A8	1010 1000	¿	¿

10진수	16진수	2진수	ASCII	문자
169	A9	1010 1001	┌	┌
170	AA	1010 1010	┐	┐
171	AB	1010 1011	½	½
172	AC	1010 1100	¼	¼
173	AD	1010 1101	¡	¡
174	AE	1010 1110	«	«
175	AF	1010 1111	»	»
176	B0	1011 0000	░	░
177	B1	1011 0001	▒	▒
178	B2	1011 0010	▓	▓
179	B3	1011 0011	│	│
180	B4	1011 0100	┤	┤
181	B5	1011 0101	ㅓ	ㅓ
182	B6	1011 0110	ㅔ	ㅔ
183	B7	1011 0111	ㄲ	ㄲ
184	B8	1011 1000	ㄱ	ㄱ
185	B9	1011 1001	ㅖ	ㅖ
186	BA	1011 1010	‖	‖
187	BB	1011 1011	ㄱ	ㄱ
188	BC	1011 1100	╝	╝
189	BD	1011 1101	╜	╜
190	BE	1011 1110	╛	╛
191	BF	1011 1111	┐	┐
192	C0	1100 0000	└	└
193	C1	1100 0001	┴	┴
194	C2	1100 0010	┬	┬
195	C3	1100 0011	├	├
196	C4	1100 0100	─	─
197	C5	1100 0101	┼	┼
198	C6	1100 0110	ㅏ	ㅏ
199	C7	1100 0111	ㅐ	ㅐ
200	C8	1100 1000	╚	╚
201	C9	1100 1001	╔	╔
202	CA	1100 1010	╩	╩
203	CB	1100 1011	╦	╦
204	CC	1100 1100	╠	╠
205	CD	1100 1101	=	=
206	CE	1100 1110	╬	╬
207	CF	1100 1111	╧	╧
208	D0	1101 0000	╨	╨
209	D1	1101 0001	╤	╤
210	D2	1101 0010	╥	╥
211	D3	1101 0011	╙	╙

10진수	16진수	2진수	ASCII	ASCII
212	D4	1101 0100	┝	┝
213	D5	1101 0101	┌	┌
214	D6	1101 0110	╓	╓
215	D7	1101 0111	╫	╫
216	D8	1101 1000	╪	╪
217	D9	1101 1001	┘	┘
218	DA	1101 1010	┌	┌
219	DB	1101 1011	■	■
220	DC	1101 1100	■	■
221	DD	1101 1101	▌	▌
222	DE	1101 1110	▐	▐
223	DF	1101 1111	■	■
224	E0	1110 0000	α	α
225	E1	1110 0001	β	β
226	E2	1110 0010	Γ	Γ
227	E3	1110 0011	π	π
228	E4	1110 0100	Σ	Σ
229	E5	1110 0101	σ	σ
230	E6	1110 0110	μ	μ
231	E7	1110 0111	τ	τ
232	E8	1110 1000	Φ	Φ
233	E9	1110 1001	Θ	Θ
234	EA	1110 1010	Ω	Ω
235	EB	1110 1011	δ	δ
236	EC	1110 1100	∞	∞
237	ED	1110 1101	$\emptyset$	$\emptyset$
238	EE	1110 1110	ε	ε
239	EF	1110 1111	$\cap$	$\cap$
240	F0	1111 0000	$\equiv$	$\equiv$
241	F1	1111 0001	$\pm$	$\pm$
242	F2	1111 0010	$\geq$	$\geq$
243	F3	1111 0011	$\leq$	$\leq$
244	F4	1111 0100	$\int$	$\int$
245	F5	1111 0101	J	J
246	F6	1111 0110	$\div$	$\div$
247	F7	1111 0111	$\approx$	$\approx$
248	F8	1111 1000	$\circ$	$\circ$
249	F9	1111 1001	·	·
250	FA	1111 1010	·	·
251	FB	1111 1011	$\sqrt{\ }$	$\sqrt{\ }$
252	FC	1111 1100	**n**	
253	FD	1111 1101	²	²
254	FE	1111 1110	■	■
255	FF	1111 1111		

2.6 학사 데이터베이스 데이터 입력 명령

#Table Data Insert작업
#DEPARTMENT 입력
INSERT INTO DEPARTMENT VALUES
(10,'간호학과','Dept. of Nersing','1991-02-01');

INSERT INTO DEPARTMENT VALUES
(20,'경영학과','Dept. of Management','1992-02-10');

INSERT INTO DEPARTMENT VALUES
(30,'수학학과','Dept. of Mathematics','1993-02-20');

INSERT INTO DEPARTMENT VALUES
(40,'컴퓨터정보학과','Dept. of Information Communication','1997-02-10');

INSERT INTO DEPARTMENT VALUES
(50,'IT융합학과','Dept. of Information Technology Fusion','2019-02-01');

INSERT INTO DEPARTMENT VALUES
(60,'회계학과','Dept. of Accounting','2019-02-01');

#STUDENT 학생 테이블 입력
INSERT INTO STUDENT VALUES
('20141001', '박도상', 'Park Do-Sang', 40, 4, 1, '주', '19960116','1','01066','101동 203호','02','744','6126','010-0611-9884');

INSERT INTO STUDENT VALUES
('20161001', '박정인', 'Park Jung-In', 40, 3, 1, '주', '19970403','2','04957','서울특별시 광진구 영화사로16길 구의동 아차산 한라아파트 102동 306호','02','652','2439','010-3142-1294');

INSERT INTO STUDENT VALUES
('20181001', '장수인', 'Jang Soo-In', 40, 2, 1 ,'주', '19990209','1','57991','전라남도 순천시 구암3길 22 송보아파트 108동 1101호','061','791','1236',NULL);

INSERT INTO STUDENT VALUES
('20181002', '정인정', 'Jung In-Jung', 40, 2, 2, '주', '19990315','2','05270','서울특별시 강동구 동남로71길 한양아파트 6동 1203호','02','723','1078','010-0605-7837');

INSERT INTO STUDENT VALUES
('20181003', '이상진', 'Lee Sang-Gin', 40, 2, 1, '주', '19990819','1','17826','경기도 평택시 잔다리1길 신아맨션 107동 504호','031','691','5423',NULL);

INSERT INTO STUDENT VALUES
('20181004', '김유미', 'Kim Yoo-Mi', 40, 3, 2, '주', '19990207','2','15348','경기도 안산시 단원구 당곡1로 주공5단지아파트 507동 302호','031','763','1439','010-0617-1290');

INSERT INTO STUDENT VALUES
('20191001', '김유신', 'Kim Yoo-Shin', 40, 1, 3, '야', '20001007','3','06034','서울특별시 강남구 압구정로2길 강남상가아파트 109동 1203호','02','685','7818','010-9876-1299');

INSERT INTO STUDENT VALUES
('20191002', '홍길동', 'Hong Gil-Dong', 40, 1, 3,'야', '20000402','3','59635','전라남도 여수시 시청로 금호아파트 104동 605호','061','642','4034','010-6425-9245');

INSERT INTO STUDENT VALUES
('20191003', '고혜진', 'Ko Hea-Jin', 10, 1, 1,'주', '20000307','4','47783','부산광역시 동래구 안락로 삼성아파트 1011동 102호','051','781','5135',NULL);

INSERT INTO STUDENT VALUES
('20191004', '이순신', 'Lee Sun-Shin', 10, 1, 3,'야', '20000222','3','01901','서울특별시 노원구 석계로 현대아파트 2동 1004호','02','745','7667','010-7141-1860');

INSERT INTO STUDENT VALUES
   ('20191005', '김할리', 'Kim Hal-Li', 40, 1, 2,'주', '20010418','5','02463','서울특별시 동대문구 제기로 한신아파트 561동 102호','02','746','5485','010-4624-0460');

INSERT INTO STUDENT VALUES
   ('20191006', '최에스터', 'Choi Esther', 40, 1, 2 ,'주', '20021003','6','03975','서울특별시 마포구 연남로9길 휴먼아파트 101동 540호','02','945','6893',NULL);

INSERT INTO STUDENT VALUES
   ('20191007', '신안나', 'Shin An-Na', 40, 1, 2,'주', '20011214','6','06305','서울특별시 강남구 언주로 개포2차현대아파트 208동 402호','02','745','5485','010-5897-0874');

INSERT INTO STUDENT VALUES
   ('20191008', '연개소문', 'Yean Gae-So-Moon', 40, 1, 3, '야', '20000615','3','48020','부산광역시 해운대구 아랫반송로79번길 정명빌라 2080호','051','632','9306','010-0641-9304');

INSERT INTO STUDENT VALUES
   ('20191009', '유하나', 'Yoo Ha-Na', 50, 1, 1 ,'주', '20000921','4','61053','광주광역시 북구 우치로311번길 청암아파트 204동 512호','062','651','5992','010-0651-0707');

INSERT INTO STUDENT VALUES
   ('20201001', '김영호', 'Kim Young-Ho', 50, 1, 3 ,'야', '20010811','3','61689','광주광역시 남구 봉선중앙로 라인광장아파트 107동 510호','062','652','5598','010-4605-5598');

INSERT INTO STUDENT VALUES
   ('20201002', '강감찬', 'Gang Gam-Chan', 50, 1, 3,'야', '20010312','3','34331','대전광역시 대덕구 덕암북로 금호아파트 103동 505호','042','123','1234','010-1234-4567');

#ATTEND 입력
INSERT INTO ATTEND VALUES
   ('20141001','2014',1,3,4001,'4002',3, 99,'Y','1','2014-03-05');

INSERT INTO ATTEND VALUES
    ('20141001','2014',1,4,4002,'4003',3, 95,'Y','1','2014-03-05');

INSERT INTO ATTEND VALUES
    ('20141001','2014',1,4,4003,'4004',3, 97,'Y','1','2014-03-05');

INSERT INTO ATTEND VALUES
    ('20141001','2014',1,4,4004,'4001',3, 98,'Y','1','2014-03-05');

INSERT INTO ATTEND VALUES
    ('20141001','2014',1,4,4005,'4007',3, 96,'Y','1','2014-03-05');

INSERT INTO ATTEND VALUES
    ('20141001','2014',1,4,4006,'4008',3, 95,'Y','1','2014-03-05');

INSERT INTO ATTEND VALUES
    ('20141001','2014',2,3,4007,'4009',3, 93,'Y','1','2014-09-03');

INSERT INTO ATTEND VALUES
    ('20141001','2014',2,4,4008,'4005',3, 92,'Y','1','2014-09-03');

INSERT INTO ATTEND VALUES
    ('20141001','2014',2,4,4009,'4006',3, 94,'Y','1','2014-09-03');

INSERT INTO ATTEND VALUES
    ('20141001','2014',2,4,4010,'4001',3, 90,'Y','1','2014-09-03');

INSERT INTO ATTEND VALUES
    ('20141001','2014',2,4,4011,'4002',3, 91,'Y','1','2014-09-03');

INSERT INTO ATTEND VALUES
    ('20141001','2014',2,4,4012,'4003',3, 92,'Y','1','2014-09-03');

```sql
INSERT INTO ATTEND VALUES
        ('20161001','2016',1,3,4001,'4002',3, 99,'Y','1','2016-03-05');

INSERT INTO ATTEND VALUES
        ('20161001','2016',1,4,4002,'4003',3, 95,'Y','1','2016-03-05');

INSERT INTO ATTEND VALUES
        ('20161001','2016',1,4,4003,'4004',3, 97,'Y','1','2016-03-05');

INSERT INTO ATTEND VALUES
        ('20161001','2016',1,4,4004,'4001',3, 98,'Y','1','2016-03-05');

INSERT INTO ATTEND VALUES
        ('20161001','2016',1,4,4005,'4007',3, 93,'Y','1','2016-03-05');

INSERT INTO ATTEND VALUES
        ('20161001','2016',1,4,4006,'4008',3, 95,'Y','1','2016-03-05');

#SCORE 입력
INSERT INTO SCORE VALUES
        ('20141001','2014',1,18,18,4.5,580,'Y','2014-08-10');

INSERT INTO SCORE VALUES
        ('20141001','2014',2,18,18,4.0,552,'Y','2015-01-11');

INSERT INTO SCORE VALUES
        ('20191001','2019',1,18,18,4.2,572,'Y','2019-08-09');

INSERT INTO SCORE VALUES
        ('20191002','2019',1,18,18,4.5,575,'Y','2019-08-09');

INSERT INTO SCORE VALUES
        ('20191005','2019',1,18,18,4.4,577,'Y','2019-08-09');
```

INSERT INTO SCORE VALUES
('20191006','2019',1,18,18,4.4,579,'Y','2019-08-09');

INSERT INTO SCORE VALUES
('20191007','2019',2,18,18,0,0,'N','2019-11-10');

INSERT INTO SCORE VALUES
('20191001','2019',2,18,18,0,0,'N','2019-11-10');

INSERT INTO SCORE VALUES
('20191002','2019',2,18,18,0,0,'N','2019-11-10');

#FEE 입력
INSERT INTO FEE VALUES
('20141001','2014',1, 500000,3000000,3500000,01,500000,3000000,'Y','2014-02-18');

INSERT INTO FEE VALUES
('20141001','2014',2, NULL,3000000,3000000,10,2500000,500000,'Y','2014-08-20');

INSERT INTO FEE VALUES
('20141001','2015',1, NULL,3000000,3000000,11,2000000,1000000,'Y','2015-02-18');

INSERT INTO FEE VALUES
('20141001','2015',2, NULL,3000000,3000000,21,800000,2200000,'Y','2015-08-10');

INSERT INTO FEE VALUES
('20141001','2018',1, 500000,2500000,3000000,02,1000000,2000000,'Y','2018-02-01');

INSERT INTO FEE VALUES
('20141001','2018',2, NULL,2500000,2500000,10,2500000,0,'Y','2018-08-10');

INSERT INTO FEE VALUES
('20141001','2019',1, NULL,2800000,2800000,10,2500000,300000,'Y','2019-02-15');

INSERT INTO FEE VALUES
		('20141001','2019',2, NULL,2800000,2800000,10,2500000,300000,'Y','2019-08-16');

INSERT INTO FEE VALUES
		('20161001','2016',1, NULL,3000000,3000000,10,2500000,500000,'Y','2016-02-14');

INSERT INTO FEE VALUES
		('20161001','2016',2, NULL,3000000,3000000,10,2500000,500000,'Y','2016-08-18');

INSERT INTO FEE VALUES
		('20161001','2019',1, NULL,3000000,3000000,11,2000000,1000000,'Y','2019-02-10');

INSERT INTO FEE VALUES
		('20161001','2019',2, NULL,3000000,3000000,10,2500000,500000,'Y','2019-08-19');

INSERT INTO FEE VALUES
		('20191004','2019',1, 500000,3000000,3500000,01,500000,3000000,'Y','2019-02-18');

INSERT INTO FEE VALUES
		('20191004','2019',2, NULL,3000000,3000000,11,2000000,1000000,'Y','2019-08-10');

INSERT INTO FEE VALUES
		('20191005','2019',1, 500000,3000000,3500000,01,500000,3000000,'Y','2019-02-18');

INSERT INTO FEE VALUES
		('20191005','2019',2, NULL,3000000,3000000,NULL,NULL,3000000,'Y','2019-08-10');

INSERT INTO FEE VALUES
		('20191006','2019',1, 500000,3000000,3500000,01,500000,3000000,'Y','2019-02-18');

INSERT INTO FEE VALUES
		('20191006','2019',2, NULL,3000000,3000000,NULL,NULL,3000000,'Y','2019-08-10');

INSERT INTO FEE VALUES
  ('20191007','2019',1, 500000,3000000,3500000,01,500000,3000000,'Y','2019-02-18');

INSERT INTO FEE VALUES
  ('20191007','2019',2, NULL,3000000,3000000,NULL,NULL,3000000,'Y','2019-08-10');

INSERT INTO FEE VALUES
  ('20191008','2019',1, 500000,3000000,3500000,01,500000,3000000,'Y','2019-02-18');

INSERT INTO FEE VALUES
  ('20191008','2019',2, NULL,3000000,3000000,NULL,NULL,3000000,'Y','2019-08-10');

INSERT INTO FEE VALUES
  ('20201002','2020',1, 500000,3000000,3500000,01,500000,3000000,'Y','2020-02-18');

INSERT INTO FEE VALUES
  ('20201002','2020',2, NULL,3000000,3000000,10,2500000,500000,'Y','2020-08-10');

#SUBJECT 입력
INSERT INTO SUBJECT VALUES
  ('4001', '데이터베이스 응용', 'Database Application', '2002');

INSERT INTO SUBJECT VALUES
  ('4002', '웹사이트 구축', 'Web Site Construction', '2003');

INSERT INTO SUBJECT VALUES
  ('4003', '소프트웨어공학', 'Software Engineering', '2003');

INSERT INTO SUBJECT VALUES
  ('4004', '웹프로그래밍', 'Web Programming', '2004');

INSERT INTO SUBJECT VALUES
  ('4005', '컴퓨터구조', 'Computer Structure', '2001');

INSERT INTO SUBJECT VALUES
         ('4006', '정보처리실무', 'Information Process Practical business', '2001');

INSERT INTO SUBJECT VALUES
         ('4007', 'UML', 'Unified Modeling Language', '2005');

INSERT INTO SUBJECT VALUES
         ('4008', '운영체제', 'Operating System', '2002');

INSERT INTO SUBJECT VALUES
         ('4009', '객체지향프로그래밍', 'Object Oriented Programming', '2003');

INSERT INTO SUBJECT VALUES
         ('4010', '윈도우즈 프로그래밍', 'Windows Programming', '2006');

INSERT INTO SUBJECT VALUES
         ('4011', '자바프로그래밍', 'Java Programming', '2006');

INSERT INTO SUBJECT VALUES
         ('4012', '파이썬 프로그래밍', 'Python Programming', '2019');

INSERT INTO SUBJECT VALUES
         ('4013', '스크래치 프로그래밍', 'Scratch Programming', '2019');

#PROFESSOR 입력
INSERT INTO PROFESSOR VALUES
         ('4001','정진용','Jung jin-yong','1995-09-01');

INSERT INTO PROFESSOR VALUES
         ('4002','나인섭','Na in-sub','2006-02-02');

INSERT INTO PROFESSOR VALUES
         ('4003','오승재','Oh sung-jae','1993-09-01');

INSERT INTO PROFESSOR VALUES
 ('4004','고진광','Go jin-gwang','1988-03-01');

INSERT INTO PROFESSOR VALUES
 ('4005','정병열','Jung byeong-yeol','1998-03-01');

INSERT INTO PROFESSOR VALUES
 ('4006','박심심','Park sim-sim','2000-01-15');

INSERT INTO PROFESSOR VALUES
 ('4007','김영식','Kim young-sik','2013-03-01');

INSERT INTO PROFESSOR VALUES
 ('4008','최우철','Choi woo-chel','1997-03-01');

INSERT INTO PROFESSOR VALUES
 ('4009','문창우','Moon chang-woo','1995-03-01');

INSERT INTO PROFESSOR VALUES
 ('5010','정종선','Jung jong-sun','1997-03-01');

INSERT INTO PROFESSOR VALUES
 ('5011','최종주','Choi jong-joo','1992-03-05');

#CIRCLE 입력
INSERT INTO CIRCLE VALUES
 (1,'컴맹탈출','20141001','박도상','0');

INSERT INTO CIRCLE VALUES
 (2,'컴맹탈출','20191009','유하나','1');

INSERT INTO CIRCLE VALUES
 (3,'컴맹탈출','20191001','김유신','2');

INSERT INTO CIRCLE VALUES
    (4,'Java길라잡이','20181001','장수인','2');

INSERT INTO CIRCLE VALUES
    (5,'Java길라잡이','20191004','이순신','1');

INSERT INTO CIRCLE VALUES
    (6,'Java길라잡이','20161001','박정인','0');

INSERT INTO CIRCLE VALUES
    (7,'PHP길라잡이','20191002','홍길동','0');

저자 약력 사항

- **정진용**
  - 조선대학교 전산학과 이학박사
  - 현, 청암대학교 컴퓨터정보보안학과 교수

- **나인섭**
  - 전남대학교 전산학과 이학박사
  - 현, 조선대학교 SW융합교육원 교수

- **정종필**
  - 조선대학교 전산통계학과 이학박사
  - 현, 청암대학교 교수

쉽게 배우는 MySQL

1판 1쇄 인쇄일 | 2019년 4월 22일
1판 1쇄 발행일 | 2019년 4월 25일

지은이 | 정진용, 나인섭, 정종필
펴낸이 | 신현훈
펴낸곳 | 도서출판 글로벌 필통
등록번호 | 2-2545
등록일자 | 1998년 4월 15일
서울주소 | 서울시 중구 충무로 54-10(을지로3가) 2층
전　화 | 02)2269-4913
팩　스 | 02)2275-1882
홈페이지 | http://www.gbbook.com
가　격 | 22,000원

※ 파본 및 낙장은 교환해 드립니다.
ISBN 978-89-5502-773-0